JOHN MacARTHUR

ACÉRCATE A DIOS

Nᴵ
www.EditorialNivelUno.com
Para vivir la Palabra

Para vivir la Palabra

MANTÉNGANSE ALERTA;
PERMANEZCAN FIRMES EN LA FE;
SEAN VALIENTES Y FUERTES.
—1 CORINTIOS 16:13 (NVI)

Acércate a Dios por John MacArthur
Publicado por Editorial Nivel Uno
Miami, Florida
www.editorialniveluno.com
©2022 Derechos reservados

ISBN: 978-1-955682-42-8
E-book ISBN: 978-1-955682-43-5

Desarrollo editorial: *Grupo Nivel Uno, Inc.*
Apatación de diseño interior y portada: *Grupo Nivel Uno, Inc.*

Publicado originalmente en inglés bajo el título:
Drawing Near
por Crossway
1300 Crescent Street
Wheaton, Illinois 60187
Copyright ©1997 by John MacArthur

Nota de la editorial: Aunque el autor hizo todo lo posible por proveer teléfonos y páginas de internet correctos al momento de la publicación de este libro, ni la editorial ni el autor se responsabilizan por errores o cambios que puedan surgir luego de haberse publicado.

Impreso en Colombia

22 23 24 25 26 LBS 9 8 7 6 5 4 3 2 1

Introducción

❧ ⊙ ❧

A lo largo de los años de ministerio, numerosas personas me han planteado sus inquietudes acerca de un tema vital para el cristiano: el estudio de la Biblia. Cómo escudriñarla, cuándo hacerlo, por qué razón dedicar tiempo a su estudio y muchas otras cuestiones básicas son puntos que merecen ser evaluados y desarrollados. No obstante hay que tener claro un hecho simple, aunque determinante: Tu vida como cristiano depende del estudio concienzudo de la Biblia.

Sin la exposición diaria a la Palabra de Dios y a su análisis constante no hay verdadero crecimiento ni madurez en la vida espiritual del cristiano. El apóstol Pedro lo expresó de la siguiente manera: «Desead, como niños recién nacidos, la leche espiritual no adulterada, para que por ella crezcáis para salvación» (1 Pedro 2:2). Estoy convencido de que para desarrollar una vida cristiana saludable hay que conocer al Autor de la Palabra de Dios tanto como a su revelación escrita, la que nos dejó como manual de instrucciones para seguir sus huellas sin desviarnos del camino trazado por Él para nuestra salvación.

En la misma medida en que veamos la gloria de Jesucristo a través de las páginas de la Escritura, el Espíritu de Dios ha de cambiar nuestra vida y la llevará a parecerse más a la imagen de Cristo. Por supuesto, los atajos son muchos; más aun en esta sociedad tan veloz y con abundante entretenimiento como para cautivar a cualquiera. Sin embargo, si queremos crecer, madurar y ser transformados espiritualmente, ¡debemos alimentarnos con la Palabra de Dios!

Como bien sabes, el estudio de la Biblia —por propio esfuerzo— no suele ser entretenido; es un trabajo arduo. Se requiere disciplina para reservar un tiempo cada día con el fin de cultivar y cosechar los beneficios que dicho estudio tiene que ofrecer. Se necesita determinación para dedicarse a estudiar el Libro de los libros, de modo que si llegas a un callejón sin salida en alguno de los temas que se tratan aquí, detente, siéntate, respira hondo, vuelve a leer el pasaje bíblico y pídele al Espíritu Santo inspiración para que te aclare su Santa Palabra. Sin un plan a seguir, es fácil que te frustres y hasta que te rindas después de unos pocos días intentando estudiarla.

Basado en esa necesidad es que me sentí inspirado a concretar el deseo que tuve por tantos años de producir una serie de estudios que pudieran ser utilizados como una guía devocional diaria, una que ofrezca mucho más que las típicas anécdotas temáticas que conforman la mayoría de los devocionales. Más importante aun es que esta obra refleja aquello con lo que estoy comprometido: un enfoque profundo de la exposición de la Biblia. Y es lo que hace exactamente, basándose en los pasajes principales que he enseñado a lo largo de los años.

La *Biblia Fortaleza* está diseñada para que disfrutes los trescientos sesenta y seis devocionales que contiene para cada día del año. Cada devocional te guiará a través de las Escrituras al punto que al cabo de un año estudiando este material, habrás adquirido una comprensión firme de muchos de los grandes textos de la Biblia. Además, cada versículo señalado con el ícono de una torre a lo largo del texto bíblico destaca la fortaleza divina que implica dicha Escritura.

Sin embargo, esto no es simplemente un ejercicio intelectual. El beneficio real de estudiar la Palabra de Dios es que emplees las aplicaciones prácticas que obtengas de ella. De modo que mientras estudias versículo por versículo a través de un pasaje, encontrarás que cada estudio —aunque es independiente— se aplica directamente a tu vida.

Siempre he creído que el primer paso para ser autodisciplinado es comenzar dando pequeños pasos, establecer un objetivo alcanzable y esforzarte por alcanzarlo. Así avanzarás en aras de conquistar objetivos más grandes. El estudio de la Biblia debes acompañarlo de mucha meditación e investigación en la Palabra de Dios y bastante oración.

Los primeros días y semanas son críticos, no es fácil cultivar el hábito diario de estudiar la Biblia. Pero a medida que seas más constante, querrás dedicar más tiempo para aprender. No permitas que el formato te restrinja: sigue las indicaciones del Señor.

A medida que uses la *Biblia Fortaleza* diariamente, aprenderás a enfocarte en las Escrituras, desarrollarás habilidades de estudio y descubrirás sus ricas y maravillosas verdades. Con la práctica te entrenarás para pensar bíblicamente, lo que en definitiva hace la diferencia en tu vida espiritual. El programa adicional de lectura de la Biblia te llevará a través de toda la Biblia en un año.

Es mi oración que seas uno «que mira atentamente en la perfecta ley, la de la libertad, y persevera en ella, no siendo oidor olvidadizo, sino hacedor de la obra» (Santiago 1:25). ¡Que esta *Biblia Fortaleza* te inspire en esa búsqueda maravillosa de la Palabra de Dios y fortalezca el fundamento de tu fe!

John MacArthur

LECTURAS
diarias para
PROFUNDIZAR
tu FE

DÍA 1

La medida del verdadero éxito

*«Pablo, apóstol de Jesucristo por la voluntad de Dios, a los santos y
fieles en Cristo Jesús que están en Éfeso» (Efesios 1:1).*

Dios está más interesado en tu fidelidad que en tus logros.

Nuestra sociedad está orientada al éxito. Nos encantan las historias de triunfos. Incluso tenemos programas de televisión que exaltan el estilo de vida de los ricos y famosos. Pero el parámetro de Dios para el éxito es bastante diferente. Sin impresionarse por nuestra condición o riqueza, busca en cambio la fidelidad a su voluntad.

Pablo entendió ese principio y siguió diligentemente su llamado como apóstol; él fue uno de esos hombres destacados que fueron fundamentales para la iglesia y que fueron receptores, maestros y escritores del Nuevo Testamento.

El suyo fue un alto llamado y, sin embargo, a juzgar por el estilo de vida de Pablo, la mayoría de la gente difícilmente lo llamaría exitoso, puesto que sufrió encarcelamientos, azotes, amenazas de muerte, naufragios, robos, odio por parte de los enemigos de su doctrina, noches sin dormir, hambre, sed y exposición a los elementos (2 Corintios 11:23-27). Sin embargo, ninguna de esas cosas lo disuadió de obedecer la voluntad de Dios. Su testimonio final fue: «He peleado la buena batalla, he acabado la carrera, he guardado la fe» (2 Timoteo 4:7). ¡Ese es el éxito verdadero!

Aunque no somos apóstoles, debemos seguir el ejemplo de fidelidad de Pablo (1 Corintios 11:1). Eso es posible porque, al igual que los creyentes de Éfeso, somos «santos y fieles en Cristo Jesús» (Efesios 1:1). Por la gracia de Dios, hemos confiado en Cristo como nuestro Señor y Salvador (Efesios 2:8-9) y hemos recibido su justicia (Filipenses 3:9), su Espíritu (Efesios 3:16) y cada recurso espiritual necesario para una vida cristiana fiel y victoriosa (Efesios 1:3).

Lo que nos queda es cultivar un amor mayor por Cristo y ser más obedientes a su Palabra. Esas son las características con las que se mide el éxito de un verdadero discípulo de Dios. Haz que tu meta sea garantizarte el elogio del Señor cuando te diga: «Bien, buen siervo y fiel» (Mateo 25:21).

Sugerencias para la oración: Alaba a Dios por su gracia maravillosa, por la cual te otorgó la salvación y todos los recursos espirituales que necesitas.
⊙ Agradécele por su Palabra, a través de la cual aprendes los principios de una vida piadosa.
⊙ Pídele que te dé oportunidades para animar a otros a ser fieles.

Para un estudio más profundo: Lee Efesios 1:3-4; 2:10; Tito 2:11.
⊙ ¿Cuál es el objetivo de tu salvación?
⊙ ¿Estás viviendo todos los días a la luz de ese objetivo?

Notas: _____

_____

EXPERIMENTA LA PAZ DE DIOS

«Gracia y paz a vosotros, de Dios nuestro Padre y del Señor Jesucristo» (Efesios 1:2).

La paz verdadera es el regalo de Dios para aquellos que lo aman y le obedecen.

A lo largo de la historia, la humanidad ha buscado la paz a través de alianzas militares, equilibrios de poder y ligas de naciones. Sin embargo, la paz duradera aún permanece como un sueño efímero. Incluso en tiempos de relativa paz, las naciones luchan con los conflictos internos y el crimen.

La Biblia dice que el hombre por sí mismo no puede conocer la paz puesto que está desconectado de su fuente. Pero no tenemos que desesperarnos. La paz verdadera está disponible de inmediato por parte de Dios nuestro Padre («el Dios de la paz», Romanos 15:33) y del Señor Jesucristo (el «Príncipe de la paz», Isaías 9:6). Es un regalo de la gracia divina para aquellos que aman y obedecen a Jesucristo.

El Nuevo Testamento enseña tan claramente el vínculo inseparable entre la gracia y la paz que «Gracia a ti y paz» se convirtió en un saludo común en la iglesia primitiva. La gracia es la gran bondad de Dios hacia los que no son merecedores de su favor, pero que han puesto su fe en Jesucristo. Es la fuente y la paz es la corriente. Como receptores de su gracia, tenemos «paz» con Dios (Romanos 5:1); estamos reconciliados con Él por la fe en su Hijo y nunca sufriremos su ira. También tenemos la «paz *de* Dios» (Filipenses 4:7, énfasis agregado): la forma en que el Espíritu nos asegura que Dios tiene el control incluso en medio de circunstancias difíciles. Es por eso que Pablo lo llama la paz que «sobrepasa todo entendimiento» (Filipenses 4:7).

La paz del mundo es relativa y efímera porque se basa en las circunstancias. La paz de Dios es absoluta y eterna porque está fundada en su gracia.

¿Reina la paz de Dios en tu corazón o le has permitido al pecado, o a las circunstancias difíciles, que tu devoción a Cristo disminuya?

Sugerencias para la oración: Agradece a Dios que tienes paz con Él a través de la fe en Jesucristo.

⊙ Pídele al Espíritu que te revele cualquier pecado que pueda estar impidiendo que la paz de Dios gobierne tu corazón. Prepárate para responder con confesión y arrepentimiento.

⊙ Pide oportunidades para mostrarles la paz de Dios a otros hoy.

Para un estudio más profundo: Lee Filipenses 4:6-7.

⊙ ¿Cuál es el antídoto de Dios para la ansiedad?

⊙ ¿Cómo afecta la paz de Dios al corazón y la mente del creyente?

Notas: _____

_____

_____

BENDICIÓN DEL DIOS DE LAS BENDICIONES

«Bendito sea el Dios y Padre de nuestro Señor Jesucristo, que nos bendijo con toda bendición espiritual en los lugares celestiales en Cristo» (Efesios 1:3).

Cuando bendecimos a Dios, lo hacemos con palabras de alabanza; cuando Él nos bendice, lo hace con obras de bondad.

L a breve doxología de Pablo identifica a Dios el Padre como el destinatario final y fuente de bendición: aquel a quien se atribuye la bendición y el que otorga bendiciones a quienes lo aman.

El término «bendito» traduce la palabra griega *eulogeō*, de la cual tenemos *elogio*. Bendecir o elogiar a Dios es alabarlo por sus obras poderosas y su carácter sagrado.

Esa debería ser la respuesta de tu corazón y del mío, tal como ha sido la de los creyentes a través de las edades. El salmista dijo: «Bendito sea Dios, que no echó de sí mi oración, ni de mí su misericordia» (Salmos 66:20); y «Bendito Jehová Dios, el Dios de Israel, el único que hace maravillas» (Salmos 72:18). Pedro, por su parte, dijo: «Bendito el Dios y Padre de nuestro Señor Jesucristo, que según su grande misericordia nos hizo renacer para una esperanza viva, por la resurrección de Jesucristo de los muertos» (1 Pedro 1:3).

Cuando la situación se revierte y Dios nos bendice, no es por la alabanza puesto que, aparte de Él, no hay nada digno de elogio en nosotros. Al contrario, Él nos da beneficios inmerecidos a través de sus muchas obras de bondad. La Escritura lo identifica como la fuente de todo lo bueno (Santiago 1:17), que trabaja con todas las cosas para nuestro bien y para su gloria (Romanos 8:28).

Eso es solo una muestra de las muchas bendiciones que Dios nos prodiga en su Hijo, Jesucristo. Es un ciclo maravilloso: Dios nos bendice con obras de bondad; nosotros lo bendecimos con palabras de alabanza.

Cuídate de pecar con la ingratitud. Reconoce las bendiciones de Dios en tu vida y permite que llenen tu corazón y tus labios con alabanza humilde y sincera.

Sugerencias para la oración: Identifica diez bendiciones específicas que Dios te haya otorgado en los últimos días y alábalo por cada una de ellas.

⊙ Pídele que te haga más consciente y agradecido por su bondad contigo.

⊙ Está listo siempre para buscar el perdón cuando creas merecer las bendiciones de Dios.

Para un estudio más profundo: Lee el Salmo 103.

⊙ ¿Qué bendiciones menciona David allí?

⊙ ¿Qué utilidad tienen para tu vida?

Notas: _____

_____

_____

Aprecia tus recursos espirituales

«Dios… nos bendijo con toda bendición espiritual» (Efesios 1:3, énfasis añadido).

❧ ◉ ☙

**Como cristiano, posees todos los recursos espirituales que
necesitas para cumplir la voluntad de Dios con tu vida.**

Se cuenta la historia de un adinerado empresario londinense que buscó muchos años a su hijo fugitivo. Una tarde se estaba preparando para abordar un tren que iba a Londres cuando vio a un hombre con ropas andrajosas y sucias pidiendo dinero a los pasajeros, a lo largo de la plataforma de la estación. Su primer impulso fue evitar al mendigo, pero había algo extrañamente familiar en él.

Cuando el mendigo se le acercó y le preguntó si podía darle unos centavos, el empresario se dio cuenta de que había encontrado a su hijo perdido hacía tiempo. Con lágrimas en sus ojos y alegría en su voz abrazó a su hijo, llorando y diciendo: «¿Unos centavos? Eres mi hijo, ¡todo lo que tengo es tuyo!»

Eso representa a muchos cristianos que ignoran —o son negligentes con— sus recursos espirituales. Son hijos del Rey, pero viven como depauperados espirituales. Pablo enfatizó repetidas veces nuestra suficiencia como creyentes. En Colosenses 2:10 declara que en Cristo estamos «completos». En Filipenses 4:13, 19 afirma: «Todo lo puedo en Cristo que me fortalece… Mi Dios, pues, suplirá todo lo que os falta conforme a sus riquezas en gloria en Cristo Jesús». Pedro agrega que «todas las cosas que pertenecen a la vida y a la piedad nos han sido dadas por su divino poder» (2 Pedro 1:3).

La palabra traducida como «espiritual», en Efesios 1:3, habla de la obra del Espíritu Santo. Cada bendición que recibes, ya sea material o inmaterial, tiene a Dios como su fuente.

Como cristiano, posees todos los recursos espirituales que necesitas para cumplir la voluntad de Dios con tu vida. No necesitas orar por más amor, por ejemplo, puesto que el amor de Dios ya está derramado en tu corazón por el Espíritu Santo (Romanos 5:5). Lo mismo puede decirse del gozo (Juan 15:11), la paz (Juan 14:27), la fuerza (Filipenses 4:13) y cualquier otro recurso que necesites.

La clave del progreso espiritual y la victoria es aprender a usar lo que ya tienes, no es buscar más.

Sugerencias para la oración: Alaba a Dios por sus abundantes recursos espirituales.
⊙ Pídele que te ayude a emplearlos con sabiduría y coherencia.

Para un estudio más profundo: Lee Mateo 6:25-34 y Filipenses 4:6-8.
⊙ ¿Qué promesas específicas hace Dios en esos pasajes?
⊙ ¿Qué requiere Él de ti?

Notas: _____

_____

_____

_____

Cultiva una perspectiva celestial

*«Dios… nos bendijo con toda bendición espiritual en los lugares
celestiales» (Efesios 1:3, énfasis añadido).*

**Los cristianos tienen doble ciudadanía. Somos ciudadanos de la tierra
pero, más importante aún, también somos ciudadanos del cielo.**

Se ha dicho que algunos cristianos son tan celestiales que no son muy terrenales. Pero casi siempre, lo cierto, es lo opuesto. Muchos cristianos están tan enamorados de este mundo que no anhelan el cielo. Tienen todo lo que quieren aquí mismo. La doctrina de la prosperidad, la riqueza y la salud los ha convencido de que los cristianos pueden tenerlo todo, por lo que persiguen «la buena vida» como retribución.

A pesar de lo predominante de tal pensamiento, el antiguo cántico espiritual lo dice muy bien: «No puede el mundo ser mi hogar».

Pablo nos recuerda esa verdad en Filipenses 3:20: «Nuestra ciudadanía está en los cielos, de donde también esperamos al Salvador, al Señor Jesucristo». Es por eso que debemos poner nuestras mentes en las cosas celestiales, no en las terrenales (Colosenses 3:1-2). Nuestros afectos más profundos y nuestras más altas aspiraciones deberían centrarse allí. Nuestras acciones y nuestras decisiones deben reflejar las prioridades celestiales, no las indulgencias terrenales.

Aunque vivimos en un mundo manchado por el pecado y debemos luchar constantemente contra su influencia corruptora, Dios no nos ha dejado atascados ahí. Él nos extiende todos los derechos y privilegios de nuestra ciudadanía celestial. Deja que esa seguridad te anime a vivir para la gloria de Dios y te ayude a confiar en sus provisiones celestiales. Cuídate de no dejar que las aspiraciones impuras o triviales alteren la búsqueda de tus prioridades celestiales.

Sugerencias para la oración: Dile a Jesús cuán agradecido y cuánto le alabas debido al lugar que Él está preparándote en el cielo (Juan 14:1-3).
⊙ Ora por una mayor consciencia del valor efímero de este mundo y el valor incomparable del mundo por venir (1 Juan 2:17).

Para un estudio más profundo: Lee Apocalipsis capítulos 4, 5 y 21.
⊙ ¿Cuál es la actividad principal en la que participan los que habitan en el cielo?
⊙ Enumera algunas de las bendiciones del cielo.

Notas: _____

_____

_____

_____

_____

_____

DÍA 6
IDENTIFÍCATE CON CRISTO

«Dios… nos bendijo con toda bendición espiritual en los lugares
celestiales en Cristo» (Efesios 1:3, énfasis añadido).

El cristianismo no es simplemente un sistema de creencias;
es una identidad completamente nueva.

Muchas personas creen erróneamente que la preferencia religiosa de uno es irrelevante puesto que todas las religiones a fin de cuentas conducen al mismo destino espiritual.

Tal pensamiento es pura locura, sin embargo, dado que las Escrituras declaran que nadie viene a Dios sin la intervención de Jesús (Juan 14:6). Él es la única fuente de salvación (Hechos 4:12) y el único lo suficientemente poderoso como para redimirnos y mantenernos seguros para siempre (Juan 10:28).

Cada cristiano comparte una unión sobrenatural común con Cristo. Pablo dijo: «El que se une al Señor, un espíritu es con él» (1 Corintios 6:17). Estamos en Él y Él está en nosotros. Su vida fluye a través de nosotros por su Espíritu, que mora en nosotros (Romanos 8:9).

Cuando eras inconverso, estabas en la esclavitud del mal (Romanos 3:10-12), esclavizado a la voluntad de Satanás (1 Juan 5:19), bajo la ira divina (Romanos 1:18), espiritualmente muerto (Efesios 2:1; 4:17-18), y sin esperanza (Efesios 2:12). Pero al momento de tu salvación se produjo un cambio dramático. Te convertiste en una nueva creación en Cristo (2 Corintios 5:17), vivo en Él (Efesios 2:5), esclavizado a Dios (Romanos 6:22) y en receptor de la gracia divina (Efesios 2:8). Cuando viniste a Cristo, estabas bajo «la potestad de las tinieblas, y [fuiste] trasladado al reino de su amado Hijo» (Colosenses 1:13). Ahora posees la justicia de Dios (2 Corintios 5:21) y compartes su herencia eterna (Romanos 8:16-17).

Todas esas bendiciones, y muchas más, son tuyas porque estás en Cristo. ¡Qué extraordinaria realidad! En cierto sentido, lo que Él es, también lo eres tú. Lo que Él tiene, también lo tienes tú. Donde Él está, tú también estarás.

Cuando el Padre te ve, te ve en Cristo y te bendice en consecuencia. Cuando los demás te ven, ¿ven a Cristo en ti? «Así alumbre vuestra luz delante de los hombres, para que vean vuestras buenas obras, y glorifiquen a vuestro Padre que está en los cielos» (Mateo 5:16).

Sugerencias para la oración: Agradece a Dios por su maravillosa gracia al llevarte de la muerte espiritual a la vida espiritual en Cristo.

⊙ Pídele sabiduría para vivir este día de manera que le agrades a Él.

Para un estudio más profundo: Lee el libro de Efesios y señala cada vez que aparezca la frase «en Cristo».

⊙ ¿Qué ha logrado Dios en Cristo?

⊙ ¿Qué bendiciones son tuyas en Cristo?

Notas: _____

_____

CÓMO ANULAR LA CRISIS DE LA IDENTIDAD ESPIRITUAL

«[Dios] nos escogió en él [Cristo] antes de la fundación del mundo» (Efesios 1:4).

⊁⌒ ⊙ ⌒⊰

***El verdadero sentido de identidad viene de saber que Dios
mismo, en persona, te seleccionó para hacerte hijo de Él.***

Muchas personas en nuestra sociedad se encuentran en una situación aparentemente interminable y, a menudo, en frenética búsqueda de identidad personal y autoestima. Las crisis de identidad son comunes en casi todos los niveles etarios. El amor superficial y las relaciones fracturadas son síntomas de nuestra incapacidad para resolver problemas fundamentales como: qué somos, por qué existimos y hacia dónde vamos. Por desdicha, la mayoría de la gente vivirá y morirá sin entender el propósito de Dios con sus vidas.

Eso es trágico, aunque comprensible. Dios creó al hombre para que llevara su imagen y para que disfrutara de su compañerismo para siempre. Sin embargo, cuando Adán y Eva desobedecieron a Dios, violaron ese propósito y sumieron a la raza humana en el pecado. Eso creó dentro del hombre un vacío espiritual y una crisis de identidad de proporciones inimaginables. A lo largo de los siglos, los impíos han tratado de llenar ese vacío con una miríada de sustitutos, pero finalmente todo se pierde en la muerte y la desesperación.

A pesar de esa imagen sombría, hay un verdadero sentido de identidad a la disposición de cada cristiano. Viene de saber que Dios mismo te seleccionó a ti personalmente para que fueras su hijo. Antes de que el mundo comenzara, Dios instauró su amor por ti; lo que estaba de acuerdo a su plan: que Cristo murió por ti (1 Pedro 1:20). Es por eso que respondiste con fe al evangelio (2 Tesalonicenses 2:13). Además, es por eso que nunca puedes perder tu salvación. El mismo Dios que te atrajo a sí mismo te sostendrá de manera segura (Juan 10:29).

No permitas que el pecado, Satanás o las circunstancias te roben tu identidad en Cristo. Haz de ella el foco de todo lo que emprendas. Recuerda quién eres —hijo de Dios; por lo que estás aquí—, para servirle y glorificarlo; y vas al cielo, donde pasarás la eternidad en la presencia de Dios.

Sugerencias para la oración: Agradece a Dios por decidir que tú seas su hijo y por atraerte a sí mismo en la fe salvadora.
⊙ Alábalo por su promesa de que nunca te dejará ni se apartará de ti.

Para un estudio más profundo: Lee Juan 6:35-44; 10:27-30; Romanos 8:31-39.
⊙ Según Jesús, ¿cuántos creyentes perderán su salvación?
⊙ ¿En qué basó Pablo su certeza?

Notas: _____

_____

_____

_____

EQUIPARA LO QUE VIVES CON TU POSICIÓN

*«Dios… nos escogió… para que fuésemos santos
y sin mancha delante de él» (Efesios 1:4).*

El desafío de la vida cristiana es igualar cada vez más lo que vives con tu posición.

Dios te escogió en Cristo para hacerte «santo y sin mancha» a los ojos de Él. Ser «santo» es estar separado del pecado y dedicado a la justicia. Ser «sin mancha» es ser puro, sin mácula ni defecto como Jesús, el Cordero de Dios (1 Pedro 1:19).

Efesios 1:4 es una declaración de posición. Es decir, Pablo describe cómo nos ve Dios «en Él [Cristo]». Dios nos ve como «santos y sin mancha» porque Cristo, nuestro Salvador, es santo e inmaculado. Él acredita su pureza a nuestra cuenta espiritual. Eso se debe a que Dios hizo que Cristo «que no conoció pecado, por nosotros lo hizo pecado, para que nosotros fuésemos hechos justicia de Dios en él» (2 Corintios 5:21).

A pesar de nuestra posición exaltada a la vista de Dios, nuestra vivencia a menudo no se ajusta a sus sacros principios. Por lo tanto, el reto de la vida cristiana es igualar cada vez más lo que hacemos con nuestra posición, sin dejar de estar conscientes de que la perfección sin pecado no ha de llegar hasta que seamos completamente glorificados en el cielo (Romanos 8:23).

¿Cómo enfrentar, entonces, ese desafío? Es muy simple: orando, estudiando la Biblia y rindiendo tu vida al control del Espíritu. Conságrate a esas prioridades hoy, así como tratas de cumplir el gran propósito al que has sido llamado: hacer «buenas obras, las cuales Dios preparó de antemano para que anduviésemos en ellas» (Efesios 2:10).

Sugerencias para la oración: Agradece a Dios que no espera que ganes tu propia justicia, sino que te la proveyó en su Hijo.
⊙ Pídele al Espíritu de Dios que escudriñe tu corazón y que te revele cualquier pecado que pueda impedir que crezcas en santidad. Confiesa ese pecado y da los pasos necesarios para eliminarlo de tu vida.

Para un estudio más profundo: Lee Filipenses 1:9-11.
⊙ ¿Qué ingredientes deben añadirse al amor cristiano para que produzca sinceridad y un carácter irreprensible?
⊙ ¿Cuál es la fuente principal de esos ingredientes (Salmos 119:97-105)?
⊙ ¿Qué pasos específicos darás para agregar o aumentar esos ingredientes en tu vida?

Notas: _____

_____

_____

_____

_____

DISFRUTA LA REALEZA DE TU PATRIMONIO

«En amor [Dios] habiéndonos predestinado para ser adoptados hijos suyos por medio de Jesucristo, según el puro afecto de su voluntad» (Efesios 1:5).

Puesto que Dios te ama, te adoptó como su hijo y te otorga todos los derechos y privilegios de miembro de la familia.

Moisés le dijo a Israel que Dios no los eligió debido a su gran número ni a la bondad que tuvieran ellos, sino que fue una expresión de la voluntad soberana de Dios y del amor sacrificial (Deuteronomio 7:7-8). Eso es cierto contigo, si eres cristiano.

La palabra griega traducida como «amor», en Efesios 1:5, no habla de amor emocional ni sentimental sino de un amor que busca lo mejor de Dios para otros, a cualquier costo. Lo cual se manifiesta con sacrificio más que con egoísmo; por dar más que por recibir. Ello busca perdonar más que condenar, descartar ofensas más que contarlas.

Ese amor se resume en Dios mismo, que te amó tanto que sacrificó a su Hijo a favor tuyo, entregando voluntariamente su propia vida por ti (Juan 3:16; 15:13).

Aun cuando los dioses falsos son adorados por temor e ignorancia, el Dios verdadero —tu Padre celestial— ha eliminado todo temor para que puedas entrar, con confianza, en su presencia (Hebreos 10:19; 1 Juan 4:18). Tú has «recibido el espíritu de adopción» y puedes dirigirte a Él como «¡Abba, Padre!» (Romanos 8:15). Abba es el equivalente arameo de «papito» o «papá».

El Padre celestial se deleita con la alabanza que tú le rindes y se glorifica con tu obediencia. Sé un hijo fiel. Haz que este día cuente para Él. Disfruta la realeza de tu herencia. Busca sabiduría en todo lo que hagas. Busca la Palabra de Dios y sigue su consejo. Muestra tu amor a los demás con hechos.

Sugerencias para la oración: Agradece a Dios por otorgarte el privilegio de ser un miembro de su familia.
⊙ Agradécele por las muchas manifestaciones de su amor que disfrutas cada día.
⊙ Pídele que te guíe a alguien a quien puedas mostrarle tu amor de una manera sacrificial y con hechos.

Para un estudio más profundo: Lee 1 Corintios 13.
⊙ Enumera las características del amor piadoso.
⊙ ¿Cómo se compara la calidad de tu amor por los demás con la norma de Dios? ¿Qué pasos puedes dar para que tu amor se conforme más al de Dios?

Notas: _____

_____

_____

_____

VIVE PARA LA GLORIA DE DIOS

*«[Dios nos escogió] para alabanza de la gloria de su gracia, con
la cual nos hizo aceptos en el Amado» (Efesios 1:6).*

Fuiste creado para glorificar a Dios.

El inglés Henry Martyn se desempeñó como misionero en India y Persia a fines del siglo dieciocho y principios del diecinueve. Al llegar a Calcuta, clamó: «Déjenme arder para Dios». Mientras veía a las personas postrarse ante sus ídolos paganos y oía blasfemias en contra de Cristo, escribió: «Eso me provocó más horror del que puedo expresar… No podría soportar la existencia si Jesús no fuera glorificado; eso sería un infierno para mí, si siempre fuera deshonrado así» (John Stott, *Our Guilty Silence* [Inter-Varsity Press, 1967]).

Martyn sentía pasión por la gloria de Dios y estaba en buena compañía. Los ángeles glorifican a Dios (Lucas 2:14), como lo hacen los cielos (Salmos 19:1) e incluso los animales (Isaías 43:20). Sin embargo, como creyente, debes glorificar a Dios de una manera única puesto que eres un testimonio de su gracia redentora.

Fuiste creado con el propósito de glorificar a Dios, aun en la mayoría de las actividades terrenales, como comer y beber (1 Corintios 10:31). Por tanto, debes huir de la inmoralidad para que puedas glorificar a Dios en tu cuerpo (1 Corintios 6:18-20). Debes andar digno de tu vocación, «para que el nombre de nuestro Señor Jesucristo sea glorificado» (2 Tesalonicenses 1:12).

Glorificar a Dios es un enorme privilegio y una gran responsabilidad. Cuando otros ven el carácter de Dios en tu vida, les recuerdas el poder, la bondad y la gracia de Él. Pero cuando no ven eso, Dios es deshonrado y su carácter cuestionado.

Enfócate en la gloria de Dios; conviértela en la norma con la que evalúes todo lo que hagas.

Sugerencias para la oración: Agradécele al Señor el privilegio que tienes de glorificarlo.
⊙ Pídele que te muestre las áreas de tu vida que no lo honran.
⊙ Encuentra un amigo cristiano de confianza que ore contigo y ante quien rindas cuenta en cuanto a las áreas en las que sabes que debes cambiar.

Para un estudio más profundo: Lee Éxodo 33:12 a 34:9.
⊙ ¿Qué pidió Moisés?
⊙ ¿Cuál fue la respuesta de Dios y qué nos enseña eso acerca de su gloria?

Notas: _____

_____

_____

_____

_____

La esclavitud que libera

«En [Cristo]… tenemos redención» (Efesios 1:7).

La esclavitud del pecado es opresión; la esclavitud a Dios es libertad.

La libertad es algo precioso. La gente, a lo largo de la historia, ha orado, luchado e incluso muerto por ella. Nuestra Declaración de Independencia la defiende como uno de nuestros derechos inalienables.

Sin embargo, la verdad es que no importa cuál sea la posición política de uno, todos somos esclavos, ya sea del pecado o de Dios. Jesús dijo que «todo aquel que hace pecado, esclavo es del pecado» (Juan 8:34). El apóstol Pablo agregó que toda la creación está bajo la esclavitud de la corrupción (Romanos 8:21). No obstante, los creyentes han sido «libertados del pecado y hechos siervos [esclavos] de Dios» (Romanos 6:22).

El Imperio Romano tenía como veinte millones de esclavos; la trata humana era una de las industrias principales. Para que un esclavo ganara su libertad, tenía que pagarse un precio de rescate. La palabra griega para tal transacción es *lutroō*, la que usa el apóstol Pablo en Efesios 1:7 para hablar de nuestra «redención» de la esclavitud del pecado.

La esclavitud del pecado es opresión; la esclavitud a Dios es libertad. Aun cuando parece paradójico, Dios es el Rey soberano; además, la verdadera libertad implica que Dios tiene la capacidad de doblegar tu voluntad a la de Él y, por lo tanto, convertirte en lo que ideó que tú fueras. Aunque a veces fracases en el intento, tu mayor deseo y tu principal búsqueda como creyente es ser como Cristo (1 Juan 2:5-6). Los esclavos del pecado no pueden hacer eso, ni quieren hacerlo.

Hoy tendrás muchas oportunidades para demostrar tu sujeción a Cristo. Permite que tus actitudes y tus acciones hablen claramente de tu amor por el Maestro.

Sugerencias para la oración: Agradece al Señor que es un Maestro fiel y justo, que siempre hace lo mejor para sus siervos.

⊙ Un esclavo egoísta es una contradicción de términos. Pídele al Señor que te guarde de pensamientos y acciones que sean contrarios a la voluntad de Él.

Para un estudio más profundo: De acuerdo a 1 Corintios 4:1-2, ¿cuál es la característica clave que se requiere de un siervo de Cristo?

⊙ Lee Mateo 24:42-51. ¿Cómo describe Jesús a un siervo sabio?

⊙ Lee Filipenses 2:5-11. ¿Cómo manifestó Jesús su corazón de siervo? ¿Qué implicaciones tiene su ejemplo para ti?

Notas: _____

_____

_____

_____

EL ALTO COSTO DE LA GRACIA GRATUITA

«En [Cristo]… tenemos redención por su sangre» (Efesios 1:7, énfasis añadido).

La gracia redentora es gratuita para nosotros, pero su costo para Dios es inestimable.

El pecado no es un asunto serio para la mayoría de las personas. Nuestra cultura lo ostenta y lo promueve en innumerables formas. Aun los cristianos que nunca pensarían en vincularse a ciertos pecados, con frecuencia se dejan entretener por los mismos a través de la televisión, las películas, la música y otros medios.

A veces coqueteamos con el pecado, pero a Dios no le agrada eso. El precio que pagó por redimirnos de ello muestra la seriedad con la que Él lo ve. Después de todo, no fuimos comprados «con cosas corruptibles, como oro o plata, sino con la sangre preciosa de Cristo, como de un cordero sin mancha y sin contaminación» (1 Pedro 1:18-19).

En las Escrituras, el derramamiento de sangre se refiere a una muerte física con violencia, trátese de un animal sacrificial o de Cristo mismo. El pecado es tan serio que sin derramamiento de sangre, no hay perdón de pecado a los ojos de Dios (Hebreos 9:22).

Los animales para la inmolación, en el Antiguo Testamento, representaban el sacrificio de Cristo en la cruz. Es por eso que Juan el Bautista dijo que Jesús era «el Cordero de Dios que quita el pecado del mundo» (Juan 1:29).

Los sacrificios del Antiguo Testamento eran necesarios aunque incompletos. El sacrificio de Cristo fue perfecto, completo y de una vez por todas (Hebreos 10:10). Ya no se necesitan más sacrificios que el «sacrificio de alabanza» a Dios por lo que ha hecho (Hebreos 13:15) y nuestras propias vidas en servicio a Él como «sacrificio vivo, santo» (Romanos 12:1).

Cristo mostró, con su sacrificio, no solo el odio de Dios por el pecado, sino también su gran amor por los pecadores. Uno nunca podría redimirse pero Cristo, espontáneamente, pagó el precio con su propia sangre preciosa. Él «se entregó a sí mismo por nosotros [por ti], ofrenda y sacrificio a Dios en olor fragante» (Efesios 5:2). Su sacrificio fue aceptable para el Padre; de modo que tu redención fue pagada en su totalidad.

Sugerencias para la oración: Adora a Dios por su maravilloso plan de salvación.
- ⊙ Adora a Cristo por el enorme sacrificio que hizo en favor tuyo.
- ⊙ Adora al Espíritu Santo por aplicar el sacrificio de Cristo a tu vida y por atraerte a Cristo con fe salvadora.

Para un estudio más profundo: Lee 2 Samuel 11.
- ⊙ ¿Qué circunstancias llevaron a David a pecar con Betsabé?
- ⊙ ¿Cómo fue que David finalmente lidió con su pecado (Salmos 51)?

Notas: _____

_____

_____

_____

DISFRUTA EL PERDÓN DE DIOS

«En quien [Cristo] tenemos… el perdón de pecados según las riquezas de su [Dios] gracia, que hizo sobreabundar para con nosotros» (Efesios 1:7-8).

En Cristo tenemos perdón infinito por cada pecado pasado, presente y futuro.

En el Día de la Expiación de Israel (Yom Kippur), el sumo sacerdote seleccionaba dos machos cabríos. Uno era sacrificado, el otro era liberado. Antes de liberar al segundo, el sumo sacerdote colocaba simbólicamente los pecados de las personas en él poniendo sus manos sobre la cabeza del animal. Este macho cabrío expiatorio era llevado a una gran distancia del campamento y liberado, para que no volviera jamás (Levítico 16:7-10).

La palabra griega traducida como «perdón», en Efesios 1:7, significa «enviar lejos». Se refiere a cancelar una deuda o conceder un perdón. Como el macho cabrío expiatorio, Cristo llevó nuestros pecados en la cruz.

En Cristo, Dios canceló las deudas tuyas y perdonó tus transgresiones, y lo hizo «según las riquezas de su gracia, que hizo sobreabundar para con nosotros [contigo]» (v. 8). Eso significa que tienes perdón infinito, porque la gracia de Dios es infinita. No puedes pecar más allá de la gracia de Dios, porque donde abunda el pecado, la gracia sobreabunda (Romanos 5:20).

Dios se deleita en derramar su gracia sobre ti. Esa gracia se está desbordando y nada la puede contener. Eres perdonado por todos tus pecados: pasados, presentes y futuros. Nunca serás condenado por Dios ni separado de Él (Romanos 8:1-2, 31-39). Aun cuando falles, Dios no usa tus pecados contra ti. Cristo los llevó todos para que tú puedas conocer el gozo y la paz que traen la libertad del pecado y la culpa.

Deja que la realidad de la gracia de Dios llene tu corazón con gozo y seguridad. Permite que la responsabilidad de glorificarlo te llene de temor y reverencia. Deja que este día sea un sacrificio de alabanza y servicio a Él.

Sugerencias para la oración: Agradece a Dios por su gracia infinita y su perdón.
⊙ Busca oportunidades para extender el perdón a otros.

Para un estudio más profundo: Lee Mateo 18:21-35.
⊙ ¿Qué característica marcaba al siervo malvado?
⊙ ¿Cuál fue la respuesta del rey ante la actitud del siervo malvado?
⊙ ¿Cuál era el punto que Jesús planteaba? ¿Cómo se aplica a ti?

Notas: _____

_____

_____

_____

_____

_____

PERSIGUE LA VOLUNTAD DE DIOS

*«En toda sabiduría e inteligencia, [Dios] dándonos a conocer
el misterio de su voluntad» (Efesios 1:8-9).*

**Aunque no hayas obtenido títulos académicos, tienes una sabiduría
que supera con creces al incrédulo más instruido.**

Cuando Dios te redimió, no solo te perdonó tus pecados y eliminó la culpa y el castigo de los mismos, sino que también te dio sabiduría espiritual y perspicacia: dos elementos esenciales para una vida piadosa. Estos manifiestan la capacidad de comprender la voluntad de Dios y aplicarla a tu vida en formas útiles.

Como creyente, comprendes las verdades más sublimes. Por ejemplo, sabes que Dios creó al mundo y que controla el curso de la historia. Sabes que la razón de que exista la humanidad es para que lo conozca y le glorifique. Tienes metas y prioridades que trascienden las circunstancias y limitaciones terrenales.

Esa sabiduría y esa perspicacia escapan a los incrédulos porque estos tienden a ver las cosas de Dios con desdén (1 Corintios 2:14). Pero tú «tienes la mente de Cristo» (v. 16). Su Palabra revela la voluntad de Él y su Espíritu te da el deseo y la capacidad de comprenderlo y obedecerle.

Hoy es una oportunidad para cultivar ese deseo a través de la oración diligente y el estudio de la Biblia. Haz tuyo el ruego del salmista: «¡Oh, cuánto amo yo tu ley! Todo el día es ella mi meditación. Me has hecho más sabio que mis enemigos… Más que todos mis enseñadores he entendido… Más que los viejos he entendido, porque… de todo mal camino contuve mis pies, para guardar tu palabra» (Salmos 119:97-101).

Sugerencias para la oración: Agradece a Dios por la sabiduría y la visión que te da a través de su Palabra.

⊙ Si has descuidado la Palabra, pide perdón y comienza una vez más a refrescar tu espíritu con sus verdades.

⊙ Pide sabiduría para responder bíblicamente a cada situación que enfrentes hoy.

Para un estudio más profundo: Muchos cristianos piensan que la voluntad de Dios es vaga o está oculta a ellos. Pero las Escrituras mencionan varios aspectos específicos de su voluntad. Una vez que te alinees con esos detalles, el Espíritu te dirigirá en las otras áreas de tu vida.

⊙ Enumera seis elementos de la voluntad de Dios basado en estos pasajes: Efesios 5:17-18; 1 Tesalonicenses 4:3; 1 Tesalonicenses 5:18; 1 Pedro 2:13-15; 1 Pedro 3:17; 2 Pedro 3:9.

⊙ ¿Estás siguiendo la voluntad de Dios en esas áreas? Si no es así, ¿qué pasos puedes dar hoy para hacerlo?

Notas: _____

_____

DESCANSA EN LA SOBERANÍA DE DIOS

*«[Dios] dándonos a conocer el misterio de su voluntad, según su beneplácito,
el cual se había propuesto en sí mismo, de reunir todas las cosas en Cristo,
en la dispensación del cumplimiento de los tiempos, así las que están en
los cielos, como las que están en la tierra» (Efesios 1:9-10).*

⤛ ⊙ ⤜

***Dios está íntimamente involucrado en el flujo de la historia humana y está
dirigiendo su curso hacia una culminación específica y predeterminada.***

P or siglos, los hombres de varias escuelas filosóficas han debatido sobre la causa, el curso y el clímax de la historia humana. Algunos niegan a Dios y, por lo tanto, cualquier participación divina en la historia. Otros creen que Dios puso todo en marcha y luego se retiró para dejar que progresara por sí mismo. Aun otros creen que Dios está íntimamente involucrado en el flujo de la historia humana y está dirigiendo su curso hacia una culminación específica y predeterminada.

En Efesios 1:9-10, el apóstol Pablo resuelve ese debate recordándonos que Jesús mismo es el objetivo de la historia humana. En Él se resumirán todas las cosas; toda la historia humana se resolverá y se unirá al Padre a través de la obra del Hijo.

Como dijo Pablo en otra parte: «Por cuanto agradó al Padre que en él habitase toda plenitud [de la deidad], y por medio de él [Cristo] reconciliar consigo todas las cosas… haciendo la paz mediante la sangre de su cruz» (Colosenses 1:19-20). La culminación de la obra reconciliatoria de Cristo vendrá durante su reino milenial (Apocalipsis 20). Después de eso, Él marcará el comienzo del estado eterno con un cielo nuevo y una tierra nueva (Apocalipsis 21).

A pesar de la incertidumbre política y el malestar militar en el mundo de hoy, lo cierto es que Dios tiene el control. Él gobierna al mundo (Isaías 40:22-24), las naciones (Isaías 40:15-17) y a los individuos también (Proverbios 16:9). El tiempo de Dios es correcto, según lo programado. Nada lo toma por sorpresa ni frustra sus propósitos. En última instancia, Él vencerá al mal y lo hará todo bien en Cristo.

Sugerencias para la oración: Agradece a Dios por la sabiduría y la visión que te da para ver —más allá de tus circunstancias temporales— sus propósitos eternos.
⊙ Vive con esa perspectiva presente.

Para un estudio más profundo: Lee Apocalipsis 20.
⊙ ¿Qué le sucede a Satanás antes que se establezca el reino milenial?
⊙ ¿Cómo encuentra Satanás su destino final?
⊙ ¿Qué pasa en el juicio del Gran Trono Blanco?

Notas: _____

_____

_____

_____

ANHELA SU HERENCIA

«En Cristo… tuvimos herencia» (Efesios 1:10-11).

**Como miembro de la familia de Dios, has obtenido una
herencia futura que tiene muchos beneficios presentes.**

Una herencia es algo que recibe un heredero como resultado de un testamento o un proceso legal. Es un legado que se recibe de los vínculos familiares.

Como miembro de la familia de Dios, eres heredero de Dios y coheredero con Cristo (Romanos 8:17). Como tal, has obtenido una herencia que el apóstol Pedro dijo que era «incorruptible, incontaminada e inmarcesible, reservada en los cielos para vosotros» (1 Pedro 1:4). Ella no puede perecer, desvanecerse o contaminarse porque el cielo es eterno e inmaculado. Es una herencia segura.

En Efesios 1:11, Pablo se refiere a esa herencia en tiempo pasado («tuvimos»). Eso es significativo, porque la plenitud de tu herencia no será revelada hasta que seas glorificado en la presencia de Dios (1 Juan 3:2). Pero tu herencia es tan segura que Pablo se refiere a ella como si ya la tuvieras en la mano.

Aunque tu plenitud yace en el futuro, tu herencia tiene beneficios en el presente. Además de heredar a Cristo y al Espíritu Santo, heredas la paz, el amor, la gracia, la sabiduría, el gozo, la victoria, la fuerza, la guía, la misericordia, el perdón, la rectitud, el discernimiento y cualquier otro posible beneficio espiritual. Pablo lo resume todo en 1 Corintios 3:22-23: «Todo es vuestro, y vosotros de Cristo, y Cristo de Dios».

Hoy en día, muchos cristianos están tan preocupados con la adquisición de bienes materiales que pierden muchos de los beneficios presentes de su herencia espiritual y el gozo de anticipar su cumplimiento futuro. ¡No caigas en esa trampa!

Esperar tu herencia eterna te ayudará a mantener una perspectiva apropiada de las cosas temporales y te motivará a alabar y adorar a Dios.

Sugerencias para la oración: Alaba al Señor por la extraordinaria herencia que te espera en el cielo.

⊙ Agradécele por los beneficios actuales de tu herencia, que son tuyos para que los disfrutes a diario.

Para un estudio más profundo: Un aspecto precioso de tu herencia eterna es la misericordia de Dios. El Salmo 136 refleja la misericordia que Dios mostró con Israel. Lee ese salmo y señala las manifestaciones del amor de Dios que se relacionan contigo.

Notas: _____

_____

_____

_____

ALABA A DIOS PORQUE TE ESCOGIÓ

«En él [fuimos]… predestinados conforme al propósito del que hace todas las cosas según el designio de su voluntad» (Efesios 1:11).

❧ ⊙ ☙

Dios tomó la iniciativa en la salvación al elegirte y otorgarte fe salvadora.

En Efesios 1:4 Pablo dice que Dios «nos escogió en [Cristo] antes de la fundación del mundo, para que fuésemos santos y sin mancha delante de él». En el versículo 11, reitera esa maravillosa verdad al afirmar que los creyentes han sido predestinados para la salvación según el propósito y la voluntad de Dios.

Muchos rechazan la enseñanza de que Dios escogió («predestinó») a los creyentes para la salvación. Piensan que los creyentes son los que eligen a Dios. En cierto sentido, tienen razón. La salvación implica un acto volitivo para apartarse del pecado y abrazar a Cristo. Sin embargo, el asunto de la predestinación es más profundo que eso. Es una cuestión de iniciativa. ¿Te eligió Dios basado en la fe que tienes en Él o, al elegirte, te permite responder con fe?

La respuesta es clara en las Escrituras. Romanos 3:11 afirma que nadie busca a Dios por su propia voluntad. Las personas no regeneradas no tienen capacidad para comprender la verdad espiritual; eso es pura tontería para ellos (1 Corintios 2:14). Ellos son espiritualmente muertos (Efesios 2:1), ciegos (2 Corintios 4:4) e ignorantes (Efesios 4:18).

¿Cómo pueden las personas en esa condición empezar a tener una fe salvadora? ¡No pueden! Y no pueden porque Jesús dijo: «Ninguno puede venir a mí, si el Padre que me envió no le trajere… Todo lo que el Padre me da, vendrá a mí; y al que a mí viene, no le echo fuera» (Juan 6:44, 37). El apóstol Pablo agregó: «Dios… nos salvó y llamó con llamamiento santo, no conforme a nuestras obras, sino según el propósito suyo y la gracia que nos fue dada en Cristo Jesús antes de los tiempos de los siglos» (2 Timoteo 1:8-9).

Dios tomó la iniciativa. Él te escogió y te dio fe salvadora (Efesios 2:8-9). Regocíjate en esa verdad. Descansa en el poder que Él tiene para conformar todas las cosas a la voluntad de Él. Saca fuerza y seguridad de lo que te prometió, que nunca te dejará ir (Juan 10:27-29). Luego vive cada día como escogido por Dios, evita el pecado y sigue la santidad.

Sugerencias para la oración: Alaba a Dios por poner su amor sobre ti y por concederte la salvación.

⊙ Ora por la salvación de otros y busca la oportunidad para hablar de Cristo con ellos hoy mismo.

Para un estudio más profundo: Lee Ezequiel 36:22-32.

⊙ ¿Por qué Dios redimirá un día a Israel?

⊙ ¿Qué te enseña ese pasaje acerca de la salvación de Dios?

Notas: _____

_____

_____

PROCLAMA LA PREEMINENCIA DE DIOS

«[Fuimos] predestinados… a fin de que seamos para alabanza de su gloria,
nosotros los que primeramente esperábamos en Cristo» (Efesios 1:11-12).

⤚ ⊙ ⤙

En la salvación, como en todo lo demás,
Dios es preeminente. Él merece todo el crédito.

La palabra *preeminencia* implica posición suprema, representar a uno que sobresale sobre todos los demás en una característica o logro particular. Solo Dios es en verdad preeminente, muy digno.

Efesios 1:12 destaca esa verdad. Tú fuiste redimido y se te concedió una herencia eterna para que Dios sea glorificado. Tú, en realidad, te beneficias enormemente de la salvación, pero el punto principal es la gloria de Dios.

Nuestra cultura centrada en el hombre no comparte esa perspectiva. Por desdicha, su incesante búsqueda y su mentalidad autoglorificadora se han infiltrado en la iglesia, al punto que el mismo evangelio ha estado sujeto a su influencia. Por ejemplo, a veces se define al pecado por el modo en que afecta al hombre, no por cómo deshonra a Dios. La salvación es presentada, a menudo, como un medio para recibir lo que Cristo ofrece, no como un mandato para obedecer lo que Él ordena. Muchos evangelistas modernos han reducido el evangelio a poco más que una fórmula por la cual las personas pueden lograr una vida feliz y más satisfactoria. El enfoque ha cambiado de la gloria de Dios al beneficio del hombre.

Ese evangelio complicado nutre el fuego del amor propio y la autoexaltación. Como creyentes, sabemos eso muy bien. Sabemos que el propósito de nuestra vida es glorificar a Dios. En otras palabras, vivir para su gloria es tener el control de todo lo que hacemos.

¿Qué propósito superior o más noble podría permitir la vida? «Olvidando ciertamente lo que queda atrás, y extendiéndome a lo que está delante», dijo el apóstol Pablo, «prosigo a la meta, al premio del supremo llamamiento de Dios en Cristo Jesús» (Filipenses 3:13-14). Mantén ese objetivo muy claramente en tu pensamiento y en todo lo que hagas hoy. Al hacerlo, tu día será «para la alabanza de la gloria [de Dios]».

Sugerencias para la oración: Alaba a Dios por su preeminencia en todas las cosas.
⊙ Ora para que se te presenten oportunidades para hablar con otros acerca de la preeminencia de Cristo, recordando que ellos verán eso en tus acciones y en tus palabras.

Para un estudio más profundo: Lee Job 38:1 a 42:6.
⊙ ¿Cómo convenció Dios a Job de su incomparable conocimiento y de su poder?
⊙ ¿Cuál fue la respuesta de Job?

Notas:

ABRAZA LA VERDAD

«En él también vosotros, habiendo oído la palabra de verdad, el evangelio de vuestra salvación, y habiendo creído en él» (Efesios 1:13).

➣➣ ⊙ ➢➣

El evangelio es verdadero porque Jesús es verdadero, no simplemente porque los cristianos crean en Él.

Después de declarar la salvación desde la perspectiva de Dios en el versículo 12, Pablo la expresa ahora desde la óptica del hombre. La fe en Cristo es la respuesta tuya al propósito eleccionario de Dios en tu vida. Esas dos verdades —la iniciativa de Dios y la respuesta del hombre— coexisten en todas las Escrituras.

Pablo dijo, de manera apropiada, que el evangelio era «el mensaje de la verdad» porque esta es su característica predominante. La salvación fue concebida por el Dios de la verdad (Salmos 31:5), fue comprada por el Hijo, que es la verdad (Juan 14:6) y es aplicada por el Espíritu de verdad (Juan 16:13). Saber eso es conocer la verdad que instaura hombres libres (Juan 8:32). Los creyentes son la gente de la verdad (Juan 18:37), por lo que adoran a Dios en espíritu y en verdad (Juan 4:24); además, obedecen la Palabra de verdad (Juan 17:17).

Sin embargo, aunque la verdad de Dios es muy profunda y poderosa, la gente la ha rechazado, descuidado, redefinido y se ha opuesto a ella por siglos. Algunos, como Pilato, niegan con cinismo que la verdad exista o que pueda ser conocida por los hombres (Juan 18:38).

Otros tontamente piensan que negar la verdad, de alguna manera, hará que desaparezca. Tal vez hayas escuchado a alguien que diga: «Jesús puede ser verdadero para usted, pero eso no significa que tiene que serlo para mí». Ese punto de vista asume que la creencia, en alguna manera, determina la verdad. Pero es todo lo contrario. La verdad determina la validez de lo que uno cree. Creer una mentira no la hace verdad. Por el contrario, errar al creer en la verdad no la convierte en mentira.

El evangelio es verdadero porque Jesús lo es, no simplemente porque los cristianos crean en Él. La resurrección de Cristo demostró lo verdadero de sus afirmaciones y constituye la base objetiva de nuestra fe (Romanos 1:4; 1 Pedro 1:3).

Hoy enfrentarás la vida armado con el mensaje de la verdad y con el poder del Espíritu de verdad. La verdad es tu protección y tu fortaleza (Efesios 6:14). Las almas perdidas necesitan desesperadamente escuchar esa verdad. Represéntala bien y proclámala con valentía.

Sugerencias para la oración: Agradece al Señor que te ha capacitado con su Espíritu para entender su verdad (1 Corintios 2:14-16).
⊙ Pídele sabiduría y valor para hablar la verdad de Cristo con amor (Ef 4:15).

Para un estudio más profundo: Lee 1 Corintios 15:1-11 y Hechos 17:30-31.
⊙ ¿Qué elementos clave del evangelio enumera Pablo?
⊙ ¿Cuál es la relación entre la resurrección de Cristo y el juicio de Dios a los pecadores?

Notas: _____

_____

Gozo en la seguridad

*«Fuisteis sellados con el Espíritu Santo de la promesa, que es
las arras de nuestra herencia» (Efesios 1:13-14).*

El Espíritu Santo es lo primero de tu herencia eterna que Dios te entrega.

El ministerio del Espíritu Santo en tu vida es multifacético y profundo. Entre otras cosas, trae salvación, convicción, guía y fortaleza. Él mora en ti y te equipa para el servicio espiritual; además, te da seguridad de su salvación. Él es tu Ayudador y tu Defensor. Él es el Espíritu de la promesa que te sella hasta el día en que se efectúe tu redención por completo (Efesios 4:30).

El sello manifiesta seguridad, autenticidad, propiedad y autoridad. Los antiguos reyes, príncipes y nobles colocaban su sello oficial en documentos u otros artículos para garantizar su inviolabilidad. Romper el sello era incurrir en la ira del soberano que representaba (Daniel 6:17, Mateo 27:62-66).

El sello, en una carta, autenticaba que esta era de la mano de aquel cuyo sello llevaba. Los documentos legales como los títulos de propiedad y los testamentos a menudo terminaban con un sello oficial. Aquellos que poseían un decreto del rey sellado, tenían la autoridad delegada del monarca para ponerlo en práctica.

Cada uno de esos aspectos del sello representa una imagen del ministerio del Espíritu. Él es la garantía de Dios de que la salvación tuya es inviolable y de que eres un auténtico miembro del reino de Dios y de su familia. Eres posesión de Él, porque fuiste comprado con la sangre preciosa de su Hijo (1 Corintios 6:20). Eres embajador suyo y te ha sido delegada autoridad para proclamar su mensaje a un mundo perdido (2 Corintios 5:20).

El Espíritu constituye las «arras» de su herencia eterna (Efesios 1:14). La palabra griega traducida como «arras», en ese versículo (*arrabōn*), se empleaba para efectuar un pago inicial o dar dinero en efectivo a fin de asegurar la compra de algo. Regocíjate en la seguridad de que Dios, que no puede mentir (Tito 1:2), te ha dado su Espíritu como garantía de que cumplirá sus promesas.

Sugerencias para la oración: Alaba a Dios por la seguridad de tu herencia eterna.

⊙ Alaba al Espíritu por sus muchos ministerios en tu vida. Sé sensible a la dirección de Dios para que tu ministerio entre los demás sea poderoso y congruente con la voluntad de Él.

Para un estudio más profundo: Lee Ester capítulos 3 y 8. ¿Qué papel jugó el sello del anillo del rey en el decreto de Amán (capítulo 3)? ¿Y en el decreto de Asuero y Mardoqueo (capítulo 8)?

Notas: _____

_____

_____

_____

REFLEJA QUE ERES PROPIEDAD DE DIOS

*«Fuisteis sellados con el Espíritu Santo de la promesa… hasta la redención de
la posesión adquirida, para alabanza de su gloria» (Efesios 1:14).*

❧ ⊙ ☙

Algún día Dios tomará posesión completa de todo lo que es legítimamente suyo.

Ya vimos que Dios nos sella con el Espíritu Santo con la promesa de nuestra herencia eterna. Aquí Pablo dice que lo hace con miras a «la redención de la posesión adquirida [propiedad de Él]». Eso se refiere al día cuando Dios tomará posesión completa de todo lo que es legítimamente suyo.

Satanás, hasta cierto punto, usurpó el reinado de Dios para convertirse en el «dios de este siglo [mundo]» (2 Corintios 4:4), el que actualmente está bajo su poder (1 Juan 5:19). En consecuencia, toda la creación es esclava de la decadencia y «gime a una, y a una está con dolores de parto hasta ahora» (Romanos 8:22). La creación espera ansiosamente el momento en que se revierta la maldición de Génesis 3, cuando todos los cristianos serán plenamente glorificados y el pecado será vencido eternamente. ¡Qué tiempo tan glorioso será ese!

Eres propiedad especial de Dios puesto que eres de Él por redención así como por creación. En Apocalipsis 5:9, los cuatro seres vivientes y los veinticuatro ancianos le cantan al Señor: «Digno eres… porque tú fuiste inmolado, y con tu sangre nos has redimido para Dios, de todo linaje y lengua y pueblo y nación». En Hechos 20:28, Pablo amonestó a los ancianos de Éfeso para que custodiaran cuidadosamente «la iglesia del Señor, la cual él ganó por su propia sangre».

Eso te convierte en un ser invalorable para Dios, parte de un «linaje escogido, real sacerdocio, nación santa, pueblo adquirido por Dios, para que anunciéis las virtudes de aquel que os llamó de las tinieblas a su luz admirable; vosotros que en otro tiempo no erais pueblo, pero que ahora sois pueblo de Dios» (1 Pedro 2:9-10).

De modo que, como posesión especial de Dios, debes reflejar que eres propiedad de Él y que su soberanía gobernará todo lo que hagas. Recuerda que no eres dueño de ti mismo «porque habéis sido comprados por precio; glorificad, pues, a Dios en vuestro cuerpo» (1 Corintios 6:20).

Sugerencias para la oración: Agradece a Dios que eres su posesión preciada.
⊙ Busca la dirección del Espíritu de Dios y proclama sus grandezas a través de sus palabras y sus hechos.
⊙ Pídele que te enseñe a apreciar a otros creyentes tanto como Él lo hace contigo.

Para un estudio más profundo: Lee Efesios 2:1-13; señala los privilegios espirituales y las responsabilidades que son tuyas en Cristo.

Notas: _____

_____

_____

ORA POR LOS CREYENTES

«Por esta causa también yo, habiendo oído de vuestra fe en el Señor Jesús, y de vuestro amor para con todos los santos, no ceso de dar gracias por vosotros, haciendo memoria de vosotros en mis oraciones» (Efesios 1:15-16).

Tu amor por otros cristianos es señal de tu fe verdadera y de tu amor por Dios.

Los cristianos de Éfeso mostraron dos características importantes de genuina fe cristiana: fe en el Señor Jesús y amor por los creyentes. «La fe en el Señor Jesús» implica tanto una afirmación de la deidad de Cristo como la sumisión a su soberanía. Puesto que es Dios, Él es el Señor soberano y, por lo tanto, debemos obedecer lo que Él manda (Juan 14:15; 1 Juan 2:3-6). Tu amor por «todos los santos» es señal de fe verdadera y de tu amor por Dios. El apóstol Juan dijo: «El que dice que está en la luz, y aborrece a su hermano, está todavía en tinieblas» (1 Juan 2:9). En ese pasaje, «luz» es una metáfora de la justicia y la verdad, y «tinieblas» alude al pecado y al error. Es pecaminoso y erróneo que alguien afirme que ama a Dios si no tiene amor por otros creyentes. Aquellos que aman a Dios también han de amar a los creyentes.

Si amas a los demás, orarás por ellos y alabarás a Dios por el progreso de su vida espiritual, como lo hizo Pablo con los efesios; ellos harán lo mismo por ti. Esa es una dinámica maravillosa dentro del Cuerpo de Cristo, una que debes perseguir con diligencia.

Sugerencias para la oración: Si aún no lo has hecho, comienza una lista de oración de individuos por quienes orarás todos los días. Enumera sus nombres y algunas peticiones específicas. Registra las respuestas a tus oraciones cuando veas a Dios moverse en sus vidas.

⊙ Recuerda agradecer a Dios por el progreso espiritual de ellos y por permitirte orar por sus necesidades. Infórmales que estás orando por ellos. Eso podría ser una fuente de gran aliento para ellos.

⊙ Si estás en desacuerdo con otro creyente, trata de reconciliarte de inmediato (Mateo 5:23-24), para que tu testimonio sea fuerte y el nombre del Señor no sea avergonzado.

Para un estudio más profundo: Lee Filipenses 1:9-11 y Colosenses 1:9-14.

⊙ ¿Qué solicitudes e inquietudes expresaba Pablo en sus oraciones?

⊙ ¿Reflejan tus oraciones las prioridades de Pablo? Si no es así, ¿qué ajustes debes hacer para tener un patrón bíblico de oración?

Notas: _____

_____

_____

_____

ENTIENDE QUÉ ES LO QUE TIENES

*«Para que el Dios de nuestro Señor Jesucristo, el Padre de gloria, os dé espíritu
de sabiduría y de revelación en el conocimiento de él» (Efesios 1:17).*

❧ ⊙ ❧

***Tu herencia en Cristo es tan vasta y profunda que no
podrás entenderla sin que Dios te capacite.***

E l difunto publicador de periódicos William Randolph Hearst invirtió una fortuna
en grandes obras de arte. Un día leyó acerca de una obra extremadamente valiosa y
decidió agregarla a su colección. Su agente buscó en todas las galerías del mundo, pero
fue en vano. Al fin, después de muchos meses de esfuerzo y a un gran costo, el agente
encontró la preciada obra de arte. Todo el tiempo había estado almacenada en uno de los
propios almacenes de Hearst.

Esa historia es paralela a la de los cristianos que siempre buscan algo más porque no
entienden lo que ya tienen en Cristo. Como Pablo sabía que ese era un problema potencial, oró para que Dios nos permitiera comprender nuestras riquezas espirituales.

«Espíritu», en el versículo 17, se refiere a una disposición o actitud de humildad, como
en «Bienaventurados los pobres en espíritu» (Mateo 5:3). «Revelación» significa conocimiento que Dios imparte a través de su Palabra. «Sabiduría» es la aplicación de ese conocimiento a la vida diaria. El efecto combinado es una actitud humilde hacia la Palabra de
Dios, que te obliga a aprenderla e integrarla en todos los aspectos de tu vida.

A nivel humano, la plenitud de tu herencia en Cristo es incomprensible. La Palabra de
Dios revela muchos de sus beneficios y el Espíritu Santo te capacita a medida que aprendes a vivir de acuerdo a sus principios, pero gran parte de ella seguirá siendo un misterio
en esta vida (1 Juan 3:2). La oración de Pablo es para que entiendas tanto como sea posible, de modo que la sabiduría y la revelación divinas gobiernen todas tus actitudes y tus
hechos. Permite que ese sea tu objetivo hoy.

Sugerencias para la oración: Agradece a Dios por las riquezas incomprensibles que son
tuyas en Cristo.

⊙ Ora para que siempre puedas acercarte a su Palabra con una actitud sumisa y un
corazón moldeable.

Para un estudio más profundo: Revisar las promesas de Dios nos motiva a alabarle
y nos recuerda la provisión de su gracia. Lee los siguientes pasajes y considera las
promesas que contienen: Salmos 29:11; Isaías 26:3; 41:10; Mateo 6:25-34; Juan
14:2-3,
13-14; 1 Corintios 10:13; 2 Corintios 1:3-4; Filipenses 4:6-7; 1 Juan 1:9; 5:11-12;
Apocalipsis 21:3-4.

⊙ Analiza tu vida. ¿Muestra confianza en las promesas de Dios?

Notas: _____

_____

DÍA 24
RECIBE LA ILUMINACIÓN ESPIRITUAL

«Alumbrando los ojos de vuestro entendimiento» (Efesios 1:18).

⚬

La iluminación espiritual no viene a través del esfuerzo propio ni de la meditación introspectiva, sino mediante el Espíritu Santo de Dios.

Nuestra sociedad ha estado enamorada de la búsqueda de la iluminación espiritual, sobre todo desde la afluencia del pensamiento oriental en occidente durante la década de 1960. Ahora nos estamos ahogando en un mar de falsas religiones y filosofías de la Nueva Era.

La iluminación verdadera continúa eludiendo a muchos puesto que han negado su fuente y han recurrido a gurúes y maestros que no tienen luz que dar. Personas que propagan el esfuerzo propio y la meditación introspectiva, pero la iluminación espiritual no llega por esos medios. Solo viene a través del Espíritu Santo (1 Corintios 2:14-16). Es por eso que Pablo oró para que Dios mismo iluminara el corazón de los creyentes efesios (Efesios 1:18).

Podemos esperar que Pablo ore por las mentes iluminadas más que por los corazones, pero eso se debe a que asociamos la palabra corazón con emociones, en lugar de asociarla con pensamientos. Sin embargo, en el pensamiento hebreo y griego, el corazón era considerado el asiento del conocimiento, el pensamiento y la comprensión. Por ejemplo, Jesús dijo que los malos pensamientos salen del corazón (Mateo 15:19). Las emociones son importantes, pero deben ser guiadas y controladas por una mente iluminada.

¿Cómo te ilumina el Espíritu? Al orar y estudiar la Palabra de Dios, Él transforma y renueva tu mente (Romanos 12:2) llenándote «del conocimiento [de Dios] de su voluntad en toda sabiduría e inteligencia espiritual» (Colosenses 1:9). Él te enseña a reconocer y defender lo que es excelente para que seas «sincero e irreprensible» delante de Dios (Filipenses 1:10). Él implanta la verdad bíblica en tu pensamiento para que tus respuestas se parezcan cada vez más a las de Cristo.

Qué maravilloso saber que, en cada momento del día, Dios está trabajando dentro de ti de esa manera. Sé diligente para orar y pasar tiempo con la Palabra de modo que tu progreso espiritual sea evidente para todos (1 Timoteo 4:15).

Sugerencias para la oración: Agradece a Dios por el trabajo transformador del Espíritu dentro de ti.

⚬ Reafirma tu amor por Él y exprésale tu disposición a ser cambiado por su Espíritu de cualquier manera que considere apropiado.

⚬ Mantente alerta a las actitudes o acciones que necesitan modificarse. Confía en la gracia y la fortaleza de Dios al hacerlo.

Para un estudio más profundo: Lee Génesis capítulos 27 a 33, y observa cómo usó Dios los acontecimientos de la vida de Jacob para transformar su débil compromiso espiritual en uno que era fuerte e incondicional (especialmente Génesis 28:20-22; 32:9-12).

Notas: _____

ENTIENDE TU LLAMADO

«[Oro] para que sepáis cuál es la esperanza a que él os ha llamado» (Efesios 1:18).

>━━ ⊙ ━━

La esperanza de tu llamado se fundamenta
en las promesas y los logros de Cristo.

En Efesios 1:3-14, Pablo proclama las bendiciones de nuestra salvación. En el versículo 18 ora para que comprendamos esas grandes verdades que resume en la frase: «la esperanza a que él os ha llamado».

«Llamado» aquí se refiere a la convocación eficaz de Dios: esa que redime el alma. La Escritura habla de dos clases de llamados: el evangelio o llamado general, y el llamado efectivo o específico. El llamado del evangelio es dado por los hombres y es una invitación universal a arrepentirse y a confiar en Cristo para salvación (por ejemplo, Mateo 28:19; Hechos 17:30-31). Se dirige a todos los pecadores, pero no todos los que lo escuchan responden con fe.

El llamado efectivo es dado por Dios solo a los elegidos. Por eso Él habla al alma, concede fe salvadora y dirige a los pecadores elegidos a la salvación (Juan 6:37-44, 65; Hechos 2:39). Todos los que lo reciben responden con fe.

La esperanza de tu llamado eficaz se fundamenta en las promesas de Dios y en los logros de Cristo (1 Pedro 1:3); además, se caracteriza por tu expectación confiada y tu paciente espera a que se cumplan esas promesas. Tu esperanza es la glorificación final y compartir la gloria de Dios cuando Cristo regrese (Colosenses 3:4). Esa es una fuente de fortaleza y estabilidad en medio de las pruebas de la vida (1 Pedro 3:14-15). En consecuencia, deberías alegrarte plenamente (Romanos 5:2) y motivarte a una vida piadosa (1 Juan 3:3).

Al enfrentar este nuevo día, hazlo confiando que eres uno de los elegidos de Dios. Él te llamó y te sostendrá allí, pese a las circunstancias que enfrentes. Nada puede separarte de su amor (Romanos 8:38-39).

Sugerencias para la oración: Agradece a Dios por la seguridad de tu salvación.
⊙ Pídele que grabe en tu corazón las bendiciones y las responsabilidades de tu llamado.
⊙ Vive anhelando el regreso inminente de Cristo.

Para un estudio más profundo: El llamado de Josué a liderar a Israel no fue a la salvación, aunque ilustra algunos principios importantes para el liderazgo espiritual. Puede que no te veas como un líder espiritual, pero es importante para aquellos que te ven como un ejemplo de carácter cristiano.

Lee Josué 1:1-9 y luego responde las siguientes preguntas: ¿Cuáles fueron las circunstancias del llamado de Josué (vv. 1-2)?
⊙ ¿Qué promesas le hizo Dios (vv. 3-6)?
⊙ ¿Qué le requirió Dios (vv. 7-9)?

Notas: _____

_____

MANTÉN UNA PERSPECTIVA CLARA

«[Oro] para que sepáis… cuáles [son] las riquezas de la gloria
de su herencia en los santos» (Efesios 1:18).

La forma en que percibes tus recursos espirituales dicta el modo en que vives.

A lo largo de Efesios 1, el apóstol Pablo claramente se sorprende con la magnificencia de nuestra herencia en Cristo. Aquí ora para que sepamos las riquezas de su gloria.

Algunos comentaristas ven la frase «su herencia» como una referencia a los creyentes, que son herencia de Dios o posesión adquirida (v. 14). Esa opinión destaca el valor que Dios nos da como creyentes, como lo demostró con la muerte de Cristo, el perdón de nuestros pecados y la gracia abundante que nos prodiga (vv. 7-8).

Otros la ven como una referencia a la herencia del creyente, la que Pablo llama «su herencia» puesto que Dios es su fuente. Así como su «llamado» (v. 18) salió de Él y fue recibido por los creyentes, su herencia también proviene de Él.

Ambos puntos de vista son teológicamente sólidos, pero el segundo parece más coherente con el énfasis de Pablo en los versículos 11 y 14. En cualquier caso, el punto de Pablo es claro: la redención y las bendiciones que la acompañan son tan profundas que debemos tener ayuda sobrenatural para entenderlas. Es por eso que oró por nuestra iluminación (v. 18).

Esa iluminación es crucial puesto que el modo en que percibes tus recursos espirituales dicta la manera en que vives. Si, por ejemplo, te das cuenta de que tienes recursos para una vida piadosa (Efesios 1:3), es menos probable que sucumbas a la tentación. Saber que Dios te ha dado lo mejor en Cristo (Romanos 8:32) te asegura que Él no te retendrá cosas menores y, en consecuencia, no tenderás a preocuparte por las necesidades terrenales. Entender que ya recibiste «gracia sobre gracia» (Juan 1:16), vida abundante (Juan 10:10) y «todas las cosas que pertenecen a la vida y a la piedad» (2 Pedro 1:3), te hace confiar en que la gracia y los recursos futuros de Dios serán más que suficientes (2 Corintios 12:9).

Permite que eso te motive a alabar a tu rico y glorioso Dios por su rica y gloriosa herencia.

Sugerencias para la oración: Agradece a Dios por el privilegio de ser su hijo.
- Memoriza Efesios 1:3 y 2 Pedro 1:3, recítalos a menudo como himnos de alabanza por la abundante gracia del Señor.

Para un estudio más profundo: Lee 2 Corintios capítulos 11 y 12.
- ¿Qué tipo de pruebas enfrentó Pablo?
- ¿Cómo respondió Dios a la oración de Pablo para que quitara su «aguijón en la carne»?
- ¿Cómo puede influir la respuesta de Pablo en ti cuando te enfrentes a las dificultades?

Notas: _____

_____

CONFÍA EN EL PODER DE DIOS

«[Oro]… para que sepáis cuál [es] la supereminente grandeza de su poder
[de Dios] para con nosotros los que creemos» (Efesios 1:18-19).

≻∙≺

El mismo poder divino que creó, sostiene y controla al universo asegura tu salvación.

¡El poder de Dios es asombroso! David escribió: «Tuya es, oh Jehová, la magnificencia y el poder, la gloria, la victoria y el honor; porque todas las cosas que están en los cielos y en la tierra son tuyas. Tuyo, oh Jehová, es el reino, y tú eres excelso sobre todos. Las riquezas y la gloria proceden de ti, y tú dominas sobre todo; en tu mano está la fuerza y el poder, y en tu mano el hacer grande y el dar poder a todos. Ahora pues, Dios nuestro, nosotros alabamos y loamos tu glorioso nombre» (1 Crónicas 29:11-13).

En Efesios 1:19, Pablo se enfoca en una característica clave del poder de Dios: su capacidad para asegurar la salvación de su pueblo. Y ora para que entiendas la supereminente grandeza de esa verdad.

La palabra griega traducida como «poder» es *dunamis*, de la cual obtenemos los vocablos dinamita y dínamo. Este poder es activo, dinámico, convincente, y trabaja poderosamente a favor tuyo. Es posible que no siempre lo sientas, sin embargo, está ahí.

El apóstol expresa el mismo pensamiento en 1 Pedro 1:5, donde dice que somos «guardados por el poder de Dios mediante la fe» en Cristo. En ese versículo la palabra «guardados» significa «conservar o proteger» y refleja la confianza de Pedro de que la salvación es inviolable.

El mismo poder ilimitado que creó, sostiene y controla al universo te salvó y te mantiene a salvo. Por eso es que Jesús dijo que nadie puede arrebatarte de la mano del Padre (Juan 10:29). Ni siquiera Satanás tiene poder para hacerlo. Pablo agregó, con confianza, que nada puede separarte del amor de Dios (Romanos 8:38-39). Esa es la confianza que deberías tener a medida que vives cada día.

Sugerencias para la oración: Ora por una mayor iluminación espiritual y un entendimiento más claro de tu seguridad en Cristo.

⊙ Nada te robará tu seguridad más rápido que el pecado no confesado. Si eso te ha sucedido, confiésalo de inmediato y olvídalo. Luego pídele a Dios que te devuelva el gozo de tu salvación.

Para un estudio más profundo: Lee 1 Crónicas 29:11-13.

⊙ ¿Qué prerrogativas atribuyó David a Dios (vv. 11-12)?
⊙ ¿Cuál fue la respuesta de David al poder de Dios (v. 13)?

Notas: _____

_____

_____

_____

ESFUÉRZATE DE ACUERDO AL PODER DE DIOS

«Según la operación del poder de su fuerza [de Dios], la cual operó en
Cristo, resucitándole de los muertos» (Efesios 1:19-20).

>ᐟᗩ᙮ ⊙ ᙭ᗩᐠ

En Cristo tienes todo el poder que siempre necesitarás.

La resurrección de Jesucristo es la gran esperanza de los creyentes. Porque Él vive, nosotros también viviremos (Juan 14:19). Pedro afirmó que [Dios] «nos hizo renacer para una esperanza viva, por la resurrección de Jesucristo de los muertos, para una herencia incorruptible, incontaminada e inmarcesible» (1 Pedro 1:3-4). Nosotros y lo que tenemos estamos protegidos por el poder de Dios (v. 5).

En Efesios 1:19-20, Pablo hace dos comparaciones. La primera es entre el poder que Dios mostró en la resurrección y ascensión de Cristo y el poder que muestra en favor de cada creyente. Ese poder se describe como «trabajo», «fortaleza» y «potencia» de Dios. Juntos, esos sinónimos enfatizan la grandeza del poder de Dios, que no solo garantiza nuestra salvación sino que también nos capacita para tener vidas piadosas.

La segunda comparación es entre la resurrección y ascensión de nuestro Señor y la resurrección y ascensión de nosotros. La tumba no pudo retenerlo ni puede retenernos (1 Corintios 15:54-57). Satanás mismo no pudo evitar la exaltación de Cristo, ni puede impedir que recibamos nuestra herencia eterna.

En Cristo tienes todo el poder que siempre necesitarás. Para alcanzar a los perdidos tienes al evangelio mismo, que «es poder de Dios para salvación a todo aquel que cree» (Romanos 1:16). En tiempos difíciles, tienes la seguridad de que la supereminente grandeza del poder de Dios está obrando en ti (2 Corintios 4:7). Para una vida santa, tienes a Dios mismo obrando en ti «por su buena voluntad» (Filipenses 2:13).

No importa lo débil o mal equipado que puedas sentirte a veces, percátate de que Dios es «poderoso para hacer todas las cosas mucho más abundantemente de lo que pedimos o entendemos, según el poder que actúa en nosotros [en ti]» (Efesios 3:20). Así que sigue esforzándote de acuerdo a ese poder (Colosenses 1:29), pero hazlo con la confianza de que, en última instancia, Dios cumplirá su bien en tu vida.

Sugerencias para la oración: Agradece a Dios que puede y logrará sus propósitos en tu vida (Filipenses 1:6; 1 Tesalonicenses 5:24).
⊙ Ora por sabiduría para que sepas la forma en que podrías servirle mejor a Él.

Para un estudio más profundo: Lee el Salmo 145 y señala cada mención del poder de Dios que David hace. Permite que esos ejemplos llenen tu corazón con confianza y alabanza.

Notas: _____
_____
_____
_____

Exalta a Cristo

«[Dios sentó a Cristo] a su diestra en los lugares celestiales» (Efesios 1:20).

＞━◉━＜

Cristo ocupa el lugar más alto en poder, prominencia, autoridad y honor.

Exaltar a alguien es elevar a esa persona en estado, dignidad, poder y honor. Al igual que Dios, Jesús posee todo el poder y la autoridad, y es merecedor de toda honra y gloria. Sin embargo, cuando estuvo en la tierra, la mayoría de la gente se negó a darle la gloria que se merecía. Al contrario, se burlaron y finalmente lo asesinaron.

Justo antes de su muerte, Jesús oró al Padre: «Glorifícame tú al lado tuyo, con aquella gloria que tuve contigo antes que el mundo fuese» (Juan 17:5). El Padre respondió esa oración dándole un nombre y una posición exaltada.

Pablo escribió: «Por lo cual Dios también le exaltó [a Cristo] hasta lo sumo, y le dio un nombre que es sobre todo nombre, para que en el nombre de Jesús se doble toda rodilla de los que están en los cielos, y en la tierra, y debajo de la tierra; y toda lengua confiese que Jesucristo es el Señor, para gloria de Dios Padre» (Filipenses 2:9-11).

Hebreos 1:3 agrega que cuando Cristo hizo la purificación de los pecados, se sentó a la derecha de la Majestad en lo alto. Los sacerdotes del Antiguo Testamento no se sentaban mientras estaban de servicio puesto que su trabajo nunca terminaba. Se necesitaban repetidos sacrificios debido a los propios pecados del sacerdote y los del pueblo. Cristo, por otro lado, hizo un sacrificio suficiente y luego se sentó. Su obra expiatoria concluyó.

La «diestra de la Majestad» es una metáfora que representa el lugar más elevado de poder, prominencia, autoridad y honor. Desde esa posición exaltada, Cristo reina como el Señor soberano del universo.

Hay un aspecto de la exaltación de Cristo en el que nosotros, como creyentes, podemos participar en este momento. David dijo: «Engrandeced a Jehová conmigo, y exaltemos a una su nombre» (Salmos 34:3). El Salmo 99:5 agrega: «Exaltad a Jehová nuestro Dios, y postraos ante el estrado de sus pies». ¡Alábalo abundantemente porque Él es digno!

Sugerencias para la oración: Lee el Salmo 34 y exalta al Señor por todos los beneficios que da a favor de su pueblo.

Para un estudio más profundo: Lee Colosenses 3:1-4.
- ⊙ Describe tu posición en Cristo (vv. 1, 3).
- ⊙ ¿Cuál debería ser el enfoque de tu vida (v. 2)?
- ⊙ ¿Cuándo, en definitiva, vindicará Dios su fe en Cristo (v. 4)?
- ⊙ ¿Qué debes hacer para que Dios te exalte (Santiago 4:10; 1 Pedro 5:6)?

Notas: _____

_____

_____

_____

SIRVE AL DIOS SUPREMO

«[Dios exaltó a Cristo] sobre todo principado y autoridad y poder y señorío,
y sobre todo nombre que se nombra, no sólo en este siglo, sino también en el
venidero; y sometió todas las cosas bajo sus pies» (Efesios 1:21-22).

¡Ahora y para siempre, Cristo es supremo!

Hemos visto que Cristo tiene un nombre exaltado y una posición de autoridad exaltada. En los versículos 21-22 Pablo elabora sobre el alcance de la autoridad de Cristo, que está «sobre todo principado y autoridad y poder y señorío».

«Principado y autoridad y poder y señorío» son designaciones para seres angelicales, ya sean buenos o malos (Efesios 6:12; Colosenses 1:16). En su encarnación, Cristo fue hecho un poco menor que los ángeles, para que sufriera la muerte en nuestro lugar (Hebreos 2:9). Ahora Cristo es «superior a los ángeles, [por] cuanto heredó más excelente nombre que ellos» (Hebreos 1:4), y el Padre ordena a todos los ángeles que adoren al Hijo (v. 6).

Sin embargo, el gobierno de Cristo se extiende mucho más allá de los seres angelicales. En Efesios 1:21 la frase «todo nombre que se nombra» es una referencia general a cualquier forma de autoridad, ya sea angelical o humana, eterna o temporal. Ahora y siempre ¡Cristo es supremo! En última instancia, toda rodilla se inclinará ante Él, y toda lengua confesará que Él es el Señor (Filipenses 2:10-11).

Las implicaciones de esa verdad son asombrosas. Por ejemplo, Cristo precede la Gran Comisión de Mateo 28:19-20, la médula de la evangelización cristiana y el discipulado, con esta significativa declaración: «Toda potestad [autoridad] me es dada en el cielo y en la tierra».

En definitiva, tus esfuerzos de evangelización y discipulado darán fruto porque están respaldados por la autoridad de Cristo mismo. ¿Te anima eso a aprovechar cada oportunidad que se te presente para hablar de Cristo y de su Palabra a los demás? ¡Debería!

Sé fiel hoy, percátate de que representas a aquel en quien yace toda autoridad. Nada puede frustrar sus propósitos.

Sugerencias para la oración: Pídele al Espíritu Santo que te dirija a un alma perdida o a alguien que puedas alentar con la Palabra. Sé sensible a lo que el Señor te inste.

Para un estudio más profundo: Lee Colosenses 1:15-23.

- ¿Cuál fue el papel de Cristo en la creación (vv. 15-17)?
- ¿Cuál es el papel de Él en la iglesia (v. 18)? ¿En la salvación (v. 22)?
- ¿Qué lugar le has dado al Señor en tu vida?

Notas: _____

_____

_____

_____

La iglesia, el complemento de Cristo

«Dios sometió todas las cosas bajo sus pies, y lo dio por cabeza sobre todas las cosas a la iglesia, la cual es su cuerpo, la plenitud de Aquel que todo lo llena en todo» (Efesios 1:22-23).

La iglesia fue diseñada para ser el complemento de Cristo.

Aquí Pablo usa una analogía gráfica para ilustrar la relación de Cristo con la iglesia: Él es la cabeza; los creyentes son su cuerpo. Pablo explica que debemos mantenernos asidos a «la Cabeza [Cristo], en virtud de quien todo el cuerpo, nutriéndose y uniéndose por las coyunturas y ligamentos, crece con el crecimiento que da Dios» (Colosenses 2:19; Efesios 4:15-16).

Así como la cabeza controla al cuerpo humano, Cristo gobierna a su cuerpo, que es la iglesia (1 Corintios 12:12-31). Por su Espíritu y su Palabra, Él provee todos los recursos que la iglesia necesita para funcionar para su gloria. De esa manera Él garantiza que sus propósitos se cumplirán.

La iglesia es, de hecho, «la plenitud de Aquel que todo lo llena en todo» (Efesios 1:23). La implicación es que el incomprensible, todo suficiente, todopoderoso y absolutamente supremo Cristo es, en cierto sentido, incompleto; no en su naturaleza, sino en el grado en que se ve su gloria en el mundo.

«Complemento» es un sinónimo de «plenitud». La iglesia fue diseñada para complementar a Cristo. Él es el que «todo lo llena en todo»: la plenitud de la deidad en forma corporal (Colosenses 2:9) y el dador de la verdad y la gracia (Juan 1:14). Sin embargo, decide revelar su gloria en y a través de la iglesia. Por lo tanto, hasta que la iglesia sea glorificada por completo, Cristo no será complementado a cabalidad.

¿Complementa tu vida a Cristo? ¿Adornas la doctrina de Dios nuestro Salvador en todos los aspectos (Tito 2:10)? ¿Dejas que su luz brille ante los hombres de tal manera que puedan ver sus buenas obras y glorifiquen a tu Padre que está en el cielo (Mateo 5:16)? Tienes todos los recursos espirituales para hacerlo, no permitas que nada te lo impida (Hebreos 12:1-2).

Sugerencias para la oración: Lee Salmos 139:23-24 y ora con David para que Dios escudriñe tu corazón y revele cualquier pecado que pueda impedirte complementar a Cristo hoy.

Para un estudio más profundo: Lee 1 Corintios 12:1-30.
- ⊙ ¿Qué dones espirituales se mencionan en este pasaje?
- ⊙ ¿Cómo lidia Pablo con la idea errónea de que unos dones son más importantes que otros (vv. 14-30)?
- ⊙ Como miembro del cuerpo de Cristo, ¿eres dotado por el Espíritu para ministrar a otros? ¿Lo estás haciendo?

Notas: _____

_____

GOZO Y PIEDAD

«Me gozo y regocijo con todos vosotros» (Filipenses 2:17).

❧ ⊙ ❧

El gozo verdadero está directamente relacionado con la vida piadosa.

El libro de Filipenses a menudo es llamado la epístola del gozo y con razón, porque su tema principal es el gozo del creyente. Pablo amaba a los cristianos de Filipos y ellos a el. Cuando supieron que había sido encarcelado por predicar el evangelio, los filipenses se preocuparon profundamente por el apóstol.

Pablo escribió para aliviar los temores de ellos y animarlos a que se gozaran. Acerca de su propia situación, Pablo dijo lo siguiente: «Aunque sea derramado en libación sobre el sacrificio y servicio de vuestra fe, me gozo y regocijo con todos vosotros» (Filipenses 2:17-18).

Los sacrificios de animales que practicaban los judíos a menudo se acompañaban con una ofrenda bebida o libación (por ejemplo, Números 15:1-10). El animal era el sacrificio mayor, la libación era el menor. En base a esa imagen, Pablo le dio mayor importancia a la fe y al bienestar espiritual de sus lectores que a su propia vida. El sufrir por el amor de Cristo le producía gozo, por lo que deseaba que los filipenses entendieran esa perspectiva y se regocijaran con él.

Además, quería que entendieran que el gozo no opera en el vacío, sino que está directamente relacionado con la vida piadosa. Cristo es su fuente y la obediencia su sustento. Vemos eso en el clamor de arrepentimiento que David expresó: «Vuélveme el gozo de tu salvación» (Salmos 51:12). Pablo conocía el gozo del Señor porque confiaba en Cristo y obedecía su voluntad.

La escasez de gozo y piedad en el mundo de hoy hace que sea imperativo que los cristianos manifiesten tales características. Con ello, otros podrían ver nuestras buenas obras y glorificar a nuestro Padre que está en los cielos (Mateo 5:16).

En los siguientes días estudiaremos varios aspectos del gozo y la piedad que señalan los libros de Filipenses (1:1-11) y Colosenses (1:9-12). Oro para que sientas ansiedad por aprender de la Palabra de Dios y obedezcas voluntariamente lo que aprendas, porque allí se muestra el «gozo inefable y glorioso» (1 Pedro 1:8).

Sugerencias para la oración: Pídele al Espíritu Santo que use nuestros estudios diarios para fortalecer tu gozo y aumentar tu piedad.

⊙ Intenta imitar la actitud Pablo en cuanto a preferir a los demás antes que a ti mismo, un elemento clave en la vida gozosa.

Para un estudio más profundo: Lee el libro de Filipenses, señala cada referencia al gozo.

⊙ ¿Qué le produjo gozo a Pablo?

⊙ ¿De qué o en quién confías para gozarte?

Notas: _____

_____

El gozo y la felicidad

«Regocijaos en el Señor» (Filipenses 4:4).

❧ ⊙ ❧

La felicidad se relaciona con las circunstancias; el gozo es un regalo de Dios.

No hace mucho tiempo era común ver pegatinas o calcomanías con letreros que decían cualquier cosa concebible como fuente de felicidad. Por ejemplo, unos decían: «Felicidad es… estar casado». Otros señalaban: «Felicidad es… ser soltero». Otros más cínicos decían: «Felicidad es… otro imposible».

La felicidad, para la mayoría de las personas, es posible; pero también es inconstante, superficial y efímera. Como lo implica la palabra misma, la felicidad está asociada con los acontecimientos, la casualidad, la suerte y la fortuna. Si las circunstancias son favorables, uno es feliz; en caso contrario, es infeliz.

El gozo cristiano, sin embargo, está directamente relacionado con Dios y se basa en la firme confianza de que todo está bien, independientemente de las circunstancias que se presenten.

En Filipenses 4:4, Pablo afirma: «Regocijaos *en el Señor*» (énfasis añadido). El Señor es la fuente y el objeto, a la misma vez, del gozo cristiano. Conocer a Cristo produce un gozo que trasciende las circunstancias temporales. Obedecerle produce paz y seguridad.

El gozo es un don de Dios para cada creyente. Es el fruto que produce su Espíritu dentro de ti (Gálatas 5:22) desde el momento en que recibes el evangelio (Juan 15:11). Ese gozo aumenta a medida que estudias y obedeces la Palabra de Dios (1 Juan 1:4).

Aun las pruebas más severas no deben impedir que estés gozoso. Santiago 1:2 dice que uno debe gozarse cuando se encuentre en diversas pruebas, porque las pruebas producen resistencia espiritual y madurez. Además, confirman que su fe es genuina y, una fe probada, es fuente de gran gozo (1 Pedro 1:6-8).

Vives en un mundo corrompido por el pecado. Pero tu esperanza está en un Dios vivo, no en un mundo agonizante. Él «es poderoso para guardaros sin caída, y presentaros sin mancha delante de su gloria con gran alegría» (Judas 24). Esa es la seguridad de tu gloria futura y tu gozo eterno. No descuides su Palabra, ni menosprecies las pruebas, ni pierdas de vista su recompensa eterna, ya que son los ingredientes clave de tu alegría en el presente.

Sugerencias para la oración: Agradece al Señor por cualquier circunstancia difícil que podrías estar enfrentando. Pídele la gracia continua para verla a través de su perspectiva y para no desanimarte (Gálatas 6:9).
⊙ Ten cuidado con cualquier actitud pecaminosa u acción de tu parte que pueda disminuir tu alegría. Confiésalas de inmediato.

Para un estudio más profundo: Lee Hechos 16:11-40.
⊙ ¿Qué dificultades tuvieron Pablo y Silas al fundar la iglesia filipense?
⊙ ¿Cómo usó Dios esas dificultades para su gloria?

Notas: _____

EL GOZO DE EXALTAR A CRISTO

«Pablo y Timoteo, siervos de Jesucristo» (Filipenses 1:1).

>⊶ ⊙ ⊷

Si tu objetivo es exaltar a Cristo, cualquier cosa que promueva el evangelio te traerá gozo.

Aparte del Señor, Pablo es quizás la mejor ilustración de que el gozo no tiene relación alguna con las circunstancias.

El apóstol les escribió a los filipenses desde una celda, ya que estaba en prisión; sin embargo, les habló del gozo y el contentamiento. La vida del apóstol estaba llena de dificultades y situaciones amenazantes (2 Corintios 11:23-33). En efecto, el Señor, poco después de enfrentarlo en el camino a Damasco, dijo: «instrumento escogido me es éste [Pablo], para llevar mi nombre en presencia de los gentiles, y de reyes, y de los hijos de Israel; porque yo le mostraré cuánto le es necesario padecer por mi nombre» (Hechos 9:15-16). Sin embargo, en cada situación que enfrentaba, Pablo hallaba una causa de regocijo.

Su imperioso deseo de exaltar a Cristo lo llevó a soportar un juicio tras otro. Cuando Cristo fue exaltado, Pablo se regocijó. Eso fue evidente en Filipos, donde después de un breve ministerio en el que Dios redimió a una empresaria llamada Lidia y expulsaron demonios de una esclava, Pablo y Silas fueron acusados falsa e injustamente, golpeados y arrojados a la prisión. Ni eso sofocó su gozo, ya que «a medianoche, orando Pablo y Silas, cantaban himnos a Dios; y los presos los oían» (Hechos 16:25).

Eso fue un testimonio tan poderoso del gozo del Señor que poco después el carcelero, y toda su familia, creyeron en el evangelio y fueron salvos. Aun cuando el encarcelamiento impidió que Pablo ministrara tan eficazmente como deseaba y aunque otros usurparon su apostolado, predicando a Cristo por envidia y contienda, el apóstol permaneció impávido (Filipenses 1:18). Sus circunstancias eran secundarias ante la prioridad de exaltar a Cristo.

¿Es esa tu perspectiva? ¡Puede ser! Si tu prioridad es exaltar a Cristo en cada circunstancia, cualquier cosa que promueva ese propósito te dará gozo.

Sugerencias para la oración: Pídele al Señor que te ayude a mantener la prioridad de exaltar a Cristo en cada área de tu vida.

⊙ Si sientes envidia o resentimiento por otros que proclaman el evangelio (Filipenses 1:15-17), confiésalo y aprende a regocijarte cada vez que Cristo sea exaltado.

Para un estudio más profundo: Lee Éxodo 15:1-21 y el Salmo 99. ¿Qué hicieron Moisés, María y el salmista para exaltar al Señor?

Notas: _____

EL GOZO DE LOS AMIGOS ENTRAÑABLES

«Pablo y Timoteo, siervos de Jesucristo» (Filipenses 1:1).

➤➤ ⊙ ➤➤

**A pesar de sus deficiencias, las personas de espíritus
afines son regalos preciosos del Señor.**

Timoteo era el compañero de confianza de Pablo en el evangelio. En Filipenses 2:20 Pablo lo describe como un hombre «del mismo ánimo». Es decir, tenían el mismo pensamiento, compartían el mismo amor por Cristo y su iglesia.

En otra parte, Pablo describió a Timoteo como su «hijo amado y fiel en el Señor» (1 Corintios 4:17) y como «colaborador nuestro en el evangelio de Cristo» (Romanos 16:21; 1 Tesalonicenses 3:2). Esos son cumplidos significativos por parte de Pablo, cuyo nivel ministerial e integridad personal eran muy altos.

Sin embargo, aunque era muy piadoso y útil Timoteo —aparentemente— luchaba con muchas de las mismas debilidades que enfrentamos nosotros. Por ejemplo, 2 Timoteo deja ver que podría haber sido intimidado por los falsos maestros que desafiaban su liderazgo (1:7). Tal vez estaba algo avergonzado de Cristo (1:8) y era tentado a alterar su teología para evitar ofender a aquellos que no estaban de acuerdo con la sana doctrina (1:13-14). Podría haber estado descuidando su estudio de la Palabra (2:15) y a punto de sucumbir ante las opiniones impías (2:16-17). Aparte de otras luchas que también podrían estar implicadas.

Pablo escribió para fortalecer el carácter espiritual de Timoteo y alentarlo a perseverar frente a las pruebas severas.

A pesar de esas aparentes debilidades, Pablo valoraba mucho a Timoteo, por lo que le confió enormes responsabilidades ministeriales. Además, la amistad y el ministerio de Timoteo fueron —para Pablo— fuentes de gran gozo y fortaleza.

Oro para que te rodeen personas del mismo ánimo, hermanos y hermanas en Cristo que te alienten, que oren por ti y te hagan responsable ante la verdad de Dios. Al igual que Timoteo, es posible que no sean todo lo que quieras que sean, pero son preciosos regalos de Dios. Tenles en alta estima y ora por ellos a menudo. Haz todo lo que puedas para retribuirles lo que te ministran. Si careces de tales amigos, busca una iglesia en la que Cristo sea exaltado, en la que se enseñe su Palabra y se promueva la santidad. Establece relaciones con cristianos maduros que te estimulen a amar y a hacer buenas obras (Hebreos 10:24).

Sugerencias para la oración: Identifica a tres personas que sean algo así como tu alma gemela. Ora por ellos. Diles cuánto aprecias sus ejemplos y ministerios.

Para un estudio más profundo: Lee 2 Timoteo 1:1-14.
⊙ ¿Cuáles fueron las advertencias de Pablo a Timoteo?
⊙ ¿Cómo podrían aplicarse a ti?

Notas: _____

_____

DÍA 36

El gozo del servicio fiel

«Pablo y Timoteo, siervos de Jesucristo» (Filipenses 1:1).

El esclavo fiel cumple la voluntad de su amo.

La metáfora de los cristianos como esclavos de Cristo es común en los escritos paulinos. Sus lectores la deben haber comprendido fácilmente debido a la predominancia de la esclavitud en el Imperio Romano.

Pedro, Santiago, Juan y Judas usaron la misma metáfora en cuanto a sus propios ministerios, como lo hizo Jesús en Marcos 10:45 cuando afirmó: «El Hijo del Hombre no vino para ser servido, sino para servir, y para dar su vida en rescate por muchos». En Filipenses 2:7, Pablo se refiere a Cristo como a un esclavo que dejó a un lado la gloria que le correspondía y se humilló hasta el punto de que murió.

La palabra griega traducida como «siervo» en Filipenses 1:1 era comúnmente utilizada entre aquellos que, por devoción a sus amos, decidían permanecer como esclavos aunque tenían la oportunidad de ser liberados. También eran conocidos como esclavos amorosos puesto que servían por amor, no por obligación.

Esa es una bella imagen del creyente. Somos los «siervos» de Dios (Apocalipsis 1:1), «libertados del pecado y hechos siervos de Dios» (Romanos 6:22).

Aunque la esclavitud hace evocar la privación y el trato inhumano del prójimo, los esclavos en el Imperio Romano casi siempre eran tratados con dignidad y respeto. Aun cuando la mayoría no tenía posesiones personales, sus amos les suministraban todo lo que necesitaban para vivir y para su salud. Además, a muchos se les confiaban importantes responsabilidades en el hogar de sus amos.

Los esclavos desobedientes u obstinados no eran útiles para los amos, solo los esclavos fieles —que dejaban sus intereses personales para cumplir la voluntad de sus amos— eran muy valorados.

Jesús dijo: «Mi comida es que haga la voluntad del que me envió, y que acabe su obra» (Juan 4:34). Como siervo de Dios, esa también debería ser *tu* meta. Sé fiel, para que Dios pueda usarte poderosamente.

Sugerencias para la oración: Agradece a Dios por el privilegio de servirle.
⊙ Busca sabiduría para apropiarte de sus recursos espirituales a la vez que haces las tareas que Dios te ha confiado.

Para un estudio más profundo: El libro de Filemón es una carta que Pablo escribió para que la llevara Onésimo, un esclavo fugitivo que el apóstol había llevado a los pies del Señor y que ahora era devuelto a su amo, Filemón.
⊙ Lee Filemón.
⊙ ¿Cuál era el deseo de Pablo en cuanto a Onésimo?
⊙ ¿Qué revela esta carta sobre Filemón?

Notas: _____

EL GOZO DE LOS SANTOS

«A todos los santos en Cristo Jesús» (Filipenses 1:1).

⋙ ⊙ ⋘

Todos los cristianos son santos.

Mucha gente piensa en los santos como en esos hombres y mujeres que son o fueron especialmente buenos o que han sido canonizados por un cuerpo oficial de la iglesia. Por lo general, solo califican para ello, aquellos que llevan mucho tiempo muertos y que tienen logros religiosos extraordinarios a su crédito.

Dios, sin embargo, tiene una perspectiva diferente sobre la santidad. Pablo llamó «santos» (1 Corintios 1:2) a los creyentes corintios, sin embargo en muchos otros capítulos se le ve corrigiendo las prácticas pecaminosas de ellos. A los creyentes romanos, efesios y colosenses también los llamó «santos», aunque tampoco eran perfectos.

¿Qué es, entonces, lo que califica a alguien como santo? La respuesta está en Filipenses 1:1: «A todos los santos *en Cristo Jesús*» (énfasis agregado). Ese es el criterio. La santidad no está reservada para una élite espiritual. Pertenece a cada creyente puesto que cada creyente está «en Cristo Jesús».

Si amas a Cristo, eres santo. Eso podría sorprender a aquellos que te conocen mejor, no obstante ¡es cierto!

La característica que distingue lo sacro es la santidad. De hecho, la palabra griega traducida como «santos» en Filipenses 1:1 (*hagios*) significa literalmente eso: «santos». Este vocablo se usa en todo el Nuevo Testamento para referirse a cualquier persona o cosa que represente la santidad de Dios: Cristo como el Santo de Dios, el Espíritu Santo, el Padre Santo, las Sagradas Escrituras, los santos ángeles, los santos hermanos, etc.

Para Dios, tú eres «santo y amado» en Cristo (Colosenses 3:12). Tienes un llamado santo (1 Corintios 1:2) y una herencia santa (Colosenses 1:12). Tienes «redención por su sangre, el perdón de pecados» (Colosenses 1:14) y «toda bendición espiritual» (Efesios 1:3).

Con ese privilegio viene la responsabilidad de llevar una vida santa. Es por eso que la Escritura nos amonesta a presentar nuestro cuerpo como un sacrificio vivo y santo (Romanos 12:1) y a vivir de una manera digna de su condición santa (Efesios 5:3).

El poder para una vida piadosa proviene del Espíritu Santo, que mora en ti. Cuando te rindes a Él a través de la oración y la obediencia a la Palabra de Dios, las características del santo verdadero se hacen cada vez más evidentes en tu vida. Así que haz de ello tu compromiso hoy.

Sugerencias para la oración: Agradece a Dios por elegirte como uno de sus santos.

⊙ Ora para que tu vida sea un testimonio coherente con la verdadera santidad.

Para un estudio más profundo: ¿Cuáles son los privilegios y responsabilidades de los santos que se describen en el Salmo 34?

Notas: _____

_____

EL GOZO DE DAR CON SACRIFICIO

«...santos... que están en Filipos» (Filipenses 1:1).

Cuando das para las necesidades de los demás, Dios suple tus necesidades.

Tal vez más que cualquier otra congregación del Nuevo Testamento, la iglesia filipense se caracterizó por aportar donaciones generosas a costo de sacrificio. Su apoyo a Pablo, extendido a lo largo de sus viajes misioneros, fue una fuente de gran gozo para él. Además del dinero, también enviaron a Epafrodito, un hombre piadoso que sirvió a Pablo durante su encarcelamiento (Filipenses 2:25-30; 4:18).

Pablo fue selectivo al aceptar el apoyo financiero de las iglesias puesto que no quería ser una carga ni que malinterpretaran sus motivos. La Primera Carta a los Corintios (9:6-14) nos dice que tenía derecho a recibir apoyo de aquellos a los que él ministró, pero renunció a ese derecho para que el evangelio no se viera entorpecido de cualquier manera. En 2 Corintios 11:9 dice: «Cuando estaba entre vosotros y tuve necesidad, a ninguno fui carga... en todo me guardé y me guardaré de seros gravoso».

De manera similar, escribió a los tesalonicenses: «Nosotros no anduvimos desordenadamente entre vosotros, ni comimos de balde el pan de nadie, sino que trabajamos con afán y fatiga día y noche, para no ser gravosos a ninguno de vosotros» (2 Tesalonicenses 3:7-8).

Por el contrario, la voluntad de Pablo de aceptar el apoyo de la iglesia filipense habla de la confianza especial y el afecto que compartían.

Al parecer, la generosidad de los filipenses era tan grande que dejó con necesidades a los suyos. Pablo les aseguró que sus sacrificios eran agradables a Dios y que Él supliría todas sus necesidades de acuerdo a sus riquezas en Cristo Jesús (Filipenses 4:18-19).

Al igual que los filipenses, deberías caracterizarte por ser generoso, por apoyar con sacrificio a aquellos que te ministran la Palabra de Dios. Los pastores y los ancianos fieles son dignos de tal honor (1 Timoteo 5:17-18), por lo que dar generosamente te da gozo a ti y a los demás.

Sugerencias para la oración: Agradece a Dios por aquellos que te ministran fielmente.
⊙ Pide sabiduría en cuanto a cómo puedes apoyar mejor en cuanto a las necesidades financieras de tu iglesia.

Para un estudio más profundo: Lee 1 Corintios 9:1-14, 2 Corintios 9:6-14 y 1 Timoteo 6:6-9.
⊙ ¿Qué actitudes y principios se reflejan en esos pasajes?
⊙ ¿Cómo podrías incorporarlos a tus prácticas financieras?

Notas: _____

_____

_____

_____

EL GOZO DE LA UNIDAD ESPIRITUAL

«A todos los santos… con los obispos y diáconos» (Filipenses 1:1).

❧ ⊙ ❧

Los líderes espirituales fieles son dignos de tu aprecio y tu estima.

El saludo de Pablo incluye a los «obispos y diáconos» en Filipos. Eso probablemente no tenga que ver con los ancianos y los diáconos tal como los conocemos, pero es una referencia general a todos los santos filipenses, incluidos los líderes espirituales (obispos) y a aquellos que los seguían (siervos).

Eso implica unidad y sumisión dentro de la iglesia, lo que trae gozo a líderes y seguidores por igual. Hebreos 13:17 enfatiza ese punto: «Obedeced a vuestros pastores, y sujetaos a ellos; porque ellos velan por vuestras almas, como quienes han de dar cuenta; para que lo hagan con alegría, y no quejándose, porque esto no os es provechoso».

El liderazgo espiritual es una responsabilidad sagrada. Los líderes deben dirigir, alimentar y guardar el rebaño de Dios, que Cristo «ganó por su propia sangre» (Hechos 20:28). Ellos son responsables ante Dios mismo por la fiel realización de sus obligaciones.

Tú también tienes una responsabilidad sagrada: obedecer y someterte a tus líderes. Hebreos 13:7 dice: «Acordaos de vuestros pastores, que os hablaron la palabra de Dios; considerad cuál haya sido el resultado de su conducta, e imitad su fe». Pablo agrega en 1 Tesalonicenses 5:12-13: «Que reconozcáis a los que trabajan entre vosotros, y os presiden en el Señor, y os amonestan; y que los tengáis en mucha estima y amor por causa de su obra».

Por desdicha, nuestra sociedad promueve la crítica y la desconfianza de cualquiera que tenga autoridad. Los asaltos verbales y la defenestración de las personas son comunes. Muchos dentro de la iglesia han adoptado esa actitud hacia sus líderes espirituales, a quienes ven como funcionarios o profesionales remunerados. En consecuencia, muchas iglesias hoy son débiles e ineficaces por la desunión y la contienda. Muchos pastores sufren pena indescriptible por las personas desobedientes e ingratas.

Nunca debes sucumbir a esa mentalidad. Tus líderes merecen tu aprecio y tu estima, no porque sean excepcionalmente talentosos o porque tengan una personalidad encantadora, sino debido a la obra sagrada que Dios les ha llamado a hacer.

Tu actitud piadosa hacia los líderes espirituales contribuirá de manera inmensurable a la unidad y la armonía dentro de tu iglesia.

Sugerencias para la oración: Agradece a Dios por tus líderes espirituales. Ora por ellos y anímalos a menudo.

Para un estudio más profundo: Lee 1 Corintios 9:3-14.
- ⊙ ¿Qué derecho estaba discutiendo Pablo?
- ⊙ ¿Qué ilustraciones usó?

Notas: _____

_____

EL GOZO DE LA PAZ DE DIOS

«Gracia y paz a vosotros, de Dios nuestro Padre y del Señor Jesucristo» (Filipenses 1:2).

✎ ⊙ ✎

Nada de lo que enfrentas hoy es inalcanzable para la gracia y la paz de Dios.

La maravillosa bendición de Pablo de la gracia y la paz siempre estuvo en su corazón. La ofreció en cada una de sus epístolas y la expuso a lo largo de sus escritos.

La gracia es la efusión de la bondad y de la misericordia divina que la humanidad no merece. Cada beneficio y provisión que recibes es por la gracia de Dios. Por eso es que Pedro decía que era «la multiforme gracia de Dios» (1 Pedro 4:10). Así como tus pruebas son múltiples o multifacéticas, la gracia multifacética y totalmente suficiente de Dios está a tu disposición para sostenerte.

La paz, como se expresa en Filipenses 1:2, se refiere a la calma y la ausencia de conflicto características de alguien en quien la gracia de Dios está obrando. El Nuevo Testamento también vincula eso a la misericordia, la esperanza, el gozo y el amor. Para experimentar esas gracias hay que experimentar la verdadera paz.

Se dice que cuando los traductores de la Biblia buscaban una palabra o frase para el vocablo «paz» en el idioma de los indios Chol del sur de México, descubrieron que la expresión «un corazón tranquilo» daba el significado que estaban buscando. Ese es un paralelo apropiado puesto que la paz resguarda al alma de la ansiedad y el conflicto, otorgando consuelo y armonía.

Colosenses 3:15 dice: «Y la paz de Dios gobierne en vuestros corazones, a la que asimismo fuisteis llamados en un solo cuerpo; y sed agradecidos». En Filipenses 4:6-7, Pablo dice: «Por nada estéis afanosos, sino sean conocidas vuestras peticiones delante de Dios en toda oración y ruego, con acción de gracias. Y la paz de Dios, que sobrepasa todo entendimiento, guardará vuestros corazones y vuestros pensamientos en Cristo Jesús».

Aunque «gracia y paz» era un saludo común a principios de la iglesia, era una experiencia poco común en el mundo incrédulo. Igual ocurre hoy, porque solo aquellos que pertenecen a Dios el Padre y el Señor Jesucristo reciben la gracia y la paz.

¿Estás experimentando la paz de Dios? Recuerda, nada de lo que enfrentas hoy es inalcanzable para la gracia y la paz de Dios.

Sugerencias para la oración: Lee Efesios 2:14-18 y alaba a Dios por Cristo, que es tu paz; y por su obra misericordiosa a favor tuyo.

Para un estudio más profundo: ¿Cuál es el primer paso para conseguir la paz (Juan 16:33; 1 Pedro 5:14)?

⊙ ¿Qué desea lograr el Dios de la paz dentro de ti (1 Tesalonicenses 5:23; Hebreos 13:20-21)?

Notas: _____

_____

_____

EL GOZO QUE DA RECORDAR

«Doy gracias a mi Dios siempre que me acuerdo de vosotros» (Filipenses 1:3).

La clave del gozo cristiano es recordar la bondad de los demás.

Aunque Pablo estaba bajo arresto domiciliario en Roma cuando les escribió a los filipenses, su mente no estaba presa. A menudo reflexionaba en sus experiencias con los cristianos filipenses. Al hacer eso, sus pensamientos se convertían en oraciones de alabanza y acción de gracias por todo lo que el Señor había hecho a través de ellos.

Estoy seguro de que Pablo recordaba cuando predicó en Filipos y Dios abrió el corazón de Lidia para que creyera en el evangelio (Hechos 16:13-14). Tras ese episodio, todos en la casa de ella se salvaron (v. 15). Sin duda, su amabilidad y su hospitalidad resplandecían en una estancia de otro modo tormentosa en Filipos.

También debe haber recordado a la muchacha endemoniada a quien el Señor liberó de la esclavitud espiritual (v. 18), y al carcelero filipense que lo arrojó junto con Silas a prisión, después de haber sido golpeados ambos severamente (vv. 23-24). Tal vez la muchacha se convirtió en parte de la iglesia filipense, el texto no dice nada al respecto. Sabemos que el carcelero y toda su casa fueron salvados, después de lo cual mostraron bondad a Pablo y a Silas al atender sus heridas y alimentarlos (vv. 30-34).

Las muchas donaciones económicas que los filipenses enviaron a Pablo también eran gratos recuerdos para él, puesto que fueron dadas por amor y con preocupación. Así mismo ocurrió con el regalo que fue entregado por Epafrodito y que era más de lo que Pablo necesitaba (Filipenses 4:18).

La gratitud de Pablo ilustra que el gozo cristiano hace que tu capacidad para recordar la bondad de los demás cobre más fuerza. El resultado de eso se manifiesta en tu capacidad para perdonar las deficiencias y la falta de amabilidad. Eso es contrario a lo que pregona la sociedad de hoy: «Pague con la misma moneda», pero es perfectamente coherente con la compasión y el perdón que Dios te muestra. Por lo tanto, sé rápido para perdonar lo malo y lento para olvidar el bien.

Sugerencias para la oración: Tómate un tiempo para reflexionar sobre algunas personas que se han mostrado amables contigo y que te animaron en tu peregrinar cristiano. Agradece a Dios por ellos. Si es posible, llámalos o déjales una nota de agradecimiento. Diles que estás orando por ellos, como Pablo hacía con los filipenses.

⊙ Si albergas mala voluntad hacia alguien, resuélvelo rápidamente y comienza a mantener a esa persona en oración.

Para un estudio más profundo: Lee Mateo 5:23-26; 18:21-35. ¿Cuáles fueron las instrucciones de nuestro Señor con respecto al perdón y la reconciliación?

Notas: _____

_____

EL GOZO DE LA INTERCESIÓN

«Siempre en todas mis oraciones rogando con gozo por todos vosotros» (Filipenses 1:4).

❧ ⊙ ❧

La oración intercesora es una herramienta poderosa en manos del justo.

Hay una historia que habla acerca de una enfermera especial que sabía la importancia de la oración intercesora. Cada día usaba sus manos como instrumentos del amor y la misericordia de Dios con aquellos que estaban bajo su cuidado, le parecía natural usarlas como un esquema de oración. Cada dedo representaba a alguien por quien ella quería orar. Como el pulgar era el primero y más cercano, le recordaba que orara por las personas más cercanas y queridas por ella. Como el dedo índice lo usaba para señalar, con él apuntaba a sus instructores. El tercer dedo era el más alto y representaba a los líderes. El cuarto dedo era el más débil, aludía a aquellos que estaban en apuros y en dolor. El dedo meñique, que era el más pequeño y menos importante, le recordaba a la enfermera que orara por sus propias necesidades.

Sin lugar a dudas, esa enfermera conocía el gozo de orar por los demás. Pablo también lo sabía. En las mismas circunstancias, cualquier hombre común y corriente habría sido consumido por sus propios intereses, pero Pablo modelaba lo que enseña en Filipenses 2:4: «No mirando cada uno por lo suyo propio, sino cada cual también por lo de los otros». Esa actitud es el meollo de la oración intercesora eficaz.

Aquellos que carecen del gozo del Espíritu Santo a menudo albergan pensamientos negativos respecto a los demás, lo cual debilita la compasión y dificulta la oración. Eso es trágico puesto que la oración intercesora es una poderosa herramienta en manos de las personas justas (Santiago 5:16).

Analiza tus propias oraciones. ¿Son generosas en alabanza a Dios por su bondad con los demás? ¿Oras por las necesidades del prójimo? Practícalo y el gozo de la intercesión será tuyo.

Sugerencias para la oración: Ora por personas y necesidades específicas.
⊙ Agradece a Dios por lo que lo ves que está haciendo en la vida de los demás.

Para un estudio más profundo: Juan 17 es la oración intercesora de Cristo por sus discípulos, incluidos nosotros (v. 20). Después de leer ese capítulo, completa las siguientes afirmaciones.
⊙ La vida eterna es _____.
⊙ La misión de Cristo en la tierra era _____.
⊙ La reacción del mundo ante Cristo y sus seguidores es

_____.
⊙ La mejor manera de convencer al mundo de que Cristo fue enviado por el Padre es _____.

Notas: _____

_____

EL GOZO DE PARTICIPAR

«Por vuestra comunión en el evangelio, desde el primer día hasta ahora» (Filipenses 1:5).

✒ ⊙ ✒

***Como creyente compartes una asociación sagrada con Cristo y
tus compañeros cristianos para el avance del evangelio.***

En los últimos años, la palabra griega *koinōnia* ha venido a ser muy familiar entre muchos cristianos como el término neotestamentario para «compañerismo». Sin embargo, su traducción también significa «asociación» y «participación». En Filipenses 1:5, Pablo lo usa para enfatizar la participación de los filipenses en los objetivos ministeriales comunes.

Romanos 12:13 brinda un aspecto de esa asociación y participación: se refería, en concreto, a las contribuciones monetarias. Ese era un aspecto de la comunión que la iglesia filipense compartía ansiosamente con Pablo. Como dice en Filipenses 4:15-16: «Y sabéis también vosotros, oh filipenses, que al principio de la predicación del evangelio, cuando partí de Macedonia, ninguna iglesia participó conmigo en razón de dar y recibir, sino vosotros solos; pues aun a Tesalónica me enviasteis una y otra vez para mis necesidades». Eran socios del ministerio de Pablo porque su apoyo financiero lo ayudaba para predicar el evangelio de manera más efectiva.

Los filipenses sabían que Pablo llevaba una tremenda carga en su corazón por todas las iglesias. Al enumerar muchas de las pruebas que soportó como apóstol, agregó: «Además de otras cosas, lo que sobre mí se agolpa cada día, la preocupación por todas las iglesias» (2 Corintios 11:28). La iglesia filipense alivió un poco esa carga al comprometerse con Pablo, con su enseñanza y con su vida piadosa. Eso le daba gran gozo.

¿Y qué contigo? ¿Reciben tus líderes ánimo y gozo con la participación tuya en el evangelio? Recuerda, como creyente compartes una asociación sagrada con Cristo y tus compañeros cristianos para el avance del evangelio, así como los filipenses, que compartieron su sociedad con Pablo. Regocíjate con ese privilegio y aprovéchalo al máximo hoy.

Sugerencias para la oración: Agradece al Señor por la confraternidad cristiana que disfrutas.

⊙ Pídele sabiduría para que entiendas cómo puedes ayudar a avanzar el evangelio de manera más eficaz.

⊙ Trata siempre de aliviar la carga de tus líderes espirituales participando fielmente en el ministerio de tu iglesia con los dones que Dios te otorgó.

Para un estudio más profundo: Lee Efesios 4:11-16.

⊙ ¿Cuál es el objetivo del ministerio cristiano?

⊙ ¿Cuál es el papel como pastor o maestro para alcanzar esa meta?

⊙ ¿Cuál es tu función (Romanos 12:6-8; 1 Corintios 12:4-11; 1 Pedro 4:10-11)?

Notas: _____

_____

EL GOZO DEL ANHELO

*«Estando persuadido de esto, que el que comenzó en vosotros la
buena obra, la perfeccionará» (Filipenses 1:6).*

Dios siempre termina lo que comienza.

Todos los que aman a Cristo desean ser como Él en perfección espiritual y santidad absoluta. Queremos agradarlo en todos los aspectos. Sin embargo, esa noble búsqueda a menudo se topa con la frustración y el desaliento, ya que las flaquezas humanas y el pecado bloquean nuestro camino.

El clamor de Pablo en Romanos 7 es también nuestro: «Porque lo que hago, no lo entiendo; pues no hago lo que quiero, sino lo que aborrezco, eso hago… Así que, queriendo yo hacer el bien, hallo esta ley: que el mal está en mí… ¡Miserable de mí! ¿quién me librará de este cuerpo de muerte?» (vv. 15, 21, 24). Su respuesta resuena con confianza y alivio: «Gracias doy a Dios, por Jesucristo Señor nuestro» (v. 25).

Pablo estaba convencido de que Dios siempre completa el buen trabajo de la salvación que comienza en cada nuevo creyente, una obra que nos conforma progresivamente a la imagen de su Hijo (2 Corintios 3:18). Eso, a veces, podría parecer un proceso lento y doloroso, pero ten la seguridad de que Dios lo completará. A todos los que justifica, Él los glorificará (Romanos 8:29-30).

Entre tanto, tienes un rol activo que jugar en el proceso. Pablo dijo acerca de eso: «ocupaos en vuestra salvación con temor y temblor» (Filipenses 2:12). Así que disciplínate en santidad a través de la oración, el estudio de la Biblia, la obediencia y la rendición de cuentas ante otros creyentes. Todos los recursos que necesitas están a tu disposición puesto que Dios es el que produce en ti «su buena voluntad» (Filipenses 2:13).

Así que regocíjate al saber que perteneces a Dios y que Él te está conformando a la imagen de su Hijo. Ve cada suceso de este día como parte de ese proceso. Ríndete a las indicaciones del Espíritu y anímate porque Dios cumplirá la voluntad de Él contigo.

Sugerencias para la oración: Agradece a Dios que es «poderoso para guardaros sin caída, y presentaros sin mancha delante de su gloria con gran alegría» (Judas 24).

⊙ Expresa el deseo de disciplinarte para la piedad. Pide sabiduría y aprovecha todos los recursos espirituales que tienes a tu disposición como creyente.

Para un estudio más profundo: Lee Hebreos 10:19-25.

⊙ ¿Cuál debería ser tu actitud cuando te acercas a Dios?

⊙ ¿Cuál es tu responsabilidad a la luz de las promesas de Dios?

Notas: _____

_____

_____

_____

EL GOZO DE LA GLORIFICACIÓN

«Estando persuadido de esto, que el que comenzó en vosotros la buena obra, la perfeccionará hasta el día de Jesucristo» (Filipenses 1:6).

Algún día Dios glorificará y recompensará a cada creyente.

Para los cristianos hay cierto elemento de verdad en las calcomanías o pegatinas que usan en los parachoques de los autos y que dicen: «Por favor, sea paciente, Dios aún no ha terminado conmigo». No somos lo que debemos ser, pero todavía hay mucho por hacer para llegar a ser lo que Él quiere que seamos. Sin embargo, la obra de Dios en nosotros es tan segura y tan poderosa que la Escritura garantiza que Él la terminará.

Reflexionar en esa garantía llevó al expositor bíblico F. B. Meyer a escribir lo siguiente: «Cuando entramos al estudio de un artista, vemos imágenes inconclusas que cubren grandes lienzos y sugieren hermosos diseños, pero que han quedado relegadas debido a que el genio no pudo completar el trabajo o a algo que lo paralizó e hizo que su proyecto muriera; sin embargo, cuando entramos en el gran taller de Dios no encontramos nada que lleve la marca de la prisa o la impotencia para terminar, y estamos seguros de que el trabajo que su gracia ha comenzado, el brazo de su fuerza lo completará».

La finalización del trabajo de Dios en ti ocurrirá en algún momento futuro, ese que Pablo llama «el día de Jesucristo» (Filipenses 1:6). La Escritura también habla de «el día del Señor», que es el tiempo del juicio de Dios a los incrédulos. Pero «el día de Jesucristo» se refiere al tiempo en el que los creyentes serán plenamente glorificados y luego recompensados por su servicio fiel (1 Corintios 3:10-15). Todas tus preocupaciones terrenales se habrán ido, y la promesa de Dios para evitar que tropieces y hacerte estar en su presencia «sin mancha con gran alegría» (Judas 24) se cumplirá por completo.

Concentrarte en lo que hay malo en tu vida puede causarte depresión, pero enfocarte en el día glorioso de Cristo debe emocionarte. No te preocupes demasiado por lo que eres ahora. Mira al frente, a lo que te convertirás por la gracia de Dios.

Sugerencias para la oración: Reflexiona en el gozo que te embarga porque perteneces a un Dios todopoderoso que está trabajando poderosamente en ti. Expresa tu alegría y alábale.
⊙ Lee 1 Crónicas 29:11-13 como una oración de alabanza a Dios.

Para un estudio más profundo: Lee Apocalipsis 7:9-17 y 22:1-5. ¿Qué vislumbres te dan esos pasajes de lo que harán los creyentes glorificados en el cielo?

Notas: _____

_____

_____

_____

_____

EL GOZO DEL AFECTO

«Como me es justo sentir esto de todos vosotros, por cuanto os tengo en el corazón;
y en mis prisiones, y en la defensa y confirmación del evangelio, todos vosotros
sois participantes conmigo de la gracia. Porque Dios me es testigo de cómo os amo
a todos vosotros con el entrañable amor de Jesucristo» (Filipenses 1:7-8).

A menudo, las relaciones más fuertes y profundas se forjan en el crisol del ministerio cristiano.

Sin duda, hay personas que ocupan un lugar especial en tu corazón. Quizás rara vez les veas o hables con ellas, pero están en tu mente y en tus oraciones a menudo.

Así es como Pablo consideraba a los creyentes de Filipos, lo cual era justo para él puesto que eran parte integral de su vida y su ministerio. Ellos estuvieron a su lado en todas las situaciones, incluso durante sus procedimientos judiciales y su encarcelamiento en Roma.

La gratitud y el gozo que Pablo sentía era más que simple emoción. Era una obligación moral alabar a Dios por lo que había hecho a través de ellos. Ese es el significado de la palabra griega traducida como «justo» en el versículo 7.

Con la palabra «corazón», el apóstol se refiere al centro de los pensamientos y sentimientos de la persona (Proverbios 4:23). Pablo pensaba en los filipenses con frecuencia y sentía ansiedad por ellos con el afecto de Cristo mismo. En Filipenses 4:1 los llama «hermanos míos amados y deseados, gozo y corona mía».

El afecto mutuo entre Pablo y los filipenses ilustra que a menudo las relaciones más fuertes y más profundas se desarrollan en el contexto del ministerio cristiano. Hay una camaradería especial entre las personas que trabajan en pro de los objetivos más nobles de la vida y que ven a Dios lograr resultados eternos a través de los esfuerzos de ellos. Mantén esas relaciones cuidadosamente y cultiva tantas como puedas.

Sugerencias para la oración: Haza una lista de aquellas personas que comparten tu ministerio. Enumera también algunas formas en que Dios ha trabajado a través de ti en las semanas recientes. Pasa tiempo agradeciendo a Dios por ambas cosas.

Para un estudio más profundo: Bernabé fue un fiel amigo y compañero ministerial de Pablo. Lee Hechos 4:36-37; 9:22-28; 11:19-30 y 13:1-3 y responde las siguientes preguntas:

- ⊙ ¿Qué significa el nombre «Bernabé»? ¿Hizo honor a su nombre?
- ⊙ ¿Cómo fue que Bernabé allanó el camino para el ministerio de Pablo entre los discípulos en Jerusalén?
- ⊙ ¿Qué aventura compartieron Pablo y Bernabé que comenzó en Antioquía?

Notas: _____

_____

_____

_____

EL GOZO DE UN DIOS QUE SE AGRADA

«Los perfectos de camino le son agradables [a Dios]» (Proverbios 11:20).

>❧ ⊙ ❧

El amor que sientes por Dios le da gozo a Él.

Nos hemos enfocado, hasta ahora, en el gozo que sentimos al conocer y servir a Cristo. Ahora bien, antes de dirigir nuestra atención al tema de la piedad, quiero que consideres dos aspectos más acerca del gozo: el gozo de agradar a Dios y cómo perderlo. Nuestro tema para hoy es agradar a Dios.

Quizás no hayas pensado mucho en cómo puedes alegrar a Dios, pero las Escrituras mencionan varias maneras. Lucas 15:7, por ejemplo, dice: «Habrá más gozo en el cielo por un pecador que se arrepiente, que por noventa y nueve justos que no necesitan de arrepentimiento». El versículo 10 agrega: «Hay gozo delante de los ángeles de Dios por un pecador que se arrepiente». El arrepentimiento hace que Dios se goce.

La fe es otra fuente de gozo para Dios. Hebreos 11:6 dice: «Sin fe es imposible agradar a Dios». La falta de fe es lo que nos impide agradar a Dios. Cuando confiamos en Él, le agradamos.

Además del arrepentimiento y la fe, la oración también da gozo a Dios. Proverbios 15:8 dice: «El sacrificio de los impíos es abominación a Jehová; mas la oración de los rectos es su gozo».

La vida recta es otra fuente de gozo para Dios, como lo reconoce David en 1 Crónicas 29:17: «Yo sé, Dios mío, que tú escudriñas los corazones, y que la rectitud te agrada». Salomón agregó que los perfectos de camino son agradables a Dios (Proverbios 11:20).

El arrepentimiento, la fe, la oración y la vida recta son todos gratos a Dios puesto que son expresiones de amor. Ese es el principio general. Cuando le expresas tu amor a Dios, sea con palabras de alabanza o mediante actos de obediencia, le produces gozo.

¿No te emociona saber que el Dios del universo se deleita en ti? ¡Debería emocionarte! Permite que la satisfacción te motive a hallar tantas formas que puedas para dar gozo al corazón de Dios hoy mismo.

Sugerencias para la oración: Agradece a Dios por el privilegio de darle alegría.

⊙ Agradécele por su gracia, que te permite amarlo y expresarle su amor con arrepentimiento, fe, oración y una vida recta (1 Juan 4:19).

Para un estudio más profundo: Lee 1 Reyes 3:3-15.

⊙ ¿Qué le pidió Salomón a Dios?

⊙ ¿Cuál fue la respuesta de Dios?

Notas: _____

_____

_____

_____

CÓMO SE PIERDE EL GOZO

«He aprendido a contentarme, cualquiera que sea mi situación» (Filipenses 4:11).

⤙ ⊙ ⤚

El descontento y la ingratitud te robarán tu gozo.

El verdadero gozo es un regalo de Dios para cada creyente y, sin embargo, a muchos cristianos parece que les falta. ¿Cómo puede ser eso? ¿Acaso fracasó Dios? No. Al igual que con la paz, la seguridad y otros beneficios de la salvación, el gozo puede perderse por muchas razones. El pecado voluntario, la falta de oración, el miedo, el egocentrismo, el enfoque en las circunstancias y la falta de perdón son los principales culpables.

Dos de los ladrones del gozo más comunes son la insatisfacción y la ingratitud. Ambos derivan de la mentalidad próspera, rica y saludable de nuestra época. Tales enseñanzas han producido una generación de cristianos que están más insatisfechos que nunca porque sus demandas y expectativas cada vez son más altas. Han perdido la perspectiva de la soberanía de Dios y, por consiguiente, la habilidad de dar gracias en todas las cosas.

En marcado contraste, cuando Jesús enseñó acerca de la satisfacción y la ansiedad (Mateo 6:25-34), habló de comida y ropa, necesidades básicas de la vida. Sin embargo, las preferencias —no las necesidades—, son lo que nos preocupa hoy. Nos interesa el estilo personal, la apariencia, la satisfacción laboral, el poder adquisitivo, los hogares más grandes y los autos más nuevos. En nombre de una gran fe, incluso exigimos que Dios nos provea más milagros, más riqueza y más poder.

En medio de todo eso, las palabras de Pablo brindan una refrescante nota de seguridad y represión: «He aprendido a contentarme, cualquiera que sea mi situación» (Filipenses 4:11). Él no le exigió a Dios nada, simplemente confió en la gracia que Él le proveía. Si recibía poco o mucho no le daba importancia. En cualquier caso estaba satisfecho y agradecido.

No seas víctima del espíritu de nuestra época. Considera las bendiciones de Dios por lo que son y alábale por su bondad constante. Al hacerlo, guardarás tu corazón de la insatisfacción y la ingratitud. Más importante aún, le darás gozo al que merece toda la alabanza.

Sugerencias para la oración: Ora para que el Espíritu Santo produzca en ti un gozo y una satisfacción que trascienda tus circunstancias.
- ⊙ Haz de ello una práctica diaria para agradecer a Dios por las bendiciones y las pruebas específicas, consciente de que Él usa ambas cosas para perfeccionar su voluntad en ti.

Para un estudio más profundo: Lee 1 Reyes 18:1—19:8.
- ⊙ ¿Cómo lidió Elías con los falsos profetas de Baal?
- ⊙ ¿Cómo lidió con la amenaza de Jezabel?
- ⊙ ¿Qué hizo que Elías pasara de un nivel espiritual alto a uno bajo?

Notas: _____

_____

UNA ORACIÓN POR LA SANTIDAD

«Y esto pido en oración…» (Filipenses 1:9).

⚬

Tus oraciones revelan el nivel de tu madurez espiritual.

Al llegar a nuestro estudio de la piedad en Filipenses 1:9-11, vemos que este pasaje es una oración. Por lo general, las oraciones de Pablo reflejaban su preocupación por la madurez espiritual de sus lectores. Lo cual era imposible sin oración, puesto que el crecimiento espiritual depende del poder del Espíritu Santo, que interviene mediante la oración.

La oración es tan vital que Jesús instruyó a sus discípulos a «orar siempre» (Lucas 18:1). Pablo nos ordena «orar sin cesar» (1 Tesalonicenses 5:17). Pedro dijo que debíamos ser «sobrios, y velar en oración» (1 Pedro 4:7).

La Escritura da muchas órdenes más para que oremos, pero la verdadera prueba de su espiritualidad es su urgencia por orar, no simplemente su obediencia a los mandamientos. En tu calidad de cristiano, moras en un ámbito espiritual en el que la oración es tan normal como lo es la respiración en el ambiente natural. Así como la presión atmosférica ejerce fuerza sobre tus pulmones, obligándote a respirar, tu entorno espiritual te impulsa a orar. Resistir ambas cosas produce resultados devastadores.

Cuanto más veas la vida a través de los ojos de Dios, más te llevará ello a orar. En ese sentido, tus oraciones revelan el nivel de tu madurez espiritual. Pablo oraba con urgencia día y noche porque compartía el amor de Dios por su pueblo y la preocupación de Él por su madurez espiritual. Analiza tus oraciones. ¿Oras por deber o porque eres impulsado a orar? ¿Oras con poca o mucha frecuencia? ¿Se centran tus oraciones en las necesidades de los demás o en las tuyas solamente? ¿Oras por la madurez espiritual de los demás? Esas preguntas importantes indican el nivel de tu madurez espiritual y te da pautas para que hagas los cambios necesarios en tu patrón de oración.

Sugerencias para la oración: Agradece a Dios por el privilegio y el poder de la oración.
⊙ Si has descuidado la oración, o si tus oraciones se han centrado en ti mismo más que en los demás, confiesa tu pecado y pídele a Dios que te dé una santa urgencia por orar como debes hacerlo.
⊙ ¿Hay alguien por quien deberías estar orando de manera más coherente?

Para un estudio más profundo: Lee Daniel 6:1-28.
⊙ ¿Cuál fue el patrón de oración de Daniel?
⊙ ¿Qué acusación hicieron los líderes políticos contra Daniel?
⊙ ¿Cuál fue la actitud del rey hacia Daniel?
⊙ ¿Cómo honró Dios la fe de Daniel?

Notas: _____

_____

_____

AMA SIN DISCRIMINAR

«Y esto pido en oración, que vuestro amor abunde aun más y más
en ciencia y en todo conocimiento» (Filipenses 1:9).

El amor cristiano opera en el marco del conocimiento
bíblico y el discernimiento espiritual.

Como cristiano, eres una fuente de amor divino. Más que cualquier otra cosa, el amor que sientes por Dios y por los demás creyentes te distingue como un verdadero discípulo de Jesucristo (Juan 13:35).

Además de poseer el amor de Dios, tienes el privilegio y la responsabilidad de mostrárselo a otros en nombre de Él. Es un deber sagrado. Pablo lo califica en Filipenses 1:9, donde nos dice que el amor opera dentro de la esfera del conocimiento bíblico y el discernimiento espiritual. Esos son los parámetros que rigen el amor de Dios.

No importa cuán amoroso pueda parecer un gesto o una palabra, si viola el conocimiento y el discernimiento, no es verdadero amor cristiano. La Segunda Carta de Juan, versículos 5 a 11, ilustra ese principio. Al parecer, algunos creyentes que carecían de discernimiento estaban acogiendo a falsos maestros en nombre del amor y la hospitalidad cristianos. Juan les advirtió con severidad diciéndoles: «Si alguno viene a vosotros, y no trae esta doctrina [la sana doctrina], no lo recibáis en casa, ni le digáis: ¡Bienvenido! Porque el que le dice: ¡Bienvenido!, participa en sus malas obras» (vv. 10-11). Eso puede lucir extremo o poco amoroso, pero la pureza del pueblo de Dios estaba en juego.

En 2 Tesalonicenses 3:5-6, después de orar para que el amor de los tesalonicenses aumentara, Pablo les ordenó que se «apartaran» de los llamados cristianos que estaban haciendo caso omiso de la enseñanza sana. Esa orden no es contradictoria, porque el amor cristiano protege la doctrina y la vida santa.

Por desdicha, hoy es común que los cristianos desvirtúen la pureza doctrinal en nombre del amor y la unidad, o tilden de desamor algunas prácticas que la Escritura claramente ordena. Ambas cosas son incorrectas y tienen graves consecuencias.

Sé reflexivo en cuanto al modo en que expresas tu amor. Muéstralo con generosidad de acuerdo al conocimiento y al discernimiento bíblicos. El fruto será la excelencia y la rectitud (Filipenses 1:10-11).

Sugerencias para la oración: Agradece a Dios por el amor que te ha dado a través de su Espíritu (Romanos 5:5).

⊙ Aprovecha las oportunidades que se te presenten para mostrar el amor de Cristo a los demás.

⊙ Ora para que tu amor se rija por convicciones basadas en la verdad de Dios.

Para un estudio más profundo: ¿Qué enseñan los siguientes pasajes sobre el amor? ¿Cómo puedes aplicarlos a tu vida? Romanos 12:9-10; 5:5; 1 Juan 4:7-10; Gálatas 5:22; 1 Pedro 1:22; 4:8.

Notas: _____

En busca de la excelencia

«Para que aprobéis lo mejor [o excelente]» (Filipenses 1:10).

☞ ⊙ ☜

**En un mundo de mediocridad y confusión, Dios te
llama a la excelencia y al discernimiento.**

Esta es la historia de un piloto que, en pleno vuelo, se dirigió a los pasajeros por altavoz y dijo: «Tengo dos noticias: una buena y otra mala. La mala es que toda la instrumentación del avión se dañó y no sabemos dónde estamos. La buena noticia es que, como hay un fuerte viento de cola, estamos haciendo un gran tiempo». Esa es una imagen precisa del modo en que viven muchas personas: no tienen dirección en la vida, pero quieren llegar rápido.

En nuestra calidad de cristianos debemos ser diferentes dado que tenemos una guía divina y unos objetivos eternos. Nuestras vidas deben distinguirse por una confianza plena en Dios y por la búsqueda de la excelencia espiritual.

La palabra «mejor», en Filipenses 1:10, habla de cosas que son valiosas, vitales y excelentes. «Aprobar lo mejor» se refiere a examinar las cosas como se analiza y se prueba un metal precioso para determinar su pureza y su valor. Es más que conocer el bien y el mal. Es distinguir entre lo bueno y lo mejor o excelente. Es pensar bíblicamente y enfocar tu tiempo y tus energías en lo que realmente vale. Eso implica cultivar la disciplina espiritual y no ser controlado por tus emociones, tus caprichos, tus estados de ánimo o tus circunstancias.

Muchas organizaciones y empresas han adoptado correctamente el lema «Comprometidos con la excelencia» para transmitir su deseo de proporcionar el mejor producto o servicio posible. Si las personas con mentalidad secular luchan por ese nivel de logro, ¡cuánto más deberían los cristianos buscar la excelencia para la gloria de Dios!

Medita en tu vida. ¿Está llena de amor puro, de discernimiento y busca la excelencia o han eliminado las trivialidades mundanas esas virtudes?

Sugerencias para la oración: Lee Isaías 12:1-6 como un salmo de alabanza al Dios de la excelencia.

⊙ Pídele a Dios que te dé un corazón que siempre busque la excelencia para la gloria de Él.

Para un estudio más profundo: Daniel fue un hombre que persiguió la excelencia. Lee Daniel 1:1—2:23.

⊙ ¿Cuál fue la decisión de Daniel con respecto a la comida y el vino del rey y cómo lidió con la situación?

⊙ ¿Cómo comparar a Daniel y sus tres amigos —en cuanto a sabiduría y entendimiento— con los magos y los otros sabios?

⊙ ¿Qué principios ves en esos dos capítulos que sean útiles para tu vida?

Notas: _____

MANTÉN LA INTEGRIDAD ESPIRITUAL

«A fin de que seáis sinceros e irreprensibles para el día de Cristo» (Filipenses 1:10).

☙ ◉ ❧

Procura tener una vida a prueba de escrutinio.

En nuestra sociedad, aquellos cuyas vidas están marcadas por la solidez moral, la rectitud, la honestidad y la sinceridad suelen considerarse personas de integridad. Sin embargo, los estándares de la sociedad —a menudo— quedan muy por debajo de los de Dios. La integridad espiritual insta al estándar de comportamiento más alto posible y requiere recursos sobrenaturales que solo están a la disposición de los que confían en Dios.

La oración de Pablo en Filipenses 1:9-10 describe el camino a la integridad espiritual. Comienza con «amor» abundante en «ciencia y en todo conocimiento» (v. 9) y avanza hacia la búsqueda de lo mejor [o de la excelencia] (v. 10). El resultado es sinceridad e irreprensibilidad: dos características de la integridad piadosa.

El vocablo «sinceros», en el versículo 10, proviene de la palabra griega traducida como «sincera», y se refiere a legitimidad y autenticidad. Lo que significa, al pie de la letra, «sin cera» y es una alusión a la práctica de inspeccionar la cerámica sosteniéndola a la luz del sol. En tiempos antiguos, la cerámica a menudo se agrietaba durante el proceso de horneado. En vez de descartar las piezas dañadas, los comerciantes inescrupulosos rellenaban las grietas con cera y las vendían a los clientes ingenuos. Al sostener la olla a la luz del sol, esta revelaba cualquier defecto, evitando que el cliente hiciera una mala compra.

Siguiendo con la analogía, la integridad bíblica requiere que no tengas cera (sin cera), que no tengas hipocresía ni pecados secretos que aparezcan cuando estés bajo presión o enfrentando una tentación.

La palabra «irreprensible» se refiere a llevar una vida congruente que no conduzca a otros al error o al pecado. Su norma es ser la misma persona tanto en la iglesia como fuera de ella.

Ser irreprensible no es fácil en un mundo que alardea con descaro en cuanto a sus prácticas pecaminosas. Por tanto, debes cuidar de no perder tu sensibilidad ante la atrocidad del pecado y estar atento al peligro de comenzar a tolerar —o incluso aceptar— lo que una vez te molestaba. Ahí es cuando se pierde la integridad y se comienza a hacer tropezar a los demás.

Persigue la integridad de modo inteligente y con miras a glorificar a Cristo en todas las cosas hasta que Él regrese.

Sugerencias para la oración: Agradece a Dios «que es poderoso para guardaros sin caída, y presentaros sin mancha delante de su gloria con gran alegría» (Judas 24).

◉ Guarda tu corazón y tu mente —con espíritu de oración— de las sutiles influencias malignas que puedan erosionar tu integridad y hacerte ineficaz para el Señor.

Para un estudio más profundo: Lee Génesis 39.

◉ ¿Cómo fue desafiada la integridad de José?

◉ ¿Cómo honró Dios el compromiso de José con la integridad piadosa?

Notas: _____

CULTIVA EL FRUTO DE LA JUSTICIA

«Llenos de frutos de justicia que son por medio de Jesucristo» (Filipenses 1:11).

⌖

Llevar fruto espiritual es la prueba de fuego del verdadero creyente.

Después de enfrentar situaciones amenazadoras, la gente a menudo dice: «Vi toda mi vida pasar ante mis ojos como un rayo». Esa es la imagen que vemos en Filipenses 1:11.

La frase «frutos de justicia» se refiere a lo que se produce en ti cuando actúas con amor, buscas la excelencia y mantienes tu integridad. Ello incluye cada actitud y acción congruentes con el estándar de Dios en cuanto a lo que es correcto.

La palabra «llenos» tiene que ver con algo que sucedió en el pasado y que tiene resultados continuos. Al ocurrir tu salvación se plantó la semilla de justicia en tu interior. Ello lleva fruto a lo largo de tu existencia. En el día de Cristo ese fruto confirmará tu salvación.

Llevar fruto espiritual ha sido siempre la prueba de fuego de la verdadera salvación. Jesús dijo: «Si vosotros permaneciereis en mi palabra, seréis verdaderamente mis discípulos» (Juan 8:31). Cuando Juan el Bautista amonestó a sus seguidores a hacer «frutos dignos de arrepentimiento» (Lucas 3:8), estaba hablando de buenas obras (vv. 10-14). Pablo dijo que «somos hechura suya [de Dios], creados en Cristo para buenas obras, las cuales Dios preparó de antemano para que anduviésemos en ellas» (Efesios 2:10). Juan, por su parte, indicó que todos los que profesan a Cristo deben vivir como Él vivió (cf. 1 Juan 2:6).

Llevar fruto espiritual no es algo que puedas lograr por tus propios esfuerzos. Eso viene «por medio de Jesucristo» (Filipenses 1:11). Jesús mismo dijo: «Permaneced en mí, y yo en vosotros. Como el pámpano no puede llevar fruto por sí mismo, si no permanece en la vid, así tampoco vosotros, si no permanecéis en mí. Yo soy la vid, vosotros los pámpanos; el que permanece en mí, y yo en él, éste lleva mucho fruto; porque separados de mí nada podéis hacer» (Juan 15:4-5).

Fuiste redimido para glorificar a Dios a través de tus buenas obras. Haz de ello tu prioridad hoy mismo.

Sugerencias para la oración: El Salmo 71 es un canto de alabanza a Dios por su justicia y su provisión fiel. Léelo y medita en sus verdades. Luego alaba a Dios por su justicia contigo.

⊙ Aprovecha las oportunidades que se te presenten para mostrarles justicia a otros.

Para un estudio más profundo: Lee Proverbios 11:1-9; 15:8-9 y 21:2-3; anota las características y los beneficios de la justicia.

Notas: _____

_____

_____

_____

CONCRETA LA PRIORIDAD MÁS IMPORTANTE

«Para gloria y alabanza de Dios» (Filipenses 1:11).

❧ ⊙ ☙

Glorificar a Dios es reflejar el carácter de Él en lo que hablas y en lo que haces.

La oración de Pablo en Filipenses 1:9-11 concluye con el recordatorio de que el amor, la excelencia, la integridad y la justicia le dan gloria y alabanza a Dios.

La gloria de Dios es un tema recurrente en los escritos de Pablo, y con razón, porque esa es la máxima prioridad del cristiano. Pero, ¿qué es la gloria de Dios y qué significa darle gloria? Después de todo, Él es infinitamente glorioso en naturaleza; por tanto, no podemos agregarle nada. Además, su gloria no puede ser disminuida; así que no tiene que ser reabastecida ni reforzada.

En Éxodo 33:18-19, Moisés le dice a Dios: «Te ruego que me muestres tu gloria. Y [Dios] le respondió: Yo haré pasar todo mi bien delante de tu rostro, y proclamaré el nombre de Jehová delante de ti; y tendré misericordia del que tendré misericordia, y seré clemente para con el que seré clemente». En efecto, Dios le estaba diciendo a Moisés que su gloria consistía en la combinación de sus atributos.

Eso sugiere que puedes glorificar a Dios mostrando los atributos de Él en tu vida. Cuando otros ven características piadosas como el amor, la misericordia, la paciencia y la bondad en ti, se hacen una mejor idea de cómo es Dios. Eso lo honra a Él. Es por ello que es muy importante que seas cuidadoso con tus actitudes y tus acciones. Pablo amonestó a Timoteo a que fuera ejemplar en su «palabra, conducta, amor, espíritu, fe y pureza» (1 Timoteo 4:12). Lo mismo debe ocurrir con cada creyente.

Otra forma de glorificar a Dios es alabarlo. David dijo: «Tributad a Jehová, oh hijos de los poderosos, dad a Jehová la gloria y el poder. Dad a Jehová la gloria debida a su nombre; adorad a Jehová en la hermosura de la santidad» (Salmos 29:1-2, 9).

Uno no puede agregar nada a la gloria de Dios, pero puede proclamarla con sus palabras y sus hechos. ¿Qué imagen de Dios ven los demás en ti? ¿Le das gloria a Dios con tu vida?

Sugerencias para la oración: En 1 Crónicas 16:8-36 David instruye a Asaf y a los familiares de este en cuanto a cómo glorificar a Dios. Usa ese pasaje como modelo y pasa tiempo en oración glorificando a Dios.

Para un estudio más profundo: Vuelve a leer 1 Crónicas 16:8-36 y anota las instrucciones específicas que te sean útiles.

Notas: _____

_____

_____

_____

CÓMO ENTENDER LA VOLUNTAD DE DIOS

«No cesamos de orar por vosotros, y de pedir que seáis llenos del conocimiento de
su voluntad en toda sabiduría e inteligencia espiritual» (Colosenses 1:9).

❧ ⊙ ☙

La vida piadosa es resultado de regirse por los principios de la Palabra de Dios.

L a oración de Pablo por los filipenses (Filipenses 1:9-11) es muy similar a la que hizo por los colosenses (Colosenses 1:9-12). Pablo escribió ambas epístolas en la misma prisión romana y casi al mismo tiempo. Ambas oraciones se enfocaban en la vida piadosa, aunque las abordó desde perspectivas ligeramente diferentes.

Los filipenses eran gente cariñosa cuyo amor debía ejercitarse con más conocimiento y discernimiento. Los colosenses también eran amables, pero su devoción a Cristo estaba siendo desafiada por herejes que enseñaban que Cristo no era suficiente para la salvación y la vida piadosa. La verdadera espiritualidad, decían los falsos maestros, se encuentra en Cristo más la filosofía humana, el legalismo religioso, el misticismo o el ascetismo. Pablo animó a los creyentes colosenses y refutó a los falsos maestros al mostrar la absoluta suficiencia de Cristo.

Al comienzo de su oración, el apóstol enfatizó la importancia de ser controlado por el conocimiento de la voluntad de Dios (que se revela en su Palabra). Ese es el significado de la palabra griega traducida como «llenos» en el versículo 9. El término «conocimiento» traduce una palabra que habla de una sapiencia profunda y penetrante que resulta en un cambio de comportamiento. La frase «sabiduría e inteligencia espiritual» se refiere al conocimiento que no puede ser discernido a través del razonamiento humano o la filosofía; el cual es impartido por el Espíritu Santo mismo.

En efecto, lo que Pablo estaba diciendo era lo siguiente: «Oro para que seas controlado continuamente por el conocimiento transformador de la voluntad de Dios, que el Espíritu Santo imparte al meditar y estudiar en oración la Palabra de Dios».

La Escritura proporciona los principios necesarios para una vida piadosa. Y el Espíritu da el poder para hacerlo. Muchos maestros falsos intentarán desviarte de la sencilla devoción a Cristo ofreciéndote filosofía, psicología y una miríada de alternativas sin esperanza. No seas presa de ellos. En Cristo, ¡tienes todo lo que necesitas!

Sugerencias para la oración: Agradece a Dios por su Hijo todo suficiente y por los recursos que Él te brinda.
⊙ Pídele sabiduría para aplicar esos recursos a cada situación que enfrentes.

Para un estudio más profundo: Lee Colosenses 1.15—2:23.
⊙ ¿Cuál fue el papel de Cristo en la creación?
⊙ ¿Cuál era el objetivo de Pablo como ministro?
⊙ ¿Qué advertencias y órdenes dio Pablo?

Notas: _____

_____

Vive de manera digna

«Para que andéis como es digno del Señor, agradándole en todo» (Colosenses 1:10).

❧ ⊙ ❧

El modo en que vives debe ser coherente con la vida de Cristo.

En Colosenses 1:9 Pablo habla de ser controlado por el conocimiento de la voluntad de Dios. En el versículo 10, se refiere a caminar de una manera digna del Señor. Entre esos versículos hay una relación directa de causa y efecto. Cuando eres controlado por el conocimiento de la voluntad de Dios, andarás en una manera digna del Señor.

La palabra griega traducida como «caminar» significa: «ordenar el comportamiento de uno». Es una metáfora común del Nuevo Testamento en lo que se refiere al estilo de vida. Pablo hizo una súplica similar a los tesalonicenses: «Que anduvieseis como es digno de Dios, que os llamó a su reino y gloria» (1 Tesalonicenses 2:12).

La idea de ser digno del Señor puede causar extrañeza, porque solemos relacionar la dignidad con el mérito o algo merecido. Pero ese no es el objetivo de Pablo, en absoluto. La palabra griega traducida como «digno» en Colosenses 1:10, habla de algo que pesa tanto o tiene el mismo valor de otra cosa. Él no está diciendo que nos merezcamos a Cristo, sino que nuestra conducta debería ser coherente con la de Él.

Ese es también el punto del apóstol Pedro en su primera carta (1 Pedro 2:21): «Para esto fuisteis llamados; porque también Cristo padeció por nosotros, dejándonos ejemplo, para que sigáis sus pisadas». Juan dijo: «El que dice que permanece en él [Cristo], debe andar como él anduvo» (1 Juan 2:6). Y agregó en 2 Juan 6 que «andemos según sus mandamientos». Así es como muestras tu amor por Cristo (Juan 14:15) y agradas a Dios en todos los aspectos.

Permíteme decirte, para que te sirva de aliento, que un andar digno no es algo que raye en la perfección, ni algo inmaculado. Eso no sucederá hasta que seas glorificado. Pero cada día creces en santidad como resultado de la obra transformadora del Espíritu en tu vida (2 Corintios 3:18). Sé fiel en ese proceso. Pon tu afecto en Cristo, observa su Palabra y regocíjate en el privilegio de ser más como Él cada día.

Sugerencias para la oración: Agradece a Dios por el poder y la dirección que el Espíritu Santo te brinda.

⊙ Sé diligente para confesar tu pecado cuando te desvíes de tu digno caminar.

Para un estudio más profundo: Lee Efesios 4:1-3 y Filipenses 1:27-30.

⊙ ¿Qué actitudes específicas debe incluir el andar digno?

⊙ ¿Elimina el andar digno la posibilidad de sufrir o la persecución? Explica.

Notas: _____

_____

_____

_____

DISFRUTA UNA COSECHA ABUNDANTE

«Llevando fruto en toda buena obra, y creciendo en el conocimiento de Dios» (Colosenses 1:10).

❧ ⊙ ❧

Tu fruto está directamente relacionado con tu conocimiento de la verdad divina.

Todo agricultor que disfruta de una cosecha abundante lo hace solo después de hacer un esfuerzo diligente. Debe cultivar el suelo, plantar la semilla y luego nutrirla hasta que madure. Cada paso debe ser reflexivo, disciplinado y ordenado.

De manera similar, dar fruto espiritual no es un proceso irreflexivo ni fortuito. Requiere que seamos diligentes en la búsqueda del conocimiento de la voluntad de Dios, que se revela en su Palabra. Esa es la oración de Pablo en Colosenses 1:9, la cual reitera en el versículo 10.

La frase «creciendo en el conocimiento de Dios» (v. 10) puede traducirse como «aumentando *por* el conocimiento de Dios». Ambas versiones son aceptables. La primera enfatiza la necesidad de crecer; la segunda destaca el papel que el conocimiento juega en su crecimiento espiritual.

A medida que tu conocimiento de la Palabra de Dios aumenta, el Espíritu Santo renueva tu mente y transforma tu pensamiento. Al contemplar la gloria del Señor como se revela en las Escrituras, estás «siendo transformado de gloria en gloria en la misma imagen» (2 Corintios 3:18). Tú eres «revestido del nuevo [hombre], el cual conforme a la imagen del que lo creó se va renovando hasta el conocimiento pleno» (Colosenses 3:10).

Una de las tácticas de Satanás para retrasar la productividad espiritual es preocupar a los cristianos con filosofías humanistas y otros sustitutos corruptos de la verdad de Dios. Es por eso que estableció falsos maestros en Colosas, para que enseñaran que conocer la voluntad de Dios en cuanto a la verdadera espiritualidad es inadecuado. Pablo refutó esa declaración afirmando que Cristo es la plenitud de la Deidad en forma corporal (Colosenses 2:9). En Él «están escondidos todos los tesoros de la sabiduría y del conocimiento» (Colosenses 2:3). ¡Él es todo lo que tú necesitas!

Las Escrituras te ordenan que crezcas en la gracia y el conocimiento de Jesucristo (2 Pedro 3:18). ¿Es eso lo que caracteriza tu vida? ¿Estás esperando una abundante cosecha espiritual?

Sugerencias para la oración: Agradece a Dios por el privilegio de conocer su voluntad y de estudiar su Palabra
⊙ Guarda tu mente de las influencias pecaminosas con un espíritu de oración. Satúrala con la verdad de Dios.

Para un estudio más profundo: Lee los siguientes pasajes, señalando los efectos de la Palabra de Dios: Salmos 119:9, 105; Hechos 20:32; Romanos 10:17; 1 Tesalonicenses 2:13; 2 Timoteo 3:14-17; Hebreos 4:12-13; 1 Juan 2:14.

Notas: _____

_____

Estabilidad espiritual

«Fortalecidos con todo poder, conforme a la potencia de su gloria,
para toda paciencia y longanimidad» (Colosenses 1:11).

Dios siempre te capacita para que hagas lo que te ordena.

Un alarmante número de cristianos parece carecer de estabilidad espiritual. Muchos son «llevados por doquiera de todo viento de doctrina, por estratagema de hombres que para engañar emplean con astucia las artimañas del error» (Efesios 4:14). Otros carecen de pureza moral. Aun otros son impulsados por sus emociones más que por la sensatez. Cada vez más, terapeutas y psicólogos reemplazan a pastores y maestros bíblicos como héroes de la fe. Aun cuando proclamamos un Dios soberano y todopoderoso, nuestra conducta a menudo desmiente lo que creemos.

A pesar de nuestras incoherencias, el poder para la estabilidad espiritual es nuestro en Cristo, en la medida en que permitamos que el conocimiento de su voluntad controle nuestras vidas. Pablo describe el funcionamiento de ese poder en Colosenses 1:11. Allí las palabras griegas traducidas como «fortalecidos» y «poder» hablan del poder inherente que le da a uno la capacidad de hacer algo.

La frase «conforme a» indica que el poder para la estabilidad espiritual es proporcional a la abundante oferta de Dios, ¡suministro que es inagotable! La frase en griego indica, literalmente, que estás siendo «fortalecido con todo poder, conforme a la potencia de su gloria». Ese pensamiento es similar al de Filipenses 2:13, donde Pablo expresa que el poder para resolver tu salvación viene de Dios mismo, «porque Dios es el que en vosotros produce así el querer como el hacer, por su buena voluntad».

En Colosenses 1:11, el resultado del proceso de habilitación que Dios efectúa en ti es «paciencia y longanimidad». «La paciencia» se refiere a persistencia con respecto a las personas; «longanimidad» habla de persistencia con respecto a cosas o circunstancias. Cuando tienes paciencia y longanimidad (o persistencia) eres espiritualmente estable. Tus respuestas son bíblicas, consideradas y reflexionadas, no mundanas, emocionales o incontrolables. Soportas las pruebas porque entiendes los propósitos de Dios y confías en sus promesas.

Pablo dijo: «Fortaleceos en el Señor, y en el poder de su fuerza» (Efesios 6:10). Eso es posible cuando confías en Dios y en el poder infinito que es tuyo a través de Cristo.

Sugerencias para la oración: Tal vez conozcas a alguien que está luchando con su inestabilidad espiritual. Ora por esa persona y pídele a Dios que te use como fuente de aliento.

Para un estudio más profundo: El Salmo 18 es un canto de victoria que David escribió después que Dios lo libró de Saúl. Léelo, luego responde las siguientes preguntas:

- ¿Qué características de Dios mencionó David?
- ¿Cómo podrían esas características aplicarse a las situaciones que enfrentas?

Notas: _____

RECONOCE LA FUENTE DEFINITIVA

«Con gozo dando gracias al Padre» (Colosenses 1:12).

᠅ ⊙ ᠅

La acción de gracias gozosa reconoce a Dios como el dador de todo don perfecto.

El vínculo inseparable entre el gozo y la acción de gracias era un tema común para Pablo. En Filipenses 4:4-6 el apóstol afirma: «Regocijaos en el Señor siempre. Otra vez digo: ¡Regocijaos!... Por nada estéis afanosos, sino sean conocidas vuestras peticiones delante de Dios en toda oración y ruego, con acción de gracias». A los tesalonicenses les dijo: «Estad siempre gozosos. Orad sin cesar. Dad gracias en todo, porque esta es la voluntad de Dios para con vosotros en Cristo Jesús» (1 Tesalonicenses 5:16-18).

Cada vez que Pablo expresaba su agradecimiento y animaba a otros a expresar el suyo, tenía cuidado de nunca atribuir a los hombres las gracias debidas solo a Dios. Por ejemplo, en Romanos 1:8 declara: «Primeramente doy gracias a mi Dios mediante Jesucristo con respecto a todos vosotros, de que vuestra fe se divulga por todo el mundo». Él le dio gracias a Dios, no a los creyentes romanos, porque sabía que la fe es un don de Dios. Eso no significa que no puedas agradecer a los demás por las bondades que muestran, pero al hacerlo, debes comprender que son instrumentos de la gracia de Dios.

Con ese agradecimiento a Dios muestras humildad y reconoces su lugar legítimo como el Señor Soberano y el dador de todo bien y don perfecto (Santiago 1:17). Aquellos que rechazan su señorío y se niegan a darle gracias, incurren en la ira divina (Romanos 1:21).

Solo los que aman a Cristo realmente pueden dar gracias porque Él es el canal a través del cual se le expresa agradecimiento al Padre. Como lo señala Pablo en Colosenses 3:17: «Y todo lo que hacéis, sea de palabra o de hecho, hacedlo todo en el nombre del Señor Jesús, dando gracias a Dios Padre por medio de él». Hebreos 13:15 agrega: «Ofrezcamos siempre a Dios, por medio de él [Cristo], sacrificio de alabanza, es decir, fruto de labios que confiesan su nombre».

Sé generoso en tu alabanza y tu acción de gracias a Él como alguien que tiene el privilegio de conocer al Dios de toda gracia. Considera todo como un regalo que proviene de la mano de Él para que te goces y te edifiques.

Sugerencias para la oración: Lee en voz alta el Salmo 136 en forma de oración de alabanza a Dios.

Para un estudio más profundo: Lee el Salmo 136 y enumera las cosas que incitaron al salmista a dar gracias. ¿Cómo puede ese salmo servirte de modelo para tu propia alabanza?

Notas: _____

_____

_____

DISFRUTA SU HERENCIA ETERNA

«Al Padre que nos hizo aptos para participar
de la herencia de los santos en luz» (Colosenses 1:12).

Eres el receptor de una herencia muy especial.

Quizás hayas tenido la decepcionante y molesta experiencia de recibir un sobre, por correo, que te identificara como ganador de una gran suma de dinero u otro premio fantástico, solo para ver que —al abrirlo— no ganaste nada, en absoluto. Era simplemente una estratagema para que participaras en un concurso o compraras un producto.

En un mundo lleno de engaños y expectativas incumplidas, es maravilloso saber que la veracidad e integridad de Dios nunca fluctúan. Él no solo te prometió una herencia eterna, sino que también te ha hecho apto para que la disfrutes.

La palabra griega traducida como «apto», en Colosenses 1:12, significa que se te da «capacidad» o «autoridad» para que hagas algo. «Participar» se refiere a tener parte en algo. La idea es que Dios te ha autorizado para que recibas una parte de las bendiciones que pertenecen a todos los que lo aman a Él.

En Efesios 1:3, Pablo afirma que tu herencia consiste en «toda bendición espiritual en los lugares celestiales en Cristo». Es una gloriosa herencia de la cual el Espíritu Santo mismo es la promesa (vv. 14, 18). En Colosenses 3:24 Pablo la llama herencia «del Señor».

En Colosenses 1:12, la describe como una herencia de los santos «en luz», lo cual se refiere a su carácter general o a su calidad. En el Nuevo Testamento, el vocablo «luz» se usa casi siempre como metáfora de verdad y pureza. Juan en su primera carta (1:5) declara: «Dios es luz, y no hay ningunas tinieblas en él». Los creyentes son aquellos que caminan en la luz (v. 7). Por tanto, una herencia en la luz es un legado piadoso, verdadero y puro, uno que es reservado en el cielo, donde mora Dios, que es la Luz (1 Pedro 1:4, Apocalipsis 21:23).

Tu herencia eterna no es una promesa vacía. Dios te la aseguró al liberarte del dominio de las tinieblas y transferirte al reino de su Hijo amado, en quien tienes redención, el perdón de los pecados (Colosenses 1:13-14). Regocíjate en la gracia de Dios. ¡Vive como un hijo de la luz!

Sugerencias para la oración: Agradece a Dios por la gracia de la salvación y la gloria de su herencia.

⊙ Pídele que te use como una luz para aquellos que caminan en la oscuridad.

Para un estudio más profundo: Usa Efesios 5:6-16 como guía, para que contrastes las características de la oscuridad con las de la luz.

Notas: _____

_____

_____

ORA SIN CESAR

«Orando en todo tiempo... en el Espíritu» (Efesios 6:18).

⤙ ⊙ ⤚

**La victoria espiritual está directamente relacionada
con la calidad de tu vida de oración.**

L a oración es comunicación con Dios y, como tal, se puede desarrollar para alcanzar una máxima eficiencia o dejar que languidezca. Cualquiera que sea tu decisión, esta determinará la calidad de tu vida espiritual.

La libertad de culto que disfrutamos en nuestra sociedad y nuestro alto nivel de vida, irónicamente, facilitan que seamos indulgentes con la oración y que presumamos de la gracia de Dios. En consecuencia, muchos que afirman confiar en Dios, en realidad, viven como si no lo necesitaran en absoluto. Tal descuido es pecaminoso y conduce al caos espiritual.

Jesús enseñó sobre «la necesidad de orar siempre, y no desmayar» (Lucas 18:1). «Desmayar» se refiere a ceder al mal, cansarse o rendirse a la cobardía. Pablo agregó que debemos orar «en todo tiempo con toda oración y súplica en el Espíritu, y velando en ello con toda perseverancia y súplica por todos los santos» (Efesios 6:18).

Además, dice en 1 Tesalonicenses 5:17: «Orad sin cesar». Eso no quiere decir que no se debe hacer nada más que orar. Simplemente significa que hay que vivir constantemente consciente de la presencia de Dios. Si ves un hermoso amanecer o un ramo de flores, tu primera reacción es agradecer a Dios por lo bello de su creación. Si ves a alguien en apuros, intercedes a su favor. Vinculas cada experiencia de tu vida a tu relación con Dios.

Dios quiere que seas diligente y fiel en la oración. Con ese objetivo presente, dedicaremos este mes al estudio de la oración a partir de dos textos: la oración de Daniel (en Daniel 9:1-19), y la oración de los discípulos (en Mateo 6:9-13). Ambas son modelo de la oración majestuosa y efectiva.

Al estudiar esos pasajes juntos, considera tu propio modelo de oración. Examínalo cuidadosamente para detectar sus fortalezas y sus debilidades. Prepárate para hacer cualquier cambio que sea necesario.

Sugerencias para la oración: Agradece a Dios por el privilegio de tener comunión con Él en oración.

⊙ Pídele que revele cualquier aspecto de tu oración que necesite ser fortalecido.

Para un estudio más profundo: Lee Daniel 9:1-19.

⊙ ¿Qué provocó la oración de Daniel?

⊙ ¿Cuál fue la actitud de Daniel hacia Dios? ¿Hacia él mismo y hacia su pueblo?

⊙ ¿Qué pidió Daniel?

Notas: _____

_____

_____

ORACIÓN SIN LÍMITE

«La necesidad de orar siempre» (Lucas 18:1).

✸ ◦ ✸

La oración nunca debe limitarse a ciertos momentos, lugares o circunstancias.

Cuando era niño me enseñaron a orar con la cabeza inclinada, los ojos cerrados y las manos dobladas. Aun cuando joven pensaba que ese era el único modo de oración aceptable.

En el seminario participé en un cuarteto que viajaba visitando iglesias a lo largo de los Estados Unidos. En mi primer viaje tuvimos una reunión de oración en el automóvil, por lo que el conductor oró con los ojos abiertos. Todos nos alegramos porque él pudo orar, pero yo me preguntaba si Dios realmente escucharía su oración.

Desde entonces, aprendí que orar con los ojos cerrados es una forma útil de evitar las distracciones, pero no es algo obligatorio en las Escrituras, ni tampoco lo son la mayoría de las limitaciones que las personas a menudo ponen a la oración. Por ejemplo, algunos quieren limitar la oración a cierta postura, pero las Escrituras hablan de personas que oran mientras están de pie, sentados, arrodillados, mirando hacia arriba, inclinándose y levantando sus manos.

Algunos tratan de limitar la oración a ciertos momentos del día, como la mañana o la noche. Pero en la Biblia la gente oraba en todo momento: mañana, tarde, tres veces al día, antes de las comidas, después de las comidas, a la hora de acostarse, a la medianoche, día y noche, en la juventud, en la vejez, cuando estaban turbados y cuando estaban felices.

De manera similar, las Escrituras no ponen límites al lugar ni a las circunstancias de la oración. Ella habla de personas que oraban en cuevas, en armarios, en jardines, en las laderas de las montañas, en los ríos, junto al mar, en las calles, en los templos, en las camas, en las casas, en el estómago de un pez, en las batallas, en las azoteas, en las prisiones, en los desiertos y hasta en una cruz.

El punto es claro: no hay un determinado estilo o tipo de oración específico correcto; además, la oración no está limitada por su ubicación o sus circunstancias. Hay que orar siempre. Eso incluye cualquier tipo de oración, sobre cualquier tema, en cualquier momento del día o la noche.

Sugerencias para la oración: Haz una lista de tus planes, pensamientos e inquietudes actuales. ¿Has hecho de cada uno de ellos un asunto de oración? Comprométete a hablarle a Dios acerca de cada aspecto de tu vida.

Para un estudio más profundo: Lee el Salmo 136. Nota cómo el Señor participa íntimamente en la vida de su pueblo.

Notas: _____

_____

_____

_____

ORACIÓN RIGUROSA

*«En el año primero de Darío hijo de Asuero... Y volví mi rostro a
Dios el Señor, buscándole en oración» (Daniel 9:1-3).*

⤜ ◉ ⤛

La oración rigurosa glorifica a Dios.

La oración de Daniel, en el capítulo 9:1-19, ilustra los elementos clave de la oración intercesora efectiva. Aunque esos elementos servirán como foco de nuestros estudios por varios días, conocer algunos antecedentes de la oración de Daniel nos será útil.

El versículo 1 dice que Daniel oraba en el primer año de gobierno del rey Darío, el primer gran monarca del Imperio Medo-Persa. Alrededor de sesenta y cinco años antes, Dios había castigado al pecaminoso reino de Judá al permitirle al rey Nabucodonosor de Babilonia que conquistara Jerusalén y volviera a tomar cautivos a los israelitas.

Luego, el Imperio Babilónico cayó en manos de los medopersas. Darío conquistó Babilonia la noche en que el rey Belsasar celebró un festival de borrachos en el cual Dios escribió la condena de su reino en la pared (Daniel 5:24-28).

Daniel estaba entre los cautivos originalmente transportados a Babilonia por Nabucodonosor. En el largo período de cautiverio, nunca olvidó que era hijo de Dios y que siempre lo representaba correctamente a pesar de las circunstancias difíciles. Era un hombre de extraña sabiduría y coraje. Su confianza en Dios era inquebrantable y su compromiso con la oración estricto, aun cuando sus oraciones pudieron haberle costado la vida (Daniel 6:4-11).

Como resultado de todo lo anterior, Dios lo protegió, lo exaltó y fue glorificado a través de él, como lo confirma el decreto del rey Darío de que todos en el reino debían temer y temblar ante el gran Dios de Daniel (Daniel 6:26).

Puesto que Daniel entendió la prioridad de la oración, se negó a ser intimidado o a que le impidieran orar. Su compromiso es digno de imitar. ¿Se puede decir eso de ti? Si todos siguieran tu patrón de oración, ¿se fortalecería el reino de Dios?

Sugerencias para la oración: La coherencia es importante en la oración. Puedes intentar orar por diversas peticiones en días específicos. Por ejemplo, los lunes podrías orar por tus líderes gubernamentales, los martes por tu pastor y los ministerios de tu iglesia, etc.

Para un estudio más profundo: Lee Daniel 6.
⊙ ¿Qué rango tenía Daniel?
⊙ ¿Por qué el rey Darío quiso promocionar a Daniel?
⊙ ¿Cuál fue la reacción de los gobernantes y sátrapas ante la popularidad de Daniel?
⊙ ¿Cómo engañaron al rey?
⊙ ¿Cómo protegió Dios a Daniel?

Notas: _____

_____

Ora de acuerdo a la Palabra de Dios

«En el año primero de su reinado, yo Daniel miré atentamente en los libros el número de los años de que habló Jehová al profeta Jeremías, que habían de cumplirse las desolaciones de Jerusalén en setenta años. Y volví mi rostro a Dios el Señor, buscándole en oración y ruego, en ayuno, cilicio y ceniza» (Daniel 9:2-3).

❧ ⊙ ❧

La soberanía de Dios no elimina la necesidad de orar.

¿Alguna vez te has preguntado si es bíblico orar por las cosas que Dios ya ha prometido en su Palabra? ¿Es correcto orar, por ejemplo, por la salvación de los pecadores, sabiendo que Dios redimirá a los elegidos de todos modos o a los que crean en Él cuando Cristo regrese, sabiendo que es algo seguro? Daniel nos da una respuesta clara.

Dios profetizó a través de Jeremías que la cautividad babilónica duraría setenta años (Jeremías 25:11-12). Cuando Daniel leyó esa profecía, se dio cuenta de que había llegado el momento de que su pueblo regresara a su tierra natal. Eso lo inspiró a orar fervientemente.

En Daniel 9:19 el profeta grita: «Oye, Señor; oh Señor, perdona; presta oído, Señor, y hazlo; no tardes, por amor de ti mismo, Dios mío». Daniel estaba en sintonía con la Palabra de Dios y entendió que de alguna manera sus oraciones eran parte del plan.

La relación exacta entre la soberanía de Dios y nuestras oraciones es un misterio, pero está claro que de alguna manera la Palabra de Dios y nuestras oraciones cooperan en alcanzar la voluntad divina.

Al igual que Daniel, tú y yo vivimos en una época en que muchas de las promesas de Dios parecen cercanas a su cumplimiento. Nunca antes los eventos mundiales han apuntado tan dramáticamente a la cercanía del regreso de nuestro Señor. En consecuencia, este no es el momento para deleitarse o especular con demasiado entusiasmo. Es tiempo de estudiar la Biblia cuidadosamente y de orar con fervor.

Sugerencias para la oración: Agradece a Dios por su fidelidad y las promesas seguras de su Palabra.

⊙ Pídele sabiduría espiritual y discernimiento para discernir su voluntad de modo que vivas de acuerdo a ella.

Para un estudio más profundo: Jeremías 24:1—25:13 brinda algunos antecedentes del cautiverio de Judá en Babilonia. Después de leer esos versículos, responde las siguientes preguntas:

⊙ ¿Con qué clase de fruta comparó Dios a Judá?

⊙ ¿Qué dijo Dios que le pasaría al rey Sedequías?

⊙ ¿Qué advertencia le dieron los profetas a Judá?

⊙ ¿Cuál fue la respuesta de Judá?

⊙ ¿Cómo lidiaría Dios con Babilonia?

Notas: _____

_____

ORA DE ACUERDO A LA VOLUNTAD DE DIOS

«Habló Jehová al profeta Jeremías, que habían de cumplirse
las desolaciones de Jerusalén» (Daniel 9:2).

La oración efectiva siempre es congruente con la voluntad de Dios.

Es característico del pueblo de Dios identificarse con los propósitos divinos y conformarse a la voluntad de Él. Aprender a orar de acuerdo a su voluntad es uno de los principales pasos en ese proceso, puesto que te lleva a la Palabra y a mostrar un corazón humilde, sumiso.

Jesús enfatizó la prioridad de la voluntad de Dios cuando dijo: «He descendido del cielo, no para hacer mi voluntad, sino la voluntad del que me envió» (Juan 6:38). Meta que logró, por lo que le dijo al Padre: «Yo te he glorificado en la tierra; he acabado la obra que me diste que hicieses» (Juan 17:4). Incluso cuando enfrentó el horror de la cruz, Jesús no titubeó. Al contrario, oró lo que sigue: «Padre, si quieres, pasa de mí esta copa; pero no se haga mi voluntad, sino la tuya» (Lucas 22:42).

Jesús les enseñó a sus discípulos la misma prioridad, instruyéndolos a orar: «Padre nuestro que estás en los cielos, santificado sea tu nombre. Venga tu reino. Hágase tu voluntad, como en el cielo, así también en la tierra» (Mateo 6:9-10).

Daniel sabía lo que significaba orar según la voluntad de Dios. Después de leer la profecía del cautiverio de Babilonia por setenta años, aceptó eso —de inmediato— como la voluntad de Dios y comenzó a orar por su cumplimiento. Su oración no se trataba de un caso de resignación pasiva a algún acto del destino que escapaba a su control. Era la activa participación en el plan de Dios como se revela en las Escrituras. Él no estaba tratando de modificar la voluntad de Dios, pero estaba haciendo todo lo posible para que sucediera. Eso es lo esencial cuando se ora de acuerdo a la voluntad de Dios.

Cuando oras conforme a la voluntad de Dios, puedes estar seguro de que Él te escucha y que te concederá tus peticiones (1 Juan 5:14-15). Vive con esa confianza ¡desde hoy mismo!

Sugerencias para la oración: Sé un estudiante diligente de la Palabra para que conozcas la voluntad de Dios.
⊙ Pídele a Dios que te revele las áreas en las que tu voluntad no se conforma a la de Él. Así como Él, toma medidas inmediatas para enfrentar la situación.

Para un estudio más profundo: Lee Apocalipsis 22:6-21; señala la voluntad de Dios en cuanto al regreso de Cristo y cómo debemos responder a ello.

Notas: _____

_____

_____

_____

ORA CON FERVOR

«Y volví mi rostro a Dios el Señor, buscándole en oración y
ruego, en ayuno, cilicio y ceniza» (Daniel 9:3).

Reconocerás mejor tu propia pecaminosidad cuanto más entiendas la santidad de Dios.

Las personas consideran la oración en muchas maneras. Para algunos, es el último recurso después que todas las opciones humanas se agotan: «¡Todo lo que puedo hacer ahora es orar por ti!» Otros la comparamos con una llanta de repuesto espiritual, algo que solo se usa en caso de emergencia. Muchos que deberían dedicarse a la oración han sido arrullados por la complacencia de una sociedad próspera y sin Dios.

Daniel, sin embargo, vio la oración como una oportunidad para expresar la pasión y el fervor de su corazón al Dios que amó y sirvió. En Daniel 9:3 dice: «Volví mi rostro a Dios el Señor, buscándole». Eso implica que se apartó un tiempo específico para dedicarlo a la oración reflexiva, seria y ferviente. Hecho que se ve respaldado por la forma en que se preparó a través del ayuno y con el acto de ponerse cilicio y cenizas encima, símbolos de humildad y profunda contrición por el pecado.

Es probable que parezca inusual que un hombre de la estatura espiritual de Daniel se sintiera abrumado por el pecado, pero el asunto es que cobraba más conciencia de su pecaminosidad cuando más se acercaba a Dios. Igual vemos que ocurre con Pablo, que decía de sí mismo que era el «primero» de todos los pecadores (1 Timoteo 1:15). Es posible que eso pueda parecernos una declaración ridícula, pero Pablo vio el pecado por lo que era. Lo mismo hizo Daniel.

El título «Dios el Señor», que aparece en el versículo 3, enfatiza el gobierno soberano de Dios sobre todas las cosas. Daniel sabía que Dios había permitido el cautiverio babilónico y que solo Él podría librar a su pueblo de aquello. En consecuencia, el profeta le dio al Señor toda su atención mientras oraba y buscaba misericordia para él y su gente.

El fervor de Daniel es un reproche a gran parte de la ligereza que escuchamos actualmente en la oración. Su oración era profunda porque se generaba en la Palabra de Dios y se fundamentaba en la voluntad de Él.

Santiago 5:16 declara: «La oración eficaz del justo puede mucho». Sé como Daniel, una persona justa que ora fervientemente con gran eficacia.

Sugerencias para la oración: Pídele a Dios que te dé un mayor fervor en la oración.
⊙ Sé sensible a cualquier pecado que pueda perturbar tus oraciones.

Para un estudio más profundo: Lee Lucas 11:5-13.
⊙ ¿Qué parábola dijo Jesús para ilustrar los beneficios de la oración humilde y persistente?
⊙ ¿Cómo contrasta Jesús a los padres terrenales con su Padre celestial?

Notas: _____

Niégate a ti mismo

«Y oré a Jehová mi Dios e hice confesión» (Daniel 9:4).

Dios no responde oraciones farisaicas.

En Lucas 18, Jesús contó una parábola sobre las personas que confiaban en su propia justicia. Así que dijo: «Dos hombres subieron al templo a orar: uno era fariseo, y el otro publicano. El fariseo, puesto en pie, oraba consigo mismo de esta manera: Dios, te doy gracias porque no soy como los otros hombres, ladrones, injustos, adúlteros, ni aun como este publicano; ayuno dos veces a la semana, doy diezmos de todo lo que gano. Mas el publicano, estando lejos, no quería ni aun alzar los ojos al cielo, sino que se golpeaba el pecho, diciendo: Dios, sé propicio a mí, pecador. Os digo que éste descendió a su casa justificado antes que el otro; porque cualquiera que se enaltece, será humillado; y el que se humilla será enaltecido» (vv. 10-14).

Sin la misericordia de Dios, no podemos entrar en la presencia de Él. El recaudador de impuestos sabía eso y pidió perdón. El fariseo perdió el enfoque y se fue sin perdón.

Al igual que el recaudador de impuestos, Daniel se acercó a Dios con una actitud de confesión y abnegación. Podría haberle recordado a Dios sus años de fiel servicio mientras estuvo en Babilonia, pero eso no cabía en su mente. Él sabía que eso, en sí mismo, no era algo que lo encomendara a Dios. En lo único que él pensaba era en la misericordia para él y su gente, de modo que los propósitos de Dios pudieran realizarse a través de ellos.

Como cristiano, tienes el maravilloso privilegio de entrar con valentía en la presencia de Dios «con corazón sincero, en plena certidumbre de fe» (Hebreos 10:22). Privilegio que está enraizado en la gracia de Dios a través del sacrificio de Cristo, en quien no hay lugar para la presunción ni la autojustificación. Guarda tu actitud en oración, para que no caiga involuntariamente en una mentalidad farisaica.

Sugerencias para la oración: Memorízate el pasaje comprendido desde el Salmo 117:1 hasta el 118:1 y recítalo a menudo como un himno de alabanza al Señor.

Para un estudio más profundo: Jesús tenía mucho que decir acerca de los escribas y los fariseos de su tiempo que creían en su propia justicia. Lee Mateo 23; anota las mordaces denuncias de sus actitudes y sus prácticas hipócritas.

Notas: _____

_____

_____

_____

_____

_____

CONFIESA TUS PECADOS

«Y oré a Jehová mi Dios e hice confesión» (Daniel 9:4).

❧ ⊙ ❧

La confesión trae perdón y resguarda el carácter de Dios.

Confesar tus pecados da a entender que estás de acuerdo con Dios en que has ofendido su carácter santo, que te mereces el castigo y que tienes necesidad de perdón. Eso es exactamente lo que vemos que Daniel hace en los versículos 5-16. El verso 20 resume su oración: «Aún estaba hablando y orando, y confesando mi pecado y el pecado de mi pueblo Israel, y derramaba mi ruego delante de Jehová mi Dios».

A diferencia de algunos que sufren el castigo de Dios, Daniel no le echó la culpa por la calamidad de Israel. Al contrario, admitió que su pueblo había desobedecido la Palabra de Dios en forma deliberada e ignorado a sus profetas, lo que trajo el juicio sobre ellos. Una vez fueron una nación bendecida por Dios; ahora eran extranjeros y cautivos en un país extraño. Dios había mantenido su promesa de maldecirlos si le desobedecían (Deuteronomio 28:15).

En los versículos 12-15 Daniel analiza las consecuencias del pecado de Israel, incluido el cautiverio y la culpa que soportó por su arrogancia y su renuencia a arrepentirse.

El versículo 14 refleja quizás el aspecto más importante de la confesión: la afirmación de Daniel de que «justo es Jehová nuestro Dios en todas sus obras que ha hecho». Las naciones gentiles sabían que los israelitas eran el pueblo elegido de Dios. Sin duda, la caída de Jerusalén hizo que surgieran cuestionamientos acerca del carácter de Dios, como por ejemplo: ¿Qué clase de Dios se quedaría de brazos cruzados mientras su pueblo era devastado y su templo saqueado? ¿Cuál es el beneficio de tener un Dios como ese? La siguiente, en efecto, es la respuesta de Daniel: «Dios es justo en *todo* lo que hace. Merecemos este castigo, así que no lo acusen de actuar injustamente».

La confesión, por lo tanto, tiene un doble propósito: trae perdón y le permite a Dios que nos castigue sin ninguna alegación por parte nuestra ni remordimiento consigo mismo.

La oración de Daniel llegó en un momento especial en la historia de Israel, pero indudablemente la confesión era algo normal en su vida. Ese también debería ser tu patrón de oración. No esperes que ocurra un desastre para que confieses tu pecado. Haz de ello una práctica diaria.

Sugerencias para la oración:

⊙ Si no has desarrollado un enfoque sistemático de oración, te sugiero una buena manera de comenzar.

- ⊙ Adora, alaba a Dios.
- ⊙ Confiesa, declara tu pecado.
- ⊙ Agradece: expresa gratitud a Dios.
- ⊙ Suplica, ora por otros.

Para un estudio más profundo: Lee sobre el pecado de David en 2 Samuel 11:1—12:25 y su confesión en el Salmo 51. ¿Cuáles son las semejanzas y diferencias entre la confesión de David y la de Daniel?

Notas: _____

ORA POR LOS DEMÁS

«Hemos pecado, hemos cometido iniquidad, hemos hecho impíamente, y hemos sido rebeldes, y nos hemos apartado de tus mandamientos y de tus ordenanzas. No hemos obedecido a tus siervos los profetas… Oh Jehová, nuestra es la confusión de rostro… porque contra ti pecamos… Todo Israel traspasó tu ley apartándose para no obedecer tu voz… Jerusalén y tu pueblo son el oprobio de todos en derredor nuestro» (Daniel 9:5-16).

El foco principal de tus oraciones debe ser los demás.

En los versículos 5-16, Daniel se identifica con su pueblo e intercede en su favor. Esa es una práctica común en las Escrituras. Por ejemplo, Moisés intercedió por los israelitas después que pecaron al adorar al becerro de oro (Éxodo 32:11-13).

Todas las oraciones registradas de Pablo son intercesiones. En Efesios 6:18 instruye a «[orar] con toda perseverancia y súplica por todos los santos». En 1 Timoteo 2:1-4 dice: «Exhorto ante todo, a que se hagan rogativas, oraciones, peticiones y acciones de gracias, por todos los hombres; por los reyes y por todos los que están en eminencia, para que vivamos quieta y reposadamente en toda piedad y honestidad. Porque esto es bueno y agradable delante de Dios nuestro Salvador, el cual quiere que todos los hombres sean salvos y vengan al conocimiento de la verdad».

De manera similar, las oraciones del Señor están repletas de intercesiones. Incluso cuando colgaba agonizante en la cruz, oró por sus perseguidores: «Padre, perdónalos, porque no saben lo que hacen» (Lucas 23:34).

Cuando Dios nos incorporó al cuerpo de Cristo, hizo que dependiéramos unos de otros. De modo que cuando un miembro sufre, todos sufren con él; cuando uno es honrado, todos se regocijan también (1 Corintios 12:26). Es por eso que Jesús nos instruyó a orar: «El pan nuestro de cada día, *dánoslo* hoy. Y *perdónanos nuestras* deudas… Y no nos metas en tentación, mas *líbranos* del mal» (Mateo 6:11-13, énfasis agregado).

Permite que tus oraciones reflejen una mentalidad colectiva y desinteresada que abarque las necesidades de los demás.

Sugerencias para la oración: Agradece a Dios por las personas que han orado por ti a través de los años. Mantente interesado por aquellos por quienes debes orar.
⊙ A veces, las exigencias de la oración pueden parecer abrumadoras puesto que hay mucho por qué orar, pero sé fiel, sabiendo que tus oraciones son un deleite para el Señor (Proverbios 15:8).

Para un estudio más profundo: Lee Juan 17 y observa cómo intercedía Jesús por sus discípulos.

Notas: _____

_____

_____

_____

CONFÍA EN EL CARÁCTER DE DIOS

«Ahora, Señor, Dios grande, digno de ser temido, que guardas el pacto y la misericordia con los que te aman y guardan tus mandamientos... Tuya es, Señor, la justicia... De Jehová nuestro Dios es el tener misericordia y el perdonar» (Daniel 9:4, 7, 9).

Los atributos de Dios refrendan tus oraciones.

Antes de la cautividad babilónica, Dios le había advertido a su pueblo que no adoptara las prácticas idólatras de sus captores, cuyos dioses eran ídolos que no podían oír ni librarles de angustia (Isaías 46:6-7).

En marcado contraste, nuestro Dios nos ama y nos liberta del mal. Cuando confesamos nuestros pecados e intercedemos por los demás, Él escucha y responde. En Isaías 45:21-22, Dios dice: «No hay más Dios que yo; Dios justo y Salvador; ningún otro fuera de mí. Mirad a mí, y sed salvos, todos los términos de la tierra, porque yo soy Dios, y no hay más».

En su oración, Daniel menciona varios atributos de Dios que tienen relación directa con la oración contestada. En el versículo 4 lo llama «Dios grande, digno». Eso habla de su poder y su majestad. Tú puedes orar con confianza porque Dios es lo suficientemente poderoso como para cambiar tus circunstancias si contribuyen a los propósitos de Él.

La fidelidad de Dios se refleja en la frase «que guardas el pacto» (v. 4). Él siempre cumple sus promesas. Dios hizo un pacto con Israel: que si se arrepentían, los perdonaría (Deuteronomio 30:1-3). Les prometió que nunca los abandonaría (Deuteronomio 31:6, Hebreos 13:5).

El amor de Dios se muestra en sus actos de misericordia con los que le aman (v. 4). Su justicia y su santidad son evidentes en la frase que dice: «Tuya es, Señor, la justicia» (v. 7). Las acciones de Dios siempre son amorosas y justas. Él nunca comete un error (Génesis 18:25).

El versículo 9 menciona dos atributos finales: la compasión y el perdón. «Compasión» es sinónimo de misericordia. «Perdón» significa que Él perdona tus malas acciones y elimina el castigo que el pecado le ha acreditado a tu cuenta. Dios te reconcilia consigo mismo y restaura la dulce comunión.

¡Qué Dios tan misericordioso al que servimos! Regocíjate en su amor y apóyate en sus promesas. Él nunca te fallará.

Sugerencias para la oración: Alaba a Dios por sus atributos: su poder, su majestad, su fidelidad, su amor, su santidad, su compasión y su perdón.

Para un estudio más profundo: Lee Isaías 44, donde se le advirtió severamente a Israel que evitara la idolatría babilónica durante el cautiverio.

- ¿Qué promesas le hizo Dios a Israel?
- ¿Cómo caracterizó Dios a los idólatras?

Notas:

ORA PARA LA GLORIA DE DIOS

«Oh Señor, conforme a todos tus actos de justicia, apártese ahora tu ira y tu furor de sobre tu ciudad Jerusalén, tu santo monte; porque a causa de nuestros pecados, y por la maldad de nuestros padres, Jerusalén y tu pueblo son el oprobio de todos en derredor nuestro. Ahora pues, Dios nuestro, oye la oración de tu siervo, y sus ruegos; y haz que tu rostro resplandezca sobre tu santuario asolado, por amor del Señor. Inclina, oh Dios mío, tu oído, y oye; abre tus ojos, y mira nuestras desolaciones, y la ciudad sobre la cual es invocado tu nombre; porque no elevamos nuestros ruegos ante ti confiados en nuestras justicias, sino en tus muchas misericordias. Oye, Señor; oh Señor, perdona; presta oído, Señor, y hazlo; no tardes, por amor de ti mismo, Dios mío; porque tu nombre es invocado sobre tu ciudad y sobre tu pueblo» (Daniel 9:16-19).

Glorificar a Dios debe ser el objetivo final de cada pedido de oración que hagamos.

Alguien dijo una vez: «Muéstreme su vida redimida y podría creer en su Redentor». ¡Esa es una petición justa! Como cristianos, somos embajadores de Cristo en un mundo moribundo. Con su Espíritu en nuestros corazones y su Palabra en nuestras manos, debemos hablar su verdad con amor y llevar una vida que le dé credibilidad a lo que decimos.

Al fallar en eso, deshonramos a Dios y les damos municiones a aquellos que quieren desacreditar su obra. Eso fue lo que ocurrió en Israel. Aunque era el pueblo elegido de Dios, su nombre fue blasfemado entre los gentiles por la incredulidad y la desobediencia de Israel (Romanos 2:24).

Daniel sabía que Israel no merecía misericordia, pero le pidió a Dios que los perdonara y los restaurara a su patria por amor a su propio nombre. En eso Él sería glorificado.

Cuando tú oras de acuerdo a la voluntad de Dios, confiesas fervientemente tus pecados e intercedes por otros, sigues la piadosa tradición de Daniel y de cada uno de los santos que buscaba darle gloria a Dios por sobre todas las cosas. ¡Que así sea hoy!

Sugerencias para la oración: Ora por la nación de Israel, para que Dios pueda redimir a mucha gente judía por amor a su nombre (Romanos 10:1).

Para un estudio más profundo: Lee Ezequiel 36:16-38.
- ¿Por qué dispersó Dios a Israel? ¿Por qué los reunirá de nuevo?
- ¿Cómo reaccionarán las naciones gentiles ante ese acontecimiento?

Notas: _____

_____

_____

_____

_____

ORA COMO LO HACÍA JESÚS

«Vosotros, pues, oraréis así: Padre nuestro que estás en los cielos, santificado sea tu nombre.
Venga tu reino. Hágase tu voluntad, como en el cielo, así también en la tierra. El pan
nuestro de cada día, dánoslo hoy. Y perdónanos nuestras deudas, como también nosotros
perdonamos a nuestros deudores. Y no nos metas en tentación, mas líbranos del mal; porque
tuyo es el reino, y el poder, y la gloria, por todos los siglos. Amén» (Mateo 6:9-13).

Jesús enumero seis elementos que constituyen la verdadera oración.

Muchas personas se han memorizado el Padrenuestro para recitarlo a menudo pero, aunque es muy hermoso, esa oración no se nos dio con ese propósito. Es más, después que el Señor la dijo, nadie —en el Nuevo Testamento— la recitó, ni siquiera el propio Jesús (Juan 17).

Los discípulos no le pidieron a Jesús que les enseñara una oración, sino que les enseñara cómo orar (Lucas 11:1). Hay una diferencia significativa en ello. Jesús antecedió su oración al decir: «Oraréis así» (Mateo 6:9), que literalmente significa: «Ora lo que te digo en estas líneas». La suya fue un patrón general para toda oración y, aunque nunca más se recitó, sus principios son evidentes en todas las oraciones del Nuevo Testamento.

La oración modelo de Cristo nos enseña a pedirle a Dios seis cosas: 1. que su nombre sea honrado, 2. que traiga su reino a la tierra, 3. que haga su voluntad, 4. que provea para nuestras necesidades diarias, 5. que perdone nuestros pecados, y 6. que nos proteja de la tentación. Cada solicitud contribuye al objetivo final de toda oración, que es glorificar a Dios. Los últimos tres son los medios por los que los primeros tres se logran. Dado que Dios provee nuestro pan de cada día, perdona nuestros pecados y nos protege cuando somos tentados, es exaltado en su nombre, en su reino y en su voluntad.

Si entiendes y sigues el patrón de Cristo para orar, puedes estar seguro de que estás orando como Él lo instruyó y que cualquier cosa que pidas en su nombre, Él la hará «para que el Padre sea glorificado en el Hijo» (Juan 14:13).

Sugerencias para la oración: ¿Reflejan tus oraciones los seis elementos descritos en el Padrenuestro? Si no es así, trabaja para que los conviertas en parte normal de tu oración.

Para un estudio más profundo: Lee Mateo 6:1-8, donde Jesús discute algunas de las prácticas de los líderes religiosos judíos.

⊙ ¿Qué prácticas y motivos mencionó Jesús?

⊙ ¿Cómo se sintió Él en cuanto a su liderazgo espiritual?

Notas: _____

_____

_____

_____

CÓMO RECONOCER LA PATERNIDAD DE DIOS

«Padre nuestro que estás en los cielos» (Mateo 6:9).

**La oración comienza con el reconocimiento de que Dios es tu Padre
y que tiene los recursos para satisfacer tus necesidades.**

E l término Padre es uno de los más utilizados en nuestras oraciones, y con razón; porque así es como Jesús nos enseñó a orar. Pero aunque es común para nosotros, era muy poco conocido para las personas de la época de Cristo.

En ese tiempo, la mayoría de las personas que adoraban a los dioses falsos pensaban en ellos como en seres distantes, caprichosos e inmorales que debían ser temidos. Incluso el pueblo judío, que debía haber entendido la paternidad de Dios, rechazó el cuidado paternal de Dios con su pecado y su apostasía. En consecuencia, Él les parecía remoto a ellos. Incluso algunos que afirmaban que Dios era su Padre fueron reprendidos por Cristo, que los llamó hijos del diablo, porque rechazaron al Hijo (Juan 8:44).

En ese contexto, la enseñanza de Cristo fue revolucionaria. Él proclamó a Dios como un Padre cuidadoso y bondadoso que desea una relación íntima con sus hijos. Comunión que solo puede producirse a través de la fe en el Hijo.

Más aun, Jesús reveló el carácter del Padre en todo lo que dijo e hizo. Cuando Felipe le pidió que le mostrara al Padre, Jesús respondió: «¿Tanto tiempo hace que estoy con vosotros, y no me has conocido, Felipe? El que me ha visto a mí, ha visto al Padre; ¿cómo, pues, dices tú: Muéstranos el Padre?» (Juan 14:9).

Jesús también proclamó a Dios como el Padre que tiene todos los tesoros del cielo a su disposición y que los pone a la orden de sus hijos para que puedan glorificarlo a Él: «Vuestro Padre sabe de qué cosas tenéis necesidad, antes que vosotros le pidáis… No os afanéis, pues… buscad primeramente el reino de Dios y su justicia, y todas estas cosas [lo que tú necesitas] os serán añadidas» (Mateo 6:8, 31, 33).

Tu fe en Cristo es lo que hace que Dios sea tu Padre celestial. Él te ama, escucha tus oraciones y satisface tus necesidades según sus abundantes recursos. Considera a Dios hoy y vive como un hijo agradecido y obediente.

Sugerencias para la oración: Agradécele a Dios que es un Padre amable y amoroso.
⊙ Alábalo por las abundantes bendiciones que te da.

Para un estudio más profundo: Lee Proverbios 3:5-6 y Mateo 7:7-11.
⊙ ¿Qué se te exhorta a hacer?
⊙ ¿Qué hará Dios específicamente por ti?
⊙ ¿Cómo deberían afectar esos textos bíblicos tu relación con Dios?

Notas: _____

_____

_____

_____

VE MÁS ALLÁ DE LO EFÍMERO

«Padre nuestro que estás en los cielos» (Mateo 6:9).

✦ ⊙ ✦

Con Dios como tu Padre, tu vida tiene significado eterno.

El autor H. G. Wells escribió sobre un hombre que se dejó vencer por la presión y el estrés de la vida moderna. Su médico le dijo que su única esperanza era encontrar comunión con Dios. A lo que el hombre respondió: «¿Qué? ¿Tener comunión conmigo allá arriba? Creo que es más fácil refrescar mi garganta con leche espacial [por aquello de la Vía Láctea] o estrecharles la mano a las estrellas». El poeta Thomas Hardy dijo que la oración es inútil porque no hay nadie a quien orar excepto a «ese sueño oscuro, tonto, que hace girar el mango de este espectáculo sin sentido». Voltaire describió la vida como un chiste de mal gusto. Y agregó: «Baja el telón; la farsa está lista». Tal es la blasfemia y desesperación de todos los que insisten en que Dios no se involucra en los asuntos humanos.

Los filósofos griegos y romanos de la época de Jesús rechazaron la paternidad de Dios porque eso contradecía sus sistemas filosóficos. Los filósofos estoicos enseñaban que todos los dioses eran apáticos y no experimentaban emociones en absoluto. Los filósofos epicúreos enseñaban que el supremo valor de los dioses era la paz completa o la perfecta paz. Para mantener su serenidad, necesitaban permanecer totalmente aislados de la condición humana.

Las Escrituras refutan todas esas herejías al declarar que Dios es un ser íntimo y un Padre afectuoso. El significado de tal verdad es asombroso. Él conquista tus temores y te consuela en tiempos de angustia. Perdona tus pecados y te da esperanza eterna. Te colma de recursos ilimitados y te hace receptor de una herencia imperecedera. Te concede sabiduría y dirección a través de su Espíritu y su Palabra. Él nunca te dejará ni te abandonará.

Cuando te acerques a Dios —con humildad— como Padre tuyo, asume el papel del hijo que está ansioso por obedecer la voluntad de su Padre y recibirás todos los beneficios de la gracia de Él. Permite que eso te haga ver más allá de tus circunstancias actuales y te motive a avizorar lo que es eterno.

Sugerencias para la oración: Agradece a Dios por el gozo y el propósito que te da cada día.

⊙ Comprométete a seguir la voluntad de Él.

Para un estudio más profundo: Lee Éxodo 3:1-5 e Isaías 6:1-5. ¿Qué actitud debes asumir cuando oras a Dios?

⊙ ¿Qué dice Hebreos 4:16 en cuanto a lo que puedes recibir cuando te acercas a Dios en oración?

Notas: _____

_____

_____

_____

PON A DIOS PRIMERO

«Santificado sea tu nombre» (Mateo 6:9).

❧ ⊙ ☙

La oración siempre debe exaltar a Dios.

El Padrenuestro ilustra la prioridad que debe tener Dios en nuestra oración. Jesús comenzó su modelo de oración exaltando al Padre: «Santificado sea tu nombre» (v. 9), luego pidió que el reino del Padre viniera y que se hiciera su voluntad (v. 10). Concluyó con un himno de alabanza: «Porque tuyo es el reino, y el poder, y la gloria, por todos los siglos. Amén» (v. 13). Su oración literalmente comienza y termina con Dios.

«Santificado sea tu nombre» exalta el nombre del Señor y establece un tono de adoración y sumisión que se sostiene durante toda la oración. Cuando el nombre de Dios es santificado, es amado y reverenciado, su reino es ansiosamente anhelado y su voluntad es obedecida.

La expresión «tu nombre» se refiere a algo más que a un título como «Dios», «Señor» o «Jehová». Habla de Dios mismo, es una frase que incluye todos sus atributos. Los hebreos consideraban el nombre de Dios tan sagrado que ni siquiera lo pronunciaban, aunque no entendían el punto. Aun cuando trataban de modo meticuloso cada letra de su nombre, deshonraban su carácter y desobedecían su Palabra. Por culpa de ellos el nombre de Dios fue blasfemado entre los gentiles (Romanos 2:24).

El Salmo 102:15 dice: «Entonces las naciones temerán el nombre de Jehová, y todos los reyes de la tierra tu gloria». No son las letras del nombre de Dios lo que las naciones temen; es la encarnación de todo lo que Él es. Cuando Jesús dijo en su oración: «He manifestado tu nombre a los hombres que del mundo me diste» (Juan 17:6), lo hizo para revelar quién era Dios. Juan 1:14 dice: «Aquel Verbo fue hecho carne, y habitó entre nosotros (y vimos su gloria, gloria como del unigénito del Padre), lleno de gracia y de verdad». Jesús le dijo a Felipe: «El que me ha visto a mí, ha visto al Padre» (Juan 14:9). Jesús es la manifestación de todo lo que Dios es.

Manifestar la prioridad de Dios en tus oraciones implica que reconoces quién es Él, que te acercas a Él con un espíritu reverente —humilde—, y que te rindes a la voluntad de Él. Cuando hagas eso, Él santificará su nombre a través de ti.

Sugerencias para la oración: Alaba a Dios por su santidad.
⊙ Pídele que te use hoy para mostrar su santidad a otros.

Para un estudio más profundo: Lee Números 20. ¿En qué modo mostró Moisés irreverencia por el nombre de Dios?

Notas: _____

_____

_____

_____

SANTIFICA EL NOMBRE DE DIOS

«Santificado sea tu nombre» (Mateo 6:9).

🙶 ⊙ 🙶

Dios es santo y merece tu más alto respeto y tu humilde obediencia.

Para la mayoría de las personas, la palabra *santificado* hace evocar ideas acerca de lo sacro, sobre castillos con paredes cubiertas de hiedra o referentes a rígidas tradiciones religiosas. Pero todas ellas están muy lejos de su significado bíblico. El vocablo «santificado», en Mateo 6:9, traduce una palabra griega que significa «santo». Cuando Cristo dijo: «Santificado sea tu nombre» a lo que se estaba refiriendo, en efecto, era a «que tu nombre sea considerado santo». Cuando santificas el nombre de Dios, lo apartas de todo lo común y le das el lugar que se merece en tu vida.

A lo largo de las Escrituras, la santidad se atribuye a personas o cosas que son consagradas al servicio de Dios. El día de reposo, por ejemplo, debía ser guardado «santo», aparte de los otros días (Éxodo 20:8). Los sacerdotes israelitas eran considerados «santos» porque prestaban un servicio especial al Señor (Levítico 21:8). Como creyentes en Cristo, debemos ser «santos» puesto que pertenecemos a Dios (1 Pedro 1:15).

La santidad también habla de excelencia moral y pureza. Dios es llamado «santo» (1 Pedro 1:15) no solo porque está apartado de su creación, sino también porque es puro e inmaculado en su carácter. Es por eso que Isaías pronunció una maldición sobre sí mismo cuando vio al Señor y escuchó a los ángeles proclamando: «Santo, Santo, Santo, Jehová de los ejércitos; toda la tierra está llena de su gloria» (Isaías 6:3-5). Estaba abrumado con su propia pecaminosidad en la presencia de un Dios santo.

Tal Dios merece el mayor respeto y reverencia de tu parte. Aunque es tu amable y amoroso Padre, también es el Dios soberano y majestuoso del universo. En consecuencia, debes cuidar de no pensar en Él como en cualquier amigo ni dirigirte a Él con ligereza.

Además, Dios merece tu absoluta obediencia. Por eso, santificas su nombre solo cuando tu vida es regida por la rectitud y la excelencia moral.

Que eso sea cierto contigo y que puedas tratar de honrarlo en todo lo que hagas.

Sugerencias para la oración: Acércate a Dios con respeto y reverencia siempre.
⊙ Piensa en formas específicas en que puedas santificar el nombre de Él. Pídele la gracia para hacerlo.

Para un estudio más profundo: Lee cada uno de los siguientes versículos y señala las formas específicas en que puedes glorificar a Dios: Josué 7:19; Salmos 50:23; Juan 15:8; Romanos 15:5-6; 1 Corintios 6:20; Filipenses 2:9-11; y 2 Tesalonicenses 3:1.

Notas: _____

_____

_____

_____

DESPLIEGUE DE LA SANTIDAD DE DIOS

«Santificado sea tu nombre» (Mateo 6:9).

La sana teología que da como resultado una vida piadosa santifica el nombre de Dios.

Hemos aprendido que santificar el nombre de Dios requiere que se distinga de todo lo común y que se le dé el primer lugar en nuestras vidas. Eso comienza con creer que existe. Hebreos 11:6 lo expresa de la siguiente manera: «El que se acerca a Dios crea que le hay».

Más allá de la mera creencia, también debes conocer el tipo de Dios que Él es. Muchas personas que dicen creer en Dios no santifican su nombre porque tienen conceptos erróneos acerca de Él. Los israelitas pensaban que estaban adorando al Dios verdadero cuando se postraron ante el becerro de oro (Éxodo 32:4). Los líderes judíos de la época de Jesús pensaban que adoraban al Dios verdadero, pero Jesús los llamó hijos del diablo porque rechazaron la Palabra de Dios (Juan 8:44, 47). La doctrina bíblica sana acerca de Dios es esencial para reverenciarlo de modo correcto.

Santificar el nombre de Dios también implica estar constantemente consciente de su presencia. Eso te ayuda a concentrarte en las prioridades de Dios y a ver cada aspecto de tu vida desde la perspectiva de Él. A eso se refería David cuando dijo: «A Jehová he puesto siempre delante de mí» (Salmos 16:8).

La obediencia es otra forma de santificar el nombre de Dios. Tu teología podría ser perfecta, y puedes estar siempre consciente de su presencia, pero si le desobedeces lo deshonras. Jesús dijo: «Así alumbre vuestra luz delante de los hombres, para que vean vuestras buenas obras, y glorifiquen a vuestro Padre que está en los cielos» (Mateo 5:16).

Eres un instrumento a través del cual Dios muestra su santidad en el mundo. Si el nombre de Él debe ser santificado en la tierra como en el cielo, primero debe ser santificado en tu vida. Eso ocurre cuando crees en Él, entiendes quién es realmente, te mantienes consciente de su presencia y obedeces su Palabra.

Ese alto llamado te distingue de cada incrédulo (1 Pedro 2:9-10). ¡Vive a la luz de ese llamado glorioso!

Sugerencias para la oración: Pídele a Dios que te ayude a estar consciente de su presencia en cada circunstancia que enfrentes.

⊙ Ora para que tu vida manifieste la santidad de Él.

Para un estudio más profundo: Lee Éxodo 32.

⊙ ¿Por qué los israelitas construyeron el becerro de oro?

⊙ ¿Cuál fue la respuesta de Moisés cuando Dios amenazó con destruir a su pueblo?

Notas: _____

_____

_____

ORA POR EL REINO DE CRISTO

«Venga tu reino» (Mateo 6:10).

***Cuando oras: «Venga tu reino», estás orando para que
Cristo reine en la tierra como lo hace en el cielo.***

Cuando escuchamos la palabra *reino*, tendemos a pensar en castillos medievales, reyes, caballeros y cosas por el estilo. Pero «reino», en Mateo 6:10, traduce una palabra griega que significa «regla» o «reinado». Por eso podríamos traducir la frase de la siguiente manera: «Venga tu reinado». Eso expresa con más claridad lo que Cristo quiso decir. Él oró que el gobierno de Dios fuera tan aparente en la tierra como en el cielo.

El reino de Dios fue el tema central del ministerio de Cristo. Él proclamó «el evangelio del reino» (Mateo 4:23) e instruyó a sus seguidores a que hicieran del reino una prioridad en sus propias vidas (Mateo 6:33). Jesús usaba parábolas para referirse a su carácter y a su valor (Mateo 13); además, acusó a los escribas y a los fariseos por perturbar a aquellos que intentaron entrar en el reino (Mateo 23:13). Después de su muerte y su resurrección, apareció durante cuarenta días y les dio a los discípulos más instrucciones sobre el reino (Hechos 1:2-3).

Cuando decimos «Venga tu reino» al orar, estamos pidiendo que el soberano reino de Cristo sea establecido en la tierra como en el cielo. En cierto sentido, ese reino ya está aquí, en los corazones de los creyentes. Ese reino consiste de «justicia, paz y gozo en el Espíritu Santo» (Romanos 14:17). Pero en otro sentido, el reino aún es futuro. En Lucas 17:21, Jesús expresa: «Helo aquí, o helo allí; porque he aquí el reino de Dios está entre vosotros» (Juan 18:36). Su Rey se presentó ante ellos, pero lo rechazaron. Algún día regresará para establecer su reino en la tierra y reinar personalmente sobre ella. Ese es el aspecto del reino por el que oramos en Mateo 6:10.

El pecado y la rebelión están rampantes hoy, pero cuando se establezca el reino de Cristo, serán eliminados (Apocalipsis 20:7-9). Entre tanto, el trabajo del reino continúa, y tú tienes el privilegio de promocionarlo a través de tus oraciones y tu ministerio fiel. Aprovecha cada oportunidad para hacerlo hoy y regocíjate en la seguridad de que Cristo algún día reinará en victoria y será glorificado por toda la eternidad.

Sugerencias para la oración: Alaba a Dios por el glorioso futuro que les espera a ti y a todos los creyentes

⊙ Ora por, y anhela, la venida del eterno reino de Cristo.

Para un estudio más profundo: Lee Mateo 13:1-52. ¿Qué parábolas usó Jesús para instruir a sus discípulos acerca del reino de los cielos?

Notas: _____

_____

_____

ABANDONA LA ORACIÓN ENFOCADA EN TI MISMO

«Venga tu reino» (Mateo 6:10).

≫• ⊙ •≪

Somete tu voluntad al gobierno soberano de Cristo.

Intentar explicar todo lo que implica la frase «venga tu reino» es como ver a un niño parado en una playa tratando de recoger todo el océano en un pequeño cubo. Solo en la eternidad captaremos todo lo que eso abarca, pero el poema «Su venida a la gloria» —escrito por el compositor de himnos del siglo XIX Frances Havergal—, capta su esencia:

Oh, qué gozo verte reinando
¡Tú, mi amado Señor!
Toda lengua confiese tu nombre,
Adoración, honor, gloria, bendición
Traigan a ti con agrado;
A ti, mi Maestro y mi Amigo,
Vindicado y entronizado;
Hasta el extremo más remoto de la tierra
Glorificado, adorado y poseído.

El Salmo 2:6-8 refleja el gozo del Padre en ese gran día: «Pero yo he puesto mi rey sobre Sion, mi santo monte. Yo publicaré el decreto; Jehová me ha dicho: Mi hijo eres tú; yo te engendré hoy. Pídeme, y te daré por herencia las naciones, y como posesión tuya los confines de la tierra». Dios le dará los reinos del mundo a su Hijo, que imperará como Rey de reyes y Señor de señores (Apocalipsis 19:16).

Con esa promesa presente, cuida de ver la oración principalmente como una oportunidad para informar a Dios de tus propios planes y para buscar su ayuda a fin de que se cumplan. Además, di en tu oración: «Venga a nosotros tu reino», que es una petición para que Cristo reine. En su sentido más completo es una afirmación de que estás dispuesto a renunciar a la regla de tu propia vida para que el Espíritu Santo pueda usarte a fin de promover el reino en la manera en que Él decida.

Ese tipo de oración puede ser difícil puesto que tendemos a preocuparnos por nosotros mismos. Pero concéntrate en conformar tus oraciones a los propósitos de Dios. Entonces estarás seguro de que estás orando de acuerdo a la voluntad de Él.

Sugerencias para la oración: Alaba a Dios por la esperanza del futuro reinado de Cristo en la tierra.
⊙ Pídele que te use hoy como representante de su reino.

Para un estudio más profundo: Según Efesios 4:17—5:5, ¿cómo deberían comportarse los ciudadanos del reino de Cristo?

Notas: _____

EDIFICA EL REINO DE DIOS

«Venga tu reino» (Mateo 6:10).

***La conversión a Cristo incluye tres elementos:
invitación, arrepentimiento y compromiso.***

U n día Cristo volverá a la tierra para gobernar su reino. Entre tanto, gobierna en los corazones de aquellos que le aman.

Antes de ascender al cielo, Jesús nos ordenó evangelizar a los perdidos y enseñarles su Palabra (Mateo 28:19-20). Al hacerlo, los pecadores se convierten y son transferidos del dominio de las tinieblas al reino de Cristo (Colosenses 1:13). Así es como crece su reino.

La conversión es una obra del Espíritu en el corazón de los incrédulos. Él usa una miríada de personas y circunstancias para cumplir ese trabajo; sin embargo, hay tres elementos clave comunes a cada conversión verdadera: invitación, arrepentimiento y compromiso.

En Mateo 22:1-14 Jesús, a modo de parábola, Jesús invita a la gente a entrar a su reino. Como evangelista, no solo debes presentar el evangelio sino que debes invitar a otros a responder a lo que han escuchado.

En Marcos 1:14-15 leemos: «Jesús vino a Galilea predicando el evangelio del reino de Dios, diciendo: El tiempo se ha cumplido, y el reino de Dios se ha acercado; arrepentíos, y creed en el evangelio». Arrepentimiento significa sentir pena por tu pecado y apartarte de él (2 Corintios 7:9-11).

El verdadero arrepentimiento deriva en un compromiso para responder a las justas demandas del evangelio. En Marcos 12:34, Jesús le dice a un sabio escriba: «No estás lejos del reino de Dios». El escriba tenía toda la información necesaria para entrar al reino. Lo que le faltaba era comprometerse a actuar, lo cual ya sabía. Lucas 9:62 dice: «Ninguno que poniendo su mano en el arado mira hacia atrás, es apto para el reino de Dios». Tú puedes saber todo sobre el reino, pero el gobierno de Cristo no se establece en tu corazón hasta que hayas hecho un compromiso total con ello.

Cuando tú oras para que venga el reino de Cristo, elevas una oración evangelística en cuya respuesta tienes un papel que desempeñar. Ser fiel en proclamar el evangelio e interceder por los incrédulos es una parte normal de tus oraciones.

Sugerencias para la oración: Ora por tus familiares y amigos incrédulos.
⊙ Pide al Señor la oportunidad para hablarle de Cristo a un incrédulo hoy.

Para un estudio más profundo: Lee Juan 4.
⊙ ¿Cómo habló Jesús sobre el tema de la salvación con la mujer samaritana?
⊙ ¿Le extendió una invitación? Explica.
⊙ ¿Cómo reaccionó la gente del pueblo ante lo que ella informó sobre Jesús?

Notas: _____

_____

_____

RESPONDE A LA INVITACIÓN DE CRISTO

«Venga tu reino» (Mateo 6:10).

**La única respuesta aceptable al reino que Cristo
ofrece es recibirlo, valorarlo y buscarlo.**

Muchas personas que piensan que son ciudadanos del reino algún día se sorprenderán al descubrir que no lo son. En Mateo 7:21, Jesús dice: «No todo el que me dice: Señor, Señor, entrará en el reino de los cielos, sino el que hace la voluntad de mi Padre que está en los cielos». Algunas personas tienen un alto concepto del reino, pero no reciben al Rey. Llaman a Jesús «Señor», pero no hacen su voluntad. El servicio de labios no funciona. Hay que recibir al Rey y a su reino (Juan 1:12).

También se debe valorar al reino. En Mateo 13:44, Jesús dice: «El reino de los cielos es semejante a un tesoro». En los versículos 45-46 lo compara con una perla tan valiosa que un comerciante vendió todo lo que tenía para comprarla. Ese es el valor del reino. Vale la pena cualquier sacrificio que tengas que hacer.

Por último, debes buscar continuamente el reino. En Mateo 6:33 Jesús dice: «Buscad primeramente el reino de Dios y su justicia, y todas estas cosas os serán añadidas». En contexto, Él estaba hablando sobre las necesidades básicas de la vida como comida y ropa, recordándoles a sus discípulos que su Padre celestial conocía sus necesidades y las supliría si simplemente mantenían las prioridades apropiadas. Los incrédulos se preocupan característicamente por satisfacer sus propias necesidades (v. 32), pero los creyentes deben caracterizarse por confiar en Dios y buscar su reino.

Cristo ofrece su reino a todas las personas (Mateo 28:19). La única respuesta aceptable es recibirlo, valorarlo y buscarlo. ¿Es esa tu respuesta? ¿Has recibido el reino? ¿Es preciado para ti? Confío en que lo es. Si es así, regocíjate y sirve bien a tu Rey. Haz de su reino tu principal prioridad. Si no lo es, deja el pecado y somete tu vida a Cristo, que te ama y anhela recibirte en su reino eterno.

Sugerencias para la oración: Agradece a Dios por la ciudadanía celestial que tienes (Filipenses 3:20-21).

⊙ Pídele que te ayude a mantener las prioridades de Él en el primer lugar.

Para un estudio más profundo: Lee Apocalipsis 21—22. Mientras lo haces, medita en cómo será la eternidad con Cristo. ¿Qué aspectos de la eternidad esperas especialmente?

Notas: _____

_____

_____

_____

ORA CON COMPROMISO

«Hágase tu voluntad, como en el cielo, así también en la tierra» (Mateo 6:10).

¡Tus oraciones marcan la diferencia!

Mateo 6:10 dice, al pie de la letra: «Lo que sea que desees que suceda, permite que ocurra de inmediato. Así como tu voluntad se hace en el cielo, deja que se haga en la tierra». Esa es una oración de compromiso activo con la voluntad de Dios.

Muchas personas no oran así porque no entienden el carácter de Dios. Creen que sus oraciones no importan y que Dios impondrá su voluntad pese a lo que hagan. Tienden a orar con resignación pasiva, indiferencia o resentimiento.

Recuerdo haber orado así algunas veces. Después de mi primer año en la universidad, tuve un accidente automovilístico grave. El conductor perdió el control del auto a aproximadamente ciento diez kilómetros por hora. El vehículo dio vueltas varias veces antes que pudiera detenerse. Fui lanzado lejos del vehículo y terminé deslizándome sobre mi espalda por casi cien metros. Perdí mucha piel, tuve quemaduras de tercer grado y otras lesiones, pero por dicha no me rompí ningún hueso.

Estuve consciente durante toda la prueba y recuerdo vívidamente que pensé: «Está bien, Dios. Si vas a luchar de esta manera, ¡me rindo! No puedo con esto». Como verán, sabía que Dios me estaba llamando al ministerio, pero había enfocado mi vida en otra dirección.

Creo que Dios usó esa experiencia para llamar mi atención, por lo que mi oración de pasiva resignación pronto se convirtió en una de compromiso activo mientras refinaba mi corazón y me atraía hacia Él.

Quizás Dios también te haya tratado severamente. Si es así, es solo porque te ama y quiere producir el fruto de la justicia en ti (Hebreos 12:11). No desprecies su castigo y no seas fatalista ni resentido al orar. Las oraciones piadosas hacen la diferencia (Santiago 5:16); así que comprométete a orar con esperanza, sabiendo que Dios es misericordioso y sabio; y que siempre responde para su gloria y por tu mayor bien (Romanos 8:28).

Sugerencias para la oración: Si tiendes a orar con indiferencia, resignación pasiva o resentimiento, pídele perdón a Dios. Estudia su carácter y cultiva una comunión profunda con Él a través de una oración disciplinada y con confianza.

Para un estudio más profundo: Lee Lucas 18:1-8.
- ⊙ ¿Por qué Jesús contó esa parábola?
- ⊙ ¿Qué principios ves aquí que te sean útiles?

Notas:

ORA VALIENTEMENTE

«Hágase tu voluntad, como en el cielo, así también en la tierra» (Mateo 6:10).

❦ ⊙ ❦

Orar para que la voluntad de Dios se haga en la tierra es una oración valiente.

Mucha gente supone que, de alguna manera, todo lo que sucede es voluntad de Dios. Pero eso no es cierto. Las vidas destruidas por los asesinos pendencieros y las familias quebrantadas por el adulterio no se deben a la voluntad de Dios. Los niños y los adultos devastados por el abuso o lisiados por las enfermedades no están así por voluntad de Dios. Él usa el pecado y la enfermedad para lograr sus propios fines (Romanos 8:28), pero no son su deseo.

Al fin y al cabo, Dios destruirá todo mal y cumplirá sus propósitos a la perfección (Apocalipsis 20:10-14), pero eso aún no ha sucedido. Es por ello que debemos orar para que su voluntad se cumpla en la tierra. No podemos darnos el lujo de ser pasivos e indiferentes en la oración. Debemos orar valientemente y no desanimarnos (Lucas 18:1).

Así es como David oró. Su pasión por la voluntad de Dios lo obligó a orar: «Hazme entender el camino de tus mandamientos, para que medite en tus maravillas… Por el camino de tus mandamientos correré, cuando ensanches mi corazón. Enséñame, oh Jehová, el camino de tus estatutos, y lo guardaré hasta el fin. Dame entendimiento, y guardaré tu ley, y la cumpliré de todo corazón. Guíame por la senda de tus mandamientos, porque en ella tengo mi voluntad» (Salmos 119:27, 32-35).

No obstante, David también oró así: «Levántese Dios, sean esparcidos sus enemigos, y huyan de su presencia los que le aborrecen. Como es lanzado el humo, los lanzarás; como se derrite la cera delante del fuego, así perecerán los impíos delante de Dios. Mas los justos se alegrarán; se gozarán delante de Dios, y saltarán de alegría» (Salmos 68:1-3). Amaba la voluntad de Dios, pero también odiaba todo que se le oponía.

Cuando tú oras, en realidad, para que se haga la voluntad de Dios, estás buscando valientemente la voluntad de Él para tu propia vida y además te rebelas contra Satanás, contra su maligno sistema mundial y contra todo lo demás que esté en desacuerdo con la voluntad de Dios.

Sugerencias para la oración: Agradece a Dios por el ejemplo de David y por otros que mostraron pasión por la voluntad de Dios.
⊙ Pídele sabiduría para ver más allá de tus circunstancias, para que visualices lo que Dios quiere lograr a través de ellas.

Para un estudio más profundo: Lee el Salmo 119.
⊙ ¿Cómo puede ayudarte la Palabra de Dios a obedecer la voluntad de Él?
⊙ ¿Cuál fue la actitud del salmista con respecto a la Palabra?

Notas: _____

_____

_____

RECIBE LA PROVISIÓN DE DIOS

«El pan nuestro de cada día, dánoslo hoy» (Mateo 6:11).

 ❧ ⊙ ❧

Dios se glorifica cuando satisface tus necesidades.

En Estados Unidos de América, orar por nuestro pan cotidiano apenas parece necesario. Al contrario, la mayoría de la gente necesita orar por autocontrol para evitar comer en exceso. Pero Mateo 6:11 no se refiere solo a comida. Es una declaración de dependencia de Dios y un reconocimiento de que solo Él provee todas las necesidades básicas de la vida.

Es triste decirlo, sin embargo, muchas personas hoy han reducido la oración a un medio de autorrealización. Hace poco, una mujer me envió un folleto y escribió: «No creo que usted entienda el verdadero recurso que tenemos en la oración. Debería leer este folleto». El folleto enfatizaba repetidas veces nuestro derecho como cristianos a exigirle cosas a Dios. Pero eso evade la esencia de la oración por completo, que es glorificar a Dios (Juan 14:13). Debemos darle a Dios el privilegio de que revele su gloria al satisfacer nuestras necesidades de cualquier manera que elija. Si le exigimos algo, es probable que nos frustremos o le cuestionemos si no conseguimos lo que queremos. ¡Eso es un pecado serio!

David G. Myers, en su libro *The Human Puzzle* (Harper y Row, 1978), indicó: «Algunas oraciones petitorias parecen no solo carecer de fe en la bondad inherente de Dios, sino que además elevan a la humanidad a una posición de control sobre Él. Dios, nos recuerdan las Escrituras, es omnisciente y omnipotente, el soberano regente del universo. Orar como si Dios fuera una marioneta cuyas cuerdas halan los cristianos con sus oraciones, parece no solo potencialmente supersticioso sino además blasfemo. Ahora que la oración se vende como un dispositivo para obtener salud, éxito y otros favores de una máquina expendedora celestial, podemos preguntarnos qué se está comercializando realmente. ¿Es esto fe o es una fe falsificada, una caricatura del verdadero cristianismo?»

Ten cuidado con tus oraciones. Considera siempre el enorme privilegio que tienes de acercarte al Dios infinito y de recibir su provisión de gracia. Sin embargo, hazlo siempre con el objetivo de glorificarlo como tu meta más alta.

Sugerencias para la oración: Lee Proverbios 30:8-9. ¿Qué actitud hacia Dios implican estos versículos? ¿Es esa tu actitud al orar?

Para un estudio más profundo: Lee Mateo 6:19-34 y Santiago 4:3. ¿Cómo podrías responder a alguien que dice que los cristianos tienen derecho a exigir favores de Dios?

Notas: _____

_____

_____

_____

APRECIA LOS DONES DE DIOS

«El pan nuestro de cada día, dánoslo hoy» (Mateo 6:11).

❧ ⊙ ☙

Dios es la fuente de todo buen regalo.

Dios nos ha dado todo lo bueno para que lo disfrutemos, incluida la lluvia para que las cosas crezcan, los minerales para que el suelo sea fértil, los animales para que haya comida y ropa, y la energía para la industria y el transporte. Todo lo que tenemos es de Él y debemos estar agradecidos por todo.

Jesús declaró: «Pues si vosotros, siendo malos, sabéis dar buenas dádivas a vuestros hijos, ¿cuánto más vuestro Padre que está en los cielos dará buenas cosas a los que le pidan?» (Mateo 7:11). Santiago 1:17 dice: «Toda buena dádiva y todo don perfecto desciende de lo alto, del Padre de las luces, en el cual no hay mudanza, ni sombra de variación». Pablo agregó: «Porque todo lo que Dios creó es bueno, y nada es de desecharse, si se toma con acción de gracias; porque por la palabra de Dios y por la oración es santificado» (1 Timoteo 4:4-5).

Los incrédulos, tristemente, no reconocen la bondad de Dios aunque se benefician de ella todos los días. Atribuyen su cuidado providencial a la suerte o al destino y las generosas provisiones de Él a la naturaleza o a dioses falsos. Ellos no lo honran como Dios ni le dan gracias (Romanos 1:21).

El gran escritor puritano, Thomas Watson, escribió: «Si todo es un regalo, vea la odiosa ingratitud de los hombres que pecan contra su dador. Dios los alimenta y ellos luchan contra Él; les da pan y ellos le afrentan. ¡Qué indigno es eso! ¿No deberíamos llorar avergonzados de aquel que siempre tuvo un amigo que le daba de comer y le daba dinero, pero que a pesar de eso lo traicionó y lo lastimó? Así, con ingratitud, tratan los pecadores a Dios; no solo olvidan sus misericordias, sino que abusan de ellas. "Los sacié, y adulteraron" [Jeremías 5:7]. ¡Oh, qué horror es pecar contra un Dios generoso! ¡Golpear las manos que nos ayudan!» (*El Padrenuestro* [El estandarte de la verdad]).

Qué triste es ver tal ingratitud y, sin embargo, qué emocionante es saber que el infinito Dios se preocupa por nosotros y que suple todas nuestras necesidades. No supongas que Él tiene que proveerte. Considéralo cada día y recibe sus regalos con un corazón agradecido.

Sugerencias para la oración: Sé generoso con tu alabanza por la abundancia de las bendiciones de Dios.

Para un estudio más profundo: Lee Génesis 1:29-31 y observa la variedad de alimentos que Dios tiene para que los disfrutes.

Notas: _____

_____

_____

_____

CÓMO LIDIAR CON EL PECADO

«Y perdónanos nuestras deudas» (Mateo 6:12).

⌒ ⊙ ⌒

Los creyentes confiesan sus pecados; los incrédulos niegan los suyos.

Los cristianos luchan con el pecado. Eso seguramente no es una sorpresa para ti. En la medida en que maduras en Cristo, la frecuencia de tu pecado disminuye y tu sensibilidad ante él aumenta. Eso no significa que seas más fácilmente tentado, sino que eres más consciente de las sutilezas del pecado y de cómo este deshonra a Dios.

Algunas personas piensan que uno no debe confesar sus pecados ni buscar perdón, pero el Señor enseñó que lo hiciéramos cuando nos indicó que oráramos así: «Y perdónanos nuestras deudas» (Mateo 6:12). Esa es la oración del creyente que ruega por el perdón del Padre. Juan dijo: «Si decimos que no tenemos pecado, nos engañamos a nosotros mismos, y la verdad no está en nosotros. Si confesamos nuestros pecados, él es fiel y justo para perdonar nuestros pecados, y limpiarnos de toda maldad. Si decimos que no hemos pecado, le hacemos a él mentiroso, y su palabra no está en nosotros» (1 Juan 1:8-10). Ese pasaje no nos dice cómo ser salvos, como muchos han enseñado. Nos dice cómo distinguir a los creyentes de los incrédulos: los creyentes confiesan sus pecados; los incrédulos no.

La expresión «perdónanos», en Mateo 6:12, implica la necesidad de perdón. «Deudas» traduce una palabra griega que se usaba para hablar de una moraleja o deuda monetaria. Aquí se refiere a los pecados. Cuando pecas, le debes a Dios una consecuencia o una deuda porque has violado su santidad.

Cuando pecas como creyente, no pierdes tu salvación, pero enfrentarás el castigo de Dios si no te arrepientes. Hebreos 12 dice: «Porque el Señor al que ama, disciplina, y azota a todo el que recibe por hijo… nos disciplinaban como a ellos les parecía, pero este para lo que nos es provechoso, para que participemos de su santidad» (vv. 6, 10).

Si estás albergando pecado, confiésalo ahora y permite que Dios te limpie y te use hoy para su gloria.

Sugerencias para la oración: Escribe por qué es importante el perdón de Dios para ti, luego exprésale esos pensamientos a Él en alabanza.

Para un estudio más profundo: Lee el Salmo 38.

⊙ ¿Qué dolencias físicas y emocionales experimentó David como resultado de su pecado?

⊙ ¿Cuál fue su actitud hacia Dios cuando le confesó su pecado?

Notas: _____

_____

_____

_____

CÓMO RESOLVER LOS GRANDES PROBLEMAS DEL HOMBRE

«Y perdónanos nuestras deudas» (Mateo 6:12).

❦ ◦ ❧

El perdón elimina la culpa y la pena del pecado, a la vez que restaura la intimidad con Dios.

El mayor problema del hombre es el pecado. Lo convierte en un cadáver espiritual, lo aleja de Dios y de su prójimo, lo llena de culpa y de temor, y hasta puede condenarlo al infierno eterno. La única solución es el perdón y la única fuente de perdón es Jesucristo.

Todo pecado es castigado con la muerte (Romanos 6:23), pero Cristo cargó con los pecados del mundo; lo que nos posibilita el perdón y nos da la vida eterna por la fe en Él (Juan 3:16). ¡Qué gloriosa realidad!

La Escritura habla de dos tipos de perdón: judicial y paterno. El perdón judicial viene de Dios el Juez justo, que borró tus pecados y te exoneró de tu castigo y tu culpa. En el momento de tu salvación, Dios perdonó todos tus pecados, pasados, presentes y futuros, y te declaró justo por toda la eternidad. Es por eso que nada puede separarte nunca del amor de Cristo (Romanos 8:38-39).

El amoroso Padre celestial otorga el perdón paterno a los creyentes mientras confiesen su pecado y busquen su purificación. Ese es el tipo de perdón del que Jesús habla en Mateo 6:12.

Cuando un hijo desobedece a su padre, la relación paterno filial no se rompe. El hijo todavía es miembro de la familia y hay cierto sentido en el cual él ya es perdonado, puesto que está bajo el abrigo del amor paterno. Pero algo de la intimidad de su relación se pierde hasta que el hijo busca el perdón.

Esa es la idea en Mateo 6:12. Los pecados que cometes como creyente no te roban tu salvación, pero afectan tu relación con Dios. Él todavía te ama y siempre será tu Padre; sin embargo, la intimidad y la dulce comunión que una vez hubo, peligra hasta que busques la reconciliación confesando tus pecados.

Como cristiano, eres perdonado judicialmente y no serás condenado. Pero no presumas de esa gracia. Haz que la confesión sea parte de tu oración diaria, de modo que el pecado no erosione tu relación con tu Padre celestial.

Sugerencias para la oración: Agradece a Dios por el perdón judicial de todos tus pecados.
⊙ Pídele que te ayude a mantener el gozo de tu relación con Él, lidiando rápidamente con cualquier pecado que surja en tu vida.

Para un estudio más profundo: Lee el Salmo 32:1-7.
⊙ ¿Cómo se sintió David en cuanto al perdón?
⊙ ¿Qué le pasó a David antes de confesar su pecado?

Notas: _____

_____

PERDONA TAL COMO ERES PERDONADO

«Y perdónanos nuestras deudas, como también nosotros perdonamos a nuestros deudores… Porque si perdonáis a los hombres sus ofensas, os perdonará también a vosotros vuestro Padre celestial; mas si no perdonáis a los hombres sus ofensas, tampoco vuestro Padre os perdonará vuestras ofensas» (Mateo 6:12, 14-15).

⌖ ◉ ⌖

Un cristiano inclemente es una contradicción de términos.

Es posible que confieses tus pecados y aún no conozcas el gozo del perdón. ¿Cómo? ¡Fallas en perdonar a otros! El educador cristiano J. Oswald Sanders observó que Jesús nos mide con el criterio que usamos con los demás. Jesús no dijo: «Perdónanos porque hemos perdonado a otros», sino «Perdónanos… como también nosotros perdonamos».

Un cristiano inclemente es una contradicción de términos puesto que somos perdonados. Efesios 4:32 dice: «Antes sed benignos unos con otros, misericordiosos, perdonándoos unos a otros, como Dios también os perdonó a vosotros en Cristo». Dios nos perdonó una deuda inmensurable, salvándonos de los horrores del infierno eterno. Eso debe ser motivo suficiente para perdonar cualquier ofensa que nos hagan; sin embargo, algunos cristianos todavía guardan rencores.

A continuación tenemos tres pasos útiles para lidiar con el pecado de la falta de perdón. Primero, confiésalo al Señor, y pídele que te ayude a enmendar la relación en cuestión. En segundo lugar, dirígete a la persona, pídele perdón y busca la reconciliación. Es posible que descubras que esa persona ni siquiera estaba al tanto de la ofensa. En tercer lugar, dale a la persona algo que valores mucho. Este es un enfoque muy práctico basado en las enseñanzas de nuestro Señor en cuanto a que donde esté nuestro tesoro, allí también estará nuestro corazón (Mateo 6:21). Cada vez que le he dado un libro u otro regalo a alguien que me ha hecho daño, he sentido una gran sensación de libertad en mi espíritu. Además, mi alegría se intensifica porque siento el gozo de dar así como el de perdonar.

No dejes que un rencor se interponga entre tú y otra persona. Eso te robará el gozo pleno del perdón de Dios.

Sugerencias para la oración: Antes de orar, examina tu corazón. Si albergas amargura respecto de otra persona, sigue el procedimiento ya indicado. Luego ora, agradeciéndole al Señor el gozo de la reconciliación.

Para un estudio más profundo: Lee la parábola del siervo malo en Mateo 18:21-35.
- ¿Qué pregunta incitó la parábola?
- ¿Cómo respondió el rey al ruego de su siervo?
- ¿Qué hizo el sirviente más tarde? ¿Por qué estaba mal?

Notas: _____

_____

_____

BUSCA LA PROTECCIÓN DE DIOS

«Y no nos metas en tentación, mas líbranos del mal» (Mateo 6:13).

⤙ ⊙ ⤚

Ten un sano sentido de desconfianza.

En el momento de tu salvación, el perdón judicial cubrió todos tus pecados: pasados, presentes y futuros. El perdón paterno restaura el gozo y la dulce fraternidad rotos por cualquier pecado subsecuente. Sin embargo, con el gozo de ser perdonado yace el deseo de evitar cualquier pecado futuro. Ese es el deseo expresado en Mateo 6:13: «Y no nos metas en tentación, mas líbranos del mal».

Esa petición parece lo suficientemente simple a primera vista, pero plantea algunas preguntas importantes. De acuerdo a Santiago 1:13, Dios no tienta a nadie a que cometa pecado; de modo que, ¿por qué pedirle que nos proteja de algo a lo que aparentemente no nos llevaría?

Algunos dicen que la palabra «tentación», en Mateo 6:13, significa «pruebas». Pero las pruebas nos fortalecen y confirman la autenticidad de nuestra fe. Debemos regocijarnos en ellas, no evitarlas (Santiago 1:2-4).

Aunque la palabra griega aquí puede referirse a un juicio o a una tentación, la solución a esta paradoja tiene que ver con la naturaleza de la petición. Esto no es tanto una declaración teológica técnica, ya que es una súplica emocional de alguien que odia el pecado y quiere ser resguardado de él. Crisóstomo, uno de los primeros padres de la iglesia, dijo que esta petición es un atractivo natural de la debilidad humana, ya que enfrenta al peligro (Homilía 19.10).

No sé ustedes, pero tengo un sano sentido de desconfianza. Es por eso que me reservo cuidadosamente lo que pienso, digo, miro, leo y escucho. Si percibo peligro espiritual, corro a la presencia de Dios y digo: «Señor, esta situación me abrumará a menos que vengas en mi ayuda». Ese es el espíritu de Mateo 6:13.

Vivimos en un mundo caído que lanza una tentación tras otra a nuestro paso. Por lo tanto, es natural y apropiado para nosotros como cristianos que confesemos continuamente nuestros pecados, recibamos el perdón del Padre y le supliquemos que nos libre de la posibilidad de pecar contra Él en el futuro.

Sugerencias para la oración: Agradece al Señor porque te ama y ministra a través de ti a pesar de tus debilidades humanas.
⊙ Pídele que te guarde hoy de cualquier situación que pueda hacer que peques.

Para un estudio más profundo: Lee 1 Corintios 10:13 y Santiago 1:13-16.
⊙ ¿Hasta qué punto permitirá Dios que seas tentado?
⊙ ¿Cuál es una fuente común de tentación?

Notas: _____

_____

_____

EVITA LAS TENTACIONES

«Y no nos metas en tentación, mas líbranos del mal» (Mateo 6:13).

〜 ⊙ 〜

No dejes que tus pruebas se conviertan en tentaciones.

Cuando escuchamos la palabra «tentación», solemos pensar en una incitación al mal. Pero el término «tentación», en Mateo 6:13, traduce un vocablo griego que puede referirse a una prueba que Dios permite para refinar tu carácter espiritual (Santiago 1:2-4) o a una tentación que Satanás o tu carne trae para incitarte a pecar (Mateo 4:1; Santiago 1:13-15). Ambas traducciones son válidas.

Creo que «tentación» en Mateo 6:13, se refiere en parte a las pruebas. Aunque sabemos que Dios las usa para nuestro bien, es bueno orar para que Él no permita que seamos atrapados en una prueba que se convierta en una tentación irresistible. Eso puede suceder si somos espiritualmente débiles o estamos mal preparados para enfrentar una situación.

Dios nunca te probará más de lo que tú puedas soportar (1 Corintios 10:13), pero resistir la tentación requiere disciplina espiritual y recursos divinos. Orar para que Dios te libere de las pruebas que puedan vencerte hace que no te apoyes en tu propia fuerza ni descuides el poder de Dios.

Dios probó a José al permitir que sus hermanos lo vendieran como esclavo, que una mujer adúltera lo acusara falsamente y que fuera injustamente encarcelado por un celoso marido. Pero José sabía que la mano de Dios estaba en su vida. Por eso es que más tarde podría decirles a sus hermanos: «Vosotros pensasteis mal contra mí, mas Dios lo encaminó a bien, para hacer lo que vemos hoy, para mantener en vida a mucho pueblo» (Génesis 50:20). José estaba listo para la prueba y la pasó maravillosamente.

Jesús mismo fue llevado por el Espíritu al desierto para ser tentado por el diablo (Mateo 4:1). Dios quería probarlo para confirmar su virtud, pero Satanás quería tentarlo para destruirla. Jesús también triunfó.

Cuando pases por pruebas, no permitas que se conviertan en tentaciones. Reconoce los propósitos de Dios y busca su fortaleza. Aprende del ejemplo de aquellos que han soportado con éxito las mismas pruebas. Ten la seguridad de que Dios tiene el control y está usando cada prueba para moldear tu carácter y para enseñarte a depender más de Él.

Sugerencias para la oración: Agradece a Dios por las pruebas que trae a tu vida.
  ⊙ Él te ayuda a ver tus pruebas como un medio por el cual te fortalece y Él se glorifica a sí mismo.

Para un estudio más profundo: Lee el Salmo 119:11; Mateo 26:41; Efesios 6:10-18 y Santiago 4:7. ¿Qué te enseñan esos versículos sobre cómo lidiar con la tentación?

Notas: _____

_____

_____

_____

Usa el Padrenuestro, la oración modelo

«Porque tuyo es el reino, y el poder, y la gloria, por todos los siglos. Amén» (Mateo 6:13).

⚬

El Padrenuestro es un patrón a seguir para la vida.

Las implicaciones de la oración modelo —el Padrenuestro— son profundas y de gran alcance. Un autor desconocido lo expresó de la siguiente manera:

«No puedo decir "nuestro" si vivo solo para mí en un compartimiento hermético espiritual. No puedo decir "Padre" si no me esfuerzo todos los días para actuar como su hijo. No puedo decir, que está en el cielo, si no estoy guardando ningún tesoro allí.

»No puedo decir "santificado sea tu nombre" si no estoy luchando por la santidad. No puedo decir "Venga tu reino" si no estoy haciendo todo lo que puedo para acelerar ese maravilloso día. No puedo decir "Hágase tu voluntad" si soy desobediente a su Palabra. No puedo decir, en la tierra como en el cielo, si no le sirvo aquí y ahora.

»No puedo decir "el pan nuestro de cada día dánoslo hoy" si soy deshonesto o un comprador "ilegal". No puedo decir "perdónanos nuestras deudas" si guardo rencor contra cualquier persona. No puedo decir, no nos metas en tentación, si deliberadamente me pongo en el camino de ella. No puedo decir "líbranos del mal" si no me pongo toda la armadura de Dios.

»No puedo decir "tuyo es el reino" si no le doy al Rey la lealtad debida a Él como un sujeto fiel. No puedo atribuirle a Él "el poder" si temo lo que los hombres puedan hacer. No puedo atribuirle a Él "la gloria" si busco la honra solo para mí. No puedo decir "por todos los siglos" si el horizonte de mi vida está limitado completamente por las cosas del tiempo».

A medida que aprendes a aplicar a tu propia vida los principios de esta maravillosa oración, oro para que el reino de Dios sea tu enfoque, la gloria de Él tu meta y el poder de Él tu fuerza. Solo entonces la doxología de nuestro Señor será la continua canción de tu corazón: «Tuyo es el reino, y el poder, y la gloria, por todos los siglos. Amén» (v. 13).

Sugerencias para la oración: Pídele a Dios que use lo que has aprendido del Padrenuestro para transformar tus oraciones.

Para un estudio más profundo: Lee Juan 17, anota las prioridades que Jesús enfatizó en la oración.

Notas: _____
_____
_____
_____
_____

Cultiva actitudes bienaventuradas

«Viendo [Jesús] la multitud, subió al monte; y sentándose, vinieron a él sus discípulos. Y abriendo su boca les enseñaba» (Mateo 5:1-2).

━━ ⊙ ━━

Solo los cristianos conocen la verdadera felicidad puesto que conocen a Cristo, que es su fuente.

El ministerio terrenal de Jesús incluía la enseñanza, la predicación y la sanidad. Dondequiera que iba, generaba gran expectativa y controversia. Por lo general, grandes multitudes de personas lo seguían en su recorrido por las regiones de Judea y Galilea. Miles acudían a Él para curarse, muchos se le acercaban para burlarse de Él y hasta para despreciarlo, pero algunos acudían en busca de la verdad.

En una de esas ocasiones, Jesús pronunció el primero de los mensajes suyos que se registraron: el Sermón del Monte (Mateo 5—7). En este proclamó un nivel de vida diametralmente opuesto a los valores de su tiempo y del nuestro. Denunció con audacia las prácticas rituales e hipócritas de los líderes religiosos judíos. Él enseñó que la verdadera religión es una cuestión del corazón y la mente. Afirmó que las personas se comportan según lo dicte su corazón (Lucas 6:45); por tanto, la clave del comportamiento transformado es el pensamiento renovado.

Al comienzo de su sermón, Jesús presentó las Bienaventuranzas (Mateo 5:3-12), una lista de las actitudes piadosas que identifican al verdadero creyente y garantizan la verdadera felicidad. La palabra griega traducida como «bienaventurado» en esos versículos habla de felicidad y satisfacción. El resto del sermón trata sobre el estilo de vida que ello produce.

Jesús enseñó que la felicidad es mucho más que las circunstancias favorables y las emociones placenteras. En efecto, no depende de las circunstancias en absoluto. Está construida sobre el propio carácter de Dios mismo. A medida que tu vida manifieste virtudes como la humildad, el lamento por el pecado, la mansedumbre, la rectitud, la misericordia, la pureza de corazón y la paz, experimentarás la felicidad que incluso la persecución severa no puede destruir.

Mientras estudiamos las Bienaventuranzas, oro para que te conformes cada vez más a las actitudes que ellas retratan y para que experimentes la verdadera felicidad en Cristo.

Sugerencias para la oración: Pídele al Espíritu Santo que te ministre a través de nuestros estudios diarios. Prepárate para hacer cualquier cambio de actitud que Él pueda incitar.

Para un estudio más profundo: Lee el Sermón del Monte (Mateo 5—7).

⊙ ¿A qué problemas se dirigió Cristo?

⊙ ¿Cómo reaccionaron sus oyentes a sus enseñanzas? ¿Cómo reaccionaste tú?

Notas: _____

_____

_____

FELICIDAD ES...

«Bienaventurados los pobres en espíritu... los que lloran... los mansos... los que tienen hambre y sed de justicia... los misericordiosos... los de limpio corazón... los pacificadores... los que padecen persecución por causa de la justicia» (Mateo 5:3-10).

⌇ ⊙ ⌇

Según los valores del mundo, lo que Cristo define como felicidad es impactante y contradictorio.

Un informe de una revista popular caracterizó a las personas felices como aquellas que disfrutan de otras personas pero que no se sacrifican por ellas, que se niegan a participar en sentimientos o emociones negativas y cuyos logros se basan en su propia autosuficiencia.

Sin embargo, Jesús describió a las personas felices de manera bastante diferente. Es más, las caracterizó como menesterosos espirituales que se percatan de que no tienen recursos en sí mismos. Él dijo que son mansos más que orgullos y que lamentan sus pecados, se sacrifican y están dispuestos a soportar la persecución a fin de reconciliarse con Dios.

Según los valores del mundo, ¡eso suena más a miseria que a la felicidad! Pero la gente mundana no comprende que lo que a menudo se considera como miseria es en realidad la clave de la felicidad.

Sigue la progresión del pensamiento del Señor: la verdadera felicidad comienza con ser «pobres en espíritu» (v. 3). Eso significa que tu actitud correcta hacia el pecado es correcta, lo que te lleva a «llorar» por ello (v. 4). Lamentarte por el pecado provoca una mansedumbre que te lleva a tener hambre y sed de justicia (vv.5-6), lo que resulta en misericordia, pureza de corazón y espíritu pacificador (vv. 7-9), actitudes que traen la verdadera felicidad.

Cuando manifiestas esas actitudes, puedes esperar que te insulten, te persigan y te acusen injustamente (vv. 10-11) porque tu vida será una reprimenda irritante para los pecadores. Sin embargo, a pesar de la persecución, puedes regocijarte y alegrarte, «porque tu galardón es grande en los cielos» (v. 12).

Eres una de las luces de Dios en un mundo oscurecido por el pecado (v. 14) y, aunque la mayoría de la gente rechazará a Cristo, otros se sentirán atraídos por tu testimonio. Sé fiel a Él hoy, para que Él pueda usarte de esa manera.

Sugerencias para la oración: Agradece a Dios por la gracia que te da, lo que te permite asumir actitudes bienaventuradas.
⊙ Pídele que te haga brillar con tu luz en la vida de alguien.

Para un estudio más profundo: Lee 1 Pedro 2:19-23.
⊙ ¿Cómo respondió Jesús a la persecución?
⊙ ¿Cómo deberías responder tú?

Notas: _____

_____

Confía en la gracia de Dios

«Bienaventurados los pobres en espíritu, porque de ellos es el reino de los cielos» (Mateo 5:3).

❧ ◉ ❧

**La pobreza de espíritu es un prerrequisito para la
salvación y para una vida cristiana victoriosa.**

En Lucas 18:9-14 Jesús habla de dos hombres que fueron al templo a orar. Uno de ellos era un fariseo, el otro un recaudador de impuestos. El fariseo se jactó ante Dios en cuanto a sus esfuerzos por justificarse él mismo; el recaudador de impuestos reconoció humildemente su pecado. El fariseo estaba orgulloso y salió de allí con pecado; el recaudador de impuestos era pobre de espíritu y salió del templo perdonado.

La palabra griega traducida como «pobre» en Mateo 5:3 se usó en griego clásico para referirse a aquellas personas confinadas a esconderse en los oscuros rincones de las calles de la ciudad pidiendo limosnas. Como no tenían recursos, dependían totalmente de los regalos de los demás. Esa misma palabra se usa en Lucas 16:20 para describir a un hombre «pobre» llamado Lázaro.

Lo que Jesús expresó aquí, en términos espirituales, representa a aquellos que saben que están espiritualmente indefensos y que carecen por completo de recurso humano alguno que los encomiende a Dios. Son aquellos que confían que su salvación y su vida diaria dependen totalmente de la gracia de Dios. Jesús se refirió a ellos como personas felices porque son verdaderos creyentes y les pertenece el reino de los cielos.

La frase traducida como «de ellos» en Mateo 5:3 es enfática en el texto griego: el reino de los cielos definitivamente pertenece a aquellos que son pobres de espíritu. Ahora tienen su gracia y luego disfrutarán plenamente de su gloria (1 Juan 3:1-2). ¡Eso es motivo de gran alegría!

Isaías 57:15 indica lo siguiente: «Porque así dijo el Alto y Sublime, el que habita la eternidad, y cuyo nombre es el Santo: Yo habito en la altura y la santidad, y con el quebrantado y humilde de espíritu, para hacer vivir el espíritu de los humildes, y para vivificar el corazón de los quebrantados». David agregó: «Los sacrificios de Dios son el espíritu quebrantado; al corazón contrito y humillado no despreciarás tú, oh Dios» (Salmos 51:17). Así que, como el humilde recaudador de impuestos, reconoce tus debilidades y confía totalmente en los recursos de Dios. Entonces Él escuchará tus oraciones y ministrará a tus necesidades. ¡Ahí es donde comienza la felicidad!

Sugerencias para la oración: Agradece a Dios que cuando te acercas a Él con humildad y contrición, Él te escucha y te responde.

◉ En oración, guarda tu corazón de las sutiles influencias del orgullo.

Para un estudio más profundo: Lee los siguientes versículos, señalando la perspectiva de Dios sobre el orgullo: Proverbios 6:16-17; 8:13; 11:2; 16:5, 18-19.

Notas: _____

_____

EL POBRE EN ESPÍRITU

«Bienaventurados los pobres en espíritu, porque de ellos es el reino de los cielos» (Mateo 5:3).

Si eres pobre en espíritu, tu vida estará marcada por ciertas características.

El escritor puritano Thomas Watson, en su libro *Las bienaventuranzas* (El estandarte de la verdad), enumeró siete formas de determinar si eres pobre en espíritu: 1. Dejas de preocuparte por ti mismo. El Salmo 131:2 dice: «Como un niño destetado de su madre; como un niño destetado está mi alma». Cuando eres pobre en espíritu, no te enfocas en ti mismo sino en glorificar a Dios y en ministrar a los demás. 2. Te enfocas en Cristo. La Segunda Epístola a los Corintios 3:18 declara que los creyentes están «mirando a cara descubierta como en un espejo la gloria del Señor, [y] somos transformados de gloria en gloria en la misma imagen, como por el Espíritu del Señor». Cuando eres pobre en espíritu, la maravilla de Cristo te cautiva. Ser como Él es tu meta más alta. 3. No te quejas. Si eres pobre en espíritu, aceptas el control soberano de Dios sobre tus circunstancias, consciente de que —en cualquier forma— no mereces nada. Sin embargo, cuanto mayor sea tu necesidad, más abundantemente Él te proveerá. 4. Ves el bien en los demás. La persona que es pobre en espíritu reconoce sus propias debilidades y aprecia las fortalezas de los demás. 5. Pasas tiempo en oración. Pedir es lo que caracteriza a los mendigos. Por lo tanto, debes estar constantemente en la presencia de Dios buscando su fortaleza y su bendición. 6. Aceptas los términos de Cristo. Aquellos que son pobres en espíritu renuncian a cualquier cosa para agradar a Cristo, mientras que el pecador orgulloso quiere simplemente agregar a Cristo a su estilo de vida pecaminoso. 7. Alabas y agradeces a Dios. Cuando eres pobre en espíritu, lo alabas plenamente y le agradeces por la maravillosa gracia divina que Él derrama sobre ti a través de Cristo (Efesios 1:6).

¿Caracterizan esos principios tu vida? Si es así, eres pobre en espíritu y el reino de los cielos es tuyo (Mateo 5:3). Si no es así, debes buscar el perdón de Dios y comenzar a vivir como su humilde hijo.

Sugerencias para la oración: Pídele al Espíritu Santo que escudriñe tu corazón y que te revele cualquier actitud o motivo que le desagrade. Busca su gracia para que cambie eso.

Para un estudio más profundo: Lee 3 Juan. ¿Caracterizarías a Gayo como pobre en espíritu? ¿Y a Diótrefes? Explica.

Notas: _____

_____

_____

_____

_____

_____

CÓMO LIDIAR CON EL SUFRIMIENTO

«Bienaventurados los que lloran, porque ellos recibirán consolación» (Mateo 5:4).

❧ ⊙ ❧

El sufrimiento humano es una emoción natural y saludable, pero ten cuidado con sufrir por los deseos pecaminosos no satisfechos.

La mayoría de las personas en nuestra sociedad viven como en un parque de diversiones. Pasan gran parte de su tiempo y gastan el dinero en entretenimientos, deseando disfrutar de la vida y evitar los problemas siempre que sea posible. Para ellos, Mateo 5:4 es una paradoja. ¿Cómo puede alguien que sufre ser feliz? La respuesta yace en la diferencia que existe entre el sufrimiento piadoso y el sufrimiento puramente humano. El primero es a causa del pecado; el segundo es debido a algún trágico o decepcionante giro de los acontecimientos (2 Corintios 7:8-11).

En Mateo 5:4, Jesús se refiere al sufrimiento piadoso, que es nuestro tema para mañana. Sin embargo, todos enfrentamos el dolor humano también, así que quiero tratar sobre eso brevemente.

El sufrimiento humano es una emoción natural. Nuestro Señor mismo fue «un varón de dolores, experimentado en quebranto» (Isaías 53:3). Eso puede deberse a muchas causas. Podríamos sufrir por amor, decepción, soledad o enfermedad física. No hay nada malo con ese tipo de sufrimiento. Es un mecanismo de alivio que Dios da para el dolor y la tristeza en este mundo caído y que, a la vez, promueve el proceso de curación. La Escritura da muchos ejemplos de sufrimiento humano. Abraham sufrió cuando su esposa, Sara, murió (Génesis 23:2). Con lágrimas, Jeremías predicó el mensaje de juicio divino (Jeremías 9:1). Pablo expresó su sufrimiento por la iglesia con sus lágrimas (Hechos 20:31). Todas esas son expresiones naturales y saludables del dolor humano.

Sin embargo, el sufrimiento también puede deberse a los deseos malignos o a la falta de confianza en Dios. El rey Acab se entristeció hasta el punto de que se enojó y no comió porque no pudo tener la propiedad de Nabot (1 Reyes 21:4). Algunos cristianos sufren excesivamente cuando pierden a un ser querido. No aceptan el consuelo del Espíritu, se enfocan solo en su propio dolor. Las manifestaciones extremas o prolongadas de dolor son pecaminosas, por lo que deben confesarse más que consolarse.

Dios es misericordioso con sus hijos en tiempos de sufrimiento. Sin embargo, en definitiva, Él eliminará el sufrimiento y el dolor para siempre (Apocalipsis 21:4). ¡Alégrense en esa promesa y consuélense con la maravillosa gracia de Dios!

Sugerencias para la oración: Agradece a Dios por el ministerio del Espíritu, que es el gran Consolador o Ayudante (Juan 14:16-17). Cuando el sufrimiento surja, apóyate en el Espíritu, alimenta tu alma con la Palabra de Dios y comunícate con Él en oración.

Para un estudio más profundo: Lee el Salmo 55. ¿Cómo expresó David el deseo de escapar de su difícil situación? ¿Cuál fue su resolución final?

Notas: _____

EL LAMENTO POR TU PECADO

«Bienaventurados los que lloran, porque ellos recibirán consolación» (Mateo 5:4).

Cuando tus pecados son perdonados, ¡eres una persona feliz!

El sufrimiento humano implica el dolor por algún trágico o decepcionante giro de los acontecimientos. En esos momentos, los creyentes tienen la seguridad de que Dios los sostiene y su gracia los consuela (2 Corintios 1:3-4). Pero cuando Jesús dijo: «Bienaventurados los que lloran, porque ellos recibirán consolación» (Mateo 5:4), se estaba refiriendo al sufrimiento piadoso, que implica el dolor por tu pecado.

«Llorar» en Mateo 5:4 traduce la palabra griega más fuerte usada en el Nuevo Testamento para expresar dolor. A menudo se utiliza el lamento apasionado expresado por la pérdida de un ser querido (por ejemplo, Marcos 16:10). David estaba expresando esa clase de dolor por su pecado en el momento en que escribió: «Mientras callé, se envejecieron mis huesos en mi gemir todo el día. Porque de día y de noche se agravó sobre mí tu mano; se volvió mi verdor en sequedades de verano» (Salmos 32:3-4). Su dolor y su desesperación hicieron que se sintiera físicamente enfermo.

A esas alturas, David ya no era una persona feliz, pero la bendición que produce el sufrimiento piadoso no se encuentra en la tristeza misma, sino en la respuesta de Dios a ello. Como les dijo Pablo a los corintios: «Ahora me gozo, no porque hayáis sido contristados, sino porque fuisteis contristados *para arrepentimiento*; porque habéis sido contristados según Dios… Porque la tristeza que es según Dios produce arrepentimiento para salvación, de que no hay que arrepentirse; pero la tristeza del mundo produce muerte» (2 Corintios 7:9-10, énfasis agregado). El sufrimiento piadoso es el camino hacia el arrepentimiento y el perdón.

Después que David confesó su pecado, proclamó con gran alegría: «Bienaventurado aquel cuya transgresión ha sido perdonada, y cubierto su pecado. Bienaventurado el hombre a quien Jehová no culpa de iniquidad, y en cuyo espíritu no hay engaño» (Salmo 32:1-2). Cuando entiendes que *tus* pecados han sido perdonados, ¡eres una persona feliz!

¿Cómo lidias con *tus* pecados? ¿Los niegas y tratas de esconderlos, o lloras por ellos y los confiesas (Proverbios 28:13)?

Sugerencias para la oración: Si has permitido que algún pecado te robe la felicidad, no lo permitas ni un momento más. Como David, confiesa tu pecado y conoce la alegría del perdón.

Para un estudio más profundo: Lee Lucas 15:11-24. ¿Cómo trató el hijo pródigo con su pecado?

Notas: _____

_____

_____

_____

CÓMO MANTENER LA SENSIBILIDAD ESPIRITUAL

«Bienaventurados los que lloran, porque ellos recibirán consolación» (Mateo 5:4).

∽ ⊙ ⌒

El pecado es un problema serio con Dios. Él no le hace venia ni lo toma a la ligera.

Satán quiere insensibilizar a los cristianos ante la atrocidad del pecado. Él quiere que dejes de sufrir por el pecado y comiences a disfrutarlo. ¿Imposible? Muchos que alguna vez pensaron que lo era han caído presa de su poder. Por lo general, no ocurre en un instante. Es más, el proceso puede ser lento y sutil, casi imperceptible. Pero los resultados son siempre trágicos.

¿Cómo puedes mantenerte alerta a los peligros del pecado y resguardarte de su poder? Primero, sé consciente de tu pecado. David dijo: «Mi pecado está siempre delante de mí» (Salmos 51:3). Isaías gritó: «Ay de mí, que soy muerto; porque siendo hombre inmundo de labios, y habitando en medio de pueblo que tiene labios inmundos» (Isaías 6:5). Pedro le dijo a Jesús: «Apártate de mí, Señor, porque soy hombre pecador» (Lucas 5:8). Pablo se llamó a sí mismo el primero de los pecadores (1 Timoteo 1:15). Esos hombres compartían una conciencia común de su propia pecaminosidad, lo que los llevó a Dios en busca de perdón y limpieza.

Segundo, recuerda el significado de la cruz. Si permites que se desarrolle un patrón de pecado en tu vida, es porque has olvidado el enorme precio que Cristo pagó para liberarte de su esclavitud.

Tercero, percátate del efecto que el pecado tiene sobre los demás. El salmista dijo: «Ríos de agua descendieron de mis ojos, porque no guardaban tu ley» (Salmos 119:136). Jesús lloró por Jerusalén, diciendo: «¡Jerusalén, Jerusalén, que matas a los profetas, y apedreas a los que te son enviados! ¡Cuántas veces quise juntar a tus hijos, como la gallina junta sus polluelos debajo de las alas, y no quisiste!» (Mateo 23:37). Tu corazón debería dolerte por aquellos que están esclavizados al pecado.

Por último, elimina cualquier cosa que obstaculice tu sensibilidad al pecado, como por ejemplo: pecar deliberadamente, rechazar el perdón de Dios, enorgullecerte, presumir de la gracia de Dios o tomar el pecado a la ligera. Tales cosas empañarán rápidamente tus sentidos espirituales y le darán a Satanás la oportunidad de conducirte a un pecado mayor.

Sugerencias para la oración: Agradécele a Dios porque les da consuelo y felicidad a aquellos que sufren por sus pecados.

⊙ Pídele que guarde tu corazón de cualquier cosa que disminuya tu sensibilidad ante la terrible maldad del pecado.

Para un estudio más profundo: Lee 1 Samuel 15.

⊙ ¿Cuál fue el pecado de Saúl?

⊙ ¿Sufrió por su pecado? Explica.

Notas: _____

_____

DÍA 99

CÓMO CONTROLARTE TÚ MISMO

«Bienaventurados los mansos, porque ellos recibirán la tierra por heredad» (Mateo 5:5).

✥ ◦ ✥

La mansedumbre es poder bajo control.

La palabra griega traducida como «manso» en Mateo 5:5 habla de humildad, acatamiento y no represalias, rasgos que en nuestra orgullosa sociedad son a menudo equiparados con la debilidad o la cobardía. Pero en realidad son virtudes que identifican a los ciudadanos del reino.

La misma palabra era utilizada por los griegos para describir una brisa suave, una medicina calmante o un potro domado. Todos los anteriores son ejemplos de poder bajo control. Una brisa suave produce placer, pero un huracán trae destrucción; un medicamento calmante trae sanidad, pero una sobredosis puede matar; un potro domesticado es útil, pero un caballo salvaje es peligroso.

Cristo mismo es el paradigma de la mansedumbre. Aun cuando anunció oficialmente su mesianismo a Jerusalén, entró con humildad en la ciudad sobre el lomo de un asno (Mateo 21:5). Su comportamiento en medio de la persecución fue ejemplar: «Cristo padeció por nosotros, dejándonos ejemplo, para que sigáis sus pisadas; el cual no hizo pecado, ni se halló engaño en su boca; quien cuando le maldecían, no respondía con maldición; cuando padecía, no amenazaba» (1 Pedro 2:21-23).

A pesar de su humildad y su moderación, Jesús no era débil ni cobarde. Nunca se defendió a sí mismo, pero cuando profanaron la casa de su Padre hizo un látigo y azotó a los que la profanaron (Juan 2:13-16; Mateo 21:12-13). Nunca eludió pronunciar juicio sobre los pecadores no arrepentidos y nunca comprometió su integridad ni desobedeció la voluntad de su Padre.

Los hipócritas líderes religiosos judíos esperaban que cuando llegara el Mesías de Israel, los elogiara por su maravillosa espiritualidad. En lugar de eso, Jesús los condenó y los llamó hijos del diablo (Juan 8:44). En venganza hicieron que lo asesinaran. Su poder siempre estuvo bajo control; el de ellos no.

Nuestra sociedad tiene pocos usos para la mansedumbre. La mentalidad machista —tipo «haz lo que quieras»— caracteriza a la mayoría de nuestros héroes. Pero tú estás llamado a tener un estándar más alto. Cuando moldees tu vida con Jesús, tendrás un impacto significativo en la sociedad y conocerás la verdadera felicidad.

Sugerencias para la oración: Agradece a Dios por la virtud de la mansedumbre que está produciendo en ti por el poder de su Espíritu. Sigue el ejemplo de Cristo hoy para que la mansedumbre destaque tu carácter.

Para un estudio más profundo: Lee los siguientes pasajes e indica las responsabilidades y bendiciones que acompañan al autocontrol: Proverbios 16:32; Efesios 4:1-2; Colosenses 3:12; y Tito 3:1-2.

Notas: _____

HEREDARÁS LA TIERRA

«Bienaventurados los mansos, porque ellos recibirán la tierra por heredad» (Mateo 5:5).

ལྷ ⊙ ལྷ

Algún día Dios revertirá la maldición y le devolverá la tierra a su pueblo.

D ios dijo a Adán y a Eva: «Fructificad y multiplicaos; llenad la tierra, y sojuzgadla, y señoread en los peces del mar, en las aves de los cielos, y en todas las bestias que se mueven sobre la tierra» (Génesis 1.28). Pero su pecado les costó su soberanía y trajo una maldición sobre la tierra (Génesis 3:17-18).

El apóstol Pablo dijo: «El anhelo ardiente de la creación es el aguardar la manifestación de los hijos de Dios… porque también la creación misma será libertada de la esclavitud de corrupción» (Romanos 8:19-21). Algún día esa maldición será revertida y el pueblo de Dios heredará una vez más la tierra.

La palabra griega traducida como «heredar» (Mateo 5:5) significa «recibir una parte asignada». La tierra es la porción asignada a los creyentes, que gobernarán con el Señor cuando venga en su reino (Apocalipsis 20:6). Esa es una promesa enfática en Mateo 5:5, que literalmente dice: «Bienaventurados los mansos, porque ellos recibirán la tierra por heredad».

Muchos judíos de los tiempos de Cristo pensaban que el reino pertenecía a los fuertes, a los orgullosos y a los desafiantes. Pero Jesús dijo que la tierra les pertenecerá a los mansos, a los menesterosos y a los humildes. Las personas orgullosas y que se justifican a sí mismas no califican para recibir esa herencia (Lucas 1:46-55). Jesús dijo: «De cierto os digo, que si no os volvéis y os hacéis [humilde y sumiso] como niños, no entraréis en el reino de los cielos» (Mateo 18:3).

Como receptor de las promesas de Dios, deberías estar encantado por saber que heredarás la tierra y reinarás con Cristo en su reino terrenal. Así que anímate con la seguridad de que aun cuando las personas malvadas y las naciones ateas parezcan prosperar, Dios tiene el control absoluto y algún día establecerá su reino justo en la tierra.

Regocíjate en esa seguridad y busca ser todo lo que Él quiere que seas hasta ese gran día.

Sugerencias para la oración: Agradece a Dios que toda la creación será liberada algún día de las influencias corruptoras del pecado.
- ⊙ Alaba a Dios por su gran poder, el cual hará que todo eso pase.

Para un estudio más profundo: Lee 1 Corintios 6:1-8.
- ⊙ ¿Qué asunto resolvió Pablo?
- ⊙ ¿Cómo se aplica el reino futuro de los cristianos a ese tema?

Notas: _____

_____

_____

_____

RECHAZA LAS AMBICIONES MUNDANAS

«Bienaventurados los que tienen hambre y sed de justicia, porque ellos serán saciados» (Mateo 5:6).

━━❀ ⊙ ❀━━

Solo Cristo puede satisfacer tus necesidades más profundas.

Dentro de cada hombre y de cada mujer hay un hambre y una sed que solo Dios puede satisfacer. Es por eso que Jesús dijo: «Yo soy el pan de vida; el que a mí viene, nunca tendrá hambre; y el que en mí cree, no tendrá sed jamás» (Juan 6:35). Por desdicha, la mayoría de las personas busca la felicidad en los lugares equivocados. El hijo pródigo, en Lucas 15, es un ejemplo. Se apartó de Dios para buscar placeres pecaminosos, pero pronto descubrió que el pecado no puede satisfacer al alma hambrienta. Fue entonces cuando regresó a la casa de su padre, donde le dieron una gran fiesta: una vislumbre de la salvación

El rico insensato en Lucas 12 pensó que amasar posesiones era la clave de la felicidad, por lo que se decía a sí mismo: «¿Qué haré, porque no tengo dónde guardar mis frutos? Y dijo: Esto haré: derribaré mis graneros, y los edificaré mayores, y allí guardaré todos mis frutos y mis bienes; y diré a mi alma: Alma, muchos bienes tienes guardados para muchos años; repósate, come, bebe, regocíjate. Pero Dios le dijo: Necio, esta noche vienen a pedirte tu alma; y lo que has provisto, ¿de quién será? Así es el que hace para sí tesoro, y no es rico para con Dios» (vv. 17-21). A diferencia del hijo pródigo, el rico insensato nunca se volvió a Dios en arrepentimiento. En consecuencia, perdió todo.

La insensatez de ese rico es típica en muchas personas hoy que ignoran a Cristo e intentan llenar el vacío con placeres mundanos. La mayoría es ajena al peligro eterno que les espera si no se arrepienten.

Los que aman a Dios evitan la mundanalidad, persiguen la rectitud y conocen la satisfacción que proviene de agradarlo a Él. Esa es la esencia del Sermón del Monte: «Buscad primeramente el reino de Dios y su justicia, y todas estas cosas [lo que necesites] os serán añadidas» (Mateo 6:33). Mantén esa meta en tu mente al enfrentar el desafío de cada nuevo día.

Sugerencias para la oración: Agradécele a Dios por satisfacer los deseos más profundos de tu corazón.

Para un estudio más profundo: Lee Daniel 4:28-37.
- ¿Cuál fue el pecado de Nabucodonosor?
- ¿Cómo lo castigó Dios?
- ¿Cómo respondió Nabucodonosor después de ser castigado?

Notas: _____

_____

_____

_____

¿CÓMO ESTÁ TU APETITO ESPIRITUAL?

*«Bienaventurados los que tienen hambre y sed de justicia,
porque ellos serán saciados» (Mateo 5:6).*

Tu apetito por la justicia debe ser igual al que sientes por la comida y el agua.

David era un hombre según el corazón de Dios. Por eso escribe lo siguiente en el Salmo 63:1: «Dios, Dios mío eres tú; de madrugada te buscaré; mi alma tiene sed de ti, mi carne te anhela, en tierra seca y árida donde no hay aguas». David comulgaba con Dios y conocía las bendiciones de la suficiencia divina: «Jehová es mi pastor; nada me faltará. En lugares de delicados pastos me hará descansar; Junto a aguas de reposo me pastoreará… Me guiará por sendas de justicia… Tu vara y tu cayado me infundirán aliento» (Salmos 23:1-4). Soportó la injusta persecución por amor al Señor: «Me consumió el celo de tu casa; y los denuestos de los que te vituperaban cayeron sobre mí» (Salmos 69:9).

El celo de David por Dios ilustra lo que Jesús quiso decir cuando afirmó: «Bienaventurados los que tienen hambre y sed de justicia» (Mateo 5:6). Las palabras traducidas como «hambre» y «sed» hablan de un intenso deseo. Son conceptos presentes que implican acción continua. La idea es paradójica: el continuo e intenso deseo de rectitud del creyente es continuamente satisfecho por Cristo.

J. N. Darby, uno de los primeros líderes del movimiento de los hermanos de Plymouth, dijo: «Tener hambre no es suficiente; debo estar realmente hambriento de saber qué hay en el corazón [de Dios] hacia mí. Cuando el hijo pródigo estaba hambriento, se fue a alimentar con migajas, pero cuando se moría de hambre, recurrió a su padre» (citado en Estudios del Sermón del Monte de Martyn Lloyd-Jones, Vol. 1). Cuando tienes ese tipo de desesperación, solo Dios puede satisfacerla.

¿Te conduce tu deseo de justicia a Cristo para hallar satisfacción? Oro para que las palabras del salmista sean tuyas también: «En cuanto a mí, veré tu rostro en justicia; estaré satisfecho cuando despierte a tu semejanza» (Salmos 17:15).

Sugerencias para la oración: Pídele a Dios que use los acontecimientos de hoy para que aumente tu hambre y tu sed de justicia. Obsérvalo a Él en todas las cosas, consciente de que solo Él puede satisfacerte.

Para un estudio más profundo: Lee Filipenses 3:1-14.
- ¿Qué significa poner la confianza en la carne?
- ¿Cómo definió Pablo la verdadera justicia?

Notas: _____

_____

_____

_____

EVALÚA TU JUSTICIA

*«Bienaventurados los que tienen hambre y sed de justicia,
porque ellos serán saciados» (Mateo 5:6).*

Tu relación con Dios muestra la medida de tu rectitud.

Justicia significa «estar bien con Dios». Cuando tienes hambre y sed de justicia, deseas apasionadamente una continua, firme y siempre creciente relación con Dios.

La justicia comienza con la salvación y continúa con la santificación. Solo después de que abandonas toda tu autojustificación y tus ansias de salvación eres limpiado de pecado y hecho justo en Cristo. Es entonces que te embarcas en un proceso vital para llegar a ser tan justo como Cristo, proceso que culminará cuando seas totalmente glorificado en presencia de Él (Romanos 8:29-30; 1 Juan 3:2). En esta vida siempre es necesario mejorar (Filipenses 3:12-14); sin embargo, lo mejor viene cuando estamos en comunión con Cristo y crecemos en su gracia.

Puedes saber si estás hambriento y sediento de justicia con solo plantearte algunas preguntas sencillas. Primero, ¿estás insatisfecho con tu pecado? Cuando estás consciente de tu pecado y sufres al fracasar en alcanzar el sagrado estándar de Dios es imposible que estés satisfecho.

Segundo, ¿satisfacen las cosas externas tus anhelos? Un hombre hambriento no está satisfecho hasta que come. Un hombre sediento no está satisfecho hasta que bebe. Cuando tienes hambre y sed de justicia, solo la justicia de Dios puede satisfacerte.

Tercero, ¿tienes apetito por la Palabra de Dios? Las personas hambrientas no necesitan que se les diga que coman. ¡Eso es instintivo! El hambre espiritual te impulsará a alimentarte de la Palabra para aprender lo que Dios dice acerca de crecer en justicia.

Cuarto, ¿estás contento en medio de las dificultades? El alma hambrienta se muestra contenta a pesar del dolor que atraviese, porque ve cada prueba como un medio por el cual Dios le enseña una mayor justicia. Si reaccionas con enojo o resentimiento cuando las cosas van mal, estás buscando una felicidad baladí.

Por último, ¿son tu hambre y tu sed incondicionales? El joven rico de Mateo 19 sabía que había un vacío en su vida, pero no estaba dispuesto a renunciar a sus posesiones. Su hambre era condicional.

Aunque Cristo satisfará plenamente cada anhelo de tu corazón, desearás constantemente más de su justicia. Esa es la bendita paradoja del hambre y la sed de justicia.

Sugerencias para la oración: Lee el Salmo 112 como un himno de alabanza a Dios.

Para un estudio más profundo: Lee los siguientes versículos e indica cómo satisface Dios a los que confían en Él: Salmos 34:10; 107:9; Isaías 55:1-3; Juan 4:14; 6:35.

Notas: _____

_____

Cómo llenarte de misericordia

«Bienaventurados los misericordiosos, porque ellos alcanzarán misericordia» (Mateo 5:7).

❧ ⊙ ☙

La misericordia es característica de los creyentes verdaderos.

Así como con las otras bienaventuranzas, Mateo 5:7 contiene un doble mensaje: para entrar en el reino, debes buscar la misericordia; una vez allí, debes mostrar misericordia con los demás.

Es muy probable que el hecho de mostrar misericordia sorprendiera a la audiencia de Cristo, puesto que tanto los judíos como los romanos solían ser crueles. Los romanos exaltaban la justicia, la valentía, la disciplina y el poder. Para ellos, la piedad era un signo de debilidad. Por ejemplo, si un padre romano quería que su hijo recién nacido viviera, simplemente levantaba el dedo pulgar; si deseaba que muriera, mantenía su pulgar hacia abajo.

Jesús repetidas veces reprendió a los líderes religiosos judíos por sus actitudes egoístas, farisaicas y condenatorias. Eran intolerantes con cualquiera que no viviera según sus tradiciones. Incluso retenían el apoyo financiero a sus propios padres necesitados (Mateo 15:3-9).

Así como la gente en la época de Jesús, muchas personas en la actualidad también carecen de misericordia. Algunos son francamente crueles y poco amables, pero la mayoría están tan ocupados con su búsqueda de autogratificación que simplemente descuidan a los demás.

Los cristianos, por otro lado, deberían caracterizarse por la misericordia. De hecho, Santiago usó la misericordia para ilustrar la verdadera fe: «¿De qué aprovechará si alguno dice que tiene fe, y no tiene obras? ¿Podrá la fe salvarle? Y si un hermano o una hermana están desnudos, y tienen necesidad del mantenimiento de cada día, y alguno de vosotros les dice: Id en paz, calentaos y saciaos, pero no les dais las cosas que son necesarias para el cuerpo, ¿de qué aprovecha? Así también la fe, si no tiene obras, es muerta en sí misma» (Santiago 2:14-17). También dijo que la misericordia es característica de la sabiduría divina: «La sabiduría que es de lo alto es primeramente pura, después pacífica, amable, benigna, llena de misericordia y de buenos frutos, sin incertidumbre ni hipocresía» (3:17).

Al igual que alguien que ha recibido la misericordia de Dios, que ella sea el sello distintivo de tu vida.

Sugerencias para la oración: Agradece a Dios por su gran misericordia.
⊙ Pídele que hoy mismo te dé oportunidades para mostrarles misericordia a los demás.

Para un estudio más profundo: Lee Lucas 10:25-37.
⊙ ¿Quién cuestionó a Jesús, y cuál fue su motivo?
⊙ ¿Qué características misericordiosas mostró el viajero samaritano?
⊙ ¿Qué desafío les planteó Jesús a sus oyentes? ¿Estás dispuesto a enfrentar ese desafío?

Notas: _____

SIGUE EL EJEMPLO DE CRISTO

«Bienaventurados los misericordiosos, porque ellos alcanzarán misericordia» (Mateo 5:7).

≫∼ ⊙ ∼≪

La misericordia es compasión en acción.

La misericordia no es un atributo humano. Es el regalo de Dios a aquellos que lo buscan. El Salmo 103:11 dice: «Porque como la altura de los cielos sobre la tierra, engrandeció su misericordia sobre los que le temen».

La forma verbal «misericordioso» aparece muchas veces en las Escrituras y significa «tener piedad de», «ayudar a los afligidos», «ayudar a los desdichados» o «rescatar a los miserables». En general, se refiere a cualquier cosa que hagas para beneficiar a alguien que lo necesita. El modo adjetival se usa solo dos veces, aquí en Mateo 5:7 y en Hebreos 2:17, que dice: «Por lo cual [Cristo] debía ser en todo semejante a sus hermanos, para venir a ser misericordioso y fiel sumo sacerdote». Cristo mismo es ambas cosas a la vez: fuente e ilustración de la misericordia.

Cristo modeló la misericordia en todo su ministerio terrenal. Sanaba a los enfermos y hacía que los lisiados caminaran. Hacía que los ciegos vieran, los sordos escucharan y los mudos hablaran. Su amor redentor abrazaba a pecadores de todo tipo. Lloraba con los que estaban afligidos y consolaba a los solitarios. Abrazaba a los pequeños y a los ancianos por igual. ¡Su misericordia era compasión en acción!

A pesar de su abundante misericordia, Jesús no recibió nada de ella por parte de sus enemigos. Lo odiaron sin razón, lo acusaron falsamente, lo golpearon, lo clavaron en una cruz, lo escupieron y lo maldijeron. Aun en esas circunstancias, Él buscó misericordia para ellos; por lo que oró: «Padre, perdónalos; porque no saben lo que hacen» (Lucas 23:34).

Hay quienes parafrasean el versículo de Mateo 5:7 para alegar que, si muestras misericordia a los demás, te mostrarán misericordia. Ahora bien, eso podría suceder en algunas circunstancias aisladas, pero en este mundo cínico no suele ser el caso, como lo demuestra claramente la vida de Jesús. Muchos cristianos han sido acusados, difamados, reprendidos, demandados judicialmente e incluso muertos por sus nobles esfuerzos. Jesús no garantizó el trato misericordioso de los demás. Su énfasis fue que *Dios* muestra misericordia a aquellos que muestran misericordia a los demás.

Así que no seas reacio a mostrar misericordia a los demás aun cuando te malinterpreten o te maltraten. Dios usará tu bondad para su gloria y te recompensará en consecuencia.

Sugerencias para la oración: Alaba a Jesús por su disposición a sufrir la muerte para que tú pudieras recibir misericordia.

⊙ ¿Hay alguien a quien puedas mostrar misericordia hoy de una manera tangible?

Para un estudio más profundo: Lee Juan 5:1-18.

⊙ ¿Cómo le mostró Cristo misericordia al hombre enfermo?

⊙ ¿Cómo reaccionaron los líderes religiosos judíos?

Notas: _____

Muestra misericordia

«Bienaventurados los misericordiosos, porque ellos alcanzarán misericordia» (Mateo 5:7).

Hay muchas maneras de mostrar misericordia.

Dios se deleita en la misericordia y, como creyente, tienes el privilegio de mostrar misericordia de muchas maneras. En el ámbito físico puedes dar dinero a los pobres, alimento a los hambrientos o una cama a las personas sin hogar. Dios siempre ha querido que su pueblo se comporte de esa manera. Deuteronomio 15 dice: «Cuando haya en medio de ti menesteroso… no endurecerás tu corazón, ni cerrarás tu mano contra tu hermano pobre, sino abrirás a él tu mano liberalmente, y en efecto le prestarás lo que necesite» (vv. 7-8). Los versículos 12 a 14 instruyen a los israelitas, que liberen a algún esclavo, que satisfagan las necesidades de ese esclavo. Ese era un acto misericordioso que debían hacer.

En el ámbito espiritual puedes mostrar misericordia al compadecer a los perdidos. San Agustín dijo: «Si lloro por ese cuerpo del cual el alma ha partido, ¿cómo debería llorar por esa alma de la que Dios ha partido?» (Citado por Thomas Watson en *Las Bienaventuranzas*). Lloramos por los muertos, pero ¿lloramos tanto por las almas perdidas? Cuando Esteban fue apedreado, se compadeció de sus desdichados asesinos, pidiéndole a Dios que los perdonara (Hechos 7:60). Jesús hizo lo mismo (Lucas 23:34). Esa también debería ser nuestra actitud.

Otra forma de mostrar misericordia es reprender al pecado. En 2 Timoteo 2:24-25 dice: «El siervo del Señor no debe ser pendenciero, sino amable para con todos… que con mansedumbre corrija a los que se oponen, por si quizá Dios les conceda que se arrepientan para conocer la verdad». Es misericordioso y amoroso reprender a los pecadores porque eso les da la oportunidad de arrepentirse y ser perdonados.

La oración es también un acto de misericordia, como lo es predicar el evangelio. Es más, hablarle de Cristo a alguien es lo más misericordioso que puedes hacer.

Hay muchas más formas de ser misericordioso, pero espero que esto estimule tu pensamiento y te anime a descubrir la mayor cantidad de maneras posibles para transmitir la abundante misericordia que Dios te ha mostrado.

Sugerencias para la oración: Agradece a Dios por las misericordias que has recibido de los demás.
- Aprovecha cada oportunidad para ministrar a otros.

Para un estudio más profundo: Determina quién recibe misericordia de acuerdo con los siguientes versículos: Mateo 6:14; Tito 3:5-6; Hebreos 4:14-16; Santiago 2:13; y 1 Pedro 2:9-10.

Notas:

¿ELOGIADO O CONDENADO?

«Bienaventurados los misericordiosos,
porque ellos alcanzarán misericordia» (Mateo 5:7).

Dios elogia a las personas misericordiosas,
pero condena a los despiadados.

La Escritura muestra que aquellos a quienes Dios bendijo de manera cuantiosa fueron abundantemente misericordiosos con los demás. Abraham, por ejemplo, rescató a su sobrino Lot aun después de que este se portó mal con él. José fue misericordioso con sus hermanos aunque estos lo vendieron como esclavo. David salvó la vida de Saúl dos veces después de que este intentó asesinarlo.

Sin embargo, así como Dios aprueba a aquellos que muestran misericordia, su condenación recae sobre los que son inmisericordes. El Salmo 109:14-16 dice: «Venga en memoria ante Jehová la maldad de sus padres [de la persona despiadada] y el pecado de su madre no sea borrado… por cuanto no se acordó de hacer misericordia».

Cuando venga el juicio, el Señor les dirá a esas personas: «Apartaos de mí, malditos, al fuego eterno preparado para el diablo y sus ángeles. Porque tuve hambre, y no me disteis de comer; tuve sed, y no me disteis de beber; fui forastero y no me recogisteis; estuve desnudo, y no me cubristeis; enfermo, y en la cárcel, y no me visitasteis» (Mateo 25:41-43). Ellos responderán: «Señor, ¿cuándo te vimos hambriento, sediento, forastero, desnudo, enfermo, o en la cárcel, y no te servimos?» (v. 44). Él les contestará que al no tener misericordia con aquellos que lo representaban, no la estaban teniendo con Él (v. 45).

Nuestra sociedad nos anima a agarrar todo lo que podamos aprovechar para nosotros mismos, pero Dios quiere que nos acerquemos y les demos a los demás todo lo que podamos. Si alguien te hace mal, no te paga una deuda o no te devuelve algo que te haya pedido prestado, ten piedad de él. Eso no significa que debas disculpar el pecado, sino que debes responder a las personas con un corazón compasivo. Eso es lo que Cristo hizo por ti. ¿Puedes hacer menos por los demás?

Sugerencias para la oración: Si hay alguien que te haya perjudicado, ora por esa persona y pídele a Dios que te dé un corazón compasivo para tratar con él o con ella. Haz todo lo que puedas para reconciliarte con esa persona lo antes posible.

Para un estudio más profundo: Lee Romanos 1:29-31. ¿Cómo caracterizó Pablo a los impíos?

Notas: _____

_____

_____

_____

CÓMO ACABAR CON LA ESCLAVITUD DEL LEGALISMO

«Bienaventurados los de limpio corazón,
porque ellos verán a Dios» (Mateo 5:8).

El legalismo no puede producir un corazón puro.

En la época en la que Jesús llegó, Israel estaba en una desesperada condición espiritual. El pueblo judío estaba esclavizado por el opresivo legalismo de los fariseos, que habían desarrollado un sistema de leyes que era imposible de sostener. En consecuencia, la gente carecía de seguridad y anhelaba que un Salvador los libertara de la culpa y la frustración. Sabían que Dios había prometido un Redentor que perdonaría sus pecados y limpiaría sus corazones (Ezequiel 36:25-27), pero no sabían con certeza cuándo vendría ni cómo identificarlo cuando llegara.

La asombrosa reacción al ministerio de Juan el Bautista ilustra el nivel de expectativa que había entre el pueblo. Mateo 3:5-6 dice: «Y salía a él Jerusalén, y toda Judea, y toda la provincia de alrededor del Jordán, y eran bautizados por él en el Jordán, confesando sus pecados». La pregunta más importante que todos parecían tener en sus mentes era: «¿Cómo puedo entrar en el reino de los cielos?»

Algunas personas le formularon esa pregunta a Jesús de diversas maneras. En Lucas 10:25, un abogado (o intérprete de la ley) le preguntó: «Maestro, ¿haciendo qué cosa heredaré la vida eterna?» En Lucas 18:18, un joven rico preguntó exactamente lo mismo. En Juan 6:28 una multitud le preguntó: «¿Qué debemos hacer para poner en práctica las obras de Dios?» Nicodemo, un prominente líder religioso judío, se llegó a Jesús de noche con la misma pregunta, pero antes de que pudiera formularla, Jesús leyó sus pensamientos y le dijo: «De cierto, de cierto te digo, que el que no naciere de nuevo, no puede ver el reino de Dios» (Juan 3:3).

Aunque esas personas eran religiosas y muy consagradas, permanecerían espiritualmente perdidas a menos que depositaran su fe en Cristo. Esa es la única forma de entrar al reino.

Aun hoy muchas personas que buscan alivio del pecado y la culpa. Dios puede usarte para hablarles de Cristo a algunos de ellos. Pídele ese privilegio y prepárate cuando se presente la oportunidad.

Sugerencias para la oración: Ora por aquellos que son esclavos de los sistemas religiosos legalistas.

⊙ Asegúrate de que no haya pecado en tu vida que obstaculice la obra de Dios a través de ti.

Para un estudio más profundo: Lee Gálatas 3.

⊙ ¿Por qué Pablo reprendió a los gálatas?

⊙ ¿Cuál era el propósito de la ley en el Antiguo Testamento?

Notas: _____

_____

CÓMO ENTRAR AL REINO

«Bienaventurados los de limpio corazón,
porque ellos verán a Dios» (Mateo 5:8).

>━ ⊙ ━<

En esencia, solo hay dos tipos de religión en el mundo: las que se
basan en el esfuerzo humano y las basadas en el logro divino.

L a religión se presenta en muchas modalidades. Casi todas las creencias o comportamientos concebibles se han incorporado a algún sistema religioso en algún punto en el tiempo. Sin embargo, en realidad solo hay dos clases de religión. Una afirma que puedes ganar tu camino al cielo; la otra dice que debes confiar solo en Jesucristo. Una es la religión del esfuerzo humano; la otra es la religión del logro divino.

Los que confían en sus propios logros tienden a compararse con los demás. Pero ese es un parámetro relativo que se justifica a sí mismo puesto que siempre puedes hallar a alguien peor que tú en quien basar la comparación.

Jesús eliminó todos los estándares humanos cuando dijo: «Sed, pues, vosotros perfectos, como vuestro Padre que está en los cielos es perfecto» (Mateo 5:48). Incluso los líderes religiosos judíos, que por lo general se pensaba que eran el paradigma de la rectitud, no calificaron de acuerdo a ese estándar. De hecho, Jesús le dijo a la gente que su justicia tenía que exceder a la de los escribas y los fariseos, si querían entrar al cielo (Mateo 5:20). Eso debe haberlos conmocionados, pero Jesús no estaba hablando de conformidad a las ceremonias religiosas externas. Él estaba haciendo un llamado a los de corazón puro.

Dios no te compara con mentirosos, ladrones, tramposos, abusadores de niños o asesinos. Te compara con Él mismo. Su carácter absolutamente sagrado es el principio por el cual mide tu idoneidad para entrar al cielo. Aparte de Cristo, todos fallan en alcanzar ese estándar «por cuanto todos pecaron, y están destituidos de la gloria de Dios» (Romanos 3:23). Pero la gloriosa verdad de la salvación es que Jesucristo vino a la tierra para purificar nuestros corazones. Él tomó nuestro pecado sobre sí mismo, pagó tu castigo, y luego nos otorgó su propia justicia (Romanos 4:24). Él nos mantiene puros limpiando continuamente nuestro pecado y dándonos el poder para hacer su voluntad.

Tu fe en Cristo —no tus logros personales—, es lo que te hace puro. Permite que esa verdad traiga alegría a tu corazón y alabanza a tus labios.

Sugerencias para la oración: Agradece al Señor por lograr tu salvación en su nombre y por otorgarte la fe salvadora.
⊙ Ora para que tus pensamientos y tus acciones de hoy muestren un corazón puro.

Para un estudio más profundo: Lee Salmos 24:1-5 y Ezequiel 36:25-29.
⊙ ¿Quién es aceptable para Dios?
⊙ ¿Cómo purifica Dios los corazones de su pueblo?

Notas: _____

_____

CÓMO PENSAR DE MANERA BÍBLICA

«Bienaventurados los de limpio corazón,
porque ellos verán a Dios» (Mateo 5:8).

La forma en que piensas determina el modo en que te comportas.

Dios se interesa en la forma en que piensas. Es por eso que Pablo dijo: «No os conforméis a este siglo, sino transformaos por medio de la renovación de vuestro entendimiento, para que comprobéis cuál sea la buena voluntad de Dios, agradable y perfecta» (Romanos 12:2). En Filipenses 4:8 nos instruye a pensar en lo que es verdadero, honorable, correcto, puro, amable, de buena reputación, excelente y digno de alabanza.

Cuando Jesús habló de un corazón limpio en Mateo 5:8, se estaba refiriendo al pensamiento santificado. La palabra griega traducida como «corazón» es *kardia*, de la cual obtenemos la palabra *cardiaco*. Aunque a menudo relacionamos al *corazón* con las emociones (por ejemplo: «Él tiene el corazón roto»), la Biblia lo relaciona principalmente con el intelecto (por ejemplo: «Del corazón salen los malos pensamientos, los homicidios, los adulterios, las fornicaciones, los hurtos, los falsos testimonios, las blasfemias», Mateo 15:19). Es por eso que debes «guardar tu corazón; porque de él mana la vida» (Proverbios 4:23).

Desde un punto de vista secundario, sin embargo, el corazón se relaciona con la voluntad y las emociones puesto que están influenciadas por el intelecto. Si estás comprometido con algo, eso afectará tu voluntad, lo que a su vez afectará tus emociones.

La palabra griega traducida como «limpio» en Mateo 5:8 se refiere, en el aspecto moral, a estar libre de la inmundicia del pecado. También tiene que ver con algo que no es mezclado ni adulterado. La integridad espiritual y los motivos sinceros son aplicaciones apropiadas de su significado para la vida cristiana.

Jesús estaba diciendo que el ciudadano del reino es bendecido porque tiene pensamientos y motivos limpios, lo cual produce una vida santa. Alguien puede proclamar que es religioso y que tiene motivos puros, pero si su comportamiento no es justo, su corazón no está fijo en Dios. De manera similar, puedes ir a la iglesia, llevar una Biblia y recitar versículos, pero si tu corazón no está limpio, no has cumplido con las reglas de Dios. Debes hacer la voluntad de Dios «de corazón» (Efesios 6:6). Con ese fin, haz también la oración de David: «Crea en mí, oh Dios, un corazón limpio, y renueva un espíritu recto dentro de mí» (Salmos 51:10).

Sugerencias para la oración: Memorízate el Salmo 19:14 y hazlo parte de tus oraciones diarias.

Para un estudio más profundo: Lee los siguientes versículos, señalando las características de un corazón limpio: Salmos 9:1; 26:2; 27:8; 28:7; 57:7.

Notas:

Cómo tener un corazón limpio

«Bienaventurados los de limpio corazón, porque ellos verán a Dios» (Mateo 5:8).

Tienes un papel que desempeñar para llegar a ser limpio de corazón.

Limpiar y purificar el corazón es una obra de gracia y misericordia del Espíritu Santo, pero hay algunas cosas que debemos hacer en respuesta a ello. Primero, debemos admitir que no podemos purificar nuestros propios corazones. Proverbios 20:9 indica: «¿Quién podrá decir: Yo he limpiado mi corazón, limpio estoy de mi pecado?» La respuesta implícita es: ¡nadie!

Lo siguiente es que debemos poner nuestra fe en Jesucristo, cuyo sacrificio en la cruz del Calvario es la base de nuestra limpieza. Hechos 15:9 dice que Dios «por la fe [purifica] sus corazones». Por supuesto, nuestra fe debe colocarse en el objeto correcto. La Primera Epístola de Juan 1:7 dice: «Si andamos en luz, como él está en luz, tenemos comunión unos con otros, y la sangre de Jesucristo su Hijo nos limpia de todo pecado».

Por último, debemos estudiar la Biblia y orar. El salmista dijo que mantenemos nuestro camino limpio si lo mantenemos de acuerdo a la Palabra de Dios, la que debemos atesorar en nuestros corazones (Salmo 119:9, 11). Al orar y someternos a la Palabra, el Espíritu purifica nuestras vidas.

Así es como adquieres y mantienes un corazón limpio. El resultado es que «verán a Dios» (Mateo 5:8). Eso no significa que lo veremos con ojos físicos, sino con los espirituales. Comenzarás a vivir en su presencia y te darás cuenta cada vez más de su obra en tu vida. Reconocerás su poder y su obra en la belleza y la complejidad de la creación (Salmos 19). Discernirás su gracia y sus propósitos en medio de las pruebas y aprenderás a alabarlo en todas las circunstancias. Sentirás su ministerio a través de otros cristianos y verás su soberanía en cada acontecimiento de tu vida. La vida adquiere un significado profundo y eterno al compartir a Cristo con los incrédulos y verlo transformar vidas.

No hay mayor alegría que saber que eres limpio y puro ante Dios y que tu vida le está honrando. Que esa alegría sea tuya hoy, y que Dios te use de una manera poderosa para su gloria.

Sugerencias para la oración: Pídele al Señor la gracia continua para llevar una vida limpia, de modo que otros vean a Cristo en ti.

Para un estudio más profundo: Lee Isaías 6:1-8.
⊙ Describe la visión de Dios que tuvo Isaías.
⊙ ¿Cómo respondió Isaías a la presencia de Dios?

Notas: _____

_____

_____

_____

EL AMORTIGUADOR DE LA PAZ

«Bienaventurados los pacificadores,
porque ellos serán llamados hijos de Dios» (Mateo 5:9).

La paz de Dios es el cojín del alma en tiempos difíciles.

Recuerdo que leí acerca de lo que se llama «el cojín del mar». La superficie del océano a menudo esta muy agitada, pero a medida que desciendes, el agua se hace cada vez más tranquila. En sus mayores profundidades, el océano permanece prácticamente quieto. Los oceanógrafos que dragan los fondos oceánicos han encontrado restos de animales y plantas que parecen haber permanecido inalterables durante cientos de años.

Del mismo modo, los cristianos pueden sentir un cojín de paz en sus almas, independientemente de su conflictivo entorno. Eso es debido a que pertenecen a Dios, que es la fuente de la paz; sirven a Cristo, que es el Príncipe de la paz; y están habitados por el Espíritu Santo, que es el agente de la paz. Gálatas 5:22 dice: «El fruto del Espíritu es amor, gozo, paz». Cuando te conviertes en cristiano, Dios te concede el don de la paz.

Dios no solo es la fuente de la paz perfecta, sino también su ejemplo más puro. Todo lo que hace está marcado por la paz. La Primera Epístola a los Corintios 14:33 dice que Él no es un Dios de confusión sino de paz. En Jueces 6:24 se le llama Jehová-salom, que significa, «el Señor es paz». La Trinidad se caracteriza por una ausencia total de conflicto: unidad perfecta, justicia perfecta y armonía absoluta. ¡Es imposible que Dios esté en desacuerdo consigo mismo!

Dios quiere que todos conozcan ese tipo de paz. Él creó al mundo con paz y envió a su Hijo para ofrecer paz. Algún día Cristo volverá a establecer su reino y gobernará en paz por la eternidad.

Mientras tanto, lo que hay es agitación para todos los que no conocen a Cristo. No tienen un cojín para sus almas. Tú, sin embargo, tienes paz con Dios a través de la muerte de Cristo Jesús, y mientras le obedezcas, su paz reinará continuamente en tu corazón. No permitas que el pecado te robe ese bendito cojín. Solo cuando sientas la paz dentro de ti podrás compartirla con los demás.

Sugerencias para la oración: Agradece a Dios por el cojín de paz que te ha proporcionado en medio de las circunstancias difíciles.

⊙ Pídele a Dios que te use como un instrumento de su paz hoy.

Para un estudio más profundo: Lee Isaías 57:15-21, señalando cómo anima Dios al arrepentido y advierte al malvado en relación con la paz.

Notas: _____

_____

_____

_____

LA PAZ VERDADERA

«Bienaventurados los pacificadores,
porque ellos serán llamados hijos de Dios» (Mateo 5:9).

⚬

La paz verdadera solo existe donde impera la verdad.

La gente a menudo define la *paz* como ausencia de conflicto, pero Dios ve eso de otra manera. La ausencia de conflicto es simplemente una tregua, que podría terminar con franqueza las hostilidades, pero que no resuelve los problemas subyacentes. La tregua simplemente da paso a una guerra fría, la que a menudo lleva al conflicto a la clandestinidad, donde arde hasta estallar en un desastre físico o emocional.

Santiago 3:17 dice: «La sabiduría que es de lo alto es primeramente pura, después pacífica». La sabiduría piadosa, la pureza y la paz van de la mano. La paz es sabiduría en acción y nunca se establece a expensas de la justicia. La paz trae la justicia para sobrellevar la situación, intentando eliminar la fuente del conflicto y crear relaciones correctas. Las partes enconadas conocerán la verdadera paz solo cuando estén dispuestas a admitir que su amargura y su odio son erróneos y busquen, con humildad, la gracia de Dios para enmendar las cosas.

Algunas personas equiparan el hacer la paz con asuntos evasivos, pero la verdadera paz puede ser muy conflictiva. En Mateo 10:34, Jesús dice: «No penséis que he venido para traer paz a la tierra; no he venido para traer paz, sino espada». Eso puede parecer contradictorio con Mateo 5:9, pero no es así. Jesús sabía que las personas pecadoras deben confrontarse con la verdad antes de poder experimentar la paz. Ese puede ser un proceso doloroso y difícil puesto que las personas casi siempre tienen una reacción hostil al evangelio antes de que al fin lo adopten. Incluso los creyentes a veces reaccionan negativamente cuando se enfrentan con la verdad de Dios.

Ser un pacificador bíblico tiene su precio. Se puede esperar molestar a los no creyentes que abiertamente se oponen a la Palabra de Dios, así como a los creyentes que comprometen su verdad con el objetivo de mantener la «paz» entre personas de diferentes convicciones doctrinales. Unos dirán que tienes una mente estrecha y divisiva para tratar cuestiones controversiales. Otros malinterpretarán tus motivos o incluso te atacarán personalmente. Pero ese ha sido el camino de cada verdadero pacificador, incluido nuestro Señor mismo. Anímate y sé fiel. Tus esfuerzos por lograr la paz demuestran que eres un hijo de Dios.

Sugerencias para la oración: Pídele a Dios valentía para no comprometer su verdad.

⊙ Ora por aquellos que conoces y que están sufriendo por el bien del evangelio.

Para un estudio más profundo: Lee Lucas 12:51-53, y observa cómo el evangelio puede traer división incluso entre las familias.

Notas: _____

_____

LOS OBSTÁCULOS DE LA PAZ

«Bienaventurados los pacificadores,
porque ellos serán llamados hijos de Dios» (Mateo 5:9).

El pecado y la falsedad entorpecen la verdadera paz.

Así como justicia y la verdad son los nobles compañeros de la paz, el pecado y la falsedad son sus grandes obstáculos. El profeta Jeremías (17:9) dijo: «Engañoso es el corazón más que todas las cosas, y perverso; ¿quién lo conocerá?» Jesús dijo: «Porque de dentro, del corazón de los hombres, salen los malos pensamientos, los adulterios, las fornicaciones, los homicidios, los hurtos, las avaricias, las maldades, el engaño, la lascivia, la envidia, la maledicencia, la soberbia, la insensatez. Todas estas maldades de dentro salen, y contaminan al hombre» (Marcos 7:21-23).

Las personas que tienen el corazón pecaminoso crean una sociedad pecadora que resiste la verdadera paz. Muchos de los que hablan de paz, irónicamente, también pagan enormes sumas de dinero para ver a dos hombres que tratan de vencerse como contrincantes en un cuadrilátero de boxeo. Los héroes de nuestra sociedad tienden a ser los tipos duros, mañosos, rudos. Nuestras heroínas tienden a ser mujeres de espíritu libre que encabezan marchas y provocan discordias. Los psicólogos y psiquiatras nos dicen que defendamos nuestros derechos y obtengamos todo lo que podamos por nosotros mismos. Eso engendra conflictos y condiciona a las personas a rechazar la paz del evangelio.

Además, el mundo incrédulo nunca toleró a los pacificadores procedentes de Dios. Cristo mismo a menudo se encontró con una resistencia violenta. Sus acusadores decían de Él: «Alborota al pueblo» (Lucas 23:5). La predicación de Pablo a menudo también creaba conflicto. Por eso pasó mucho tiempo bajo arresto domiciliario y en inmundas prisiones romanas. En una ocasión, sus enemigos lo describieron como «una plaga, y promotor de sediciones entre todos los judíos por todo el mundo» (Hechos 24:5).

Todos los que proclaman el evangelio al final se encontrarán con la oposición puesto que el pecado y la falsedad ciegan los corazones de las personas ante la paz verdadera. Es por eso que Pablo nos advirtió que todos los que desean ser piadosos sufrirán persecución (2 Timoteo 3:12). Puedes evitar conflictos manteniendo silencio en cuanto al Señor, pero el pacificador fiel está dispuesto a decir la verdad a pesar de las consecuencias. Permite que eso sea cierto contigo.

Sugerencias para la oración: Agradece a Dios por Cristo, que es la solución para el problema mundial del pecado y la falsedad.

⊙ Sigue el ejemplo de Pablo orando por valentía para proclamar la verdad de Dios en cada oportunidad (Efesios 6:19).

Para un estudio más profundo: Lee Mateo 10:16-25 y señala el tipo de recepción que los discípulos esperaban de los incrédulos.

Notas: _____

_____

CRISTO ES NUESTRA PAZ

«Bienaventurados los pacificadores,
porque ellos serán llamados hijos de Dios» (Mateo 5:9).

✧

La expiación de Cristo hizo posible que el hombre estuviera en paz con Dios.

Después de la Segunda Guerra Mundial, se creó la Organización de las Naciones Unidas para promover la paz global. Pero desde su inicio en 1945 no ha habido un solo día de paz en todo el globo. Es un triste comentario sobre la incapacidad del hombre para hacer las paces. Es más, alguien bromeó una vez que Washington D.C. tiene muchos monumentos a la paz porque construyen uno después de cada guerra.

No siempre ha sido así. Antes de la caída del hombre, la paz reinaba en la tierra porque toda la creación estaba en perfecta armonía con su Creador. Pero el pecado interrumpió la paz alejando al hombre de Dios y trayendo maldición sobre la tierra. El hombre no podía conocer la verdadera paz porque no tenía paz en su corazón. Es por eso que Jesús vino a morir.

Una vez leí una historia sobre una pareja en una audiencia de divorcio cuyo conflicto no se pudo resolver. Tenían un niño de cuatro años que estaba angustiado y lloraba por lo que estaba sucediendo. Mientras la pareja discutía, el niño tomó la mano de su padre y la de su madre, halándolas hasta que se unió a ellos.

En cierto sentido, eso es lo que hizo Cristo. Proporcionó la justicia que permite al hombre y a Dios unir sus manos. Romanos 5:1 dice que aquellos que son «justificados… por la fe, [tienen] paz para con Dios por medio de nuestro Señor Jesucristo» Colosenses 1:20 dice que Dios reconcilió todas las cosas consigo mismo a través de la sangre del sacrificio de Cristo en la cruz.

Sin embargo, por lo que vemos, la escena de la cruz no fue pacífica en absoluto. El dolor, la humillación, el odio, la burla, la oscuridad y la muerte fueron opresivamente persuasivos. Pero a través de todo eso, Cristo estaba haciendo lo que solo Él podía hacer: hacer la paz entre el hombre y Dios. Él pagó el precio supremo para darnos ese precioso regalo.

En el futuro, Jesús regresará como Príncipe de la paz para establecer un reino que nos llevará a una era eterna de paz. Mientras tanto, reina en los corazones de todos los que le aman. ¡Que reine su paz en tu corazón hoy mismo!

Sugerencias para la oración: Agradece a Dios por la paz de corazón que proviene de conocer a Cristo.

Para un estudio más profundo: Lee Filipenses 4:6-9. ¿Qué debe hacer una persona para conocer la paz de Dios?

Notas: _____

_____

_____

_____

MENSAJEROS DE LA PAZ

*«Bienaventurados los pacificadores,
porque ellos serán llamados hijos de Dios» (Mateo 5:9).*

¡Eres un mensajero de la paz!

Cuando Jesús dijo: «Bienaventurados los pacificadores, porque ellos serán llamados hijos de Dios», se refería a un grupo especial de personas llamadas por Dios para restaurar la paz perdida por causa del pecado. Puede que no sean políticos, estadistas, diplomáticos, reyes, presidentes o ganadores del Premio Nobel, pero tienen la llave de la paz verdadera y duradera.

Como cristiano, te encuentras entre ese grupo selecto de pacificadores. Como tal, tienes dos responsabilidades principales. La primera es ayudar a otros a hacer las paces con Dios. No hay mayor privilegio. La mejor manera de hacerlo es predicar el evangelio de la paz con claridad, para que la gente entienda su alejamiento de Dios y busque la reconciliación. Romanos 10:15 dice: «¡Cuán hermosos son los pies de los que anuncian la paz, de los que anuncian buenas nuevas!» La iglesia primitiva predicaba la paz por medio de Cristo, privilegio que también es para ti.

Tu segunda responsabilidad es ayudar a reconciliar a los creyentes entre sí. Ese es un tema muy importante para Dios. Él no aceptará la adoración de aquellos que estén en desacuerdo entre sí. Primero deben lidiar con el conflicto (Mateo 5:23-24). Eso es especialmente cierto dentro de la familia. Pedro advirtió a los maridos para que trataran a sus esposas correctamente de modo que sus oraciones no fuesen obstaculizadas (1 Pedro 3:7).

Los pacificadores no evitan los conflictos espirituales. Más bien, hablan la verdad con amor y permiten que el Espíritu ministre a través de ellos para traer reconciliación. Si ves a alguien que está alejado de Dios, debes presentarle el evangelio de la paz. Si ves a dos cristianos peleando, debes hacer todo lo que puedas para ayudarlos a resolver sus diferencias de una manera justa.

Por supuesto, para ser un pacificador eficaz debes mantener tu propia paz con Dios. El pecado en tu vida perturbará la paz y te impedirá dispensar la paz de Dios a los demás. Por lo tanto, guarda continuamente tu corazón y confiesa tu pecado para que Dios pueda usarte como su pacificador.

Sugerencias para la oración: Ora por aquellos cercanos a ti que no conocen a Cristo. Aprovecha cada oportunidad para hablarles de la paz de Dios.

Para un estudio más profundo: Lee 2 Corintios 5:17-21.
- ¿Cómo describió Pablo el ministerio de la reconciliación?
- ¿Cuál fue el papel de Cristo al reconciliar al hombre con Dios?

Notas: _____

_____

_____

EL PRECIO DE LA JUSTICIA

«Bienaventurados los que padecen persecución por causa de la justicia» (Mateo 5:10).

✎ ⊙ ✎

Hay un precio a pagar por ser un ciudadano del reino.

A diferencia de muchos que intentan hacer que el evangelio sea aceptable para los pecadores reacios, Jesús dejó claro que seguirlo tenía su precio. Más que aceptación, fama, prestigio y prosperidad, puedes esperar rechazo y persecución. Ese no es un enfoque popular para la evangelización, pero es honesto. Además, garantiza que nadie intente ingresar al reino de forma incorrecta.

Jesús quería que sus oyentes contaran el costo del discipulado. Sabía que muchos de ellos serían repudiados por sus familias y excomulgados de las sinagogas judías. Muchos sufrirían persecución o martirio a manos del gobierno romano. Por tanto, debían considerar el costo.

La persecución *llegó* a los primeros cristianos. El emperador Nerón untó a muchos de ellos con brea, los crucificó y luego los quemó para alumbrar sus fiestas en el jardín. Condenó a los cristianos por negarse a adorarlo como a un dios y los culpó por la quema de Roma en el 64 D. C. Los cristianos también fueron acusados de canibalismo porque Jesús dijo: «El que come mi carne y bebe mi sangre, en mí permanece, y yo en él» (Juan 6:56). También se dijo que eran revolucionarios porque creían que Dios algún día destruiría la tierra.

La animosidad del mundo con los cristianos no ha cambiado. Puede que no enfrentes las persecuciones severas que enfrentaron los creyentes del primer siglo, pero serás perseguido (Filipenses 1:29). Incluso los nuevos cristianos a menudo enfrentan dificultades. Si se niegan a unirse a sus antiguos amigos en actividades pecaminosas, podrían ser rechazados. Si trabajan para un jefe corrupto que espera que participen o completen sus malas prácticas, podrían despedirlos o abandonar sus trabajos. Eso podría traer dificultades financieras extremas a sus familias.

Dios no siempre te guardará de la persecución, pero honrará tu integridad y te dará la fuerza para soportar cualquier prueba que se te presente. ¡Alabado sea por su gracia suficiente!

Sugerencias para la oración: Ora por aquellos que sabes que están sufriendo dificultades por amar a Cristo.
⊙ Pídele a Dios la sabiduría y la fortaleza para enfrentar la persecución con integridad y fe inquebrantables.

Para un estudio más profundo: Lee Santiago 1:2-4 y 1 Pedro 5:10.
⊙ ¿Para qué sirve el sufrimiento?
⊙ ¿Cómo deberías responder al sufrimiento?

Notas: _____

_____

¿ESTÁS EVITANDO LA PERSECUCIÓN?

«Bienaventurados los que que padecen persecución por causa de la justicia» (Mateo 5:10).

⊱ ⊙ ⊰

Si no vives la persecución, es probable que la gente no sepa que eres cristiano.

Oí hablar de un hombre que tenía miedo porque estaba comenzando un nuevo trabajo con un grupo de incrédulos a quienes pensó que podría causarles un mal momento si descubrían que era cristiano. Después de su primer día en el trabajo, su esposa le preguntó cómo se llevaba con ellos. «Nos llevamos bien», dijo. «No descubrieron que soy cristiano».

El silencio es una forma de evitar la persecución. Otras maneras son las siguientes: aprobar los estándares del mundo, reírse de sus bromas, disfrutar de su entretenimiento y sonreír cuando se burlan de Dios. Si nunca te enfrentas al pecado ni le dices a la gente que Jesús es el único camino al cielo, o si tu comportamiento es tan mundano que nadie te puede distinguir de los incrédulos, probablemente seas aceptado y no sentirás el calor de la persecución.

Sin embargo, ten cuidado, porque Jesús dijo: «¡Ay de vosotros, cuando todos los hombres hablen bien de vosotros!... Porque el que se avergonzare de mí y de mis palabras, de éste se avergonzará el Hijo del Hombre cuando venga en su gloria» (Lucas 6:26; 9:26). Lo último que cualquiera debería desear es que Cristo pronuncie una maldición sobre ellos o se avergüence de ellos. ¡Ese es un precio enorme a pagar por la popularidad!

Si asumes una posición por Cristo y manifiestas actitudes bienaventuradas, estarás en oposición directa a Satanás y al malvado sistema mundial. Por lo que, al fin, sentirás alguna forma de persecución. Eso ha sido cierto desde el comienzo de la historia humana, cuando Abel fue asesinado por su hermano Caín porque este no podía tolerar la rectitud del primero.

No debes temer a la persecución. Dios te concederá gracia y nunca te pondrá a prueba más allá de lo que te permita soportar (1 Corintios 10:13). Tampoco debes comprometer la verdad bíblica para evitar la persecución. En Filipenses 1:29, Pablo dice que la persecución es tanto un regalo de Dios como la salvación misma. ¡Ambas cosas te identifican como un verdadero creyente!

Sugerencias para la oración: Memorízate 1 Pedro 2:20-21. Pídele a Dios que te conceda continuamente la gracia para seguir el ejemplo de Cristo cuando las dificultades se presenten en tu camino.

Para un estudio más profundo: Lee 2 Corintios 11:23-33 y señala la severa persecución que Pablo sufrió por causa de Cristo.

Notas: _____

_____

_____

TRES CLASES DE PERSECUCIÓN

«Bienaventurados los que padecen persecución por causa de la justicia, porque de ellos es el reino de los cielos. Bienaventurados sois cuando por mi causa os vituperen y os persigan, y digan toda clase de mal contra vosotros, mintiendo» (Mateo 5:10-11).

Cuando hablas por Cristo, puedes esperar hostigamiento, insultos y difamación.

Jesús mencionó tres amplias categorías de sufrimiento que experimentarán los cristianos. El primero es la *persecución*. La palabra «persecución» (Mateo 5:10) y el vocablo «persigan» (v. 11) provienen de la misma raíz griega, que significa «perseguir». Con el tiempo llegó a significar «hostigar» o «tratar de una manera malvada». El versículo 10 literalmente dice: «Bienaventurados los que padecen persecución». Eres bendecido cuando la gente te acosa por tu postura cristiana y la aceptas voluntariamente por el bien de tu Señor.

La segunda forma de sufrimiento son los «insultos» (v. 11), que traduce una palabra griega que significa «reprochar», «ofender» o «insultar». Esto habla de abuso verbal: atacar a alguien con maldad y palabras burlonas. Se usa en Mateo 27:44 en cuanto a la burla que Cristo soportó en su crucifixión. Le sucedió a Él y les ocurrirá a sus seguidores también.

La categoría final que mencionó Jesús es *calumnia*: personas que dicen mentiras sobre ti. Esa es quizás la forma más dura de sufrimiento que debemos soportar puesto que nuestra efectividad para el Señor está directamente relacionada con nuestra pureza e integridad personales. Cuando alguien está tratando de destruir la reputación que trabajaste toda la vida para establecer, ¡es una prueba difícil de verdad!

Si estás atravesando un tiempo de sufrimiento por amor a la justicia, anímate: el Señor también lo hizo y comprende lo difícil que puede ser. Él conoce tu corazón y te ministrará su superabundante gracia. Regocíjate porque eres digno de sufrir por Él y porque el reino de los cielos es tuyo.

Sugerencias para la oración: Ora por aquellos que te tratan con crueldad, pidiéndole a Dios que los perdone y que les conceda su gracia.

⊙ Ora para que siempre trates a los demás con honestidad y justicia.

Para un estudio más profundo: A lo largo de la historia, Dios mismo ha soportado muchas burlas y calumnias. Lee 2 Pedro 3:3-9, luego responde las siguientes preguntas:

⊙ ¿Qué motiva a los burladores?

⊙ ¿Qué niegan?

⊙ ¿Por qué Dios no los juzga en el acto?

Notas: _____

_____

_____

LAS HERIDAS DE CRISTO

«Bienaventurados los que padecen persecución por causa de la justicia, porque de ellos es el reino de los cielos. Bienaventurados sois cuando por mi causa os vituperen y os persigan, y digan toda clase de mal contra vosotros, mintiendo» (Mateo 5:10-11).

>✝ ◉ ✝〉

La persecución que sufres por proclamar a Cristo está realmente dirigida a Cristo mismo.

Savonarola ha sido llamado «el faro ardiente de la Reforma». Sus sermones denunciaban el pecado y la corrupción de la Iglesia Católica Romana de su tiempo y ayudaron a allanar el camino para la Reforma Protestante. Muchos de los que escuchaban sus poderosos sermones se marchaban medio aturdidos, desconcertados y sin palabras. A menudo, sollozos de arrepentimiento resonaban en toda la congregación cuando el Espíritu de Dios se movía en los corazones de los oyentes. Sin embargo, algunos de los que lo escuchaban no podían tolerar la verdad, por lo que al fin lo ejecutaron.

Jesús dijo: «El siervo no es mayor que su señor. Si a mí me han perseguido, también a vosotros os perseguirán» (Juan 15:20). Los pecadores no han de tolerar un principio justo. Antes del nacimiento de Cristo, el mundo nunca había visto un hombre perfecto. Cuantas más personas observaban a Cristo, más se destacaba su propio pecado en marcado contraste. Eso llevó a algunos a perseguirlo y finalmente a matarlo, aparentemente pensando que al eliminar la norma no tendrían que cumplirla.

El Salmo 35:19 profetiza que las personas odiarían a Cristo sin una causa justa. Eso también es cierto para los cristianos. Las personas no necesariamente nos odian a nosotros, pero resienten el principio sagrado que representamos. Ellos odian a Cristo, pero Él no está aquí para recibir su odio, por lo que atacan a su pueblo. Para Savonarola eso significaba la muerte. Para ti podría significar alienación social u otras formas de persecución.

Sea lo que sea que se cruce en tu camino, recuerda que tus sufrimientos actuales «no son comparables con la gloria venidera» (Romanos 8:18) que experimentarás algún día. Por lo tanto, «gozaos por cuanto sois participantes de los padecimientos de Cristo» (1 Pedro 4:13).

Sugerencias para la oración: Cuando sufras por amor a Cristo, agradécele por ese privilegio y recuerda cuánto sufrió por ti.

Para un estudio más profundo: Antes de su conversión, el apóstol Pablo (también conocido como Saulo) persiguió violentamente a los cristianos, pensando que le estaba haciendo un favor a Dios. Lee Hechos 8:1-3; 9:1-31; y 1 Timoteo 1:12-17, y nota la transformación de Pablo de perseguidor a predicador.

Notas: _____

_____

_____

_____

ALCANZA TU RECOMPENSA

«Bienaventurados sois cuando por mi causa os vituperen y os persigan, y digan toda clase de mal contra vosotros, mintiendo. Gozaos y alegraos, porque vuestro galardón es grande en los cielos; porque así persiguieron a los profetas que fueron antes de vosotros» (Mateo 5:11-12).

✧ ⊙ ✧

Los sacrificios que hagas por amor a Cristo, en esta vida, serán abundantemente compensados en el cielo.

La promesa de Dios para aquellos que son perseguidos por su causa es que su recompensa en el cielo será grande (Mateo 5:12). Jesús dijo: «Y cualquiera que haya dejado casas, o hermanos, o hermanas, o padre, o madre, o mujer, o hijos, o tierras, por mi nombre, recibirá cien veces más, y heredará la vida eterna» (Mateo 19:29).

Enfocarte en esa promesa más que en tus circunstancias actuales es el modo en que puedes sentir la felicidad en medio del sufrimiento. Esa fue la gran confianza de Pablo, incluso cuando enfrentaba una muerte segura. En 2 Timoteo 4:8 él declara: «Por lo demás, me está guardada la corona de justicia, la cual me dará el Señor, juez justo, en aquel día; y no sólo a mí, sino también a todos los que aman su venida».

Otra fuente de alegría en las pruebas es saber que compartes el destino de los mismos profetas (Mateo 5:12). Esos hombres piadosos sufrieron dificultades incalculables por proclamar el mensaje de Dios. Es un grupo noble con el cual identificarse.

Una última palabra de aliento de Mateo 5:11: la persecución no será incesante. Jesús dijo: «Bienaventurado sois cuando…» La palabra griega traducida «cuando» significa «siempre». No siempre serás perseguido, pero cuando lo seas, serás bendecido. Además, Dios gobernará la intensidad de la persecución para que puedas soportarla (1 Corintios 10:13). Él conoce tus debilidades humanas y te proporcionará la gracia y la paz necesarias para que puedas superarla. Es por eso que puedes regocijarte cuando, de lo contrario, estarías devastado y lleno de dolor. Si estás dispuesto a hacer sacrificios ahora, recibirás recompensas incomparables en el futuro. Cuán miopes son aquellos que ahora se resguardan a sí mismos al negar a Cristo o al comprometer su verdad en lugar de sacrificar el presente por el bien de la bendición y la gloria eterna.

Sugerencias para la oración: Agradece a Dios por el ejemplo de los profetas y otros que sufrieron por Él.

Para un estudio más profundo: Lee Mateo 21:33-39 y Hebreos 11:32-38.
⊙ ¿Cómo ilustró Jesús la persecución de los profetas de Dios?
⊙ ¿Cuál es la recomendación de la Escritura para aquellos que sufrieron por el bien de la justicia?

Notas: _____

_____

_____

_____

LOS HOMBRES DEL MAESTRO

«Los nombres de los doce apóstoles son estos: primero Simón, llamado Pedro, y Andrés
su hermano; Jacobo hijo de Zebedeo, y Juan su hermano; Felipe, Bartolomé, Tomás,
Mateo el publicano, Jacobo hijo de Alfeo, Lebeo, por sobrenombre Tadeo, Simón
el cananista, y Judas Iscariote, el que también le entregó» (Mateo 10:2-4).

⤛ ⊙ ⤜

Dios usa personas no calificadas para cumplir sus propósitos.

Vivimos en una sociedad consciente de que, para todo, hay que cumplir requisitos. Casi todo lo que haces requiere que cumplas los estándares de alguien más. Debes calificar para comprar una casa, un automóvil, para tener una tarjeta de crédito o para asistir a la universidad. En el mercado laboral, los trabajos más difíciles requieren personas con las calificaciones más altas posibles.

Como cosa irónica, Dios usa personas no calificadas para llevar a cabo la tarea más importante del mundo: adelantar el reino de Dios. Siempre ha sido así. Adán y Eva hundieron a la raza humana en el pecado. Lot se emborrachó y cometió incesto con sus propias hijas. Abraham dudó de Dios y cometió adulterio. Jacob engañó a su padre. Moisés fue un asesino. David también lo fue, además de adúltero. Jonás se enojó cuando Dios mostró misericordia a Nínive. Elías resistió a ochocientos cincuenta falsos sacerdotes y profetas, y sin embargo huyó aterrorizado por una mujer, Jezabel. Pablo (Saulo) asesinó a muchos cristianos. Y la lista sigue y sigue.

El hecho es que nadie está completamente calificado para hacer el trabajo de Dios. Es por eso que usa personas no calificadas. Quizás esa verdad se ilustre más claramente en los doce discípulos, los cuales tenían numerosas debilidades humanas, distintos temperamentos, diferentes habilidades y diversos orígenes; sin embargo, Cristo los usó para cambiar al mundo.

En los siguientes días conocerás a los discípulos uno por uno. Mientras lo haces, quiero que veas que eran hombres comunes con una vocación poco común. También quiero que observes el proceso de entrenamiento al que Jesús los sometió, porque también sirve como patrón para nuestro discipulado.

Oro para que seas desafiado por sus fortalezas y animado por la forma en que Dios los usó a pesar de sus debilidades y fallas. Él te usará a ti también siempre que le entregues tu vida.

Sugerencias para la oración: Memorízate Lucas 6:40. Pídele a Dios que te haga más como Cristo.

Para un estudio más profundo: Lee 2 Timoteo 1:3-5, y observa las debilidades con las que el joven Timoteo pudo haber luchado y cómo lo animó el apóstol Pablo. ¿Cómo pueden aplicarse las palabras de Pablo a ti?

Notas: _____

_____

Vidas modelo

«Entonces llamando a sus doce discípulos…» (Mateo 10:1).

❧ ⊙ ☙

Un buen ejemplo es la mejor forma de enseñanza.

Mateo 10:1 muestra la comisión oficial de Cristo a los doce hombres escogidos para que sirvieran junto con Él durante su ministerio terrenal. Marcos 3:13 afirma que «llamó a sí a los que él quiso; y vinieron a él». En Juan 15:16 les dice: «No me elegisteis vosotros a mí, sino que yo os elegí a vosotros, y os he puesto para que vayáis y llevéis fruto». Este no es su llamado a la salvación, sino al servicio. Con la excepción de Judas, todos fueron salvados. Antes de la fundación del mundo, Dios los eligió para ser redimidos en Cristo, y ellos respondieron en consecuencia. Ahora Jesús los llamaba a un ministerio específico.

Dios siempre elige a aquellos que serán salvos y servirán dentro de su iglesia. Pero entre la salvación y el servicio debe haber un tiempo de entrenamiento. Para los discípulos, fue un período de tres años en el que el propio Jesús los entrenó a medida que experimentaban la vida junto con Él, día tras día. Esa es la mejor modalidad de discipulado. Los salones de clases y las conferencias son útiles, pero no hay sustituto mejor que un patrón de vida que seguir: alguien que modele la virtud cristiana y muestre cómo aplicar los principios bíblicos a tu vida.

Pablo entendió la importancia de tal ejemplo. En Filipenses 4:9 dice: «Lo que aprendisteis y recibisteis y oísteis y visteis en mí, esto haced». A Timoteo le dijo: «Ninguno tenga en poco tu juventud, sino sé ejemplo de los creyentes en palabra, conducta, amor, espíritu, fe y pureza» (1 Timoteo 4:12). Pedro hizo lo mismo, al advertir a los ancianos de la iglesia que no impusieran su autoridad sobre aquellos bajo su cargo, sino que fueran ejemplos piadosos (1 Pedro 5:3).

Si has sido cristiano por muchos años o por poco tiempo, eres un ejemplo para alguien. La gente escucha lo que dices y observa cómo vives. Ellos buscan un reflejo de Cristo en tu vida. ¿Qué es lo que ven? ¿Cómo lo harían espiritualmente si siguieran tu ejemplo a la perfección?

Sugerencias para la oración: Agradece al Señor por aquellos que son ejemplos de bondad para ti.

Para un estudio más profundo: ¿Qué indican los siguientes versículos acerca de tu salvación? Juan 15:16; Romanos 8:28; Efesios 1:4; y 2 Tesalonicenses 2:13.
⊙ De acuerdo con Efesios 2:10, ¿por qué fuiste salvo?

Notas: _____

_____

_____

_____

SUPERA LAS DEFICIENCIAS ESPIRITUALES

«Entonces llamando a sus doce discípulos...» (Mateo 10:1).

◦

Jesús puede superar cualquier insuficiencia que puedas tener.

La mayoría de las personas piensa en los discípulos como santos de vitrales que no tuvieron que luchar contra las fallas y flaquezas de la gente normal. Sin embargo, tenían insuficiencias como todos nosotros. Ver cómo Jesús lidió con ellos nos da esperanza de que Él también pueda usarnos.

Una insuficiencia común para todos los discípulos fue su falta de entendimiento. Por ejemplo, Lucas 18 nos dice que Jesús les dio detalles sobre su sufrimiento futuro, su muerte y su resurrección, pero ellos no entendieron nada de lo que les dijo (vv. 31-34). Jesús superó su falta de comprensión enseñándoles constantemente hasta que lo hicieron bien.

Otra insuficiencia fue su falta de humildad. Más de una vez discutieron entre ellos sobre quién sería el más grande en el reino de los cielos (por ejemplo, Marcos 9:33-37). Jesús trató con su falta de humildad con su propio ejemplo. Se comparó a sí mismo con un sirviente e incluso les lavó los sucios pies de ellos (Juan 13). Además de su falta de entendimiento y de humildad, también carecían de fe. Jesús les decía a menudo: «hombres de poca fe». En Marcos 16:14 los reprendió por no creer en los reportes de su resurrección.

También carecían de compromiso. Justo antes de la muerte de Cristo, Judas lo traicionó, Pedro lo negó y los demás lo abandonaron. Jesús trató su falta de compromiso orando por ellos (por ejemplo, Lucas 22:31-32; Juan 17:15).

Por último, carecían de poder espiritual, lo que Cristo hizo que superaran al darles el Espíritu Santo.

Esas son insuficiencias significativas pero, a pesar de todo ello, el libro de Hechos nos dice que los discípulos le dieron la vuelta al mundo con sus predicaciones poderosas y sus obras milagrosas. Se parecían tanto a Cristo que la gente comenzó a llamarlos cristianos, lo que significa «pequeños cristos».

Jesús aún transforma las insuficiencias en victorias. Lo hace a través del Espíritu, la Palabra y la oración. No seas víctima de tus deficiencias. Haz de esos recursos espirituales el enfoque continuo de tu vida.

Sugerencias para la oración: Agradece al Señor por tus insuficiencias puesto que te ayudan a darte cuenta de tu dependencia de Él.

⊙ Pide gracia para confiar en tus recursos espirituales más que en tus habilidades humanas.

Para un estudio más profundo: Lee Mateo 20:20-28.

⊙ ¿Quién habló con Jesús en nombre de Jacobo y Juan?

⊙ ¿Cuál fue la respuesta de Él?

⊙ ¿Cómo respondieron los otros discípulos?

⊙ ¿Cuál fue el principio concluyente de Jesús?

Notas: _____

ELEGIDO PARA SER ENVIADO

«Entonces llamando a sus doce discípulos, les dio autoridad sobre los espíritus inmundos, para que los echasen fuera, y para sanar toda enfermedad y toda dolencia. Los nombres de los doce apóstoles son estos...» (Mateo 10:1-2).

Cada discípulo también debe ser discipulador.

¿Alguna vez has conocido a alguien que siempre aproveche lo que la iglesia ofrece, pero que no parece conectarse a un ministerio en el que pueda dar a otros? Conocí a muchas personas así. Algunos han asistido a la iglesia por muchos años e incluso algunos que han tomado cursos de evangelismo y otras clases especiales de entrenamiento. Pero nunca se sienten calificados para ministrar a otros ni siquiera para dar su testimonio. A fin de cuentas, eso tiene un efecto paralizante en sus vidas espirituales y en la vida de la iglesia en general.

Cuando Jesús llamó a los discípulos, lo hizo con el fin de entrenarlos para el ministerio. Vemos esto en Mateo 10:1-2. La palabra griega traducida «discípulos» significa «aprendices». «Apóstoles» traduce una palabra griega que significa «enviar». En griego clásico, esta se refiere a una expedición naval enviada a servir a una ciudad o país extranjeros. Así que los discípulos son aprendices; los apóstoles son emisarios. Jesús llamó a unos discípulos sin entrenamiento, pero envió a unos apóstoles entrenados. Ese es el proceso de entrenamiento normal.

En Mateo 28:19-20, Jesús dice: «Id, y haced discípulos a todas las naciones, bautizándolos en el nombre del Padre, y del Hijo, y del Espíritu Santo; enseñándoles que guarden todas las cosas que os he mandado». Pablo le dijo a Timoteo: «Lo que has oído de mí ante muchos testigos, esto encarga a hombres fieles que sean idóneos para enseñar también a otros»(2 Timoteo 2:2).

Aunque es maravilloso e importante aprender de Cristo, no debes conformarte con ser solo un discípulo. ¡También debes ser un discipulador!

Sugerencias para la oración: Memorízate Mateo 28:18-20. Si actualmente no estás discipulando a alguien, pídele al Señor la oportunidad para hacerlo.

Para un estudio más profundo: Una parte importante del discipulado es pasar tiempo con Cristo. Una forma de hacerlo es leer los evangelios habitualmente. Es posible que desees obtener una armonía de los evangelios para que te ayude en el estudio. Cuéntale a un amigo acerca de lo que planeas para que pueda animarte y para que le rindas cuenta de los resultados.

Notas: _____

_____

_____

_____

LA PRIORIDAD DE LA UNIDAD ESPIRITUAL

«Los nombres de los doce apóstoles son estos: primero Simón, llamado Pedro, y Andrés su hermano; Jacobo hijo de Zebedeo, y Juan su hermano; Felipe, Bartolomé, Tomás, Mateo el publicano, Jacobo hijo de Alfeo, Lebeo, por sobrenombre Tadeo, Simón el cananista, y Judas Iscariote, el que también le entregó (Mateo 10:2-4).

>⊙<

La unidad en el Espíritu es la clave para la eficiencia general de una iglesia.

La unidad es un elemento crucial en la vida de la iglesia, especialmente entre su liderazgo. Una iglesia unificada puede lograr grandes cosas para Cristo, pero la desunión puede paralizarla o destruirla. Aun las iglesias más ortodoxas no son inmunes a los ataques sutiles de la desunión puesto que a veces surgen de enfrentamientos personales más que de cuestiones doctrinales.

Dios a menudo reúne en las congregaciones y los equipos ministeriales a personas de diversos orígenes y temperamentos. Esa combinación deriva en una variedad de habilidades y ministerios, pero también puede hacer que surjan potenciales conflictos y hechos que propendan a la desunión. Eso fue especialmente cierto para los discípulos, entre los que había un impetuoso pescador (Pedro), dos apasionados y ambiciosos «hijos del trueno» (Jacobo y Juan), un hombre analítico, pragmático y pesimista (Felipe), un hombre con prejuicios raciales (Bartolomé), un despreciado recaudador de impuestos (Mateo), un fanático político (Simón) y un traidor (Judas, que estaba allí solo por el dinero y que finalmente se vendió por treinta piezas de plata).

Imagínate el potencial de un desastre en un grupo como ese. Sin embargo, el propósito común de ellos trascendió sus diferencias individuales y, por su gracia, el Señor logró a través de ellos lo que nunca podrían haber conseguido por sí mismos. ¡Ese es el poder de la unidad espiritual!

Como cristiano, eres parte de un equipo selecto que está llevando a cabo la tarea más grande del mundo: terminar la obra que comenzó Jesús. Eso requiere unidad de propósito y de esfuerzo. Satanás tratará de sembrar semillas de discordia, pero debes hacer todo lo posible para seguir la advertencia de Pablo en cuanto a sentir «lo mismo, teniendo el mismo amor, unánimes, sintiendo una misma cosa» (Filipenses 2:2).

Sugerencias para la oración: Ora cada día por la unidad entre los líderes y la congregación de tu iglesia.

Para un estudio más profundo: Lee 1 Corintios 3:1-9, y observa cómo abordó Pablo el tema de la desunión en la iglesia de Corinto.

Notas: _____

_____

_____

_____

LA ESTABILIDAD ESPIRITUAL (PEDRO)

«Los nombres de los doce apóstoles son estos:
primero Simón, llamado Pedro» (Mateo 10:2).

❧ ⊙ ❧

Jesús puede hacer que un cristiano impulsivo y vacilante sea tan estable como una roca.

E l primer discípulo que aparece en los nombres del Evangelio de Mateo es «Simón, llamado Pedro». Este era un pescador de profesión, pero Jesús lo llamó para que fuera pescador de hombres. Juan 1:40-42 registra su primer encuentro: «Andrés, hermano de Simón Pedro, era uno de los dos que habían oído a Juan [el Bautista], y habían seguido a Jesús. Este halló primero a su hermano Simón, y le dijo: Hemos hallado al Mesías (que traducido es, el Cristo). Y le trajo a Jesús. Y mirándole Jesús, dijo: Tú eres Simón, hijo de Jonás; tú serás llamado Cefas (que quiere decir, Pedro)».

«Pedro» significa «piedra». «Cefas» es su equivalente en lengua aramea. Por naturaleza, Simón solía ser impulsivo y vacilante. Aparentemente, Jesús le dio el nombre Pedro como un recordatorio de su papel futuro en la iglesia, para lo que requeriría fuerza espiritual y estabilidad. Cada vez que Pedro actuaba como un hombre de fuerza, Jesús lo llamaba por su nuevo nombre. Cuando él pecó, Jesús lo llamó por su antiguo nombre (por ejemplo, Juan 21:15-17). En el Evangelio de Juan, Pedro se llama «Simón Pedro» diecisiete veces. Tal vez Juan conocía tan bien a Pedro, que se dio cuenta de que siempre se encontraba a la deriva entre el pecaminoso Simón y el espiritual Pedro.

En los próximos días veremos cómo trabajó Jesús con Pedro para transformarlo en una verdadera roca espiritual. Fue una transformación asombrosa, pero no diferente a lo que Él desea hacer en la vida de cada creyente.

Puede que no tengas la misma personalidad que Pedro, pero el Señor también quiere que seas una roca espiritual. El mismo Pedro escribió: «Vosotros también, como piedras vivas, sed edificados como casa espiritual y sacerdocio santo, para ofrecer sacrificios espirituales aceptables a Dios por medio de Jesucristo» (1 Pedro 2:5). Eso ocurre cuando creces «en la gracia y el conocimiento de nuestro Señor y Salvador Jesucristo» (2 Pedro 3:18). Haz de esto tu objetivo continuo.

Sugerencias para la oración: Enumera las áreas de tu andar cristiano que son inconsistentes o vacilantes. Hazlas objeto de oración ferviente, pidiéndole a Dios sabiduría y gracia a medida que comienzas a fortalecerlas.

Para un estudio más profundo: La Primera Epístola de Pedro fue escrita a los cristianos en peligro de persecución severa. Lee esa carta y señala las claves de la estabilidad espiritual que Pedro expone.

Notas: _____

_____

_____

_____

CÓMO FORJAR UN LÍDER:
LA MATERIA PRIMA CORRECTA (PEDRO)

«Los nombres de los doce apóstoles son estos: primero Simón, llamado Pedro» (Mateo 10:2).

Dios puede usar tus habilidades naturales como base para tu servicio espiritual.

Pedro es una buena ilustración en cuanto a la manera en que Dios forja a un líder espiritual. Comienza con los rasgos naturales de la persona y trabaja a partir de ellos. Los rasgos naturales solos no hacen a un líder espiritual; la persona también debe ser dotada y llamada por el Espíritu Santo para dirigir en la iglesia y ser un modelo de virtud espiritual. Pero a menudo Dios les otorga, a los líderes futuros, habilidades naturales que constituyen la materia prima con la cual edifica esos ministerios espirituales. Ese fue ciertamente el caso con Pedro, que mostró cualidades de liderazgo como la curiosidad, la iniciativa y la participación.

Pedro siempre estaba haciendo preguntas. De hecho, los registros del evangelio muestran que hizo más preguntas que todos los demás discípulos juntos. Las personas que no son curiosas no son buenos líderes puesto que no les preocupan los problemas ni las soluciones.

La iniciativa fue otro indicador del potencial liderazgo de Pedro. Él no solo planteaba preguntas, sino que también fue el primero en responder cuando Jesús hizo las suyas (por ejemplo, Mateo 16:15-16; Lucas 8:45).

Además, a Pedro le encantaba estar en plena acción, incluso cuando eso lo metía en problemas. Por ejemplo, podríamos criticar su falta de fe cuando se hundió después de caminar sobre el agua pero recuerda, los otros discípulos no salieron nunca del barco.

Pedro era curioso, tenía iniciativa y buscaba involucrarse. ¿Y tú qué? ¿Eres inquisitivo en cuanto a la verdad de Dios? ¿Tomas la iniciativa para aprender sobre Él? ¿Quieres participar en lo que Él está haciendo? Si es así, tienes la materia prima para el liderazgo espiritual. Continúa cultivando esas cualidades, permitiendo que el Espíritu te use para la gloria de Dios.

Sugerencias para la oración: Ora por tus líderes espirituales.
⊙ Pídele a Dios la oportunidad de guiar a otros en el camino de la justicia. Aprovecha cada oportunidad al máximo.

Para un estudio más profundo: Lee los siguientes versículos y señala los tipos de preguntas que hizo Pedro: Mateo 15:15; 18:21; 19:27; Marcos 13:2-4; Juan 21:20-22.

Notas: _____

_____

_____

_____

CÓMO FORJAR UN LÍDER:
LAS EXPERIENCIAS CORRECTAS (PEDRO)

«Los nombres de los doce apóstoles son estos: primero Simón, llamado Pedro» (Mateo 10:2).

❧ ⊙ ❧

Tus experiencias actuales contribuyen a tu capacidad de liderazgo en el futuro.

S tan Carder es un querido hermano en Cristo y uno de los pastores que laboran en nuestra iglesia. Antes de venir a Grace Church, pastoreó una iglesia en Montana. Mientras estaba allí, viajó una noche en un camión que estuvo involucrado en un accidente muy serio. Stan sufrió la rotura del cuello y otras lesiones graves. Como resultado, se sometió a meses de una terapia ardua y dolorosa.

Ese fue uno de los períodos más difíciles en la vida de Stan y, sin embargo, Dios lo usó para un propósito específico. Hoy, como pastor de nuestro departamento de ministerios especiales, Stan ministra a más de quinientas personas con discapacidades físicas y mentales. Dios necesitaba un hombre con cualidades únicas para mostrar amor a un grupo de personas muy especiales. Por eso eligió a Stan y permitió que tuviera las experiencias necesarias para adaptarse a la tarea.

Dios no siempre permite situaciones tan serias, pero nos guía a cada uno de nosotros a experiencias que cambian la vida y aumentan nuestra efectividad en el ministerio.

Pedro tuvo muchas de esas experiencias. En Mateo 16:15-16, por ejemplo, Dios le dio una revelación especial acerca de la deidad de Cristo. En Hechos 10, Dios lo envió a predicar el evangelio a los gentiles, algo inaudito en ese momento porque los judíos se resistían a cualquier interacción con los gentiles. Tal vez la experiencia más trágica de la vida de Pedro fue cuando negó a Cristo. Pero aun eso aumentó su amor por Cristo y su aprecio por la gracia de Dios. Después de su resurrección, Cristo lo perdonó y lo restauró al ministerio (Juan 21:15-19).

Las muchas experiencias de Pedro lo ayudaron a prepararse para el papel clave que desempeñaría en la iglesia primitiva. Del mismo modo, tus experiencias te ayudan a prepararte para el futuro ministerio. Así que busca discernir la mano de Dios en tus circunstancias y regocíjate con la perspectiva de convertirte en un cristiano más efectivo.

Sugerencias para la oración: Agradece a Dios por las buenas y las malas experiencias que tengas, consciente de que cada una de ellas es importante para tu crecimiento espiritual (Santiago 1:2-4).

Para un estudio más profundo: Lee Hechos 10 y señala lo que Pedro aprendió de su experiencia.
- ¿Qué visión tenía Pedro?
- ¿Cuál fue el objetivo de esa visión?

Notas: _____

_____

_____

CÓMO FORJAR UN LÍDER:
LAS LECCIONES CORRECTAS (PEDRO)

«Los nombres de los doce apóstoles son estos:
primero Simón, llamado Pedro» (Mateo 10:2).

Pedro aprendió cinco lecciones que todo creyente también debe aprender.

Hemos visto que Dios usa nuestras experiencias para moldearnos en cristianos y líderes más efectivos. Con Pedro como nuestro ejemplo, observemos brevemente cinco lecciones que podemos aprender de nuestras experiencias: sumisión, moderación, humildad, sacrificio y amor.

Los líderes tienden a ser seguros y agresivos, por lo que deben aprender a someterse a la autoridad. Jesús ilustró eso diciéndole a Pedro que fuera a pescar y que buscara una moneda en la boca del primer pez que atrapara (Mateo 17:24-27). Él debía usar esa moneda para pagar sus impuestos. Pedro era ciudadano del reino de Dios, pero necesitaba una lección objetiva para someterse a las autoridades gubernamentales.

Cuando los soldados llegaron a arrestar a Jesús, Pedro agarró una espada y habría peleado contra todo el grupo si Jesús no se lo hubiera impedido. Pedro necesitaba aprender a confiar su vida al Padre, tal como lo estaba haciendo Cristo.

Pedro se jactó de que nunca se marcharía ni abandonaría a Cristo, pero lo hizo. Quizás la humildad fue la lección más dolorosa que tuvo que aprender.

Jesús le dijo a Pedro que moriría como mártir (Juan 21:18-19). Desde ese día en adelante, Pedro sabía que su vida estaba en juego, y sin embargo estaba dispuesto a hacer el sacrificio que fuera necesario y ministrar de todos modos.

Los líderes tienden a orientarse a las tareas y, a menudo, son insensibles a las personas. Eso es lo que hizo Pedro, por lo que Jesús realizó una demostración de amor al lavar sus pies e instruirlo para que también él hiciera actos de amor con los demás (Juan 13:6-9, 34).

La sumisión, la moderación, la humildad, el sacrificio y el amor deben ser características de todo creyente, sin importar el papel que desempeñe en el cuerpo de Cristo. Oro para que también caractericen tu vida y para que constantemente busques crecer en esas gracias a medida que Dios continúa su trabajo en ti.

Sugerencias para la oración: Aprender lecciones espirituales a veces es doloroso, pero Dios es paciente y misericordioso. Agradécele por su paciencia y también por Cristo, que es el ejemplo perfecto de lo que deberíamos ser.

Para un estudio más profundo: Pedro aprendió bien sus lecciones. Lee 1 Pedro 2:13-18, 21-23; 4:8, 16; y 5:5. ¿Qué puedes aprender de las instrucciones de Pedro sobre la sumisión, la moderación, el amor, el sacrificio y la humildad?

Notas: _____

_____

_____

CÓMO FORJAR UN LÍDER:
LOS RESULTADOS CORRECTOS (PEDRO)

«Los nombres de los doce apóstoles son estos:
primero Simón, llamado Pedro» (Mateo 10:2).

✂ ◦ ✂

Dios sabe cómo obtener resultados.

L a manera en que Dios hace a los líderes consiste en tomar a las personas, les da la materia prima correcta, les brinda las experiencias correctas y les enseña las lecciones correctas.

Así es como entrenó a Pedro y los resultados fueron sorprendentes. En los primeros doce capítulos de Hechos, vemos al apóstol Pedro iniciando la movida para reemplazar a Judas con Matías, predicando poderosamente en el día de Pentecostés, sanando a un cojo, parándose con firmeza ante las autoridades judías, enfrentando a Ananías y a Safira, tratando con Simón el mago, sanando a Eneas, levantando a Dorcas de entre los muertos y llevando el evangelio a los gentiles. Además, escribió dos epístolas que nos transmiten todas las lecciones que aprendió de Jesús. ¡Qué clase de líder!

Pedro fue tanto un modelo de liderazgo espiritual en la muerte como lo fue en vida. Jesús le dijo que sería crucificado para la gloria de Dios y la tradición de la iglesia primitiva nos dice que Pedro, en realidad, fue crucificado. Pero antes de matarlo, sus verdugos lo obligaron a mirar la crucifixión de su esposa. Mientras estaba parado al pie de su cruz, la animó diciéndole una y otra vez: «Acuérdate del Señor, acuérdate del Señor». Cuando llegó el momento de su crucifixión, pidió que lo crucificaran al revés porque se sentía indigno de morir como su Señor. Su solicitud fue concedida.

Así como transformó a Pedro de un pescador impetuoso e impulsivo en un instrumento poderoso para su gloria, Dios quiere transformar a todos los que se rindan a Él.

Nunca serás un apóstol, pero puedes tener la misma profundidad de carácter y conocer la misma alegría de servir a Cristo que experimentó Pedro. No hay un llamado más elevado en el mundo que ser un instrumento de la gracia de Dios. Pedro fue fiel a ese llamado. ¡Tú también puedes serlo!

Sugerencias para la oración: Alaba a Dios por la seguridad de que perfeccionará la obra que ha comenzado en ti (Filipenses 1:6).
⊙ Pídele que use las experiencias que has tenido hasta hoy como instrumentos que te moldeen más a la imagen de Cristo.

Para un estudio más profundo: Lee Juan 21.18-23.
⊙ ¿Cómo describió Jesús la muerte de Pedro?
⊙ ¿Cuál fue la reacción de Pedro al anuncio de Cristo?
⊙ ¿Qué malentendido generó la conversación de ellos?

Notas: _____

_____

CÓMO LLEVAR A OTROS A CRISTO (ANDRÉS)

«Los nombres de los doce apóstoles son… Andrés» (Mateo 10:2).

⤙ ⊙ ⤚

Llevar a otros a Cristo debe ser prioridad para ti.

Andrés era hermano de Pedro y oriundo de Betsaida de Galilea. Desde el principio lo vemos guiar a la gente a Cristo, comenzando con su propio hermano.

El Evangelio de Juan registra su primer encuentro con Jesús: «El siguiente día otra vez estaba Juan [el Bautista] y dos de sus discípulos [Andrés y Juan]. Y mirando a Jesús que andaba por allí, dijo: He aquí el Cordero de Dios. Le oyeron hablar los dos discípulos, y siguieron a Jesús… Andrés, hermano de Simón Pedro, era uno de los dos que habían oído a Juan, y habían seguido a Jesús. Este halló primero a su hermano Simón, y le dijo: Hemos hallado al Mesías (que traducido es, el Cristo). Y le trajo a Jesús. Y mirándole Jesús, dijo: Tú eres Simón, hijo de Jonás; tú serás llamado Cefas (que quiere decir, Pedro)» (Juan 1:35-37, 40-42). Más tarde, Jesús los llamó a ambos, Andrés y Pedro, para que se convirtieran en sus discípulos, e inmediatamente dejaron sus redes de pesca para seguirlo (Mateo 4:20).

Nuestro próximo vistazo a Andrés está en Juan 6:8-9. Era tarde en el día y miles de personas que seguían a Jesús empezaban a tener hambre, pero no había suficiente comida para alimentarlos. Entonces Andrés trajo a Jesús a un niño con cinco panes de cebada y dos pescados. Con ese pequeño almuerzo, Jesús creó suficiente comida para alimentar a toda la multitud.

Andrés también aparece en Juan 12:20-22, pasaje que habla de algunos griegos que viajaban a Jerusalén para celebrar la fiesta de la Pascua. Ellos se acercaron a Felipe y le pidieron que les permitiera ver a Jesús. Felipe se los llevó a Andrés, que aparentemente los llevó ante Jesús.

Andrés no siempre supo cómo trataría Jesús con una persona o situación en particular pero, de todos modos, continuó llevándole gente. Esa es una característica que todo creyente debe tener. Tus dones espirituales pueden ser distintos a los de los demás, pero tu meta común es hacer discípulos (Mateo 28:19-20), y eso comienza dirigiendo a los pecadores a Cristo. ¡Haz que esa sea tu prioridad hoy!

Sugerencias para la oración: ¿Cuándo fue la última vez que le hablaste a un incrédulo acerca de Jesús? Ora para que tengas una oportunidad pronto.

Para un estudio más profundo: ¿Sabes cómo presentar el evangelio de forma clara y precisa? Como reseña, lee Romanos 3:19-28; 1 Corintios 15:1-8; Efesios 2:8-10 y Tito 3:4-7.

Notas: _____

_____

_____

_____

UN PAPEL SECUNDARIO (ANDRÉS)

«Los nombres de los doce apóstoles son… Andrés» (Mateo 10:2).

✄⤳ ⊙ ⤲✄

Andrés es un reflejo de todos los creyentes que ministran, con humildad, tras el escenario.

En un mundo en el que muchos quieren ser protagonistas a pocos les agrada jugar un papel secundario, pero esa no era la perspectiva de Andrés; en absoluto. Crecer a la sombra de un extrovertido hermano sin pelos en la lengua como lo era Pedro, sería un desafío para cualquiera. Incluso en el registro bíblico, Andrés es conocido como el «hermano de Simón Pedro» (por ejemplo, Juan 1:40). Sin embargo, cuando Andrés se encontró con Jesús, lo primero que hizo fue contarle el suceso a Pedro, sabiendo muy bien que una vez que este se convirtiera en discípulo, probablemente dirigiría el grupo. Pero Andrés era un tipo, en verdad humilde, que estaba más interesado en llevar personas a Cristo que en cosas como quién iba a ser el líder.

La fe y la disposición de Andrés lo impulsaron a aprovechar cada oportunidad para llevar a otros a Cristo. Sabía que la misión principal del Señor era «las ovejas perdidas de la casa de Israel» (Mateo 10:6), por lo que guiaba —tanto a los gentiles como al pueblo judío— a Cristo (Juan 12:20-22). Él había visto a Jesús transformar el agua en vino en las bodas de Caná (Juan 2:1-11), por lo que sabía que Jesús podía hacer mucho con muy poco. Eso debe haber estado en su mente cuando llevó al niño con cinco panes de cebada y dos pescados ante Jesús, consciente de que sería un milagro alimentar a la gran multitud con una ofrenda tan pequeña (Juan 6:8-9).

La tradición cuenta que justo antes de su muerte, Andrés predicó en una provincia en la que la esposa del gobernador escuchó el evangelio y fue salvada. De modo que el gobernador le exigió que rechazara a Cristo, pero ella se negó. Enfadado, hizo que crucificaran a Andrés en un madero en forma de equis, en el que Andrés estuvo dos días colgando antes de morir. Aun entonces su valentía no decayó. Andrés predicó el evangelio desde esa cruz, tratando de llevar a otros a Cristo.

Andrés simboliza a todos esos cristianos humildes, fieles y valientes que trabajan tras bastidores. Son la columna vertebral de cada ministerio y de quienes depende todo líder. Puede que nunca seas un líder prominente como Pedro, pero puedes ser un servidor fiel y valiente como Andrés.

Sugerencias para la oración: Agradece al Señor por todos los siervos humildes y fieles que hay en tu iglesia.
⊙ Pídele que te enseñe más disposición y audacia para que puedas servirle de un modo más eficaz.

Para un estudio más profundo: Lee Filipenses 2:25-30 y señala cómo ministró Epafrodito a Pablo.

Notas: _____

_____

El celo por el Señor
(Jacobo, hijo de Zebedeo)

«Los nombres de los doce apóstoles son… Jacobo hijo de Zebedeo» (Mateo 10:2).

⚬

Dios puede usar gente muy celosa y ambiciosa para su gloria.

Al igual que Pedro y Andrés, Jacobo y Juan eran pescadores. Un día, cuando Jesús caminaba por las costas del mar de Galilea, vio a estos dos últimos en una barca con su padre Zebedeo y algunos obreros contratados. Cuando Jesús los llamó para que lo siguieran, de inmediato abandonaron la barca y se fueron con Él (Marcos 1:19-20).

Santiago y Juan eran hombres celosos y ambiciosos, tanto que Jesús los apodó «Boanerges», que significa «Hijos del trueno» (Marcos 3:17). En ocasiones, su gran celo los venció. En Lucas 9:54, por ejemplo, después de que una aldea samaritana rechazó a algunos de los discípulos, Jacobo y Juan le pidieron permiso a Jesús para pedir fuego del cielo para incinerar todo ese lugar. En otra ocasión enviaron a su madre a pedirle a Jesús que les diera los lugares más prominentes en su reino (Mateo 20:20-28). Querían poder, prestigio y honor, pero Jesús les prometió sufrimiento y, en el caso de Jacobo, una tumba de mártir.

Es probable que Jacobo fuera el mayor de los dos hermanos. Su nombre aparece de primero cuando se mencionan ambos en este pasaje de las Escrituras. Quizás también fue el más celoso y apasionado de los dos, ya que fue el primer apóstol en sufrir el martirio. Cuando el rey Herodes decidió perseguir a la iglesia primitiva, mató a Jacobo con una espada (Hechos 12:2). Cuando vio cuánto le agradaba al pueblo judío, hizo arrestar a Pedro, pero no lo mató. Aparentemente, Jacobo era una amenaza mayor que Pedro. Eso nos dice algo sobre el poderoso ministerio que debe haber tenido.

Al igual que Jacobo y Juan, algunos cristianos tienen un celo que los impulsa a correr delante del Espíritu Santo. Si eso ocurre contigo, agradece tu celo; pero también ten cuidado de permitir que el Espíritu gobierne lo que hagas y digas. Sin embargo, si has caído en la complacencia espiritual y tu vida no es una gran amenaza para el reino de Satanás, ¡necesitas arrepentirte y ser más celoso por el Señor!

Sugerencias para la oración: Pídele a Dios que te dé un celo santo motivado por el amor y gobernado por su Espíritu.

Para un estudio más profundo: Lee Juan 2:12-22.
  - ⚬ ¿Cómo demostró Jesús su celo por la casa de Dios?
  - ⚬ ¿Por qué fueron necesarias sus acciones?

Notas: _____

_____

_____

_____

EL CELO CON SENSIBILIDAD
(JACOBO, HIJO DE ZEBEDEO)

«Los nombres de los doce apóstoles son… Jacobo hijo de Zebedeo» (Mateo 10:2).

⁂

El celo sin sensibilidad puede destruir tu vida y tu ministerio.

A continuación tenemos la historia de un pastor noruego cuyo lema era: «¡Todo o nada!» Su vida y su predicación eran severas, fuertes, poderosas, inflexibles y completamente insensibles. Según se informa, los miembros de su iglesia eran indiferentes con él porque él no les prestaba mucha atención a ellos. En su celo y ambición por hacer avanzar el reino y mantener el estándar de Dios, descuidó todo lo demás, incluida su propia familia.

Un día, su pequeña hija se enfermó tanto que el médico le advirtió que si no la sacaba del frío aire noruego a un clima más cálido, moriría. Él se negó y le dijo al médico: «¡Todo o nada!» A los pocos días su pequeña niña murió. Su esposa estaba tan afligida que se sentaba por horas sosteniendo las prendas de su hija cerca de su corazón, tratando de alguna manera de calmar su pena.

Cuando el pastor vio lo que estaba haciendo su esposa, le dio toda la ropa de la pequeña a una mujer pobre que deambulaba por las calles. Lo único que quedó fue un pequeño sombrero que su esposa había escondido para recordar a su preciosa hija. Cuando el pastor se dio cuenta de aquello, también regaló el sombrerito y le dio una regañada a su esposa diciéndole: «Todo o nada». Al cabo de unos meses ella también falleció por el sufrimiento.

Aunque este es un ejemplo extremo de celo e insensibilidad, sin embargo, hay muchos pastores, evangelistas y otros ministros cristianos que son tan celosos por el Señor y tan orientados a las tareas, no ven el dolor que sufren sus propias familias y congregaciones.

Jacobo pudo haber sido así si no hubiera entregado su vida a Cristo. Él comenzó como un discípulo celoso e insensible, pero Dios refinó su carácter y lo usó de una manera maravillosa.

Examina tu propio ministerio y tus motivos. ¿Eres sensible con tu familia y las personas a las que les sirves? El celo puede ser una cualidad maravillosa, pero debe moldearse con amor y sensibilidad.

Sugerencias para la oración: Si has sido insensible con quienes te rodean, confiésaselo a ellos y pídele al Señor que te dé una mayor sensibilidad a partir de ahora.

Para un estudio más profundo: El sacerdote Elí fue negligente e insensible con su familia. Lee 1 Samuel 3:1—4:18.

⊙ ¿Qué le dijo el Señor a Samuel acerca de Elí?
⊙ ¿Cuál fue el resultado de las batallas de Israel contra los filisteos?
⊙ ¿Cómo murieron Elí y sus hijos?

Notas: _____

_____

HABLA LA VERDAD CON AMOR (JUAN)

«Los nombres de los doce apóstoles son… Juan» (Mateo 10:2).

━━●━━

Intenta mantener el equilibrio entre la verdad y el amor.

Algunas personas se imaginan a Juan como excesivamente sentimental y egoísta, con su cabeza recostada en el hombro de Jesús y constantemente refiriéndose a sí mismo como «el discípulo a quien Jesús amaba». Pero esa no es una caracterización precisa de este «Hijo del trueno». Amaba a Jesús profundamente y le maravilló que Jesús lo amara, especialmente después que quiso quemar a los samaritanos y asegurarse un lugar prominente para en el reino de Cristo. Llamarse a sí mismo «el discípulo a quien amaba Jesús» (Juan 21:20) era simplemente su forma de mostrar asombro con la gracia de Dios en su vida.

Por mucho que amara a Jesús, Juan no permitió que su amor se degradara a un mero sentimentalismo. De hecho, el equilibrio entre la verdad y el amor es el sello distintivo de su ministerio. En sus escritos encontramos la palabra *amor* más de ochenta veces y *testigos* casi setenta veces. Su profundo amor por Cristo lo obligó a ser un maestro amoroso y un testigo de la verdad. Para él, obedecer a la verdad era la más alta expresión de amor. Como dice 1 Juan 2:5: «El que guarda su palabra [la de Dios], en este verdaderamente el amor de Dios se ha perfeccionado».

La mayor alegría de Juan fue saber que sus hijos espirituales «andan en la verdad» (3 Juan 4). Por eso denunciaba con firmeza a cualquiera que intentara desviarlos de ese objetivo negando o distorsionando la Palabra de Dios.

Hoy los programas de entrevistas en los medios y otras influencias han desdibujado las líneas entre la opinión y la verdad. Se dice que la opinión de un hombre es tan buena como la siguiente, y se habla poco de lo que es bueno o malo.

La verdad sufre incluso dentro de la iglesia, porque muchos cristianos están dispuestos a transigir con ella para evitar molestar a la gente. Se olvidan de que el verdadero amor se nutre solo en la atmósfera de la verdad bíblica (Filipenses 1:9).

En medio de tanta confusión, Dios te llama a decir la verdad con amor (Efesios 4:15). El mundo no necesita otra opinión: ¡necesita la Palabra absoluta y autoritativa de Dios!

Sugerencias para la oración: Agradece a Dios por el regalo de su amor y el poder de su verdad. Pídele que te haga una persona de una integridad bíblica cada vez mayor.

Para un estudio más profundo: Lee Apocalipsis 2:1-7.
- ¿Qué fortalezas tenía la iglesia en Éfeso?
- ¿Qué le faltaba?
- ¿Qué le requirió Jesús?

Notas: _____

_____

_____

EVANGELISMO AMISTOSO (FELIPE)

«Los nombres de los doce apóstoles son… Felipe» (Mateo 10:2-3).

Las amistades pueden proporcionar el suelo más fértil para la evangelización.

Es probable que Felipe fuera un pescador que conocía a Pedro, Andrés, Jacobo, Juan, Natanael y Tomás antes que se convirtieran en discípulos. Primero lo encontramos en Juan 1:43-46, que dice: «El siguiente día [después de que el Señor se encontró con Pedro y Andrés] quiso Jesús ir a Galilea, y halló a Felipe, y le dijo: Sígueme. Y Felipe era de Betsaida, la ciudad de Andrés y Pedro. Felipe halló a Natanael, y le dijo: Hemos hallado a aquél de quien escribió Moisés en la ley, así como los profetas: a Jesús, el hijo de José, de Nazaret. Natanael le dijo: ¿De Nazaret puede salir algo de bueno? Le dijo Felipe: Ven y ve».

Esos breves versículos revelan dos cosas sobre Felipe. Primero, tenía un corazón escudriñador. Aparentemente él y Natanael habían estudiado las Escrituras en cuanto a la venida del Mesías. Por eso, cuando Jesús dijo: «Sígueme», Felipe ya estaba listo. Jeremías 29:13 registra lo que Dios le dice a las personas como esas: «Me buscaréis y me hallaréis, porque me buscaréis de todo vuestro corazón».

Segundo, tenía un corazón de evangelista. Lo primero que hizo después de su propia conversión fue llevar a Natanael a Cristo. ¡Imagínate su alegría cuando le contó a su amigo sobre aquel a quien habían buscado tanto tiempo!

Creo que las amistades generalmente brindan el mejor escenario para la evangelización porque estás presentando a Cristo en una relación —ya establecida— de amor, confianza y respeto mutuo. Después de todo, es natural compartir la alegría de tu salvación con alguien que amas.

Oro para que tu alegría se desborde en quienes te rodean y que se sientan atraídos por Cristo a causa de tu testimonio.

Sugerencias para la oración: ¿Tienes amigos que no son salvos? Si es así, ora por su salvación fielmente y pídele al Señor que te use como un instrumento de su gracia. En caso contrario, pídele que te haga conocer personas no salvas para que puedas hablarles acerca de Cristo.

Para un estudio más profundo: La mujer samaritana que Jesús encontró en el pozo de Jacob habló de Él no solo a sus amigos sino también a toda la ciudad. Lee Juan 4:1-42.

- ¿Qué analogía usó Jesús para presentarle el evangelio?
- ¿Cómo describió Jesús a los verdaderos adoradores?
- ¿Cuál fue la reacción de la gente de la ciudad ante el testimonio de la mujer?

Notas: _____

_____

_____

_____

CÓMO VENCER EL PESIMISMO (FELIPE)

«Los nombres de los doce apóstoles son... Felipe» (Mateo 10:2-3).

El pesimismo hará que no veas la suficiencia de los recursos divinos.

Se ha dicho que el optimista ve el vaso medio lleno, mientras que el pesimista lo ve medio vacío. El optimista ve oportunidades; el pesimista ve obstáculos. En cierto sentido, Felipe era un optimista. Reconoció a Jesús como el Mesías y de inmediato vio la oportunidad de compartir su descubrimiento con Natanael. En otro sentido, Felipe era pesimista porque en ocasiones no veía lo que Cristo podía lograr a pesar de los aparentes obstáculos.

En una de esas ocasiones, Jesús acababa de enseñar y sanar a una multitud de miles de personas. La noche caía y la gente comenzaba a tener hambre. Aparentemente Felipe era el responsable de la comida, por lo que Jesús le preguntó: «¿De dónde compraremos pan para que coman éstos?» (Juan 6:5). Felipe dijo: «Doscientos denarios de pan no bastarían para que cada uno de ellos tomase un poco» (v. 7). En otras palabras: «No tenemos suficientes recursos en nuestra cuenta de ahorros para comprar suficiente comida para un grupo de este tamaño». La mente calculadora, pragmática y pesimista de Felipe podría llegar a una sola conclusión: es una imposibilidad absoluta.

Jesús sabía desde el principio cómo iba a resolver el problema, pero quería probar la fe de Felipe (v. 6). Felipe debía haber pasado la prueba porque ya había visto a Jesús crear un vino muy bueno con agua de unas tinajas, en las bodas de Caná (Juan 2:1-11). A pesar del fracaso de Felipe, Jesús no se dio por vencido con él. Al contrario, con cinco panes de cebada y dos peces, creó suficientes porciones alimenticias para alimentar a toda la multitud, reemplazando así el pesimismo de Felipe con la reafirmación de la suficiencia divina.

Hay un poco de Felipe en cada uno de nosotros. Hemos sentido el poder salvador de Dios y lo hemos visto responder a la oración y, sin embargo, hay momentos en que dejamos que el pesimismo nos robe la alegría de verlo trabajar a través de los obstáculos en nuestras vidas. No dejes que eso te suceda a ti. Mantén tus ojos en Cristo y confía en su suficiencia. ¡Él nunca te fallará!

Sugerencias para la oración: Memorízate Efesios 3:20-21. Recítalo a menudo como un himno de alabanza y una afirmación de tu fe en Dios.

Para un estudio más profundo: Lee Números 13 y 14.

⊙ ¿Qué tipo de informe trajeron los espías pesimistas de la tierra prometida?

⊙ ¿Cómo reaccionó la gente a su informe?

⊙ ¿Cómo reaccionó Dios a su informe?

Notas: _____

_____

_____

ELIMINA EL PREJUICIO (BARTOLOMÉ)

«Los nombres de los doce apóstoles son... Bartolomé [Natanael]» (Mateo 10:2-3).

El prejuicio puede destruir relaciones y evitar que las personas vengan a Cristo.

El prejuicio es una generalización no recomendada basada en sentimientos de superioridad. Es un pecado horrible que ha alimentado el odio y los conflictos durante siglos, dividiendo naciones enteras y acarreando miseria incalculable. Sin embargo, el prejuicio es más condenatorio cuando ciega a la gente a la Palabra de Dios. El profeta Jonás estaba tan predispuesto contra los asirios que se negó a ir a Nínive a predicarles. Incluso después de que Dios lo convenció de que obedeciera, quiso morir porque la gente de Nínive se había arrepentido y Dios los había salvado.

El prejuicio también alzó su fea cabeza en Natanael, cuyo apellido era Bartolomé (que significa «hijo de Tolmai»). Juan 1:45-46 dice: «Felipe halló a Natanael, y le dijo: Hemos hallado a aquél de quien escribió Moisés en la ley, así como los profetas: a Jesús, el hijo de José, de Nazaret. Natanael le dijo: ¿De Nazaret puede salir algo de bueno?» Natanael era un estudioso de la Palabra y estaba buscando al Mesías, pero no podía entender cómo este podía venir de Nazaret.

Nazaret estaba en los márgenes del mundo judío, la última parada antes del territorio gentil. Quizás la gente de Caná, la ciudad natal de Natanael, era más refinada y educada que la de Nazaret. Cualquiera que sea la causa, la perspectiva de Natanael parecía ser que de Nazaret solo podrían surgir problemas.

El prejuicio ha cegado a muchas personas al evangelio. Los líderes religiosos judíos rechazaron a Jesús porque no se ajustaba a lo que ellos pensaban que era un Mesías, no era de Jerusalén y no fue entrenado en sus sinagogas. Por dicha, el deseo de conocer la verdad que Natanael tenía triunfó sobre su prejuicio, por lo que acudió a Jesús.

Tal vez tengas familiares o amigos que se resisten al evangelio debido a los prejuicios. Si es así, ¡no te desanimes ni te rindas! Jesús rompió el prejuicio de Natanael y lo redimió, y ha hecho lo mismo por millones de otras personas.

Sugerencias para la oración: Ora por aquellos que conoces y que sabes que están cegados por el prejuicio; pídele a Dios que abra sus ojos espirituales ante su divina verdad.

⊙ Confiesa cualquier prejuicio que puedas tener en tu corazón.

Para un estudio más profundo: Practicar la unidad y la humildad es la mejor manera de vencer los prejuicios dentro del cuerpo de Cristo. Lee Efesios 4:1-6 y Filipenses 2:1-8.

⊙ ¿Qué actitudes sugirió Pablo? ¿Desaliento?

⊙ ¿De quién es el ejemplo de un servicio humilde en nombre de otros?

Notas: _____

_____

DÍA 140

EN BUSCA DE LA VERDAD (BARTOLOMÉ)

«Los nombres de los doce apóstoles son… Bartolomé [Natanael]» (Mateo 10:2-3).

❧ ⊙ ❧

Dios conoce tu corazón y honrará tu búsqueda de la verdad.

A pesar del prejuicio de Natanael, Jesús sabía que era un creyente judío franco y honrado en quien no había hipocresía religiosa ni engaño (Juan 1:47). Él buscaba a Dios en verdad y esperaba la venida del Mesías.

La mayoría de los judíos en los días de Jesús creían que cada descendiente circuncidado de Abraham era un verdadero judío y un beneficiario del pacto abrahámico. Pero en Romanos 2:28-29, Pablo explica que la salvación es una cuestión del corazón, no de origen nacional: «Pues no es judío el que lo es exteriormente, ni es la circuncisión la que se hace exteriormente en la carne; sino que es judío el que lo es en lo interior, y la circuncisión es la del corazón». Natanael era un hombre así.

Él se sorprendió cuando Jesús lo describió como «un verdadero israelita, en quien no hay engaño» (Juan 1:47) porque nunca se habían visto antes. Se sorprendió igualmente cuando Jesús dijo que lo vio debajo de una higuera, porque Jesús no estaba cerca de ese árbol. Natanael inmediatamente se dio cuenta de que Jesús era omnisciente. ¡Él lo sabía todo! Es por eso que exclamó: «Rabí, tú eres el Hijo de Dios; tú eres el Rey de Israel»(v. 49). ¡Había encontrado al Mesías que había buscado tanto tiempo!

La mención de la higuera que el Señor hizo es significativa. En esa región, las higueras se usaban comúnmente como fuente de sombra y refugio al aire libre. Muchas de las casas en Palestina tenían una sola habitación, por lo que las higueras se convirtieron en un lugar para estar a solas al orar a Dios y meditar en las Escrituras. Posiblemente Natanael estaba debajo de la higuera escudriñando las Escrituras y comunicándose con Dios cuando Jesús vio su corazón abierto y su deseo de encontrar al Mesías. Jesús respondió personalmente la oración de Natanael.

Cuando Jesús mira en tu corazón, ¿ve a un verdadero creyente en quien no hay hipocresía? Natanael no era perfecto, pero amaba a Dios y era un estudiante diligente de la Palabra. Y el Señor hizo grandes cosas por medio de él. Oro para que también las haga contigo.

Sugerencias para la oración: Pídele al Espíritu que te revele cualquier hipocresía que puedas albergar y que trate con eso.

⊙ Pídele a Dios que aumente tu deseo y capacidad de conocerlo y amarlo.

Para un estudio más profundo: Memorízate Romanos 12:1-2 como una defensa contra la hipocresía.

Notas: _____

_____

_____

_____

_____

ANHELA LA PRESENCIA DE CRISTO (TOMÁS)

«Los nombres de los doce apóstoles son… Tomás» (Mateo 10:2-3).

El que sigue a Cristo tendrá un intenso deseo de estar en su presencia.

Cuando piensas en Tomás, es probable que evoques a un escéptico. Pero si lo consideras más allá de su duda, verás que se caracterizó por algo que debería identificar a cada creyente verdadero, un intenso deseo de estar con Cristo.

Juan 10:39-40 nos dice que Jesús y sus discípulos salieron de Jerusalén por las amenazas contra la vida de Jesús. Mientras permanecían cerca del río Jordán, Jesús recibió la noticia de que su querido amigo Lázaro estaba enfermo. Sin embargo, retrasó su visita a Lázaro porque no quería simplemente sanarlo, sino resucitarlo de entre los muertos.

Lázaro vivía en Betania, a solo tres kilómetros al este de Jerusalén. De modo que, cuando Jesús decidió dirigirse a casa de su amigo, sus discípulos estaban profundamente preocupados, pensando que seguramente sería una misión suicida (Juan 11:8). A pesar del peligro, Tomás dijo: «Vamos también nosotros, para que muramos con él» (v. 16). Esa es una actitud pesimista, pero también muestra su valentía y su deseo de estar con Cristo, sea en la vida o en la muerte. Un optimista esperaría lo mejor, por lo que es más fácil irse. Tomás esperaba lo peor, sin embargo estaba dispuesto a ir con el Maestro.

Creo que Tomás no podía soportar la idea de vivir sin Cristo. Prefería morir con Él que vivir sin Él. Eso también es evidente en Juan 14, cuando Jesús les dijo a los discípulos que se iba a preparar un lugar para ellos. Tomás respondió diciendo, en efecto: «Señor, no sabemos a dónde vas; ¿cómo, pues, podemos saber el camino?» (v. 5). Él no entendió lo que Jesús iba a hacer. Todo lo que sabía era que no quería separarse de su Señor.

¿Puedes identificarte con Tomás? ¿Es Cristo una parte tan integral de tus decisiones y actividades diarias que la vida sin Él te parece impensable? ¿Lo amas tanto que anhelas verlo? Esa fue la pasión de Tomás. Que sea la tuya también.

Sugerencias para la oración: Agradece al Señor por su presencia y por su poder en tu vida.
⊙ Demuéstrale tu amor comunicándote con Él a menudo.

Para un estudio más profundo: Lee Juan 14:1-31.
⊙ ¿Qué dijo Jesús acerca de su regreso?
⊙ ¿Quién consolaría e instruiría a los discípulos en ausencia de Cristo?

Notas: _____

_____

_____

_____

_____

_____

DÍA 142

DE LA DUDA A LA ESPERANZA (TOMÁS)

«Los nombres de los doce apóstoles son... Tomás» (Mateo 10:2-3).

➤➤ ⊙ ➤➤

Jesús puede reemplazar tus dudas con esperanza.

Cuando Jesús fue crucificado, Tomás quedó hecho añicos. Amaba a Jesús profundamente y quería estar siempre con Él. Incluso estuvo dispuesto a morir con Él, pero ahora su mayor temor se había realizado: Jesús se había ido.

Tomás no estaba con los otros discípulos cuando, un poco más tarde, Jesús se les apareció después de su resurrección. Juan 20:25 dice: «Le dijeron, pues, los otros discípulos: Al Señor hemos visto. Él [Tomás] les dijo: Si no viere en sus manos la señal de los clavos, y metiere mi dedo en el lugar de los clavos, y metiere mi mano en su costado, no creeré». Tomás estaba emocionalmente agotado y no estaba dispuesto a someterse a otro dolor adicional. Por eso interpuso una pared de pragmatismo, diciendo en efecto: «No voy a creer esto solo porque me lo digas. ¡Necesito pruebas! Debo ver a Jesús yo mismo».

Debido a eso, la gente lo ha etiquetado como «Tomás el incrédulo», pero recuerda, ninguno de los discípulos creyó en la resurrección hasta que Jesús se les apareció. Tomás no era un escéptico compulsivo; era un pesimista amoroso.

Como se vio después, Tomás no necesitó tantas pruebas como pensaba. Cuando Jesús finalmente se le apareció y lo invitó a tocarle las manos y el costado, Tomás tampoco lo hizo. Al contrario, inmediatamente gritó: «¡Señor y Dios mío!» (v. 28), que es la mayor confesión de fe jamás hecha.

Tomás luchó con la duda porque no entendía lo que Jesús había dicho acerca de su propia muerte y resurrección; además, no estaba con los otros discípulos cuando Jesús se les apareció por primera vez. Tomás no entendió la Palabra de Dios y abandonó la compañía de los creyentes, dos errores comunes que pueden llevar a la duda.

Jesús no te condena cuando tienes dudas. En vez de eso, te da su Espíritu, su Palabra y la comunión de su pueblo para animarte y fortalecerte. Así que, comunícate con el Espíritu en oración, conoce bien la Palabra y nunca abandones la comunión con los creyentes. ¡Así es como tus dudas se convierten en esperanza!

Sugerencias para la oración: Agradece a Dios por la presencia de su Espíritu, el poder de su Palabra y la comunión de su pueblo.

Para un estudio más profundo: Lee Lucas 24:13-35.
- ⊙ ¿Por qué los dos discípulos no reconocieron a Jesús?
- ⊙ ¿Cómo cambió Jesús las dudas de ellos en esperanza?

Notas: _____

UN TRAIDOR QUE SE TORNA A CRISTO (MATEO)

«Los nombres de los doce apóstoles son… Mateo el publicano» (Mateo 10:2-3).

⤞ ⊙ ⤝

Dios puede usarte a pesar de tu pasado pecaminoso.

Recuerdo una vez que leí un aviso en un periódico anunciando la apertura de una nueva iglesia evangélica en nuestra comunidad. Daba la fecha y la hora de los primeros servicios, luego decía: «Nuestro invitado especial será…» y nombraba a una popular celebridad cristiana. En su intento por atraer a los incrédulos o simplemente a una gran multitud, la iglesia de hoy comúnmente utiliza ese tipo de enfoque.

Jesús, sin embargo, utilizó uno muy diferente. Ninguno de sus discípulos fue famoso, en absoluto. De hecho, en vez de atraer a una multitud favorable, algunos de ellos podrían haber repelido o incluso incitado la ira y el odio entre su audiencia judía. Mateo fue uno de esos hombres porque era un despreciable recaudador de impuestos, uno de los muchos hombres judíos empleados por Roma para recaudar impuestos entre su propio pueblo. Por eso, fue considerado como un traidor por sus propios compatriotas.

El sistema impositivo romano permitía a los recaudadores de impuestos guardar todo lo que recolectaban en exceso de lo que se debía pagar a Roma. Eso promovía los sobornos, las extorsiones y otros abusos.

Para complicar el problema, Mateo estaba entre los que tenían la prerrogativa de gravar casi cualquier cosa que quisieran: carreteras, puentes, puertos, ejes, burros, paquetes, cartas, importaciones, exportaciones, mercadería, etc. Tales hombres podrían acumular enormes riquezas para sí mismos. Recuerda a otro recaudador de impuestos llamado Zaqueo, que se describe en Lucas 19:2 como un hombre rico. Su salvación se evidenció cuando ofreció devolverles cuadruplicada la suma que les quitó a los que había defraudado (v. 8).

Algunas personas piensan que Dios no puede usarlas porque no son famosas o por sus pecados pasados. Pero Dios ha usado a Mateo, a Zaqueo y a millones de otros como ellos. Concéntrate en tu pureza actual y permite que Dios bendiga tu ministerio como le parezca.

Sugerencias para la oración: Agradece a Dios por haberte hecho una nueva persona en Cristo (2 Corintios 5:17). Ministra a la luz de esa realidad.

Para un estudio más profundo: Lee Lucas 19:1-10.
- ⊙ ¿Dónde estaba Zaqueo cuando Jesús le habló por primera vez?
- ⊙ ¿Cuál fue la reacción de la multitud cuando Jesús fue a la casa de Zaqueo?
- ⊙ ¿Qué llevó a Jesús a decir que la salvación había llegado a Zaqueo?

Notas: _____

_____

_____

_____

Maravillado con el perdón de Dios (Mateo)

«Los nombres de los doce apóstoles son… Mateo el publicano» (Mateo 10:2-3).

〜 ⊙ 〜

No pierdas nunca la capacidad de asombro por el perdón de Cristo.

Mateo se describe a sí mismo como «el publicano» (Mateo 10:3) o «recaudador de impuestos» (en otras versiones de la Biblia). Él es el único apóstol cuyo nombre está asociado aquí con una ocupación. Aparentemente, Mateo nunca olvidó que había sido salvado, por lo que nunca perdió su capacidad de asombro e indignidad por el perdón de Cristo.

Mateo 9:1-8, donde establece la escena de su propia conversión, nos dice que Jesús perdonó los pecados de un hombre paralítico y luego lo sanó de su parálisis. Cuando los escribas judíos lo acusaron de blasfemia por afirmar que tenía autoridad para perdonar pecados, Él les dijo: «Y conociendo Jesús los pensamientos de ellos, dijo: ¿Por qué pensáis mal en vuestros corazones? Porque, ¿qué es más fácil, decir: Los pecados te son perdonados, o decir: Levántate y anda?» Quería que supieran que sus milagros testificaban de su deidad. En su calidad de Dios, podía perdonar pecados tan fácilmente como sanar enfermedades.

A continuación de ese relato, Mateo habló de su propio llamado. Es como si quisiera que su propia salvación sirviera para ilustrar la capacidad de Cristo para perdonar incluso a los pecadores más viles. Mateo 9:9 dice: «Pasando Jesús de allí, vio a un hombre llamado Mateo, que estaba sentado al banco de los tributos públicos, y le dijo: Sígueme. Y se levantó y le siguió».

Cuando los fariseos cuestionaron la costumbre de Jesús de asociarse con los recolectores de impuestos, les dijo: «Los sanos no tienen necesidad de médico, sino los enfermos… Porque no he venido a llamar a justos, sino a pecadores, al arrepentimiento» (vv. 12-13). Los fariseos estaban enfermos de pecado pero pensaban que estaban sanos. Mateo y sus asociados sabían que eran pecadores que necesitaban un Salvador.

¿Compartes la humildad y la capacidad de admiración de Mateo al recibir el precioso regalo del perdón de Cristo? Oro para que así sea y para que continuamente lo alabes por ello.

Sugerencias para la oración: Agradece a Dios por la maravilla del perdón.
⊙ Si has perdido tu capacidad de admiración por el perdón de Dios, tal vez estés dando por hecho su gracia. Confiesa tu apatía y pídele que te conceda un profundo aprecio por el enorme precio que pagó por tu salvación.

Para un estudio más profundo: Como un recordatorio de lo que Cristo soportó por ti, lee Mateo 26:17—27:56, donde se narran los eventos de su traición y su crucifixión.

Notas: _____

_____

SALUDO A UN SOLDADO DESCONOCIDO
(JACOBO, HIJO DE ALFEO)

«Los nombres de los doce apóstoles son… Jacobo hijo de Alfeo» (Mateo 10:2-3).

>≻≂ ⊙ ≂≺

Dios, a menudo, usa gente común para lograr grandes cosas.

Como la mayoría de los cristianos Jacobo, el hijo de Alfeo, es un desconocido y anónimo soldado de la cruz. Lo que lo caracteriza es la oscuridad. Nada de lo que hizo o dijo está registrado en las Escrituras, solo su nombre.

En Marcos 15:40 se le llama «Jacobo el menor», que literalmente significa «Pequeño Jacobo». Es probable que eso se refiriera a su estatura (que podría haber sido baja), su edad (que podría haber sido más joven que Jacobo el hijo de Zebedeo), o su influencia (podría haber tenido relativamente poca influencia entre los discípulos).

En Marcos 2:14, Mateo (Leví) es llamado «el hijo de Alfeo». Alfeo era un nombre común, pero es posible que Jacobo y Mateo fueran hermanos, ya que sus padres tenían el mismo nombre. Además, la madre de Jacobo se menciona en Marcos 15:40 cuando estuvo presente en la crucifixión de Cristo, junto con otras mujeres. Además es mencionada como la esposa de Cleofas en Juan 19:25. Como Cleofas era una forma de Alfeo, eso respalda aún más la posibilidad de que Jacobo y Mateo estuvieran relacionados.

De esas referencias podemos concluir que Jacobo era un hombre pequeño y joven cuya personalidad no era particularmente poderosa. Si era el hermano de Mateo, tal vez era tan humilde como este, dispuesto a servir al Señor sin ningún aplauso ni notoriedad. Sea cual sea el caso, es motivador que Dios use personas oscuras como Jacobo y los recompense en consecuencia. Algún día Jacobo se sentará en un trono en el reino milenial de Cristo, juzgando a las doce tribus de Israel, al igual que los otros discípulos más prominentes (Lucas 22:30).

No importa cuán oscuro o prominente seas tú desde una perspectiva humana, Dios puede usarte y te recompensará con una gloriosa herencia eterna.

Sugerencias para la oración: Agradece al Señor por todas esas personas desconocidas a quienes ha utilizado para darle forma a tu vida y para su gloria.
⊙ Trata de parecerte más a Santiago, sirviendo a Cristo fielmente sin esperar aplausos ni gloria.

Para un estudio más profundo: Lee Lucas 9:23-25. ¿Qué dijo Jesús que es necesario para ser su discípulo?
⊙ Leer Lucas 9:57-62. ¿Qué estaban dispuestos a dejar aquellos hombres para seguir a Cristo?

Notas: _____

_____

_____

_____

UNA VIDA VALIENTE (TADEO)

«Los nombres de los doce apóstoles son… Tadeo» (Mateo 10:2-3).

꘎ ⊙ ꘎

La vida cristiana victoriosa requiere un gran valor.

Tadeo era un hombre de muchas identidades. En la versión bíblica Reina Valera 1960 —en Mateo 10:3— se le llama «Lebeo, por sobrenombre Tadeo». También se le llama «Judas, hermano de Jacobo» (en Lucas 6.16 y Hechos 1:13) y «Judas (no el Iscariote)» (en Juan 14:22).

Judas, que significa «Jehová lidera», fue probablemente el nombre que le dieron al nacer, con Tadeo y Lebeo añadidos más tarde como apodos para reflejar su carácter. Aparentemente Tadeo era el apodo que le dio su familia. Proviene de una raíz hebrea que se refiere al pecho femenino. Básicamente significa un «niño de pecho». Quizás Tadeo era el niño más pequeño de la familia o era especialmente querido por su madre. Lebeo proviene de una raíz hebrea que significa «corazón». Literalmente significa «corazón de hijo» y habla de alguien que es valiente. Ese apodo probablemente fue dado por sus amigos, que lo vieron como un hombre de valentía y audacia.

La tradición de la iglesia primitiva nos dice que Tadeo era tremendamente dotado con el poder de Dios para sanar a los enfermos. Se dice que cierto rey sirio llamado Adgar estaba muy enfermo y mandó llamar a Tadeo para que lo curara. En camino a ver al rey, Tadeo habría sanado a cientos de personas en toda Siria. Cuando finalmente llegó a donde estaba el rey, lo sanó y luego le predicó a Cristo. Como resultado, el rey se hizo cristiano. El país, sin embargo, fue arrojado al caos, y un sobrino vengativo del rey hizo encarcelar a Tadeo; luego lo golpeó con un garrote hasta matarlo. Si esa tradición es verdadera, confirma que Tadeo fue un hombre de gran valentía.

Se necesita valor para morir por Cristo, pero también se requiere coraje para vivir para Él. Es por eso que Pablo dijo que «no nos ha dado Dios espíritu de cobardía, sino de poder, de amor y de dominio propio» (2 Timoteo 1:7). Cada día confía en las promesas de Dios y en su Espíritu. Así es como puedes enfrentar cada nuevo desafío con valentía y confianza.

Sugerencias para la oración: Agradece a Dios por el valor que te ha dado en el pasado y pídele que te ayude a enfrentar las batallas espirituales futuras sin retraimiento ni transigencia.

Para un estudio más profundo: Lee Daniel 3:1-30.
- ⊙ ¿Por qué fueron castigados Sadrac, Mesac y Abed-nego por el rey Nabucodonosor?
- ⊙ ¿Cómo honró Dios la valentía de ellos?

Notas: _____

_____

_____

CÓMO RECIBIR LA PALABRA DE DIOS (TADEO)

«Los nombres de los doce apóstoles son... Tadeo» (Mateo 10:2-3).

⤙ ◉ ⤚

Si amas a Cristo, recibirás su Palabra y la obedecerás.

L as señales de radio son fascinantes. En cualquier momento, cada habitación de tu casa se llena de voces, música y muchos otros sonidos; al punto que no puedes escucharlos a menos que tu radio esté sintonizada con la frecuencia de la de ellos. Eso es un paralelo moderno de la verdad espiritual que Jesús enseñó en Juan 14:21: «El que tiene mis mandamientos, y los guarda, ése es el que me ama; y el que me ama, será amado por mi Padre, y yo le amaré, y me manifestaré a él». En efecto, lo que Jesús estaba diciendo era: «Me revelo a aquellos que me aman, aquellos cuyos receptores espirituales están sintonizados con mi frecuencia. Ellos reciben mi Palabra y la obedecen».

Tadeo, en el registro bíblico, es un hombre de pocas palabras. Su pregunta en Juan 14:22 es lo único que dijo que se registró en las Escrituras. Fue provocada por su perplejidad sobre la declaración de Jesús en el versículo 21 de revelarse a sí mismo a aquellos que lo aman. Tadeo preguntó: «Señor, ¿qué ha sucedido para que te reveles a nosotros y no al mundo?»

Tadeo no entendió la declaración de Cristo porque no era coherente con su concepto del Mesías. Al igual que los otros discípulos, esperaba que Jesús inminentemente derrotara la opresión romana, liberara al pueblo de Dios y estableciera un reino terrenal en el que se sentaría en el trono de David, reinando como Señor y Salvador. ¿Cómo podría hacer eso sin revelarles a todos quién era?

En el versículo 23, Jesús responde al reiterar que solo aquellos que lo aman podrán percibirlo, aquellos dentro de quienes él y el Padre habitarían.

Esa breve conversación entre el Señor y Tadeo se dirige al corazón del cristianismo. No son aquellos que dicen que aman a Dios quienes son verdaderos creyentes, sino los que reciben a Cristo y obedecen su Palabra. Como dijo Jesús: «El que me ama, mi palabra guardará» (v. 23).

¿Se caracteriza tu vida por la obediencia a la Palabra? Yo oro porque así sea.

Recuerda, tu obediencia a Cristo es la medida de tu amor por Él.

Sugerencias para la oración: Agradécele a Dios por su Palabra, mediante la cual el Espíritu lo instruye y lo capacita para vivir una vida obediente.

Para un estudio más profundo: Lee Juan 8:31-47.
- ¿A quién estaba hablándole Jesús?
- ¿Por qué querían matarlo?
- ¿Cómo caracterizó Jesús al diablo?

Notas: _____

DEL TERRORISMO AL DISCIPULADO (SIMÓN EL ZELOTE)

«Los nombres de los doce apóstoles son… Simón el cananista» (Mateo 10:2, 4).

✦ ⊙ ✦

Incluso las personas de orígenes muy diferentes pueden ministrar unidas por Cristo.

En el tiempo transcurrido entre el Antiguo y el Nuevo Testamento, un apasionado revolucionario llamado Judas Macabeo dirigió al pueblo judío en una revuelta contra la influencia griega en su nación y en su religión. El espíritu de ese movimiento fue capturado en esta declaración del libro apócrifo 1 Macabeos: «Sed celosos de la ley y dad vuestras vidas por el pacto» (1 Macabeos 2:50). Ese grupo de guardianes del judaísmo orientados políticamente y autoproclamados más tarde se hizo conocido como los fanáticos.

Durante el período del Nuevo Testamento, los zelotes llevaron a cabo actividades terroristas contra Roma para liberar a Israel de la opresión romana, lo que provocó que Roma destruyera a Jerusalén en el año 70 d. C. y asesinara a mucha gente en 985 ciudades de Galilea.

Después de la destrucción de Jerusalén, los pocos zelotes restantes se unieron bajo el liderazgo de un hombre llamado Eleazar. Su sede estaba en un lugar retirado que se llamaba Masada. Cuando los romanos sitiaron a Masada y los zelotes sabían que la derrota era inminente, decidieron matar a sus propias familias y suicidarse en vez de enfrentar la muerte a manos de los romanos. Fue una tragedia de proporciones monumentales, pero tal era la profundidad de su ardiente celo por el judaísmo y su odio por sus enemigos políticos.

Antes de venir a Cristo, Simón fue un zelote. Incluso como creyente, debe haber conservado gran parte de su celo, redirigiéndolo en una dirección piadosa. Solo podemos imaginar la pasión con la que se acercó al ministerio, ya que finalmente encontró un líder y una causa que trascendió el judaísmo y el activismo político.

Es sorprendente darse cuenta de que Simón el zelote y Mateo el recaudador de impuestos ministraron juntos. En circunstancias normales, Simón habría matado a un traidor como Mateo. Pero Cristo disolvió sus diferencias, les enseñó a amarse unos a otros y los usó para su gloria.

Quizás conozcas creyentes que provienen de entornos totalmente diferentes al tuyo. ¿Tiene problemas para llevarte bien con alguno de ellos? Si es así, ¿por qué? ¿Cómo puedes comenzar a corregir tus diferencias? Muéstrate animado por la transformación que Cristo operó en Simón y Mateo, y sigue su ejemplo.

Sugerencias para la oración: Ora por un espíritu de unidad en tu iglesia.

Para un estudio más profundo: Según Romanos 12:9-21, ¿qué actitudes debes tener hacia los demás?

Notas: _____

_____

JESÚS ESCOGE DELIBERADAMENTE A UN TRAIDOR (JUDAS ISCARIOTE)

«Los nombres de los doce apóstoles son… Judas Iscariote, el que también le entregó» (Mateo 10:2, 4).

❧ ◉ ❧

Dios trabaja todas las cosas juntas para sus propósitos.

La pequeña ciudad de Kerioth fue una población judía relativamente lóbrega, pero todo eso cambió cuando produjo al hombre más odiado que haya existido en la historia de la humanidad: Judas Iscariote.

La primera mención de Judas aparece en la lista de discípulos de Mateo. No tenemos constancia de su llamado, pero sabemos que Jesús lo llamó junto con los demás, e incluso le dio autoridad para ministrar de maneras milagrosas (Mateo 10:1). Su primer nombre, Judas, es despreciado en la actualidad, pero era muy común en los días de Cristo. Es la forma griega de Judá, la tierra del pueblo de Dios. Iscariote literalmente significa «un hombre de la ciudad de Kerioth».

La gente casi siempre pregunta por qué seleccionaría Jesús a ese hombre para que fuera su discípulo. ¿No sabía Él cómo iban a ser las cosas? Sí, claro que lo sabía, y precisamente por eso fue que lo eligió. El Antiguo Testamento predijo que el Mesías sería traicionado por un amigo cercano por treinta piezas de plata, y Jesús sabía que Judas era ese hombre (Juan 17:12).

Algunas personas sienten lástima por Judas, pensando que simplemente fue mal guiado o utilizado como una especie de peón en un drama sobrenatural sobre el que no tenía control. Pero Judas hizo todo eso por decisión propia. Repetidas veces Jesús le dio oportunidades para arrepentirse, pero él se negó. Finalmente Satanás lo usó en un intento diabólico por destruir a Jesús y frustrar el plan de salvación que Dios llevaba a cabo con su Hijo. El intento del diablo falló, sin embargo, puesto que Dios puede usar incluso a un Judas para lograr sus propósitos.

Sin lugar a dudas hay personas que te desean mal. No te desanimes. Son tan parte del plan de Dios para ti como aquellos que te tratan con amabilidad. Debes alcanzarlos así como Jesús hizo con Judas. Dios sabe lo que está haciendo. Confía en Él y alégrate cuando veas sus propósitos logrados incluso a través de tus enemigos.

Sugerencias para la oración: Alaba a Dios por su control soberano sobre cada circunstancia y por la promesa de que sus propósitos nunca serán frustrados.

Para un estudio más profundo: Lee Mateo 26:14-50 y 27:1-10.
⊙ ¿Cómo reveló Jesús que fue Judas quien lo traicionaría?
⊙ ¿Qué reacción tuvo Judas cuando escuchó que Jesús había sido condenado?

Notas: _____

_____

_____

_____

CARACTERÍSTICAS DE LA HIPOCRESÍA (JUDAS ISCARIOTE)

«Los nombres de los doce apóstoles son…
Judas Iscariote, el que también le entregó» (Mateo 10:2, 4).

La hipocresía es un cáncer espiritual que puede devastar vidas y destruir ministerios.

En un viaje reciente a Nueva Zelanda, me enteré de que los pastores de ovejas allá usan machos castrados especialmente entrenados para hacer que las ovejas se dirijan al salón de sacrificio para matarlas. A esas ovejas macho las llaman apropiadamente «ovejas Judas». Eso ilustra lo común que es asociar a Judas con el engaño y la muerte. Fingiendo ser amigo de Jesús, Judas lo traicionó con un beso y se convirtió para siempre en el epítome de la hipocresía. Varias características de la hipocresía espiritual son claramente evidentes en la vida de Judas. En primer lugar, las personas hipócritas a menudo parecen genuinamente interesadas en una causa noble. Es probable que a Judas no le agradara que los romanos gobernaran a Israel y debido a eso vio en Cristo la oportunidad de hacer algo al respecto. Tal vez tenía el muy común concepto erróneo de que Jesús iba a establecer de inmediato su reino terrenal y así extinguir la opresión romana.

En segundo lugar, las personas hipócritas muestran una lealtad aparente a Cristo. Muchos de los que seguían a Jesús en las primeras etapas de su ministerio lo abandonaron en el camino (Juan 6:66). Pero no Judas. Él se quedó hasta el final.

En tercer lugar, las personas hipócritas pueden parecer santas. Cuando Jesús les dijo a los discípulos que uno de ellos lo traicionaría, ninguno sospechaba de Judas. Incluso después de que Jesús identificó a Judas como su traidor, los otros discípulos todavía no entendían (Juan 13:27-29). Judas debe haber actuado de manera muy convincente.

Cuarto, las personas hipócritas son egocéntricas. Judas no amaba a Cristo; se amaba a sí mismo y se unió a los discípulos para obtener prosperidad personal.

Por último, los hipócritas son engañadores. Judas era un peón de Satanás, a quien Jesús describió como «mentiroso y padre de mentiras» (Juan 8:44). ¿Es de extrañar que toda su vida haya sido un engaño tras otro?

Judas era un incrédulo, pero la hipocresía también puede prosperar en los creyentes si se ignoran sus señales reveladoras. Guarda tus motivos cuidadosamente, camina en el Espíritu todos los días e inmediatamente confiesa hasta el más mínimo indicio de hipocresía.

Sugerencias para la oración: Pídele a Dios que purifique tu amor por Él y que te guarde de las sutiles incursiones de la hipocresía.

Para un estudio más profundo: Lee Juan 12:1-8.
- ¿Cómo mostró María su amor por Cristo?
- ¿Qué objeción planteó Judas?
- ¿Cuál fue su motivo?

Notas: _____

_____

APRENDE DE JUDAS (JUDAS ISCARIOTE)

«Los nombres de los doce apóstoles son... Judas Iscariote, el que también le entregó» (Mateo 10:2, 4).

❧ ⊙ ❧

Dios puede usar incluso a un apóstata como Judas para enseñarnos algunas lecciones importantes.

Judas es la mayor tragedia humana de la historia. Tuvo oportunidades y privilegios conocidos solo por los otros discípulos, pero los desechó para seguir un curso de destrucción. Sin embargo, aun por su necedad, podemos aprender algunas lecciones importantes.

Judas, por ejemplo, es el que mejor modela cómo perder las grandes oportunidades. Ministró durante tres años con el propio Jesús, pero solo se contentó con asociarse con Él, nunca sometiéndose a Él con una fe salvadora. Millones de personas han seguido su ejemplo escuchando el evangelio y asociándose con los cristianos, pero rechazando a Cristo. Trágicamente, como Judas, una vez que llega la muerte, ellos también están condenados por toda la eternidad.

Judas es también el mejor ejemplo del mundo en lo que se refiere a los privilegios desperdiciados. Podría haber tenido las riquezas de una herencia eterna pero, en vez de eso, prefirió treinta piezas de plata. En ese sentido, es también la mejor ilustración de la destructividad y la maldición que la avaricia puede producir. Hizo algo impensable y, sin embargo, tiene muchos seguidores contemporáneos que colocan la riqueza y el placer por encima de la piedad.

En el aspecto positivo, Judas es la mejor ilustración del amor tolerante y paciente de Dios por el mundo. Aun consciente de lo que Judas haría, Jesús lo toleró por tres años. Más allá de eso, constantemente se le acercaba e incluso llegó a llamarlo «amigo» después de que lo besó para traicionarlo (Mateo 26:50).

Si alguna vez te ha traicionado un amigo, sabes el dolor que eso puede ocasionar. Sin embargo, el dolor del Señor se agravó muchas veces porque sabía de antemano que sería traicionado y porque las consecuencias eran muy graves. No obstante, soportó el dolor porque amaba a Judas y sabía que su propia traición era una parte necesaria del plan de redención.

Los pecados que destruyeron a Judas son los mismos que debes evitar a toda costa. Usa cada oportunidad y privilegio que Dios te dé, y no te aproveches de su paciencia.

Sugerencias para la oración: Agradece a Jesús por el dolor que soportó a manos de Judas.
⊙ Ora para que nunca le causes tanto dolor.

Para un estudio más profundo: Lee 1 Timoteo 6:6-19.
⊙ ¿Qué peligros aguardan a los que desean riqueza?
⊙ En vez de buscar riqueza, ¿qué deberías perseguir?
⊙ ¿Qué actitud deberían tener los ricos con su dinero?

Notas: _____

CÓMO HACER VALIOSO LO QUE NO TIENE VALOR

«Los nombres de los doce apóstoles son estos: primero Simón, llamado Pedro, y Andrés
su hermano; Jacobo hijo de Zebedeo, y Juan su hermano; Felipe, Bartolomé, Tomás,
Mateo el publicano, Jacobo hijo de Alfeo, Lebeo, por sobrenombre Tadeo, Simón
el cananista, y Judas Iscariote, el que también le entregó» (Mateo 10:2-4).

En las manos de Dios puedes ser un instrumento precioso y eficaz.

Se cuenta la historia de un gran violinista que quería comprobar su creencia, por lo que alquiló un teatro y anunció que haría un concierto con un violín de veinte mil dólares. La noche del evento, el auditorio estaba lleno de amantes de la música ansiosos por escuchar tocar un instrumento tan caro. El violinista subió al escenario, hizo una presentación extraordinaria y recibió una estruendosa ovación de pie. Cuando los aplausos se calmaron, de repente arrojó el violín al suelo, lo hizo añicos y salió del estrado. La audiencia quedó sin aliento, los presentes se sentaron en silencio, atónitos.

En cuestión de segundos, el maestro de ceremonia se acercó al micrófono y dijo: «Señoras y señores, para su tranquilidad, el violín que acaba de ser destruido era uno de veinte dólares. Nuestro artista volverá a ejecutar el resto de su concierto con el instrumento de veinte mil dólares». Al final de su concierto recibió otra ovación de pie. Pocas personas podrían notar la diferencia entre los dos violines. Su creencia era obvia: no es el violín el que hace la música; es el violinista.

Los discípulos eran los violines de veinte dólares que Jesús transformó en instrumentos invaluables para su gloria. Confío en que eso te haya animado a ver cómo los usó Dios a pesar de sus debilidades y oro para que hayas sido desafiado. Puede que no seas dinámico como Pedro o celoso como Santiago y Simón, pero puedes ser fiel como Andrés y valiente como Tadeo. Recuerda, Dios tomará la materia prima de tu vida y te expondrá a las experiencias y enseñanzas que te darán forma para convertirte en el siervo que Él quiere que seas.

Confía en Él para que termine lo que ha comenzado en ti y comprométete cada día con la meta de convertirte en un discípulo más calificado y efectivo.

Sugerencias para la oración: Haz una lista de los rasgos de carácter que más admiras en los discípulos. Pídele al Señor que aumente esos rasgos en tu propia vida.

Para un estudio más profundo: Lee 1 Timoteo 1:12-17 y observa la perspectiva de Pablo sobre su propio llamado.

Notas: _____

_____

_____

_____

_____

Cómo examinar tu fe

«Sed hacedores de la palabra, y no tan solamente oidores,
engañándoos a vosotros mismos» (Santiago 1:22).

Dios quiere que sepas si tu fe es genuina o no.

Los días que veremos a contiuación se enfocan en Santiago 1:19 a 2:26, que trata acerca del tema de la verdadera fe, una consideración muy importante. Saber que tu fe es genuina es una garantía maravillosa, pero pensar que eres salvo cuando no lo eres es el engaño más aterrador que puedas imaginar. En Mateo 7:21-23, Jesús habla de aquellos que lo llaman Señor e incluso hacen milagros en su nombre pero no son redimidos. En 2 Timoteo 3:5 se habla de aquellos que tienen «apariencia de piedad» pero niegan su eficacia. Son religiosos pero están perdidos. Por desdicha, muchas personas hoy son víctimas del mismo engaño. Creen que son cristianos, pero se dirigen a la condenación eterna a menos que reconozcan su verdadera condición y se arrepientan.

Un engaño de esa magnitud es una tragedia indescriptible. Pero no debes caer presa de ello porque Santiago da una serie de exámenes para la verdadera fe. Ahora bien, aplicaremos uno de esos exámenes: tu actitud hacia la Palabra de Dios. Esa es una prueba especialmente crucial porque la Palabra es la agencia tanto de tu salvación como de tu santificación. El Espíritu Santo la capacitó para salvarte, y continuamente la usa para conformarte a la imagen de Cristo. Es por eso que Pedro dijo que hemos nacido de nuevo «no de simiente corruptible, sino de incorruptible, por la palabra de Dios que vive y permanece para siempre… [Por lo tanto] desead, como niños recién nacidos, la leche espiritual no adulterada, para que por ella crezcáis para salvación» (1 Pedro 1:23; 2:2).

Jesús mismo caracterizó a los creyentes como aquellos que permanecen en su Palabra y obedecen sus mandamientos. Que reciben la Palabra con una actitud de sumisión y humildad. Sin embargo, los incrédulos se resisten y desobedecen la Palabra (Juan 8:31, 43-45). El Salmo 119:155 dice: «Lejos está de los impíos la salvación, porque no buscan tus estatutos».

Mientras estudias esta prueba de verdadera fe, pregúntate: *¿Apruebo el examen?* Oro para que tu respuesta se haga eco de las palabras del salmista: «Mi corazón incliné a cumplir tus estatutos de continuo, hasta el fin» (Salmo 119:112).

Sugerencias para la oración: Pídele a Dios claridad y confianza en cuanto a tu fe en Cristo.

Para un estudio más profundo: Lee el libro de Santiago, anota las instrucciones que da sobre la vida cristiana.

Notas: _____

_____

_____

_____

Cómo recibir la Palabra

«Por esto, mis amados hermanos, todo hombre sea pronto para oír, tardo para hablar, tardo para airarse; porque la ira del hombre no obra la justicia de Dios. Por lo cual, desechando toda inmundicia y abundancia de malicia, recibid con mansedumbre la palabra implantada, la cual puede salvar vuestras almas» (Santiago 1:19-21).

❧ ⊙ ❧

Los verdaderos creyentes reciben la Palabra de Dios.

La palabra clave en el pasaje de hoy es «recibir» (Santiago 1:21). Los creyentes deben recibir la Palabra de Dios. Eso es lo que los distingue de los incrédulos. Jesús le dijo a un grupo de suspicaces religiosos: «¿Por qué no entendéis mi lenguaje? Porque no podéis escuchar mi palabra… El que es de Dios, las palabras de Dios oye; por esto no las oís vosotros, porque no sois de Dios» (Juan 8:43, 47).

«Escuchar» en esos versículos no se refiere a la audición expresamente con el oído. La audiencia de Jesús escuchaba en ese sentido, incluso hasta el punto de querer matarlo por lo que dijo (v. 59); pero ellos no recibieron ni obedecieron sus palabras. Al rechazar la verdad, demostraron ser hijos del diablo, que es «padre de mentira» (v. 44).

Pedro llamó a la Palabra de Dios la semilla «imperecedera», «viviente» y «permanente» que trae salvación (1 Pedro 1:23). Pero recibir la Palabra de Dios no se limita solo a la salvación. Como cristiano, tienes la Palabra implantada dentro de ti. Ahora debes nutrirla eliminando las malas hierbas de la inmundicia y la iniquidad para que pueda producir el fruto de la rectitud. Ese no es un esfuerzo de una sola vez, sino un estilo de vida de confesión, mirando la Palabra de Dios, deseando su mensaje y anhelando obedecerlo. Eso no significa que serás perfecto e inmaculado, pero tu vida estará marcada por una madurez espiritual y una obediencia cada vez mayor a la Palabra. Cuando desobedezcas, deberías sentir una enorme tensión en tu espíritu hasta que te arrepientas y arregles las cosas.

¿Estás escuchando y recibiendo la Palabra de Dios de esa manera? ¿Te ven los que te conocen mejor como una persona cuya vida se rige por principios bíblicos? Jesús dijo: «Si vosotros permaneciereis en mi palabra, seréis verdaderamente mis discípulos» (Juan 8:31). ¡Recibe su verdad y permanece en ella continuamente!

Sugerencias para la oración: Pídele al Señor que te mantenga sensible a su Palabra en cada situación que enfrentes hoy.

Para un estudio más profundo: Lee 1 Tesalonicenses 2:13-14, y observa la respuesta de los tesalonicenses a la Palabra de Dios.

Notas: _____

_____

_____

_____

RÁPIDO PARA OÍR

«Por esto, mis amados hermanos, todo hombre sea pronto para oír» (Santiago 1:19).

>➤─ ⊙ ─➤

Ser rápido para escuchar es una actitud apropiada hacia la Palabra de Dios.

Se ha dicho bien que la Palabra de Dios te mantendrá alejado del pecado o que el pecado te mantendrá alejado de la Palabra de Dios. Aparentemente algunos de los lectores de Santiago estaban permitiendo que el pecado les impidiera recibir la Palabra como debían. Dios les estaba permitiendo experimentar varias pruebas para que su alegría y su resistencia espiritual aumentaran, pero carecían de sabiduría; por lo que cayeron en la tentación y en el pecado. Santiago los llamó de vuelta a la Palabra y a una perspectiva piadosa de sus circunstancias.

Santiago 1:19 comienza con la frase «Por esto», lo cual se refiere a lo que afirma en los versículos anteriores. Ellos habían experimentado el poder de la Palabra en cuanto a la salvación; ahora Santiago quiere que permitan que la Palabra los santifique. Para que eso ocurra, deben ser «prontos para oír, tardos para hablar, tardos para airarse» (v. 19).

Ser «pronto para oír» significa que no ignoras ni luchas contra la Palabra de Dios. Al contrario, cuando se te presentan pruebas o decisiones difíciles en el camino, le pides sabiduría a Dios y recibes el consejo de su Palabra con la voluntad de obedecerla. Tú no eres como los discípulos en el camino a Emaús, a quienes Jesús describió como «insensatos, y tardos de corazón para creer todo lo que los profetas han dicho» (Lucas 24:25).

Debes ser «pronto para oír» la Palabra porque esta proporciona alimento para tu vida espiritual y es tu arma contra todos los adversarios espirituales. Es el medio por el cual te fortaleces y te equipas para cada buena obra (2 Timoteo 3:16-17). Te libera de las pruebas, de las tentaciones y te compromete en la comunión con el Dios vivo. ¡La Palabra debe ser tu amiga más bienvenida!

Sé «pronto para oír», persiguiendo cada oportunidad para aprender la verdad de Dios. Haz tuyo el testimonio del salmista: «¡Oh, cuánto amo yo tu ley! Todo el día es ella mi meditación… De todo mal camino contuve mis pies, para guardar tu palabra… ¡Cuán dulces son a mi paladar tus palabras! Más que la miel a mi boca» (Salmos 119:97, 101, 103).

Sugerencias para la oración: Agradece a Dios por su preciosa Palabra y por el magnífico trabajo de transformación que lleva a cabo en ti.

Para un estudio más profundo: Lee el Salmo 19:1-14.
- ¿Qué términos usó el salmista para describir la Palabra de Dios?
- ¿Qué beneficios trae la Palabra?

Notas: _____

TARDO PARA HABLAR

«Todo hombre sea… tardo para hablar» (Santiago 1:19).

⌒ ⊙ ⌒

No te apresures en el papel de maestro de la Biblia.

Se informa que cuando el reformador escocés John Knox fue llamado a predicar, derramó muchas lágrimas y se retiró a la privacidad de su habitación. Estaba afligido y muy preocupado ante la perspectiva de una responsabilidad extraordinaria. Solo la gracia convincente del Espíritu Santo mismo le permitió a Knox cumplir su llamado.

John Knox entendió la importancia de ser «tardo para hablar». Él sabía que Dios hace responsables a los maestros de la Palabra por lo que dicen y les dispensará un juicio más estricto si violan su ministerio (Santiago 3:1-2).

En cierto sentido, Dios hace que todos rindan cuentas por lo que dicen. Por eso exhorta: «Ninguna palabra corrompida salga de vuestra boca, sino la que sea buena para la necesaria edificación, a fin de dar gracia a los oyentes» (Efesios 4:29). Pero ser «tardo para hablar» no se refiere al vocabulario ni a las opiniones. Se refiere a enseñar la Palabra. Debes perseguir cada oportunidad para escuchar la Palabra de Dios, pero debes ser reacio a asumir el papel de maestro. ¿Por qué? Porque la lengua revela los pecados sutiles del corazón y ofende fácilmente a los demás (Santiago 3:2).

¿Significa eso que no debes enseñar la Biblia? No, porque Dios ordena a cada creyente «haced discípulos… *enseñándoles que guarden todas las cosas* que [yo, Jesús] os he mandado» (Mateo 28:19-20, énfasis añadido). Además, el Espíritu dota a muchos creyentes para que sean predicadores y maestros de la Palabra. Pablo dijo: «Me es impuesta necesidad; y ¡ay de mí si no anunciare el evangelio!» (1 Corintios 9:16).

Así que debes aprovechar cada oportunidad para compartir el evangelio con los demás; y si Dios te ha llamado y dotado para enseñar la Palabra, sé fiel para hacerlo. Pero recuerda, esas son responsabilidades serias y sagradas. Asegúrate de que tus motivos sean puros y de que tu enseñanza sea precisa. Si alguien se ofende, déjalo con el poder convincente de la Palabra, no con algo que hayas dicho en un momento de descuido.

Sugerencias para la oración: Pídele al Señor que te enseñe a cuidar tu lengua y a hablar solo sobre lo que es edificante para los demás.

Para un estudio más profundo: Lee Proverbios 10:19, 13:3, 17:28 y 29:20, señalando lo que cada versículo enseña acerca del sabio hablar.

Notas: _____

TARDO PARA AIRARTE

*«Todo hombre sea… tardo para airarse; porque la ira del hombre
no obra la justicia de Dios» (Santiago 1:19-20).*

Si te molesta la Palabra de Dios, no puedes crecer en justicia.

¿Alguna vez comenzaste a leer tu Biblia, pensando que todo estaba bien entre el Señor y tú, solo para que la Palabra —de repente— penetrara profundamente en tu alma para exponer algún pecado que has descuidado o tratado de ocultar? Eso sucede comúnmente porque Dios busca purgar el pecado en sus hijos. El Espíritu Santo usa la Palabra para penetrar los recovecos ocultos del corazón y para realizar su trabajo de convicción y purificación. El modo en que respondes a ese proceso es un indicador de la autenticidad de tu fe.

«Ira» en Santiago 1:19-20 se refiere a una respuesta negativa a ese proceso. Es un profundo resentimiento interno acompañado de una actitud de rechazo. Algunas veces ese resentimiento puede ser sutil. Pablo describió a aquellos que «no sufrirán la sana doctrina, sino que teniendo comezón de oír, se amontonarán maestros conforme a sus propias concupiscencias»(2 Timoteo 4:3). Estas son las personas que van de iglesia en iglesia en busca de alguien que les diga lo que quieren escuchar, o una congregación que quiere un pastor que los haga sentir bien consigo mismos más que predicar la Palabra y establecer un alto nivel de santidad.

A veces el resentimiento hacia la Palabra deja de ser sutil y se convierte en hostilidad franca. Eso sucedió cuando la multitud a la que Esteban enfrentó se tapó los oídos, lo expulsó de la ciudad y lo apedrearon hasta la muerte (Hechos 7:57-60). Innumerables otros a lo largo de la historia han sentido los golpes fatales de aquellos cuyo resentimiento por la verdad de Dios se convirtió en odio por su pueblo.

Recibir la Palabra incluye ser «pronto para oír» lo que dice y «tardo para airarse» cuando no está de acuerdo con tus opiniones o confronta tu pecado. ¿Es esa tu actitud? ¿Aceptas su reprobación y prestas atención a sus advertencias, o te resientes secretamente? Cuando un hermano o hermana cristiano confronta un pecado en tu vida, ¿aceptas o rechazas su consejo?

Sugerencias para la oración: Agradece a Dios por el poder de su Palabra para condenarte y llevarte al arrepentimiento. Bienvenido a tu corrección con humildad y acción de gracias.

Para un estudio más profundo: Lee 2 Timoteo 4:1-5, y observa el cargo que Pablo le dio a Timoteo y su razón para hacerlo.

Notas: _____

_____

_____

_____

RECIBE LA PALABRA CON PUREZA

«Por lo cual, desechando toda inmundicia y abundancia de malicia, recibid… la palabra» (Santiago 1:21).

No puedes recibir la Palabra de Dios y albergar el pecado al mismo tiempo.

Cuando el salmista dijo: «De todo mal camino contuve mis pies, para guardar tu palabra» (Salmos 119.101), estaba reconociendo un principio clave del crecimiento espiritual: tienes que dejar a un lado el pecado si esperas beneficiarte de la Palabra de Dios. Pedro expresó el mismo pensamiento cuando dijo: «Desechando, pues, toda malicia, todo engaño, hipocresía, envidias, y todas las detracciones, desead, como niños recién nacidos, la leche espiritual no adulterada, para que por ella crezcáis para salvación» (1 Pedro 2:1-2). De la misma manera, Santiago nos amonestó a dejar el pecado y recibir la Palabra (1:21).

Ni Santiago ni Pedro hablaban a los incrédulos, porque sin Cristo las personas no tienen la capacidad de dejar el pecado o recibir la Palabra de Dios. Pero nosotros, como cristianos, nos caracterizamos por nuestra capacidad de hacer ambas cosas, por lo que debemos purificar continuamente nuestras vidas mediante la confesión del pecado, el arrepentimiento y las decisiones correctas. Es por eso que Pablo dijo: «Hablo como humano, por vuestra humana debilidad; que así como para iniquidad presentasteis vuestros miembros para servir a la inmundicia y a la iniquidad, así ahora para santificación presentad vuestros miembros para servir a la justicia» (Romanos 6:19).

La palabra griega que se usa para traducir la frase «desechando toda inmundicia» en Santiago 1:21, originalmente significaba quitarse la ropa inmunda y sucia. «Inmundicia» traduce una palabra griega que se usa tanto para el vicio moral como para la ropa sucia. A veces se usaba la raíz de la cera del oído para impedir que la persona oyera. De manera similar, el pecado impide la recepción de la Palabra de Dios. «Malicia» habla de cualquier intención o deseo malvado. Juntas, estas palabras enfatizan la importancia de desechar todas las acciones e intenciones malvadas.

En pocas palabras, no debes presumir de la gracia de Dios al acercarte a su Palabra con un pecado no confeso. David oró: «Preserva también a tu siervo de las soberbias [deliberadas]; que no se enseñoreen de mí; entonces seré íntegro, y estaré limpio de gran rebelión» (Salmos 19:13). Él quería ser puro ante el Señor. Oro para que compartas su deseo y siempre recibas la Palabra con pureza.

Sugerencias para la oración: Memorízate el Salmo 19:14. Conviértelo en tu oración mientras estudias la Palabra de Dios.

Para un estudio más profundo: Lee Colosenses 3:5-17.
◦ ¿Qué advierte Pablo que se deseche?
◦ ¿Por qué es importante prestar atención a sus advertencias?

Notas: _____

_____

Recibe la Palabra con humildad

«Recibid con mansedumbre la palabra implantada, la cual
puede salvar vuestras almas» (Santiago 1:21).

Un corazón humilde es un corazón enseñable.

La Escritura habla de un aspecto pasado, presente y futuro de la salvación. Fuiste salvado del castigo del pecado (salvación), estás siendo salvado del poder del pecado (santificación) y, en último lugar, serás salvado de la presencia del pecado (glorificación). A primera vista, Santiago 1:21 puede parecer como que estuviera escrito para los incrédulos, instándolos a recibir la Palabra, que es capaz de redimirlos. Pero la frase «salvar vuestras almas» conlleva la idea de que la Palabra implantada tiene el poder continuo de salvar constantemente el alma. Es una referencia al proceso presente y continuo de santificación, que se nutre de la Palabra de Dios energizada por el Espíritu.

La Palabra fue implantada dentro de ti por el Espíritu Santo en el momento de tu salvación. Ella es la fuente de poder y crecimiento para tu nueva vida en Cristo. Tu responsabilidad es recibirla con pureza y humildad para que pueda realizar su trabajo de santificación.

La «mansedumbre», en Santiago 1:21, podría traducirse como «humildad», «docilidad» o «tener un espíritu dispuesto», pero —en base a esta última acepción— prefiero el término «enseñable». Si tu corazón es puro y humilde, serás enseñado y dejarás de lado todo resentimiento, enojo y orgullo para que puedas aprender la verdad de Dios y aplicarla a tu vida.

Cuando Jesús dijo: «Si me amáis, guardad mis mandamientos» (Juan 14:15), se estaba ocupando de este mismo tema. Si lo amas, desearás obedecerlo y recibirás su Palabra para que puedas conocer su voluntad para tu vida. Al recibir la Palabra, el Espíritu Santo te autoriza a vivir de acuerdo con sus principios.

Pablo dijo: «La palabra de Cristo more en abundancia en vosotros, enseñándoos y exhortándoos unos a otros en toda sabiduría… Y todo lo que hacéis, sea de palabra o de hecho, hacedlo todo en el nombre del Señor Jesús» (Colosenses 3:16-17). Esa es la esencia de un estilo de vida bíblico y el fruto de recibir la Palabra con humildad. Que Dios te bendiga con un espíritu enseñable y un amor cada vez mayor por su verdad.

Sugerencias para la oración: Pídele a Dios que mantenga tu corazón tierno hacia Cristo y su Palabra.

Para un estudio más profundo: Lee Nehemías 8.
- ¿Quién le leyó la Palabra de Dios a la gente?
- ¿Cómo respondió la gente?
- ¿Los caracterizarías como receptores de la Palabra? Explica.

Notas: _____

_____

HACEDOR DE LA PALABRA

«Sed hacedores de la palabra, y no tan solamente oidores,
engañándoos a vosotros mismos» (Santiago 1:22).

El hacedor de la Palabra obedece lo que dice la Escritura.

El estudio bíblico efectivo se basa en tres preguntas clave: ¿Qué dice la Biblia? ¿Qué significa eso? ¿Cómo se aplica a mi vida? Cada una de esas interrogaciones son relevantes, pero aplicar la Palabra siempre debe ser el objetivo más elevado. El conocimiento sin aplicación es inútil.

Tanto el Antiguo como el Nuevo Testamento enfatizan la importancia de aplicar las Escrituras. Por ejemplo, justo antes de llevar a los israelitas a la tierra prometida, Josué recibió este mensaje de Dios: «Nunca se apartará de tu boca este libro de la ley, sino que de día y de noche meditarás en él, para que guardes y hagas conforme a todo lo que en él está escrito; porque entonces harás prosperar tu camino, y todo te saldrá bien» (Josué 1:8). Ese mensaje es una orden para que la persona sea un hacedor de la Palabra, alguien que recibe, estudia y comprende la Escritura y luego la aplica a cada aspecto de su vida. Esa fue la clave del extraordinario éxito de Josué.

Santiago 1:22 es la contraparte de Josué 1:8 en el Nuevo Testamento y está dirigida a cada creyente: «Sed hacedores de la palabra, y no tan solamente oidores, engañándoos a vosotros mismos». No es suficiente escuchar la Palabra; debes también hacer lo que dice.

La frase «hacedores de la palabra» no se refiere a la persona que obedece de vez en cuando, sino a la que habitualmente y característicamente obedece. Una cosa es correr en una carrera; otra es ser corredor. Una cosa es enseñar una clase, otra es ser maestro. Los corredores son conocidos por correr; los maestros son conocidos por enseñar, es algo característico de sus vidas. De manera similar, los hacedores de la Palabra son conocidos por su obediencia a la verdad bíblica.

No te contentes nunca con ser solo un oidor de la Palabra, demuéstrate que eres un hacedor en la vida cristiana. Afirmar que amas a Cristo solo tendrá significado si obedeces lo que Él dice.

Sugerencias para la oración: Memorízate Josué 1:8 y ora con insistencia para que Dios te haga un fiel hacedor de la Palabra.

Para un estudio más profundo: Lee el Salmo 1.
- ¿Cuáles son los beneficios de deleitarte en la ley de Dios?
- ¿Cómo caracteriza el salmista a los que rechazan la justicia?

Notas: _____

_____

_____

_____

CÓMO ANULAR EL ENGAÑO ESPIRITUAL

«Sed hacedores de la palabra, y no tan solamente oidores,
engañándoos a vosotros mismos» (Santiago 1:22).

Es un engaño pensar que puedes escuchar la Palabra de Dios y desobedecerla sin costo.

Mateo 7:21-23 registra los resultados trágicos del engaño espiritual. Jesús dice: «No todo el que me dice: Señor, Señor, entrará en el reino de los cielos, sino el que hace la voluntad de mi Padre que está en los cielos. Muchos me dirán en aquel día: Señor, Señor, ¿no profetizamos en tu nombre, y en tu nombre echamos fuera demonios, y en tu nombre hicimos muchos milagros? Y entonces les declararé: Nunca os conocí; apartaos de mí, hacedores de maldad».

Jesús hizo una clara distinción entre aquellos que simplemente afirman ser cristianos y los que realmente son. La diferencia es que los verdaderos creyentes ponen en práctica la voluntad del Padre. En palabras de Santiago, son hacedores de la Palabra, no simplemente oidores que se engañan a sí mismos.

«Oidores» en Santiago 1:22 traduce una palabra griega que se refiere a una clase para oyentes (los que oyen solamente). Es como cuando los estudiantes asisten a una clase y escuchan al instructor, pero no hacen nada más. En consecuencia, no reciben crédito por el curso. La frase «engañándoos a vosotros mismos» implica que la persona es víctima del propio razonamiento defectuoso.

Los que escuchan la Palabra de Dios pero nunca la obedecen son oidores espirituales que se engañan pensando que escuchar la Palabra es todo lo que Dios requiere de ellos. Por desdicha, muchas iglesias están llenas de tales personas. Asisten a los servicios y escuchan los sermones, pero sus vidas nunca parecen cambiar. Se contentan con escuchar la Palabra pero nunca la aplican. Al igual que aquellos a quienes Jesús condenó en Mateo 7, escogen las actividades religiosas antes que la verdadera fe en Cristo.

Qué trágico es pensar que eres salvo, solo para escuchar: «Nunca os conocí; apartaos de mí, hacedores de maldad» (Mateo 7:23). Eso nunca sucederá si eres un hacedor de la Palabra.

Sugerencias para la oración: Aprovecha cada oportunidad que se te presente para responder a la Palabra de maneras específicas. Pídele a Dios su gracia para mantenerte fiel a esa meta.

Para un estudio más profundo: Lee Mateo 7:13-29.
- ¿Cómo describió Jesús a los falsos profetas?
- ¿Cómo puedes discernir un falso profeta de uno verdadero?
- ¿A qué comparó Jesús a los que oyen sus palabras y la obedecen? ¿Por qué?

Notas: _____

_____

_____

APLICA LA PALABRA SIN TARDAR

*«Porque si alguno es oidor de la palabra pero no hacedor de ella, éste es semejante
al hombre que considera en un espejo su rostro natural. Porque él se considera
a sí mismo, y se va, y luego olvida cómo era» (Santiago 1:23-24).*

Cuando sepas que algo es la voluntad de Dios para ti, responde siempre de inmediato.

Caballeros, ¿alguna vez han estado en el trabajo y se han tocado la cara, solo para darse cuenta de que olvidaron rasurársela? Quizás se distrajeron por el llamado de la esposa a desayunar o por algo que ver con uno de los niños. Damas, ¿alguna vez han salido a algún lugar público y de repente se han dado cuenta de que se les olvidó aplicar parte de su maquillaje? Esas son situaciones comunes que ilustran lo que significa escuchar la Palabra de Dios pero no responder.

Santiago 1:23 dice: «Si alguno es oidor de la palabra pero no hacedor de ella, éste es semejante al hombre que considera en un espejo su rostro natural». «Considera en un espejo» no se refiere a una mirada casual sino a una mirada escrutadora, cautelosa y observadora. La persona se está mirando bien a sí misma. Los oidores de la Palabra no son necesariamente superficiales o casuales en su enfoque con la Escritura. Pueden ser estudiantes serios de la Palabra. Y, sin embargo, el hecho es que algunos profesores de seminario o maestros de escuela dominical no son verdaderos creyentes. Unos, incluso, escriben comentarios y otras obras de referencia bíblica. El problema con Dios es la respuesta de ellos a la Palabra, no solo su profundidad al estudiarla.

A pesar de la mirada persistente del oyente, si no responde con acciones de obediencia, la imagen reflejada en el espejo pronto se desvanece. Eso es una reminiscencia de lo que Jesús dice: «Cuando alguno oye la palabra del reino y no la entiende, viene el malo, y arrebata lo que fue sembrado en su corazón» (Mateo 13:19). La Palabra fue sembrada, pero no dio fruto. El hombre se miró en el espejo, pero no hizo ninguna corrección.

Tal vez hay algo que la Palabra de Dios te esté ordenando hacer y que has estado posponiendo. Si es así, no demores más. ¡No seas un oidor olvidadizo!

Sugerencias para la oración: Pídele a Dios que te enseñe a ser más disciplinado para responder a los dictados de su Palabra.

Para un estudio más profundo: Lee Mateo 13:1-23 y señala los diversos tipos de suelo y lo que representan.

Notas: _____

_____

_____

_____

MIRA EN LA PERFECTA LEY

«Mas el que mira atentamente en la perfecta ley, la de la libertad,
y persevera en ella, no siendo oidor olvidadizo, sino hacedor de la obra,
éste será bienaventurado en lo que hace» (Santiago 1:25).

Dios te bendice cuando obedeces su Palabra.

Santiago 1:21-24 contrasta a los oidores de la Palabra y los hacedores de ella. Los oidores no responden a las Escrituras ni se benefician de sus verdades, aunque pueda que la estudien en profundidad. Los hacedores la reciben con humildad y obedecen sus órdenes. Santiago 1:25 agrega que son «bienaventurados» en lo que hagan. Eso significa que hay bendición en el mismo acto de obediencia.

Aquí, Santiago llama a las Escrituras «la perfecta ley, de la de la libertad». Es «ley» porque es el código de conducta obligatorio de Dios. La gracia no elimina la ley moral de Dios, nos da los recursos espirituales para obedecerla y el perdón cuando fallamos. Así es como Jesús cumple la ley en nosotros (ver Mateo 5:17).

La Escritura es «la perfecta ley» porque es completa, suficiente, abarcadora y sin error. A través de ella, Dios cumple cada necesidad y cada uno de los deseos del corazón humano. Además, es «la ley de la libertad». Eso puede parecer paradójico, porque tendemos a pensar que la ley y la libertad se oponen. Pero al mirar fijamente la Palabra, el Espíritu Santo te permite aplicar sus principios a tu vida, liberándote así de la culpa y la esclavitud del pecado y permitiéndote vivir para la gloria de Dios. Esa es la verdadera libertad.

«Mira atentamente» traduce una palabra griega que dice que las imágenes se inclinan para examinar algo con cuidado y precisión. Ello implica humildad y un deseo de ver claramente lo que las Escrituras revelan acerca de tu condición espiritual. Es una actitud además de una acción.

Cuando estudies las Escrituras, permite que tu actitud subyacente sea: «Señor, mientras miro fijamente tu Palabra, te revelaré las cosas que necesitan ser cambiadas en mí. Por tanto, concédeme la gracia de hacer esos cambios, para que pueda vivir con mayor plenitud para tu gloria».

Sugerencias para la oración: Memorízate el Salmo 139:23-24 y conviértelo en tu oración sincera.

Para un estudio más profundo: Lee Hebreos 4:12-13.
⊙ ¿A qué se compara la Palabra de Dios?
⊙ ¿Qué efecto tiene la Palabra sobre aquellos que están expuestos a ella?

Notas: _____

_____

_____

_____

PERSEVERA EN LA PALABRA

«Mas el que mira atentamente en la perfecta ley, la de la libertad,
y persevera en ella, no siendo oidor olvidadizo, sino hacedor de la obra,
éste será bienaventurado en lo que hace» (Santiago 1:25).

Los hacedores de la Palabra son aprendices perseverantes.

La frase «y perseverá» en Santiago 1.25 demanda nuestra atención. «Perseverar» traduce una palabra griega que significa «permanecer al lado», «permanecer» o «continuar». La idea es que un hacedor de la Palabra continua y habitualmente considera la perfecta ley de Dios. En otras palabras, es un aprendiz perseverante.

Cuando tienes ese nivel de compromiso con la Palabra, eres un hacedor efectivo: uno que se adhiere a la voluntad de Dios y busca obedecerlo por encima de todo lo demás. Al hacer eso, Dios te bendecirá. Ello no significa necesariamente que tendrás éxito a los ojos del mundo, pero tus prioridades y tus perspectivas serán las correctas, y el Señor honrará lo que haces.

Este versículo es un llamado a examinarte cuidadosamente a la luz de los valores de Dios. Algo que no es popular en nuestra sociedad puesto que muchas personas tienen aversión al pensamiento espiritual serio y al autoexamen. Creo que es por eso que la televisión cristiana, la música y otras formas de entretenimiento son tan populares. Escapar de la realidad a través del entretenimiento es mucho más atractivo para la mayoría de las personas que mirar al espejo de la Palabra de Dios y descubrir sus fallas y defectos espirituales. Pero si deseas ser como Cristo, debes verte a ti mismo tal como eres y hacer las correcciones necesarias. Para ello, debes examinar tu vida continuamente a la luz de la Escritura.

¿Te imaginas cómo sería la iglesia si cada cristiano hiciera eso? ¿Te imaginas los cambios en tu propia vida si lo hicieras de manera más congruente? Solo el Espíritu Santo puede capacitarte para que seas un hacedor de la Palabra. Por lo tanto, sométete a su liderazgo a través de la oración y la confesión, a medida que continúas estudiando y aplicando la Palabra de Dios.

Sugerencias para la oración: Cada vez que estudies las Escrituras, pídele al Espíritu que ilumine tu mente y tu corazón, y que use la Palabra para transformarte más y más a la imagen de Cristo.

Para un estudio más profundo: Lee Colosenses 3:16-17 y señala lo que Pablo dice acerca de cómo responder a la Palabra.

Notas: _____

_____

_____

_____

HABLA CON UN CORAZÓN PURO

*«Si alguno se cree religioso entre vosotros, y no refrena su lengua,
sino que engaña su corazón, la religión del tal es vana» (Santiago 1:26).*

Tu discurso revela la condición de tu corazón.

En el versículo 22 Santiago habló sobre el engaño de escuchar la Palabra sin obedecerla. Aquí se refiere al engaño de la actividad religiosa externa sin pureza interna de corazón.

Ese es un engaño común. Mucha gente confunde el amor por la actividad religiosa con el amor a Dios. Pueden pasar por la mecánica de leer la Biblia, asistir a la iglesia, orar, dar dinero o entonar canciones pero, en realidad, sus corazones están lejos de Dios. Ese tipo de engaño puede ser muy sutil. Es por ello que Santiago hace caso omiso de los simples reclamos del cristianismo y se enfrenta a nuestros motivos y la obediencia a la Palabra. Esas son pruebas decisivas.

Santiago fue selectivo con la palabra que usó para «religioso». En vez de usar el vocablo griego común que hablaba de piedad interna, eligió un término que se refería a atavíos religiosos externos, ceremonias y rituales, cosas que son inútiles para la verdadera espiritualidad.

Se enfocó en la lengua como una prueba de la verdadera religión porque la lengua es una ventana al corazón. Como dijo Jesús: «De la abundancia del corazón habla la boca» (Mateo 12:34). El lenguaje corrupto traiciona al corazón no regenerado; el habla correcta demuestra un corazón transformado. No importa cuán evangélica o bíblica sea tu teología, si no puedes controlar tu lengua, ¡tu religión es inútil!

Puedes aprender mucho sobre el carácter de una persona si escuchas suficiente de lo que habla. De la misma manera, los demás aprenden mucho sobre ti mientras escuchan lo que dices. ¿Revelan tus palabras un corazón puro? Recuerda la advertencia de Pablo en cuanto a que «ninguna palabra corrompida salga de vuestra boca, sino la que sea buena para la necesaria edificación, a fin de dar gracia a los oyentes» (Efesios 4:29). Haz que esa sea tu meta cada día, para que puedas conocer la bendición y la gracia del discurso disciplinado.

Sugerencias para la oración: Pídele al Señor que guarde tu lengua de hablar cualquier cosa que pueda deshonrarle. Sé consciente de todo lo que digas.

Para un estudio más profundo: Lee Santiago 3:1-12.
- ¿Qué advertencia da Santiago?
- ¿Qué analogías usa con la lengua?

Notas: _____

_____

_____

CÓMO DEFINIR LA VERDADERA RELIGIÓN

«La religión pura y sin mácula delante de Dios el Padre es esta:
Visitar a los huérfanos y a las viudas en sus tribulaciones,
y guardarse sin mancha del mundo» (Santiago 1:27).

La verdadera religión produce santidad y amor sacrificial.

En este versículo, Santiago continúa su evaluación práctica y penetrante de la fe verdadera. Hasta ahora, ha dicho —en efecto—: «No solo estudies la Biblia, obedécela. No te metas solo en la religión externa o aparente, que tu discurso sea puro». Luego agrega: «No solo digas que eres religioso, muestra amor sacrificial. No solo pretendas amar a Dios, desarrolla una vida pura». Las afirmaciones superficiales del cristianismo no significaban nada para él. Santiago quería ver actitudes piadosas y acciones justas.

El apóstol Juan utilizó el mismo enfoque cuando escribió: «El que dice que permanece en él [Cristo], debe andar como él anduvo… El que ama a su hermano, permanece en la luz, y en él no hay tropiezo. Pero el que aborrece a su hermano está en tinieblas, y anda en tinieblas, y no sabe a dónde va, porque las tinieblas le han cegado los ojos» (1 Juan 2:6, 10-11). «Luz» en este pasaje representa la verdad y la justicia; «tinieblas» habla de error y pecado. Si eres verdaderamente salvo, estás en la luz y lo demostrarás por tu amor a los demás.

En nuestra sociedad, la definición de religión es muy amplia. Casi cualquier sistema de creencias califica. Pero para Dios, cualquier religión que no produzca santidad y amor sacrificial no es verdadera. Eso reduce el campo de manera considerable puesto que cualquiera que no sea salvo por la fe en Jesucristo permanece esclavo del pecado y no tiene capacidad para llevar una vida santa y desinteresada.

¿Qué hay en cuanto a ti? ¿Huyes del pecado y alcanzas a los necesitados? Si es así, tienes una religión verdadera. Si no, recibe a Cristo ahora. Solo Él es la fuente de santidad y de amor.

Sugerencias para la oración: Si eres creyente, el amor de Dios ya está derramado en tu corazón a través del Espíritu Santo que mora en él (Romanos 5:5). Pídele a Dios que aumente tu capacidad de amar a los demás como Cristo te ama.

Para un estudio más profundo: Lee 1 Juan 3:10-18 y observa la comparación de Juan entre los hijos de Dios y los hijos del diablo.

Notas: _____

_____

_____

_____

_____

MUESTRA UN AMOR SACRIFICIAL

«La religión pura y sin mácula delante de Dios el Padre es esta:
Visitar a los huérfanos y a las viudas en sus tribulaciones,
y guardarse sin mancha del mundo» (Santiago 1:27).

El amor sacrificial es el sello del verdadero cristianismo.

Hace poco un periódico local informó sobre la historia de una joven que había sido brutalmente golpeada, agredida sexualmente, apuñalada repetidas veces, lanzada por una ladera y dejada por muerta. Milagrosamente sobrevivió al ataque y se arrastró colina arriba hasta un lugar a lo largo de la carretera donde varias personas estaban estacionadas disfrutando de la vista panorámica de la ciudad.

Cubierta de sangre de pies a cabeza, fue de un automóvil a otro suplicando ayuda, solo para que una persona tras otra cerrara las ventanas de sus autos y se marchara. Nadie quería involucrarse. Al fin alguien acudió a su rescate y la llevó a un hospital donde fue tratada por sus heridas. El artículo pasó a describir la ira de su rescatista con aquellos que dieron la espalda a los gritos de ayuda de la mujer.

Esa trágica historia ilustra la falta de compasión que prevalece en nuestra sociedad. Muchas personas no se involucrarán, aun cuando las vidas de otros estén en juego. Nadie está dispuesto a arriesgarse a sufrir lesiones personales o inconvenientes, o tal vez solo sean indulgentes e insensibles.

¡Eso nunca debería suceder con los cristianos! Jesús mostró una gran compasión por aquellos que tenían necesidades especiales, por eso espera que hagamos lo mismo.

Así como Santiago usó la lengua para representar a un corazón puro (v. 26), emplea a las viudas y los huérfanos para representar el amor puro. «Visitar» significa traerles amor, compasión y cuidado. Las viudas y los huérfanos son un segmento especialmente necesitado dentro de la iglesia. Como tal, representan a todos los que son indigentes y no pueden pagarte por tu bondad.

Permite que tu amor sea uno sacrificado. Que des sin intención de recibir nada a cambio. Invierte generosamente tu tiempo y tus recursos en ministrar a aquellos que no tienen nada propio. ¡Esa es la esencia de la verdadera religión!

Sugerencias para la oración: ¿Hay alguien en tu vecindario o iglesia a quien puedas ayudar hoy? Pídele a Dios sabiduría y discernimiento en cuanto a cómo puedes demostrar mejor tu amor por esa persona.

Para un estudio más profundo: Lee Éxodo 22:22-24; Deuteronomio 14:28-29; Salmos 68:5; Hechos 6:1-6 y 1 Timoteo 5:3-16, y toma nota de las disposiciones de Dios con las viudas y los huérfanos.

Notas: _____

_____

_____

HAZ UN INVENTARIO ESPIRITUAL

«La religión pura y sin mácula delante de Dios el Padre es esta…
guardarse sin mancha del mundo» (Santiago 1:27).

Dios no tolera la transigencia con el mundo.

Guardarte a ti mismo «sin mancha del mundo» es una prueba importante de tu condición espiritual. El apóstol Juan dijo: «No améis al mundo, ni las cosas que están en el mundo. Si alguno ama al mundo, el amor del Padre no está en él» (1 Juan 2:15). A primera vista, eso puede parecer contradictorio, ya que Dios mismo amó tanto al mundo que dio a su Hijo para que muriera por él (Juan 3:16). Sin embargo, Juan 3:16 se refiere a la morada terrenal, al pueblo por el cual Cristo murió. Este pasaje, 1 Juan 2:15, se refiere al maligno sistema mundial en el que vivimos, que incluye los estilos de vida, las filosofías, la moralidad y la ética de nuestra cultura pecaminosa. Ese mundo y todo lo que produce está desapareciendo (1 Juan 2:16-17).

Santiago 4:4 dice: «¡Oh almas adúlteras! ¿No sabéis que la amistad del mundo es enemistad contra Dios? Cualquiera, pues, que quiera ser amigo del mundo, se constituye enemigo de Dios». Esas son palabras fuertes, pero la transigencia es intolerable para Dios. ¡No puedes ser amigo de Dios y amigo del mundo al mismo tiempo!

La separación del mundo es el elemento concluyente de la religión verdadera mencionado en Santiago 1. Antes de pasar al capítulo 2, haz un inventario espiritual final basado en la lista de verificación provista en los versículos 26 y 27: A. ¿Controlas tu lengua? Revisa la calidad de tu conversación a menudo. ¿Qué revela acerca de la condición de tu corazón? ¿Hay hábitos lingüísticos que necesitas cambiar? B. ¿Muestras amor por los demás? ¿Tienes un deseo sincero de ayudar a los necesitados? Cuando ayudas, ¿son puros tus motivos o simplemente es que tratas de calmar tu conciencia o de hacer que los demás piensen mejor de ti? C. ¿Permaneces sin mancharte por el mundo? ¿Cuál es tu actitud hacia el mundo? ¿Quieres ganarlo para Cristo y permanecer sin mancha por sus malas influencias o quieres aprovechar todo lo que puedas de él?

Sugerencias para la oración: Si tu inventario espiritual revela algún motivo o práctica pecaminosos, confiésalos y comienza a cambiar hoy.

Para un estudio más profundo: Vuelve a leer Santiago 1:19-27 y repasa los principios que aprendiste en esos versículos.

Notas: _____

_____

_____

_____

_____

LA IMPARCIALIDAD DE DIOS

«Hermanos míos, que vuestra fe en nuestro glorioso Señor Jesucristo
sea sin acepción de personas» (Santiago 2:1).

⤜ ⊙ ⤛

Puesto que Dios es imparcial nosotros,
como cristianos, también debemos serlo.

L as personas son propensas a tratar a los demás de diversas maneras, en función de criterios externos como la apariencia, las posesiones o el estatus social; pero Dios es completamente imparcial. Él nunca muestra favoritismo y siempre juzga rectamente.

El favoritismo se puede definir como el tratamiento o la actitud preferencial hacia una persona o grupo por encima de otro que cuenta con derechos iguales. Es parcialidad injustificada. Santiago 2:1-13 confronta esto como pecado y nos amonesta a evitarlo a toda costa.

La imparcialidad de Dios se observa a lo largo de la Escritura. Por ejemplo, Moisés le dijo al pueblo de Israel: «Jehová vuestro Dios es Dios de dioses y Señor de señores, Dios grande, poderoso y temible, que no hace acepción de personas, ni toma cohecho; que hace justicia al huérfano y a la viuda; que ama también al extranjero dándole pan y vestido. Amaréis, pues, al extranjero; porque extranjeros fuisteis en la tierra de Egipto» (Deuteronomio 10:17-19). Josafat, rey de Judá, les advirtió a sus jueces que gobernaran sin parcialidad «porque con Jehová nuestro Dios no hay injusticia, ni acepción de personas, ni admisión de cohecho» (2 Crónicas 19:7).

La imparcialidad de Dios también se manifiesta en su generosa oferta de salvación a las personas de todas las razas. En Hechos 10:34-35, Pedro dice: «En verdad comprendo que Dios no hace acepción [no muestra parcialidad] de personas, sino que en toda nación se agrada del que le teme y hace justicia».

Dios también es imparcial en el juicio. Romanos 2:9-11 dice que Dios traerá «tribulación y angustia sobre todo ser humano que hace lo malo… pero gloria y honra y paz a todo el que hace lo bueno… Porque no hay acepción de personas [parcialidad] para con Dios».

Nuestro texto es una admonición oportuna puesto que los prejuicios, la discriminación y la intolerancia son males siempre presentes en nuestra sociedad, tanto dentro como fuera de la iglesia. Oro para que Dios use estos estudios a fin de que te guarden de las influencias sutiles del favoritismo y para fortalecer tu compromiso con la vida piadosa.

Sugerencias para la oración: Pídele a Dios que te revele cualquier parcialidad que pueda estar molestándote. Entre tanto, confiésala y déjala.

Para un estudio más profundo: Lee Efesios 6:5-9 y 1 Timoteo 5:17-21. ¿Cómo se aplica la imparcialidad de Dios a la manera en que debes responder a tus compañeros de trabajo y a los líderes de tu iglesia?

Notas: _____

_____

VE MÁS ALLÁ DE LAS APARIENCIAS

«Hermanos míos, que vuestra fe en nuestro glorioso Señor Jesucristo sea sin acepción de personas» (Santiago 2:1).

Tu verdadera valía se basa en el valor de tu alma, no en consideraciones externas.

Jesus es «nuestro glorioso Señor» (Santiago 2:1), el Soberano que gobierna sobre toda su creación, aquel en quien está la plenitud de la gloria del Dios revelado. Juan dijo acerca de Él: «Y aquel Verbo [Jesús] fue hecho carne, y habitó entre nosotros (y vimos su gloria, gloria como del unigénito del Padre), lleno de gracia y de verdad» (Juan 1:14). Pablo indicó lo que sigue: «En él habita corporalmente toda la plenitud de la Deidad» (Colosenses 2:9).

En su calidad de Dios, Jesús comparte la imparcialidad del Padre. Él sabe que la valía de una persona se basa en el valor de su alma, no en consideraciones externas. Es por eso que siempre mira al corazón y nunca juzga solo por lo externo. Eso fue evidente en la forma en que Jesús trató a los pecadores cuando todavía estaba en la tierra. Nunca dudó en enfrentarlos, ya fueran influyentes líderes religiosos judíos o gente común. Incluso sus enemigos reconocieron su imparcialidad cuando dijeron: «Maestro, sabemos que eres amante de la verdad, y que enseñas con verdad el camino de Dios, y que no te cuidas de nadie, porque no miras la apariencia de los hombres» (Mateo 22:16).

Como el Padre, Jesús también extendió la oferta de salvación a hombres y mujeres de todas las razas, de todas las clases sociales y de toda posición moral. Eso se ilustra en la parábola que contó en Mateo 22:1-14 acerca del matrimonio del hijo de un rey (una ilustración de sí mismo). Los invitados (Israel) no se presentaron, por lo que el rey ordenó a sus sirvientes que salieran y reunieran a todos los que pudieran encontrar para celebrar la boda con los invitados. Como resultado, personas de toda clase de vida asistieron a la boda, al igual que son llamadas a la salvación todo tipo de personas.

A medida que tengas oportunidad para ministrar a los demás hoy, no te dejes influir por elementos externos como la apariencia, la vestimenta o el nivel económico. Haz lo que hizo Jesús: trátalos con compasión y habla la verdad sin transigir.

Sugerencias para la oración: Alaba al Señor por su imparcialidad y pídele que hoy te conceda una gracia especial cuando te acerques a los demás.

Para un estudio más profundo: Lee Mateo 20:1-16. ¿Cómo ilustra esa parábola la imparcialidad de Dios?

Notas: _____

_____

_____

_____

CÓMO MINISTRAR A LOS POBRES

«Porque si en vuestra congregación entra un hombre con anillo de oro y con ropa espléndida, y también entra un pobre con vestido andrajoso, y miráis con agrado al que trae la ropa espléndida y le decís: Siéntate tú aquí en buen lugar; y decís al pobre: Estate tú allí en pie, o siéntate aquí bajo mi estrado; ¿no hacéis distinciones entre vosotros mismos, y venís a ser jueces con malos pensamientos?» (Santiago 2:2-4).

⋙ ⊙ ⋘

Muestra igual respeto por los pobres y por los ricos.

La parcialidad es un problema ancestral que existe en casi todas las áreas de la vida. Es probable que las manifestaciones discriminatorias más comunes sean las raciales, las religiosas y las socioeconómicas. Por implicación, este apóstol denunció la parcialidad en cualquier modalidad, aunque en Santiago 2:2-4 menciona de modo específico el trato preferencial de los ricos por encima del que se mostraba por los pobres. Él sabía que ese favoritismo era devastador no solo porque era pecaminoso, sino también porque la mayoría de los creyentes en la iglesia primitiva eran personas pobres y sencillas. Discriminar contra ellos le habría dado un golpe en el corazón mismo a la Iglesia.

Desde su inicio, la Iglesia ha mantenido la prioridad de ministrar a los pobres. Hechos 2:44-45 dice: «Todos los que habían creído estaban juntos, y tenían en común todas las cosas; y vendían sus propiedades y sus bienes, y lo repartían a todos según la necesidad de cada uno». Pablo organizó un fondo de ayuda para los santos necesitados en Jerusalén (1 Corintios 16:1-4), y durante una severa hambruna, «cada uno conforme a lo que tenía, determinaron enviar socorro a los hermanos que habitaban en Judea; lo cual en efecto hicieron, enviándolo a los ancianos por mano de Bernabé y de Saulo» (Hechos 11:29-30).

Dios ha elegido a los pobres de este mundo para que sean ricos en fe y herederos del reino, pero algunos de los lectores de Santiago los deshonraban (vv. 5-6). ¡Eso no podía continuar! Así mismo, nosotros también debemos honrar a los pobres tratándolos con dignidad —más que con prejuicios— y satisfaciendo sus necesidades siempre que sea posible. De modo que mantente atento a los que te rodean, a quienes podrías ayudar de alguna manera.

Sugerencias para la oración: Pídele al Señor que te mantenga sensible a los que tienes a tu alrededor y que te conceda sabiduría para saber cómo responder a sus necesidades.

Para un estudio más profundo: Lee 1 Corintios 1:26-29 y señala los tipos de personas que Dios usa para cumplir sus propósitos.

Notas: _____

_____

_____

_____

Cómo resguardar tus motivos

*«Porque si en vuestra congregación entra un hombre con anillo de oro y con ropa
espléndida, y también entra un pobre con vestido andrajoso, y miráis con agrado al
que trae la ropa espléndida y le decís: Siéntate tú aquí en buen lugar; y decís al pobre:
Estate tú allí en pie, o siéntate aquí bajo mi estrado; ¿no hacéis distinciones entre
vosotros mismos, y venís a ser jueces con malos pensamientos?»* (Santiago 2:2-4).

⤙ ⊙ ⤚

El favoritismo es motivado por un deseo maligno de aprovecharte de la situación.

Se cuenta la historia de un pastor que nunca ministró a un individuo o familia en su
iglesia sin antes revisar el registro de sus contribuciones financieras. Cuanto más
generosos eran ellos con su dinero, más generoso era él con su tiempo. Esa es una demostración de favoritismo atroz y flagrante, pero en realidad es el mismo tipo de situación con
la que Santiago lidió en nuestro texto de hoy.

Imagínate en un servicio de adoración o en un estudio bíblico cuando de repente dos
visitantes entran al recinto. El primero es un hombre rico, como lo demuestran sus costosas joyas y su ropa de diseñador. El segundo visitante vive en la pobreza extrema. La calle
es su hogar, como lo demuestra su ropa sucia, maloliente y en mal estado.

¿Cómo reaccionarías ante cada uno de esos visitantes? ¿Le darías al hombre rico el
mejor asiento y te asegurarías de que se sienta lo más cómodo posible? Es algo loable si
tus motivos son puros. Pero si estás tratando de ganar su favor o sacar provecho de su
riqueza, un pecado cruel se apoderó de ti.

Tus verdaderos motivos se revelarán en la forma en que trates al pobre hombre. ¿Le
muestras igual honra o simplemente lo invitas a sentarse en el suelo? Cualquier cosa
menos que igual honra revela una mala intención.

El favoritismo puede ser sutil. Es por eso que debes estar en oración y en la Palabra,
permitiendo constantemente que el Espíritu penetre y purifique tus motivos más profundos y secretos.

Sugerencias para la oración: Alaba a Dios por su pureza.
⊙ Pídele siempre que controle tus motivos y tus acciones.

Para un estudio más profundo: Algunos cristianos confunden la honra con la
parcialidad. Dar honor a los que tienen autoridad es bíblico; mostrar parcialidad es
pecaminoso. Lee 1 Pedro 2:17 y Romanos 13:1, señala las exhortaciones para honrar
a quienes tienen autoridad sobre ti.

Notas: _____

DIOS ESCOGE A LOS POBRES

«Hermanos míos amados, oíd: ¿No ha elegido Dios a los pobres de este mundo, para que sean ricos en fe y herederos del reino que ha prometido a los que le aman? Pero vosotros habéis afrentado al pobre» (Santiago 2:5-6).

Mostrar favoritismo por los ricos es incongruente con la elección de Dios por los pobres.

La riqueza y la pobreza no son necesariamente cuestiones espirituales. Muchas personas adineradas son cristianos piadosos y muchas personas pobres son incrédulas. Pero, en términos generales, Dios ha elegido a la gente pobre para poblar su reino. Jesús dijo: «De cierto os digo, que difícilmente entrará un rico en el reino de los cielos. Otra vez os digo, que es más fácil pasar un camello por el ojo de una aguja, que entrar un rico en el reino de Dios» (Mateo 19:23-24). Esto se debe a que los ricos tienden a estar ligados a este mundo y tienen una falsa sensación de seguridad. Muchos de ellos no solo rechazan a Cristo sino que también persiguen a los creyentes (Santiago 2:6-7).

Santiago dijo: «El hermano que es de humilde condición, gloríese en su exaltación; pero el que es rico, en su humillación; porque él pasará como la flor de la hierba» (Santiago 1:9-10). La mayoría de los ricos persiguen una mayor riqueza mientras pasan por alto las verdaderas riquezas del reino. Pero al igual que una delicada flor bajo el ardiente sol de verano, pronto se ha de desvanecer, y sus fútiles persecuciones morirán con ellos.

Cualquiera sea tu situación económica, si amas a Dios, eres rico en la fe y heredero de su reino (Santiago 2:5). Eso significa que eres salvo y que heredarás la plenitud de tu salvación y la riqueza de la bendición eterna de Dios. ¡Esa es una verdad maravillosa!

No permitas que las riquezas nublen tu buen juicio. Dios espera que los cristianos honren y cuiden a sus hermanos y hermanas más pobres en Cristo. Cosa que no puedes hacer si muestras parcialidad por los ricos.

Sugerencias para la oración: Si Dios te ha bendecido con más recursos de los que necesitas, debes estar agradecido y listo para compartir siempre con los necesitados (1 Timoteo 6:18). Si te esfuerzas por salir adelante, agradécele por lo que Él te proporciona y por enseñarte una mayor dependencia de Él.

Para un estudio más profundo: Lee 1 Timoteo 6:6-19.
- ⊙ ¿Cuál es el estándar de contentamiento de Dios?
- ⊙ ¿Qué escollos esperan a los que desean riqueza?
- ⊙ ¿Qué constituye la verdadera riqueza?

Notas: _____

_____

_____

_____

Cómo alinearte con los enemigos de Dios

«Pero vosotros habéis afrentado al pobre. ¿No os oprimen los ricos, y no son ellos los mismos que os arrastran a los tribunales? ¿No blasfeman ellos el buen nombre que fue invocado sobre vosotros?» (Santiago 2:6-7).

No puedes cumplir los propósitos de Dios al alinearte con sus enemigos.

El favoritismo tiene sus formas de cegar a sus víctimas ante la realidad. Santiago escribió sobre los cristianos que estaban tratando de impresionar a un hombre rico para beneficiarse de su riqueza y su condición social (vv.2-3). El hombre rico representaba a los enemigos de Cristo y, aun así, le dieron un trato preferencial. El hombre pobre representaba a aquellos a quienes Dios escogió para ser ricos en la fe y herederos de su Reino, pero —con todo y eso— lo trataron mal y lo deshonraron (v.6). Eso no solo es incongruente, ¡es insensato! No puedes cumplir los propósitos de Dios al alinearte con sus enemigos.

Algunos impíos ricos avasallaban a los cristianos reteniéndoles sus salarios e incluso matando a varios de ellos (Santiago 5:4-6). Arrastraban por la fuerza a los cristianos a los tribunales para explotarlos por alguna injusticia o inequidad. Ellos blasfemaban el hermoso nombre de Cristo. La frase «el buen nombre que fue invocado sobre vosotros» (v. 7) habla de una relación personal. Típicamente, los nuevos convertidos hacían una proclamación pública de su fe en Cristo al bautizarse. A partir de entonces eran llamados «cristianos», que significa «propio de Cristo», «de Cristo» o «pertenecientes a Cristo». Así que cuando las personas calumniaban a los cristianos, ¡estaban calumniando a Cristo mismo!

Que cualquiera pueda pasar por alto esos males y mostrar favoritismo por los enemigos de Cristo muestra el poder sutil y devastador de la parcialidad. Hoy las circunstancias pueden ser diferentes, pero los principios son los mismos. De modo que, por el bien de Cristo y su pueblo, recuerda las tres razones que Santiago da para no mostrar parcialidad: 1. Tus hermanos, tus hermanas en Cristo y tú son uno con el Señor Jesucristo, que es la gloria de Dios revelada (v. 1); 2. Dios ha elegido a los pobres para que reciban riquezas eternas (v. 5); y 3. Dios te ha llamado por su nombre (v. 7). Si deseas ser como Cristo, no puedes ser parcial. Debes ser justo e imparcial en todas tus interacciones con los demás.

Sugerencias para la oración: ¿Existe una relación personal o comercial en la que muestres favoritismo para obtener alguna ventaja? Si es así, confiésalo al Señor y corrígelo de inmediato.

Para un estudio más profundo: Lee Romanos 15:5-7.
- ¿Cómo deberían los cristianos tratarse unos a otros?
- ¿Qué impacto haremos si obedecemos la advertencia de Pablo?

Notas: _____

_____

_____

_____

CUMPLE LA LEY

«Si en verdad cumplís la ley real, conforme a la Escritura: Amarás a tu prójimo como a ti mismo, bien hacéis» (Santiago 2:8).

El amor es el único antídoto contra la parcialidad.

En Mateo 22:36 un abogado le preguntó a Jesús qué mandamiento era el más grande. Jesús respondió: «Amarás al Señor tu Dios con todo tu corazón, y con toda tu alma, y con toda tu mente. Este es el primero y grande mandamiento. Y el segundo es semejante: Amarás a tu prójimo como a ti mismo. De estos dos mandamientos depende toda la ley y los profetas» (vv. 37-40). El amor a Dios y al prójimo resume el propósito de la ley divina y es la medida de la verdadera fe.

Jesús no estaba pidiendo el amor superficial, emocional y enfocado en uno mismo que prevalece en nuestra sociedad, pedía un tipo de amor sacrificial que pone las necesidades de los demás a la par de las tuyas. Ese tipo de amor es completamente incompatible con la parcialidad, que solo busca promover sus propios objetivos egoístas.

Mostrar parcialidad quebranta la ley de Dios porque viola los atributos divinos, tergiversa la fe cristiana, ignora la elección de Dios por los pobres y condona el comportamiento blasfemo de los ricos (Santiago 2:1-7). Pero cuando tratas a los demás con imparcialidad, cumples con la ley real. «Real», en Santiago 2:8, traduce una palabra griega que habla de soberanía. La ley fue dada por Dios, que es la autoridad suprema en el universo; por lo tanto, es autoritario y vinculante. El amor cumple la ley de Dios porque si amas a alguien, no pecarás contra él.

Aparentemente no todos los lectores de Santiago mostraban parcialidad, por lo que los felicitó diciendo que estaban «bien». La palabra griega traducida como «bien» habla de lo que es excelente. Estaban haciendo una cosa excelente porque estaban actuando de manera congruente con la naturaleza amorosa e imparcial de Dios. Ese es el llamado de Dios a cada creyente, porque «el que dice que permanece en él [Cristo], debe andar como él anduvo» (1 Juan 2:6). Al hacerlo, cumplirás la ley de Dios y, por lo tanto, demostrarás que tu fe y tu amor son genuinos.

Sugerencias para la oración: El amor de Dios es el único antídoto contra la parcialidad. Por tanto, ora cada día para que Él te enseñe cómo expresar mejor tu amor por quienes te rodean.

Para un estudio más profundo: Lee los siguientes versículos, señalando las características del amor piadoso: Juan 3:16; Efesios 5:25-29; Filipenses 1:9-11; y 1 Juan 5:1-3.

Notas: _____

_____

_____

_____

LA TRANSGRESIÓN DE LA LEY

«Pero si hacéis acepción de personas, cometéis pecado, y quedáis convictos por la ley como
transgresores. Porque cualquiera que guardare toda la ley, pero ofendiere en un punto,
se hace culpable de todos. Porque el que dijo: No cometerás adulterio,
también ha dicho: No matarás. Ahora bien, si no cometes adulterio, pero
matas, ya te has hecho transgresor de la ley» (Santiago 2:9-11).

⤝ ⊙ ⤞

Pecas cuando no cumples con el sagrado principio de Dios o cuando traspasas los límites de su ley.

Cualquier persona intenta justificar su pecaminosidad categorizando los pecados de acuerdo a su aparente severidad. Por ejemplo, decir una «pequeña mentira blanca» no es tan grave para ellos como cometer perjurio; hacer trampa en su declaración de impuestos sobre la renta no es tan grave como robarle a un banco. Otros ven la ley de Dios como una serie de mandatos separados y suponen que pueden obtener crédito de Dios al mantener una sola ley incluso si rompen con las otras. En última instancia, si las leyes que establecen no superan las que aplican, piensan que todo estará bien.

En apariencias, algunos de aquellos a quienes Santiago escribió tenían las mismas ideas erróneas, creían que los pecados como el prejuicio, la parcialidad y la indiferencia hacia los pobres no eran tan serios como los pecados relativos a asesinatos y adulterios. O tal vez creían que podrían compensar su favoritismo manteniendo la ley de Dios en otras áreas.

Ambas opiniones son erróneas y potencialmente condenatorias porque la ley de Dios no es una serie de mandatos separados o una forma de obtener crédito de Dios. Es una representación unificada de su naturaleza santa. Aunque todos los pecados no son igualmente atroces ni dañinos, desde la perspectiva de Dios, todo pecado viola sus normas. Cuando quebrantas una ley, las quebrantas todas y te caracterizas como pecador y transgresor.

«Pecado» en el versículo 9 habla de errar al blanco y no cumplir con el santo principio de Dios. «Transgresores» se refiere a ir más allá de los límites aceptados. Uno dice que te has quedado corto; el otro dice que has ido demasiado lejos. Ambas son violaciones iguales de la santidad de Dios. Debes ver todo pecado como una afrenta a Él y no debes agravarlo tratando de ocultarlo, justificarlo o contrarrestarlo con buenas obras.

Sugerencias para la oración: Memorízate 1 Juan 1:9 y confiesa siempre tu pecado cada vez que viole la santa ley de Dios.

⊙ Alaba a Dios por compadecerse de nuestra condición de pecadores y por proporcionarnos un Salvador.

Para un estudio más profundo: Lee Gálatas 3:10-29 y señala el propósito de la ley de Dios.

Notas: _____

_____

Muestra misericordia

«Así hablad, y así haced, como los que habéis de ser juzgados por la ley de la libertad. Porque juicio sin misericordia se hará con aquel que no hiciere misericordia; y la misericordia triunfa sobre el juicio» (Santiago 2:12-13).

Mostrar misericordia es característico de una persona regenerada.

El juicio divino nunca ha sido muy popular como tema de conversación. Las personas piadosas a lo largo de la historia han sido ridiculizadas, perseguidas e incluso asesinadas por proclamarlo. En sus esfuerzos por obtener la aprobación de los hombres, los falsos maestros lo cuestionan o lo niegan. Pero Santiago 2:12-13 nos recuerda que el juicio vendrá, por lo que es mejor que vivamos en concordancia con esa expectativa.

La base del juicio divino es la Palabra de Dios, la que Santiago llamó «la ley de la libertad» (v. 12). Es una ley salvadora porque te libera de la esclavitud del pecado y de la maldición de la muerte y el infierno. Es procurar con diligencia la obra transformadora del Espíritu, penetrando profundamente en tu alma para juzgar tus pensamientos y tus motivos (Hebreos 4:12). Es lo que te da la sabiduría que conduce a la salvación y te equipa para una vida piadosa (2 Timoteo 3:15-17). Imparte verdad y discernimiento, liberándote del error y el engaño espiritual. Es en todos los sentidos una ley de emancipación y liberación para quienes la adoptan.

La ley libera a los creyentes pero condena a los incrédulos. La frase «juicio sin misericordia se hará con aquel que no hiciere misericordia» (v. 13) habla de un juicio sin alivio en el que cada pecado recibe su castigo completo. ¡Eso solo puede significar el infierno eterno! Si la Palabra está actuando en ti, sus efectos serán evidentes en la forma en que hables y actúes. Si eres imparcial y misericordioso con las personas necesitadas, eso demuestra que eres un verdadero cristiano y que has recibido el perdón y la misericordia de Dios. Si muestras parcialidad e indiferencia por los necesitados, la ley se convierte en tu juez, lo que expone el hecho de que no eres verdaderamente redimido.

¿Eres una persona misericordiosa? ¿Buscas proveer a otros sin favoritismo? Cuando no lo haces, ¿confiesas tu pecado y buscas perdón y restauración? Esas son las marcas de una fe verdadera.

Sugerencias para la oración: Alaba al Señor por su gran misericordia contigo y asegúrate de mostrar misericordia a quienes te rodean.

Para un estudio más profundo: Lee Lucas 1:46-55, 68-79. Sigue el ejemplo de María y Zacarías cuando se regocijaron por la misericordia de Dios con su pueblo.

Notas: _____

_____

_____

_____

Cómo manifestar una fe que da resultados

«Hermanos míos, ¿de qué aprovechará si alguno dice que tiene fe, y no tiene obras? ¿Podrá la fe salvarle?... Vosotros veis, pues, que el hombre es justificado por las obras, y no solamente por la fe» (Santiago 2:14, 24).

La fe verdadera produce buenas obras.

Cualquier maestro falso afirma que te puedes ganar tu propia salvación haciendo buenas obras. La mayoría de los cristianos entienden lo herético de esa enseñanza, pero algunos se confunden cuando leen que «el hombre es justificado por las obras, y no solamente por la fe» (Santiago 2:24). Eso parece entrar en conflicto con la enseñanza de Pablo acerca de la salvación por gracia a través de la fe.

Sin embargo, cuando se entiende correctamente, la enseñanza de Santiago sobre la salvación es perfectamente congruente con la de Pablo. Este claramente enseñó la salvación por gracia. En Efesios 2:8-9 dice: «Por gracia sois salvos por medio de la fe; y esto no de vosotros, pues es don de Dios; no por obras, para que nadie se gloríe». Pero el apóstol también enseñó que la verdadera salvación da como resultado buenas obras, por lo que en el próximo versículo dice: «Somos hechura suya, creados en Cristo Jesús para buenas obras, las cuales Dios preparó de antemano para que anduviésemos en ellas». En Tito 3:5 indica que Dios «nos salvó, no por obras de justicia que nosotros hubiéramos hecho, sino por su misericordia». Pero Tito 2:11-12 aclara que la gracia de Dios nos lleva a «renunciar a la impiedad y a los deseos mundanos, [de modo que] vivamos en este siglo sobria, justa y piadosamente». Ese es el equilibrio apropiado entre la fe y las obras.

Santiago también enseñó la salvación por gracia. Indicó que Dios redime a los pecadores por la Palabra de verdad e implanta su Palabra dentro de ellos para permitirles progresar en santidad (Santiago 1:18, 21). Ese es un trabajo divino, no un esfuerzo humano. Santiago 2:14-24 sigue eso diciéndonos cómo podemos saber que el trabajo se ha hecho: habrá más que solo una proclamación de fe; habrá una fe que hace buenas obras.

No te confundas por la manera en que la fe se relaciona con las buenas obras. Pon las dos cosas juntas para que sean un testimonio vivo de la gracia salvadora de Dios.

Sugerencias para la oración: Agradece a Dios por la justicia que está produciendo en tu vida. Busca formas específicas de demostrar tu fe a quienes te rodean hoy.

Para un estudio más profundo: Lee Juan 8:31-32.
- ¿Cuál es el distintivo de un verdadero discípulo?
- ¿Qué efecto tiene la Palabra de Dios en aquellos que prestan atención a lo que ella dice?

Notas: _____

_____

_____

_____

CÓMO MOSTRAR UNA FE MUERTA

«Hermanos míos, ¿de qué aprovechará si alguno dice que tiene fe, y no tiene obras?
¿Podrá la fe salvarle? Y si un hermano o una hermana están desnudos, y tienen necesidad
del mantenimiento de cada día, y alguno de vosotros les dice: Id en paz, calentaos y
saciaos, pero no les dais las cosas que son necesarias para el cuerpo, ¿de qué aprovecha?
Así también la fe, si no tiene obras, es muerta en sí misma» (Santiago 2:14-17).

⤙ ⊙ ⤚

La fe muerta es hipócrita, superficial e inútil.

Jesús dijo: «Así alumbre vuestra luz delante de los hombres, para que vean vuestras buenas obras, y glorifiquen a vuestro Padre que está en los cielos» (Mateo 5:16). Tus acciones justas iluminan el camino hacia Dios al reflejar su poder y gracia a los demás. Eso glorifica a Dios y prueba que tu fe es genuina. Tus obras también sirven como base para el juicio divino. Si practicas la justicia, recibirás la vida eterna; si practicas la injusticia, recibirás «ira y enojo» (Romanos 2:6-8). Dios te juzgará en base a tus obras, porque lo que haces revela quién eres en realidad y lo que realmente crees. Es por eso que cualquier llamada fe que no produzca buenas obras es muerta y totalmente inútil.

Santiago ilustra ese punto de una manera hábil. Si alguien no tiene cubiertas las necesidades básicas de su vida y acude a ti en busca de ayuda, ¿de qué sirve si simplemente le deseas lo mejor y lo envías lejos sin satisfacer ninguna de sus necesidades? ¡No sirve para nada! Tus palabras piadosas son hipócritas y sin sustancia. Si realmente le deseabas bien, ¡harías lo que pudieras para darle lo que necesita! Tu falta de voluntad para hacer eso revela tus verdaderos sentimientos. De manera similar, la fe muerta es hipócrita, superficial e inútil porque no pone en práctica sus pretensiones; de hecho, no tiene capacidad divina para hacerlo.

Oro para que tu vida siempre manifieste una fe verdadera, de manera que otros glorifiquen a Dios por tus buenas obras.

Sugerencias para la oración: Tal vez conozcas a alguien cuyo reclamo de que es cristiano sea dudoso y cuya vida no evidencia el fruto de la justicia. Si es así, ora por esa persona normalmente y da ejemplo con tus buenas obras.

Para un estudio más profundo: Lee Juan 15:1-8.
- ⊙ ¿Qué ilustración usó Jesús para la fructificación espiritual?
- ⊙ ¿Cuál es el prerrequisito para la fructificación?

Notas: _____

_____

_____

_____

_____

_____

Fe muerta versus fe

«Pero alguno dirá: Tú tienes fe, y yo tengo obras. Muéstrame tu fe sin tus obras,
y yo te mostraré mi fe por mis obras. Tú crees que Dios es uno; bien haces.
También los demonios creen, y tiemblan. ¿Mas quieres saber, hombre
vano, que la fe sin obras es muerta?» (Santiago 2:18-20).

>—— ⊙ ——<

¡Incluso la fe demoníaca es mejor que la fe muerta!

En los últimos años ha habido un aumento alarmante en el número de cristianos profesantes que creen que no existe una relación necesaria entre lo que ellos creen y lo que hacen. Dicen que no se puede juzgar la condición espiritual de una persona por lo que hace puesto que la salvación es solo una cuestión de fe, como si la exigencia de obras violara el principio de la fe.

Fue ese tipo de razonamiento lo que impulsó a Santiago a emitir el siguiente desafío: «Tú tienes fe, y yo tengo obras. Muéstrame tu fe sin tus obras, y yo te mostraré mi fe por mis obras» (2:18). La palabra griega traducida como «mostrar» significa «exhibir», «demostrar» o «exteriorizar». Su punto es simple: es imposible verificar la fe verdadera sin una vida santa, porque la doctrina y las obras son inseparables.

¿Puedes saber si alguien es cristiano al observar su comportamiento? De acuerdo a Santiago, ¡es la única forma de saberlo! En el versículo 19 dice: «Tú crees que Dios es uno; bien haces. También los demonios creen, y tiemblan». En otras palabras, afirmar la doctrina ortodoxa no es necesariamente una prueba de fe salvadora. Los demonios creen en la unidad de Dios, y sus implicaciones los llenan de miedo, pero no son salvos. La frase «bien haces» es intencionalmente sarcástica. La implicación es que la fe demoníaca es mejor que la fe que no responde, porque al menos los demonios tiemblan, lo cual es mejor que ninguna respuesta.

No se puede ser cristiano solo en base al credo; ¡también debes serlo en conducta! Santiago lo deja muy claro. No te dejes confundir ni engañar por aquellos que enseñan lo contrario. Enfócate siempre en dar gloria a Dios a través de la aplicación obediente de la verdad bíblica.

Sugerencias para la oración: Reafirma ante el Señor tu compromiso de cumplir con su Palabra.

Para un estudio más profundo: Lee Juan 8:12-47. Haz una lista de doctrinas y hechos que caracterizan la fe muerta y una lista correspondiente de los que caracterizan la fe verdadera.

Notas: _____

_____

_____

_____

Cómo disfrutar la amistad con Dios

«¿No fue justificado por las obras Abraham nuestro padre, cuando ofreció a su hijo Isaac sobre el altar? ¿No ves que la fe actuó juntamente con sus obras, y que la fe se perfeccionó por las obras? Y se cumplió la Escritura que dice: Abraham creyó a Dios, y le fue contado por justicia, y fue llamado amigo de Dios. Vosotros veis, pues, que el hombre es justificado por las obras, y no solamente por la fe» (Santiago 2:21-24).

᠅

Eres amigo de Dios si lo amas y obedeces su Palabra.

¿Te imaginas la vida sin amigos —esas personas preciosas que te aman a pesar de tus fallas y que te respaldan en las alegrías y el sufrimiento—, aquellos a quienes te has dedicado y cuya compañía atesoras? Son sin duda uno de los mayores dones de Dios y, sin embargo, hay un regalo aun mayor: la amistad con el propio Dios.

Jesús habló de esa amistad en Juan 15:13-16, al describirla como una relación de intimidad, amor mutuo, sacrificio y compromiso. En el versículo 14 dice: «Vosotros sois mis amigos, si hacéis lo que yo os mando». Esa es la clase de amistad que Abraham mostró cuando obedeció a Dios y se preparó para ofrecer a Isaac como sacrificio (Génesis 22:3-10). Isaac era el hijo a través del cual se cumpliría el pacto de Dios con Abraham. Matarlo violaría ese pacto y cuestionaría el carácter de Dios, cuya Palabra prohíbe el sacrificio humano (Deuteronomio 18:10). Se requirió una confianza incuestionable para que Abraham obedeciera el mandato divino. Al hacer eso, su fe se desplegó para que todos la vieran.

La palabra griega traducida como «justificado» en Santiago 2:21 tiene dos significados: «absolver» (tratar como justo) o «vindicar» (demostrar que es justo). Santiago enfatizó el segundo significado. Cuando Abraham creyó a Dios, fue justificado por la fe y absuelto del pecado (Génesis 15:6). Cuando ofreció a Isaac, fue justificado por las obras en que su fe fue vindicada.

La fe es siempre la única condición de la salvación, pero la fe salvadora no se sostiene sola: siempre va acompañada de obras justas. Esa es la prueba de la verdadera salvación y de la amistad con Dios.

Como amigo de Dios, atesora esa relación, y ten cuidado de no permitir que el pecado te robe todo su gozo.

Sugerencias para la oración: Alaba a Dios por el privilegio de ser su amigo.

Para un estudio más profundo: Lee Génesis 22:1-19; observa la fe y la obediencia de Abraham.

Notas: _____

LA FE SACRIFICIAL EN DESPLIEGUE

«Asimismo también Rahab la ramera, ¿no fue justificada por obras, cuando recibió a los mensajeros y los envió por otro camino? Porque como el cuerpo sin espíritu está muerto, así también la fe sin obras está muerta» (Santiago 2:25-26).

La verdadera fe hace cualquier sacrificio que Dios requiera voluntariamente.

Es comprensible que Santiago use a Abraham como una ilustración de la fe viva, en especial para sus lectores predominantemente judíos. La de Rahab, sin embargo, es una historia diferente. Ella era una gentil, prostituta, mentirosa, además de que vivía en la pagana ciudad de Jericó. ¿Cómo podría una persona así ilustrar la verdadera fe?

Rahab sabía muy poco sobre el Dios verdadero, pero lo que sabía, lo creía, y lo que creía, lo manifestaba actuando. Ella creía que Dios había sacado a su pueblo de Egipto y que había derrotado a los reyes amorreos (Josué 2:9-10). Ella confesó con sinceridad que el Señor «es Dios arriba en los cielos y abajo en la tierra» (v. 11). Su fe fue vindicada cuando ayudó a los espías hebreos que entraron en Jericó precisamente antes de la invasión de Josué.

Tanto Abraham como Rahab valoraron su fe en Dios por encima de todo lo demás. Ambos estaban dispuestos a sacrificar lo que más les importaba. Para Abraham fue Isaac; para Rahab era su propia vida. Su obediencia frente a un sacrificio tan grande comprobó la autenticidad de la fe de ellos.

Santiago nos insta a cada uno de nosotros a examinarnos a nosotros mismos para que estemos seguros de que tenemos una fe viva. La prueba de fuego es si tu fe produce obediencia. No importa lo que tú digas, si la rectitud no caracteriza tu vida, tu fe está muerta, no viva. Santiago comparó esa clase de fe con los hipócritas que expresan palabras piadosas a los necesitados pero que se niegan a satisfacer las necesidades de estos; la comparó con los demonios que creen en la verdad acerca de Dios pero que están eternamente perdidos; y también la comparó con un cadáver inútil. Esas son analogías fuertes, pero Dios no quiere que te engañen en cuanto a la calidad de tu propia fe.

Oro para que te regocijes en la confianza de que tu fe es genuina. Dios te bendiga a medida que vivas cada día en su maravillosa gracia.

Sugerencias para la oración: Pídele a Dios la gracia y el valor para hacer cualquier sacrificio necesario a medida que vivas tu fe.

Para un estudio más profundo: Lee Josué 2:1-24, 6:1-27 y Mateo 1:1-5.
- ¿Cómo protegió Rahab a los espías?
- ¿Cómo bendijo Dios a Rahab?

Notas: _____

_____

_____

_____

DISFRUTA LOS PRIVILEGIOS ESPIRITUALES

«Acercándoos a él, piedra viva… edificados… sacerdocio santo…
Mas vosotros sois linaje escogido, real sacerdocio,
nación santa, pueblo adquirido por Dios…
ahora sois pueblo de Dios… habéis alcanzado misericordia»
(1 Pedro 2:4-10).

>⚬<

En Cristo tienes enormes privilegios.

Una vez, un estudiante universitario le confesó a un pastor: «He llegado a la conclusión de que no creo en Dios». «Ya veo», respondió el pastor. «Por favor, háblame sobre el Dios en el que no crees». El estudiante procedió a describir a un ogro cósmico vengativo, injusto, arbitrario, que se deleitaba viendo a los terrícolas tropezar en la vida en busca de significación y dirección. Tras escuchar esa representación de Dios, el pastor sabiamente alegó: «Yo tampoco creo en ese Dios».

Al igual que ese estudiante, la mayoría de las personas tiene una visión distorsionada de Dios puesto que no pueden ver más allá de sus circunstancias y las condiciones que plagan nuestro mundo caído. Su distorsionada visión del mundo les impide comprender la bondad y la misericordia divinas. Pero nosotros como creyentes entendemos porque vemos más allá del ámbito físico y experimentamos su gracia y su bondad en muchas maneras.

La Escritura habla deliberadamente sobre los deberes y las responsabilidades de los cristianos, pero todo eso está equilibrado por los derechos y beneficios que tenemos en Cristo. Al escribirles a los cristianos que estaban experimentando una persecución severa, el apóstol Pedro les recordó sus privilegios y los llamó a alabar a Dios por su abundante gracia (1 Pedro 2:9). Ese también es tu llamado.

En los siguientes días consideraremos muchos de esos privilegios, incluida tu unión con Cristo, el acceso a Dios, el papel sacerdotal, la seguridad espiritual, las elecciones, el dominio y la herencia. Las implicaciones de todos ellos son asombrosas y deberían ser una fuente de gran alegría y acción de gracias a medida que las estudies en la Palabra de Dios.

Sugerencias para la oración: Agradece a Dios por el privilegio de ser hijo suyo.
⊙ Ora para que te fortalezca y te anime con las verdades que aprendas en estos estudios.
⊙ Cualesquiera sean tus circunstancias, aprende a enfocarte en la gloria y la gracia de Dios, permitiendo continuamente que llene tu corazón con alabanza y adoración.

Para un estudio más profundo: Lee 1 Pedro 1:3-9 y 2:4-10. Haz una lista de los privilegios espirituales que Pedro menciona.

Notas: _____

_____

_____

VEN A CRISTO

«[Cristo] piedra viva» (1 Pedro 2:4).

⤙ ⊙ ⤚

Jesucristo es la fuente de todos los privilegios espirituales.

Muchos cristianos hablan de la salvación como el acto de «venir a Cristo». Esa es una descripción bíblica y precisa, porque Jesús mismo dijo: «Venid a mí todos los que estáis trabajados y cargados, y yo os haré descansar» (Mateo 11:28); «Yo soy el pan de vida; el que a mí viene, nunca tendrá hambre; y el que en mí cree, no tendrá sed jamás» (Juan 6:35); «¡Si alguno tiene sed, venga a mí y beba!» (Juan 7:37). Todas estas son metáforas de la salvación.

Venir a Cristo inicia todos tus privilegios espirituales porque en Él, «todas las cosas que pertenecen a la vida y a la piedad nos han sido dadas por su divino poder» (2 Pedro 1:3). Pablo dijo: «Bendito sea el Dios y Padre de nuestro Señor Jesucristo, que nos bendijo con toda bendición espiritual en los lugares celestiales en Cristo» (Efesios 1:3).

La palabra griega traducida como «venir» en 1 Pedro 2:4 transmite más que dirigirse inicialmente a Cristo para obtener salvación. Implica permanecer con Él. En la traducción griega del Antiguo Testamento, esta palabra se usó para referirse a aquellos que se acercaban a Dios a adorarlo de forma continua. También se usaba para los prosélitos gentiles, aquellos que optaron por identificarse con el pueblo de Dios.

Cuando viniste a Cristo, se estableció una relación permanente de comunión íntima y personal. Antes de eso, eras rebelde con Dios, no tenías esperanza y estabas alejado de las promesas divinas. Ahora has nacido de nuevo para una esperanza viva, moras en Él y en su Palabra, y tienes maravillosos privilegios espirituales.

En efecto, eres una persona privilegiada, y el mayor de esos privilegios es tu relación personal con el propio Cristo. Continúa acercándote a Él hoy a través de la oración y la adoración.

Sugerencias para la oración: Dile a Jesús cuánto lo amas y cómo deseas que tu relación con Él sea todo lo que debe ser.

Para un estudio más profundo: Lee Efesios 2:1-22.
- ¿Cómo describió Pablo nuestra condición espiritual antes de la salvación?
- ¿Cómo se reconcilian los pecadores con Dios?
- ¿Qué analogía usó Pablo para describir nuestra relación como cristianos con Jesucristo?

Notas: _____

_____

_____

_____

DÍA 185

CRISTO: LA PIEDRA VIVA

«[Cristo] piedra viva» (1 Pedro 2:4).

❧ ◉ ❧

*Jesús es la única fuente de vida eterna y el fundamento
sobre el cual se construye la iglesia.*

La descripción que hace Pedro de Cristo como una «piedra viva» es paradójica porque las piedras no tienen vida. De hecho, a veces nos referimos a algo como que es una «piedra muerta». Sin embargo, el simbolismo de Pedro es profundo puesto que incorpora hermosamente tres realidades acerca de Cristo.

Primero, Jesús es el tan esperado Mesías judío. El Antiguo Testamento se refería al Mesías como una «piedra» y Pedro incorporó esos textos al describir a Jesús en 1 Pedro 2:6-8: «He aquí que yo he puesto en Sion por fundamento una piedra, piedra probada, angular, preciosa, de cimiento estable; el que creyere, no se apresure» (Isaías 28:16); «La piedra que desecharon los edificadores ha venido a ser cabeza del ángulo» (Salmos 118:22); y «por piedra para tropezar, y por tropezadero para caer» (Isaías 8:14). El paralelo es obvio y sería especialmente significativo para los lectores judíos de Pedro. Las expectativas de los judíos piadosos a lo largo de la historia se cumplieron en Cristo. ¡Dios había mantenido su promesa de enviar al Mesías!

Segundo, Jesús es una «piedra» en la que Él es el punto focal de su casa espiritual, la iglesia. La palabra griega traducida como «piedra» en el versículo 4 a veces se refiere a las piedras usadas en los proyectos de construcción. Eran cortadas y cinceladas para encajar perfectamente en un lugar específico y eran prácticamente inmovibles. Jesús no solo es una piedra; es la piedra angular, que es la más importante en todo el edificio. De Él, la iglesia toma su simetría espiritual.

Por último, Jesús está «vivo». Esa es una descripción apropiada porque todo lo que Pedro dijo en esta epístola se basa en el hecho de que Jesús está vivo. Esa es la esperanza del creyente y la base de todos los privilegios espirituales que tú tienes. «[Dios] nos hizo renacer para una esperanza *viva*, por la resurrección de Jesucristo de los muertos» (1 Pedro 1:3, énfasis agregado).

Es curioso que la traducción literal de 1 Pedro 2:4 sea: «[Cristo] piedra viva, desechada ciertamente por los hombres, mas para Dios escogida y preciosa». Cristo es la única piedra, piedra que posee vida. Todo el que viene a Él recibe vida eterna (cf. 1 Juan 5:11).

Sugerencias para la oración: Alaba al Señor por su carácter inmutable y sus promesas irrevocables.

Para un estudio más profundo: Lee Hechos 2:22-47.
- ◉ ¿Cuál fue el punto central del sermón de Pedro?
- ◉ ¿Cómo respondió la gente a su predicación?
- ◉ ¿Cuántas personas fueron bautizadas?
- ◉ ¿Cuáles fueron algunas de las actividades de la iglesia primitiva?

Notas:

CRISTO: LA PRECIOSA PIEDRA ANGULAR

*«[Cristo] piedra viva, desechada ciertamente por los hombres,
mas para Dios escogida y preciosa» (1 Pedro 2:4).*

⋙ ⊙ ⋘

***La visión de Dios acerca de Cristo es la única
norma precisa para medir el valor de Él.***

Una vez leí sobre una conversación en el Museo del Louvre en París. Uno de los curadores del museo, un hombre con gran aprecio por el arte, escuchó por casualidad a dos hombres discutiendo sobre una obra maestra. Uno de ellos le dijo al otro: «Esa pintura no parece muy valiosa». El curador, sintiéndose obligado a responder a la declaración del hombre, le dijo: «Estimado señor, permítame interrumpirlos, esa pintura no está a prueba. Su valor ya se determinó. La desaprobación suya simplemente demuestra la fragilidad de su capacidad para calcular el valor».

Del mismo modo, Jesús no está a prueba ante los hombres; al contrario, los hombres lo están ante Él. Él ya fue aprobado por el Padre. Aquellos que lo desprecian arrogantemente como indigno de su devoción solo comprueban su incapacidad para reconocer el tesoro más preciado de todos.

Pedro dijo: «Por lo cual también contiene la Escritura: He aquí, pongo en Sion la principal piedra del ángulo, escogida, preciosa; y el que creyere en él, no será avergonzado. Para vosotros, pues, los que creéis, él es precioso; pero para los que no creen, la piedra que los edificadores desecharon, ha venido a ser la cabeza del ángulo; y: Piedra de tropiezo, y roca que hace caer, porque tropiezan en la palabra, siendo desobedientes; a lo cual fueron también destinados» (1 Pedro 2:6-8). Según los parámetros de Dios, Jesús es la piedra angular perfecta. Pero los líderes de Israel tenían estándares de medición defectuosos. Lo inspeccionaron de cerca, pero lo rechazaron porque no se ajustaba a lo que definían como Salvador. Tristemente, millones de hombres y mujeres a lo largo de la historia han seguido su ejemplo.

Cuando hables con otros acerca de Cristo, muchos lo evaluarán con un parámetro incorrecto y lo rechazarán. Otros lo evaluarán según el estándar de Dios y lo encontrarán precioso sin medida. En cualquier caso, sé un testigo fiel, sabiendo que algún día su valor absoluto será proclamado por todos (Filipenses 2:10-11).

Sugerencias para la oración: Haz una lista de los atributos de Cristo que sean especialmente significativos para ti. Usa cada atributo como punto central de tu oración y tu adoración.

Para un estudio más profundo: Lee Hechos 4:1-13, y observa cómo aplicó Pedro a los líderes judíos los principios que se encuentran en 1 Pedro 2:4-8.

Notas: _____

_____

_____

UNIÓN CON CRISTO

«Vosotros también, como piedras vivas, sed edificados como casa espiritual» (1 Pedro 2:5).

～ ⊙ ～

***Cristo es tu vida y tú eres parte integral de lo que
Él está logrando en el mundo.***

La cultura judía de la época de Pedro se centraba en el Templo de Jerusalén. Aparentemente basándose en esa imagen, Pedro usó un lenguaje vívido para enseñar que Dios ya no habita en una casa terrenal, material, temporal, sino en una espiritual. Cristo es la piedra angular y la casa espiritual que está construyendo está compuesta de creyentes individuales.

Esa analogía nos presenta el primer privilegio espiritual que disfrutan los cristianos: la unión con el propio Cristo. Eso hace que el cristianismo sea completamente único entre las religiones. No se dice que los budistas están en Buda; los musulmanes no están en Mahoma, ni siquiera en Alá; un confuciano no está en Confucio. Solo los cristianos están unidos y reciben su vida espiritual del objeto de su adoración.

Cuando viniste a Cristo, la piedra viva, te convertiste en una piedra viviente. Posees su vida resucitada y tienes donde sacar sus recursos espirituales. A eso se refería Pedro cuando dijo que «por medio de las cuales nos ha dado preciosas y grandísimas promesas, para que por ellas llegaseis a ser participantes de la naturaleza divina, habiendo huido de la corrupción que hay en el mundo a causa de la concupiscencia» (2 Pedro 1:4).

Efesios 2:19-22 agrega: «Así que ya no sois extranjeros ni advenedizos, sino conciudadanos de los santos, y miembros de la familia de Dios, edificados sobre el fundamento de los apóstoles y profetas, siendo la principal piedra del ángulo Jesucristo mismo, en quien todo el edificio, bien coordinado, va creciendo para ser un templo santo en el Señor; en quien vosotros también sois juntamente edificados para morada de Dios en el Espíritu». Cristo es la piedra angular de la iglesia, construida sobre la base de la verdad bíblica, que es la revelación divina dada por medio de los apóstoles y profetas. ¡Regocíjate con el privilegio de estar unido con Cristo y aprender de su Palabra!

Sugerencias para la oración: Agradécele a Dios por escogerte como una de sus piedras espirituales. Busca su sabiduría y su gracia a fin de vivir cada día para su gloria.

Para un estudio más profundo: Lee Hechos 17:24, 1 Timoteo 3:15 y Hebreos 3:6, y observa lo que esos pasajes enseñan acerca de la casa espiritual de Dios.

Notas: _____

ACCESO A DIOS

«Vosotros … como casa espiritual… y sacerdocio santo, para ofrecer sacrificios espirituales aceptables a Dios por medio de Jesucristo» (1 Pedro 2:5).

La muerte de Cristo proporcionó acceso al Padre para todos los creyentes.

A lo largo de la historia, los dioses falsos han sido retratados como remotos, indiferentes y apáticos a las necesidades humanas y casi siempre inalcanzables por las masas. Es posible que un hombre intente apaciguar a sus ídolos, pero carece de la capacidad y el deseo de acercarse a ellos.

Aun en los tiempos del Antiguo Testamento, aquellos que adoraban al verdadero Dios tenían acceso limitado a Él. El judío promedio podía comunicarse con Dios a través de la oración, pero tenía prohibido acercársele físicamente. Únicamente al sumo sacerdote se le permitía entrar en la presencia de Dios en el Lugar Santísimo, pero solo una vez al año, en el Día de la Expiación. Incluso entonces tenía que someterse a un lavamiento ceremonial y ofrecer un sacrificio por su propio pecado. Si no se preparaba adecuadamente, podía perder la vida.

Cualquiera que se atreviera a usurpar el oficio de un sacerdote también corría el riesgo de ser castigado severamente por Dios. El rey Azarías (también llamado Uzías) estaba afligido con lepra, el linaje del rey Saúl estaba maldito, y Coré y sus seguidores rebeldes fueron destruidos cuando la tierra se abrió y se los tragó.

Sin embargo, nosotros como cristianos disfrutamos de acceso ilimitado al Padre a través de Jesucristo. Hebreos 10:19-22 dice: «Así que ya no sois extranjeros ni advenedizos, sino conciudadanos de los santos, y miembros de la familia de Dios, edificados sobre el fundamento de los apóstoles y profetas, siendo la principal piedra del ángulo Jesucristo mismo, en quien todo el edificio, bien coordinado, va creciendo para ser un templo santo en el Señor; en quien vosotros también sois juntamente edificados para morada de Dios en el Espíritu».

Como miembro del real sacerdocio de Dios, puedes acercarte a Él con confianza, sabiendo que te ama y que te da la bienvenida a su presencia tanto como acoge a su propio Hijo. Aprovecha al máximo ese acceso comunicándote con Él en oración y ofreciéndote cada día como un sacrificio espiritual a Él.

Sugerencias para la oración: Alaba a Jesús por derramar su preciosa sangre para que podamos tener acceso al Padre.

⊙ Alaba al Padre por ser un Dios personal y accesible.

Para un estudio más profundo: Lee Éxodo 19.

⊙ ¿Qué le dijo Dios a Moisés?

⊙ ¿Para qué se preparaban las personas?

⊙ ¿Era Dios accesible a la gente?

Notas: _____

_____

TU SERVICIO SACERDOTAL

«Vosotros … como casa espiritual… y sacerdocio santo, para ofrecer sacrificios espirituales aceptables a Dios por medio de Jesucristo» (1 Pedro 2:5).

⤙ ⊙ ⤚

Los cristianos comparten características espirituales comunes con los sacerdotes del Antiguo Testamento.

Pedro identificó a los creyentes como sacerdotes santos, pero muchos cristianos realmente no saben lo que eso significa puesto que los sacerdotes no son parte de nuestra cultura como un todo.

El propósito principal del sacerdote del Antiguo Testamento era ofrecer sacrificios aceptables a Dios en nombre del pueblo. Los sacerdotes eran elegidos por el propio Dios, especialmente limpiados mediante ceremonias prescritas, vestidos de una manera predeterminada y ungidos con aceite como símbolo del Espíritu de Dios sobre ellos. Se esperaba que obedecieran a Dios, amaran su Palabra y caminaran con Él.

Los sacerdotes fieles impactaban de manera positiva tanto a los creyentes como a los incrédulos. Malaquías 2:6 dice que «a muchos hizo apartar de la iniquidad». El versículo 7 agrega que «los labios del sacerdote han de guardar la sabiduría, y de su boca el pueblo buscará la ley; porque mensajero es de Jehová de los ejércitos».

Esas calificaciones son extensivas a los cristianos, a quienes Dios considera como los únicos verdaderos sacerdotes. Fuiste elegido por Él desde antes de la fundación del mundo y fuiste limpiado por el lavamiento de la regeneración y la renovación por el Espíritu Santo. Estás vestido con la justicia de Cristo y ungido por el Espíritu Santo. Tu propósito es «ofrecer sacrificios espirituales aceptables a Dios por medio de Jesucristo» (1 Pedro 2:5).

La Escritura te dice, por lo tanto, que presentes tu cuerpo «en sacrificio vivo, santo, agradable a Dios» (Romanos 12:1). La obediencia, el amor a la Palabra y la comunión con Dios deben caracterizar tu vida; tanto los santos como los pecadores deberían ver a Cristo en ti y verse influidos por lo que ven.

El sacerdocio de los creyentes es un llamamiento elevado y santo al que nadie se ajusta sino es por la gracia y el poder de Dios. Pero ten la seguridad de que el que te llamó cumplirá su gran propósito en ti. Comprométete con ese objetivo todos los días a la vez que te apoyas en sus recursos y confías en su suficiencia.

Sugerencias para la oración: Agradece a Dios por el sacerdocio que te ha confiado. Pídele que te use hoy para influenciar a otros de manera piadosa.

Para un estudio más profundo: Lee Levítico 8 y 9, que hablan de la consagración e inauguración del sacerdocio aarónico.

Notas: _____

_____

_____

OFRECE SACRIFICIOS ESPIRITUALES

«Vosotros … como casa espiritual… y sacerdocio santo, para ofrecer sacrificios espirituales aceptables a Dios por medio de Jesucristo» (1 Pedro 2:5).

>━● ●━<

Los sacrificios espirituales son actos de alabanza y adoración ofrecidos a Dios a través de Jesucristo.

La misión principal del sacerdote hebreo era ofrecer sacrificios aceptables a Dios. Es por eso que Dios dio instrucciones detalladas sobre los tipos de sacrificios que requería. Por ejemplo, si se ofrecía un cordero, tenía que ser perfecto, sin deformidades ni imperfecciones. Además, tenía que ser sacrificado de una manera prescrita. Era una ofensa seria ofrecer sacrificios en una forma inaceptable, un error que les costó la vida a los hijos de Aarón (Levítico 10:1-2).

El sistema sacrificial del Antiguo Testamento representaba la inmolación suprema de Cristo en la cruz. Cuando Él murió, el velo que separaba el Lugar Santísimo del resto del templo se rasgó en dos, lo que significa que hay acceso personal a Dios a través de Cristo. A partir de ese momento, los sacrificios del Antiguo Testamento dejaron de tener significado. Como dijo el escritor de Hebreos: «En esa voluntad somos santificados mediante la ofrenda del cuerpo de Jesucristo hecha una vez para siempre. Y ciertamente todo sacerdote está día tras día ministrando y ofreciendo muchas veces los mismos sacrificios, que nunca pueden quitar los pecados; pero Cristo, habiendo ofrecido una vez para siempre un solo sacrificio por los pecados, se ha sentado a la diestra de Dios… porque con una sola ofrenda hizo perfectos para siempre a los santificados» (Hebreos 10:10-14).

El sacrificio de Cristo fue completo. No se necesita nada más para la salvación. Los sacrificios espirituales que los creyentes pueden ofrecer no son sacrificios por el pecado, son más bien actos de alabanza y adoración que fluyen de una vida redimida. Son el fruto de la salvación y son aceptables para Dios porque se ofrecen a través de su Hijo.

Como Jesús es el único mediador entre Dios y el hombre, tu acceso a Dios es solo por medio de Él. Todo lo que le agrada es aceptable para el Padre. Buscar su voluntad, sus planes y su reino son todos aspectos que ofrecen sacrificios espirituales aceptables. En efecto, toda tu vida debe ser un sacrificio continuo de amor y alabanza a Dios. ¡Que así sea!

Sugerencias para la oración: Cuando ores, asegúrate de que todo lo que digas y cada petición que hagas sea congruente con la voluntad de Cristo.

Para un estudio más profundo: Lee Hebreos 10:1-18, y observa cómo el sacrificio de Cristo se distinguió de los del Antiguo Testamento.

Notas: _____

_____

_____

_____

UN SACRIFICIO VIVO

«Para ofrecer sacrificios espirituales aceptables a Dios por medio de Jesucristo» (1 Pedro 2:5).

~⚬~

Cada facultad que tienes debe ser usada para la gloria de Dios.

En Romanos 12:1 Pablo ruega a los creyentes que presenten sus cuerpos a Dios como «sacrificio vivo, santo», que es un acto de alabanza apropiado y aceptable. Pero como alguien ha dicho correctamente, el problema con los sacrificios vivos es que tienden a arrastrarse fuera del altar. Eso es porque la vida de sacrificio exige disciplina espiritual y dependencia constante del Espíritu Santo. Nosotros como cristianos no siempre estamos dispuestos a hacer eso.

Según Pablo, la motivación y la capacidad de sacrificio propio se encuentran en las misericordias que ya hemos experimentado en Cristo. En Romanos 1 a 11 él menciona varias de estas, incluyendo el amor, la gracia, la paz, la fe, el consuelo, el poder, la esperanza, la paciencia, la amabilidad, la gloria, la honra, la justicia, el perdón, la reconciliación, la justificación, la seguridad, la vida eterna, la libertad, la resurrección, la filiación, la intercesión y el Espíritu Santo. Debido a que has recibido todo eso, deberías rendir con gusto cada facultad que tienes a los propósitos sagrados.

«Cuerpo» en Romanos 12:1 también incluye tu mente, porque el versículo 2 dice: «No os conforméis a este siglo, sino transformaos por medio de la renovación de vuestro entendimiento, para que comprobéis cuál sea la buena voluntad de Dios, agradable y perfecta». Una mente transformada es la clave del comportamiento transformado.

Antes de tu salvación, no tenías ni el deseo ni la capacidad de hacer tal sacrificio. Pero debido a que eres una nueva creación en Cristo, no debes presentar «vuestros miembros al pecado como instrumentos de iniquidad, sino presentaos… como instrumentos de justicia» (Romanos 6:13) para Dios. Una implicación práctica de esto es abstenerse de la inmoralidad sexual. «Que cada uno de vosotros sepa tener su propia esposa en santidad y honor» (1 Tesalonicenses 4:3-4).

Eres un sacerdote santo y tu trabajo sacerdotal comienza con presentarte a ti mismo como un sacrificio vivo y santo. ¿Es ese tu deseo? ¿Eres un sacerdote fiel?

Sugerencias para la oración: Agradece a Dios por sus abundantes misericordias contigo.
⊙ Conságrate este día a Él, pidiéndole gracia para llevar una vida santa.

Para un estudio más profundo: Lee Romanos 6.
⊙ ¿Qué opciones tienes como creyente que no tienes como incrédulo?
⊙ ¿Cuál es el beneficio de ser esclavo de Dios?

Notas: _____

_____

_____

_____

EL SACRIFICIO DE ALABANZA

*«Para ofrecer sacrificios espirituales aceptables a
Dios por medio de Jesucristo» (1 Pedro 2:5).*

La alabanza consiste en recitar los atributos de Dios y sus obras poderosas.

«Alabado sea el Señor» es una expresión común hoy. Algunos la ven como un eslogan contagioso, otros la comercializan y aun otros la usan para concluir sus espectáculos. Pero a pesar de tales intentos por trivializarla, la frase alabado sea el Señor y el hecho mismo siguen siendo la expresión de amor y gratitud del creyente a un Dios que ha sido abundantemente amable con él. Ese fue el clamor del corazón de David cuando dijo: «Bendeciré a Jehová en todo tiempo; su alabanza estará de continuo en mi boca. En Jehová se gloriará mi alma; lo oirán los mansos, y se alegrarán. Engrandeced a Jehová conmigo, y exaltemos a una su nombre» (Salmos 34:1-3). ¡Esa será la canción de los creyentes por la eternidad!

Dios desea y merece tu alabanza. Es por eso que Hebreos 13:15 dice: «Así que, ofrezcamos siempre a Dios, por medio de él, sacrificio de alabanza, es decir, fruto de labios que confiesan su nombre». Pero, ¿qué es alabanza? ¿Simplemente estar diciendo «alaba al Señor» una y otra vez, o es más que eso?

Dos aspectos de la alabanza son obvios en las Escrituras. Primero, recita los atributos de Dios. Ese era el medio típico de alabanza en el Antiguo Testamento. Por ejemplo, el Salmo 104 dice: «Jehová Dios mío, mucho te has engrandecido; te has vestido de gloria y de magnificencia. El que se cubre de luz como de vestidura, que extiende los cielos como una cortina» (vv. 1-2).

El segundo aspecto de la alabanza es que recita las obras de Dios. El Salmo 107:21-22 dice: «Alaben la misericordia de Jehová, y sus maravillas para con los hijos de los hombres; ofrezcan sacrificios de alabanza, y publiquen sus obras con júbilo».

Alabar implica recitar los atributos de Dios con un corazón amoroso, dándole honra y reverencia por lo que es. También implica recitar lo que ha hecho en nombre de su pueblo. Tu alabanza debe seguir el mismo patrón, por lo que será un sacrificio espiritual aceptable para tu amoroso Dios.

Sugerencias para la oración: Lee el Salmo 103 como una oración de alabanza a Dios.

Para un estudio más profundo: Las Escrituras mencionan otros sacrificios espirituales que los creyentes deben ofrecer. Lee Romanos 15:16; Efesios 5:2; Filipenses 4:10-18; Hebreos 13:16 y Apocalipsis 8:3, y observa cuáles son esos sacrificios.

Notas: _____

_____

_____

_____

SEGURIDAD EN CRISTO

«Por lo cual también contiene la Escritura: He aquí, pongo en Sion la principal piedra del ángulo, escogida, preciosa; y el que creyere en él, no será avergonzado» (1 Pedro 2:6).

>═══ ◉ ═══

Cristo es el cumplimiento de todas las promesas mesiánicas y en Él estás eternamente seguro.

Primera de Pedro 2:6 es una paráfrasis de Isaías 28:16, que dice: «Por tanto, Jehová el Señor dice así: He aquí que yo he puesto en Sion por fundamento una piedra, piedra probada, angular, preciosa, de cimiento estable; el que creyere, no se apresure». Isaías estaba hablando del Mesías, el venidero Cristo de Dios. Pedro, escribiendo bajo la inspiración del Espíritu Santo, aplicó la profecía de Isaías a Jesús.

En la profecía de Isaías, «Sion» se refiere a Jerusalén, que se encuentra en lo alto del Monte Sion. Este monte a veces se usa figuradamente en las Escrituras para referirse al Nuevo Pacto de la gracia, mientras que el Monte Sinaí representa el Antiguo Pacto de la ley. Isaías estaba diciendo que Dios establecería al Mesías como la piedra angular de su templo del Nuevo Pacto, la iglesia.

La analogía de los creyentes como piedras y Cristo como la piedra angular tendría un gran significado para el pueblo judío. Cuando se construyó el Templo de Jerusalén, las piedras utilizadas en su construcción se seleccionaron, cortaron y moldearon en la cantera de acuerdo a planes precisos (1 Reyes 6:7). Solo entonces fueron llevados al sitio de construcción y puestos en su lugar. La más importante era la piedra angular, a la cual los diversos ángulos del edificio debían ajustarse. Dios usó un proceso similar para construir su Templo del Nuevo del Pacto. Sus piedras (creyentes individuales) son elegidas y moldeadas por el Espíritu Santo para que encajen en el plan maestro de Dios para la iglesia. Jesús mismo es la piedra angular preciosa, escogida y preparada especialmente por el Padre para ser el parámetro al cual todos los demás se conformen. Él es el cumplimiento de todas las promesas mesiánicas y aquel en quien puedes confiar sin temor a decepcionarte. Eso significa que estás ¡seguro en Él!

Vive hoy con la confianza de que Cristo no ha de fallar. Él siempre logrará sus propósitos.

Sugerencias para la oración: Alaba a Dios por cumplir sus promesas y por darte seguridad en Cristo.

Para un estudio más profundo: Lee Gálatas 4:21-31.
- ⊙ ¿Quién era la esclava y qué representaba?
- ⊙ ¿A quién comparó Pablo con los creyentes?

Notas: _____
_____
_____
_____

AMA A CRISTO

«Para vosotros, pues, los que creéis, él es precioso» (1 Pedro 2:7).

El amor por Cristo es la característica principal de un verdadero creyente.

En primera de Pedro 2:7 se habla del afecto del creyente por Cristo en contraste con el rechazo del incrédulo hacia Él. La primera parte de ese verso podría ser traducido: «Para ustedes que creen, Él es precioso». «Precioso» significa «valioso», «costoso», «sin igual» o «irremplazable». Cristo es todo eso, pero solo los creyentes reconocen su valor supremo y lo consideran con afecto.

El afecto por Cristo es la característica fundamental de los verdaderos creyentes. Creer en Él y amarlo son dos cosas inseparables. En Juan 16:27 Jesús dice: «El Padre mismo os ama, porque vosotros me habéis amado, y habéis creído que yo salí de Dios». En Mateo 10:37 afirma: «El que ama a padre o madre más que a mí, no es digno de mí; el que ama a hijo o hija más que a mí, no es digno de mí». Los creyentes tienen un amor irresistible y convincente por Cristo.

A sus antagonistas, Jesús les dijo: «Si vuestro padre fuese Dios, ciertamente me amaríais» (Juan 8:42). Cualquiera que realmente ame a Dios, amará a Cristo. Los antagonistas afirmaban que eran hijos de Dios, pero su engaño se reveló cuando intentaron matar a Jesús por predicar la verdad divina. De hecho, eran hijos del diablo (v. 44).

En Juan 14, Jesús agrega: «Si me amáis, guardad mis mandamientos … El que tiene mis mandamientos, y los guarda, ése es el que me ama; y el que me ama, será amado por mi Padre, y yo le amaré, y me manifestaré a él … El que me ama, mi palabra guardará; y mi Padre le amará, y vendremos a él, y haremos morada con él. El que no me ama, no guarda mis palabras» (vv. 15, 21, 23-24).

Muchas personas están confundidas en cuanto a lo que significa ser cristiano. Pero tienes el privilegio de aclarar el problema a medida que estimas a Cristo, lo amas profundamente y demuestras su amor al obedecer su Palabra. Que Dios te bendiga abundantemente mientras persigues ese objetivo hoy.

Sugerencias para la oración: Pídele a Dios que te dé oportunidades para demostrar el amor de Cristo en maneras específicas a quienes te rodean.

Para un estudio más profundo: Lee 1 Juan 4:7—5:3.
- ¿Cómo caracterizó Juan a Dios?
- ¿Qué efecto debe tener tu amor a Dios en tus relaciones con los demás?
- ¿Cómo definió Juan el amor?

Notas: _____

_____

_____

_____

EL RECHAZO A CRISTO

«Para vosotros, pues, los que creéis, él es precioso; pero para los que no creen, la piedra que los edificadores desecharon, ha venido a ser la cabeza del ángulo; y: Piedra de tropiezo, y roca que hace caer, porque tropiezan en la palabra, siendo desobedientes; a lo cual fueron también destinados» (1 Pedro 2:7-8).

⤙ ⊙ ⤚

Rechazar a Cristo lleva a la condenación espiritual.

Israel fue una nación única, elegida por Dios para ser guardián de su Palabra y proclamador de su Reino. El Antiguo Testamento registra su cuidado milagroso y providencial con ella a lo largo de los siglos; los profetas hablaron de el que vendría como su gran Libertador. Israel esperó ansiosamente al Mesías prometido.

Pero la historia tiene un final sorpresivo. En la persona de Jesucristo, el Mesías finalmente vino y se presentó a Israel. Los líderes religiosos lo examinaron cuidadosamente, midiéndolo en todo lo que pudieron. Pero no encajó en el plano de ellos. Esperaban un Mesías reinante y político que los liberara de la opresión romana en un abrir y cerrar de ojos. No sentían la necesidad de un libertador espiritual, por lo que lo rechazaron y lo hicieron a un lado como una piedra sin valor.

Esa piedra angular rechazada es preciosa para los creyentes, pero sigue siendo «piedra de tropiezo, y roca que hace caer» para los incrédulos. Una «piedra de tropiezo» era una con la que alguien tropezaba mientras iba por un camino. La «roca que hace caer» era una lo suficientemente grande como para aplastar a una persona. El punto es que rechazar a Cristo trae devastación espiritual de enormes proporciones.

Todos los que rechazan a Cristo lo hacen porque son desobedientes a la Palabra. La rebelión contra la Palabra escrita conduce inevitablemente al rechazo de la Palabra viviente. De tales personas, Pedro dijo: «Tropiezan en la palabra, siendo desobedientes; a lo cual fueron también destinados» (v. 8). No fueron designados para rechazar a Cristo sino para recibir el juicio que exige su rechazo. Esa es una realidad aterradora que debería motivarte a aprovechar cada oportunidad para evangelizar a los perdidos.

Sugerencias para la oración: Si tienes familiares o amigos que rechazan a Cristo, ora por ellos con frecuencia y pide a Dios que les conceda la fe salvadora.

Para un estudio más profundo: Lee Romanos 9:30—10:17, señalando el falso estándar de justicia de Israel y la oración de Pablo por su salvación.

Notas: _____

ESCOGIDOS EN CRISTO

«Mas vosotros sois linaje escogido» (1 Pedro 2:9).

La elección es el privilegio espiritual del cual fluyen todos los demás.

A diferencia de aquellos que están destinados a la destrucción debido a que rechazan a Cristo (1 Pedro 2:8), los cristianos son una clase de personas elegidas, unidas por la gracia redentora de Dios. ¡Eso es motivo de gran celebración!

Primera de Pedro 2:8 es una alusión a Deuteronomio 7:6-9, que dice: «Porque tú eres pueblo santo para Jehová tu Dios; Jehová tu Dios te ha escogido para serle un pueblo especial, más que todos los pueblos que están sobre la tierra. No por ser vosotros más que todos los pueblos os ha querido Jehová y os ha escogido, pues vosotros erais el más insignificante de todos los pueblos; sino por cuanto Jehová os amó, y quiso guardar el juramento que juró a vuestros padres, os ha sacado Jehová con mano poderosa, y os ha rescatado de servidumbre, de la mano de Faraón rey de Egipto. Conoce, pues, que Jehová tu Dios es Dios, Dios fiel, que guarda el pacto y la misericordia a los que le aman y guardan sus mandamientos, hasta mil generaciones».

Al igual que Israel, la iglesia es la comunidad de Dios redimida, «elegida según la presciencia de Dios Padre en santificación del Espíritu» (1 Pedro 1:1-2). Antes de la fundación del mundo, Dios colocó su amor sobre ti, luego te trajo a su reino concediéndote gracia salvadora. Esa es la doctrina de la elección.

Muchas personas malinterpretan la elección, pero es una doctrina maravillosa que brinda beneficios extraordinarios. Exalta a Dios al mostrar su amor y su gracia a los pecadores miserables. Elimina el orgullo al afirmar que eres totalmente dependiente de la gracia de Dios. Promueve tal gratitud en tu corazón que anhelas vivir en santidad y servirle a cualquier precio. También te da alegría y fortaleza, al saber que Dios nunca te dejará ir y que sus propósitos se cumplirán en ti. De modo que puedes enfrentar cualquier desafío con la mayor confianza en sus disposiciones.

Regocíjate en tu elección. Adora a Dios y cédele la dirección a su Espíritu, de modo que al elegirte lo haga evidente a todos los que te conocen.

Sugerencias para la oración: ¿Qué significado tiene para ti el privilegio espiritual de ser elegido por Dios? Expresa tu respuesta a Dios en oración, agradeciéndole por su maravillosa gracia.

Para un estudio más profundo: Lee Romanos 5. ¿Qué beneficios de la elección menciona Pablo?

Notas: _____

_____

_____

_____

DIFUNDE EL DOMINIO DE CRISTO

«Mas vosotros sois ... real sacerdocio» (1 Pedro 2:9).

Los cristianos sirven al Rey y algún día gobernarán con Él en su reino.

En Éxodo 19:5-6 Dios le dice a Israel: «Ahora, pues, si diereis oído a mi voz, y guardareis mi pacto, vosotros seréis mi especial tesoro sobre todos los pueblos; porque mía es toda la tierra. Y vosotros me seréis un reino de sacerdotes, y gente santa». Debían ser tanto sacerdotes como miembros de la realeza, pero violaron el pacto y perdieron esos privilegios. Ahora, según Pedro, los cristianos son el real sacerdocio de Dios.

La palabra griega traducida como «real» en 1 Pedro 2:8, se usaba para referirse a un palacio real, a soberanía, a corona o a monarquía. En este contexto, se refiere a la realeza en general. Hablamos de la casa real de Inglaterra o Francia, lo que significa que no es un edificio sino una esfera de poder. Lo mismo sucede con la «casa espiritual» de Dios (v. 5). Los creyentes sirven al Rey y también reinarán con Él en su esfera de dominio.

Eso se afirma en otras partes de la Escritura. En el libro de Apocalipsis leemos: «Nos has hecho para nuestro Dios reyes y sacerdotes, y reinaremos sobre la tierra» (Apocalipsis 5:10); y «Bienaventurado y santo el que tiene parte en la primera resurrección; la segunda muerte no tiene potestad sobre éstos, sino que serán sacerdotes de Dios y de Cristo, y reinarán con él mil años» (Apocalipsis 20:6).

Tu posición real tiene algunas implicaciones prácticas para la forma en que vives cada día. Por ejemplo, al tratar el problema del litigio entre cristianos, Pablo dijo: «¿Osa alguno de vosotros, cuando tiene algo contra otro, ir a juicio delante de los injustos, y no delante de los santos? ¿O no sabéis que los santos han de juzgar al mundo? Y si el mundo ha de ser juzgado por vosotros, ¿sois indignos de juzgar cosas muy pequeñas? ¿O no sabéis que hemos de juzgar a los ángeles? ¿Cuánto más las cosas de esta vida?» (1 Corintios 6:1-3).

No olvides nunca quién eres en Cristo ni permitas que el pecado o el mundo te distraigan de tu función sacerdotal.

Sugerencias para la oración: Memoriza 1 Timoteo 4:12. Pídele a Dios que te haga un mejor ejemplo de alguien que representa su real sacerdocio.

Para un estudio más profundo: Lee Génesis 14:18-20 y Hebreos 7:1-17. ¿Quién era Melquisedec y qué tenía de especial su sacerdocio?

Notas: _____

_____

_____

_____

_____

_____

APARTADO PARA DIOS

«Mas vosotros sois … nación santa» (1 Pedro 2:9).

～●～

***La santidad implica la frecuencia decreciente del pecado
y la frecuencia creciente de la rectitud.***

Los cristianos son una nación santa, un pueblo separado del pecado y el infierno para una relación íntima con Dios. Originalmente Israel era la nación santa de Dios, pero debido a la incredulidad perdió ese privilegio. Ahora la iglesia, que consiste de judíos y gentiles, es su pueblo único y lo seguirá siendo hasta que la nación de Israel se arrepienta y reciba a su Mesías cuando regrese (Zacarías 12:10).

La santidad bíblica (o santificación) a menudo se entiende mal, pero no debe ser así. Cuando el Espíritu Santo te liberó del dominio de la oscuridad y te transfirió al reino de Cristo, te convertiste en su posesión especial. Eso no significa que seas impecablemente perfecto, pero sí que ya no eres esclavo del pecado, del demonio ni de la muerte. Esa es la santificación *posicional*. La santificación *práctica* es la frecuencia decreciente del pecado y la frecuencia creciente de la rectitud a medida que progresas en tu trayecto cristiano.

La santificación no debe confundirse con falsos estándares de santidad, adoptados por aquellos que —como los fariseos— intentan ser santos por medios externos o que —como los estoicos—, tienen una devoción desapasionada al deber o que —como los monjes— se aíslan a sí mismos del mundo o quienes —como los sicólogos casi cristianos—, reemplazan la santificación con la introspección, el autoanálisis y la mejora de la autoimagen.

La verdadera santidad comienza con un amor por Cristo. Eso es lo que te impulsa a una mayor santificación.

Pedro dijo que fuiste «elegido según la presciencia de Dios Padre en santificación del Espíritu» (1 Pedro 1:1-2). El propio Cristo se convirtió en nuestra «sabiduría, justificación, santificación y redención» (1 Corintios 1:30). En Él fuiste salvo, lo cual es el inicio de la santificación y en Él tienes todos los recursos necesarios para progresar en santidad.

Sugerencias para la oración: Agradece a Dios por su santidad posicional en Cristo, porque por ella eres perfecto a los ojos de Dios.

⊙ Agradécele por el poder del Espíritu en tu vida, que te permite vivir de una manera que le agrada.

Para un estudio más profundo: ¿Qué dicen los siguientes pasajes sobre la santificación? Hechos 15:7-9; 1 Tesalonicenses 4:3; Hebreos 10:14; 1 Pedro 1:15-16.

Notas: _____

_____

_____

_____

ADQUIRIDO POR DIOS

«Mas vosotros sois … pueblo adquirido por Dios» (1 Pedro 2:9).

⌇ ⊙ ⌇

Como Dios pagó el precio por redimirte, le perteneces.

Cuando Jesús dijo: «Yo soy el buen pastor; y conozco mis ovejas, y las mías me conocen» (Juan 10:14), afirmó una verdad que ha sido especialmente querida para mí desde los primeros años de mi educación teológica. Uno de los gratos recuerdos de mis días en el seminario es cuando me sentaba en la capilla y cantaba el himno del compositor del siglo diecinueve Wade Robinson: «Soy suyo y Él es mío». Puede que nunca comprenda completamente las profundidades de lo que significa pertenecer a Cristo, pero siempre me gloriaré en ello.

La palabra griega traducida como «posesión» en 1 Pedro 2:8 significa «comprar» o «adquirir por precio». Pablo la usó en Efesios 1:14 para hablar de «la redención de la posesión de Dios». Todos son suyos por creación, pero nosotros como cristianos somos exclusivamente suyos porque Él pagó el precio para redimirnos de la esclavitud del pecado y de la muerte.

La propiedad de Dios en cuanto a los creyentes destaca en toda la Escritura. Pablo amonestó a los ancianos a «apacentar la iglesia del Señor, la cual él ganó por su propia sangre» (Hechos 20:28). Él les dijo a los corintios: «¿O ignoráis que vuestro cuerpo es templo del Espíritu Santo, el cual está en vosotros, el cual tenéis de Dios, y que no sois vuestros? Porque habéis sido comprados por precio; glorificad, pues, a Dios en vuestro cuerpo y en vuestro espíritu, los cuales son de Dios» (1 Corintios 6:19-20). Tito 2:14 dice que Cristo «se dio a sí mismo por nosotros para redimirnos de toda iniquidad y purificar para sí un pueblo propio, celoso de buenas obras». Isaías 43:21 dice: «Este pueblo he creado para mí; mis alabanzas publicará». Ese era el propósito de Israel y el tuyo también. Dios te eligió como su propia posesión y te dio a su Hijo para comprar tu salvación. Tú eres suyo eternamente; ¡así que vive consecuentemente y regocíjate en ese privilegio tan glorioso!

Sugerencias para la oración: Haz que alabar a Dios abundantemente sea tu práctica por el solo privilegio de pertenecer a Él.

Para un estudio más profundo: Lee Juan 10:1-33.

- ⊙ ¿Qué caracteriza al buen Pastor?
- ⊙ ¿Qué dijo Jesús acerca de su relación con Dios el Padre?
- ⊙ ¿Cómo reaccionaron los líderes judíos a sus enseñanzas?

Notas: _____

_____

_____

_____

ILUMINADO POR EL ESPÍRITU

«Para que anunciéis las virtudes de aquel que os llamó de las
tinieblas a su luz admirable» (1 Pedro 2:9).

━━ ⊙ ━━

Dios te ha concedido la capacidad de comprender la verdad y vivir consecuentemente.

En el ámbito natural, la oscuridad puede ser algo debilitante y aterrador. Se cuenta la historia de un misionero que estaba a bordo de un barco cierta noche oscura, cuando de repente lo despertó el frenético grito de «¡Hombre al agua!» Inmediatamente se levantó de su litera, agarró la lámpara portátil de una repisa y la sostuvo en la ventana de su cabina.

No pudo ver nada, pero a la mañana siguiente le dijeron que el destello de su lámpara a través del ojo de buey emitió la luz suficiente para permitir a los que estaban en la cubierta ver al hombre desaparecido aferrándose a una cuerda. Lo rescataron segundos antes de que su fuerza se hubiera extinguido. La luz había brillado justo a tiempo para salvar la vida de aquel hombre.

En el ámbito espiritual, la oscuridad es aun más devastadora porque representa al pecado con todas sus desastrosas consecuencias. La Primera Carta de Juan 1:5-6 dice: «Dios es luz, y no hay ningunas tinieblas en él. Si decimos que tenemos comunión con él, y andamos en tinieblas, mentimos, y no practicamos la verdad».

Los incrédulos se caracterizan por ser hijos de la oscuridad. Están esclavizados a Satanás, el príncipe de las tinieblas, que ciega sus mentes para que no vean la luz del glorioso evangelio de Cristo (2 Corintios 4:4). Ellos aman las tinieblas y rechazan la luz porque no quieren que sus malas obras sean expuestas (Juan 3:19-20).

Los cristianos, sin embargo, han sido llamados «de las tinieblas a su luz admirable» (1 Pedro 2:9). Eso se refiere a que Dios tomó la iniciativa para salvarnos. Como pecador no redimido, nunca podrías haber pasado de la oscuridad por tu cuenta porque no tenías ni la capacidad ni el deseo de hacerlo. Dios tuvo que otorgarte la gracia salvadora y la iluminación de su Espíritu para que puedas reconocer la verdad y responder en consecuencia de ello.

Ese bendito privilegio solo es conocido por los cristianos. ¡Qué alegría es no solo reconocer la verdad de Dios sino también caminar en ella diariamente!

Sugerencias para la oración: Agradece a Dios que iluminó tu mente y te permitió ver la verdad espiritual. Ora diligentemente para que los demás estén tan iluminados como tú.

Para un estudio más profundo: Lee 1 Juan 1:5—2:11. Contrasta a los hijos de la oscuridad con los de la luz.

Notas: _____

_____

_____

RECIBE COMPASIÓN

«Vosotros que en otro tiempo no erais pueblo, pero que ahora sois pueblo de Dios; que en otro tiempo no habíais alcanzado misericordia, pero ahora habéis alcanzado misericordia» (1 Pedro 2:10).

Debido a la compasión de Dios, Él retiene el justo castigo de tu pecado.

Oseas jugaba un papel único entre los profetas. Dios lo usó a él y a su esposa adúltera, Gomer, como ilustraciones vivas de su amor por el infiel Israel. Cuando Gomer dio a luz a una hija, el Señor le dijo a Oseas que le pusiera el nombre de *Lo-ruhamah,* que significa «sin piedad», porque su misericordia por Israel pronto llegaría a su fin. Cuando Gomer más tarde dio a luz a un hijo, el Señor dijo que lo llamara *Lo-ammi,* que significa «No mío», porque ya no consideraba a Israel como su pueblo. Sin embargo, ofreció esta esperanza, diciendo: «Y en el lugar en donde les fue dicho: Vosotros no sois pueblo mío, les será dicho: Sois hijos del Dios viviente» (Oseas 1:10).

En nuestra Escritura de hoy, Pedro aplicó ese texto del Antiguo Testamento a la iglesia del Nuevo Testamento, tal como Pablo lo hizo en Romanos 9:25-26: «Llamaré pueblo mío al que no era mi pueblo, y a la no amada, amada. Y en el lugar donde se les dijo: Vosotros no sois pueblo mío, allí serán llamados hijos del Dios viviente». Dios rechazó al Israel incrédulo pero extendió su compasión a cualquiera que esté dispuesto a confiar en Cristo. Es particularmente cierto que los gentiles en la iglesia no fueron el pueblo de Dios, pero ahora han recibido misericordia y son los hijos amados de Dios.

La misericordia de Dios incluye su amplio cuidado providencial por toda la humanidad, pero Oseas, Pedro y Pablo estaban hablando de su especial compasión, primero en la salvación, luego en las bendiciones diarias, para aquellos que le pertenecen. Por eso, Él retiene el castigo que merecemos por nuestros pecados y nos concede su misericordia en su lugar.

Al reflexionar sobre la misericordia de Dios en tu propia vida, que el Salmo 136:1 sea el canto de tu corazón: «Alabad a Jehová, porque él es bueno, porque para siempre es su misericordia».

Sugerencias para la oración: Memoriza el Salmo 59:16-17. Recítalo a menudo en alabanza al Señor.

Para un estudio más profundo: ¿Qué enseñan los siguientes versículos acerca de la misericordia de Dios? Salmos 103:11; 2 Corintios 1:3; Tito 3:5.

Notas: _____

_____

_____

_____

_____

_____

PROCLAMA LAS EXCELENCIAS DE DIOS

«Para que anunciéis las virtudes de aquel que os llamó de las tinieblas a su luz admirable» (1 Pedro 2:9).

Eres un embajador del Dios vivo.

El privilegio de proclamar las obras maravillosas de Dios nos lleva de vuelta a 1 Pedro 2:9, pero lo consideramos aquí porque resume el propósito de todos nuestros privilegios cristianos.

La palabra griega traducida como «anunciéis» es un vocablo inusual que se usa solo aquí en el Nuevo Testamento. Significa «publicitar» o «publicar» y se refiere a hacer algo conocido que de otro modo sería desconocido. «Maravillosos (RVC)» habla de hechos poderosos y heroicos. Eres un embajador de Cristo, con el gran privilegio de proclamar lo que Dios ha hecho por su pueblo.

Esa era una parte intrínseca de la adoración hebrea. Por ejemplo, el Salmo 103 dice: «Bendice, alma mía, a Jehová, y bendiga todo mi ser su santo nombre. Bendice, alma mía, a Jehová, y no olvides ninguno de sus beneficios. Él es quien perdona todas tus iniquidades, el que sana todas tus dolencias; el que rescata del hoyo tu vida, el que te corona de favores y misericordias; el que sacia de bien tu boca de modo que te rejuvenezcas como el águila. Jehová es el que hace justicia y derecho a todos los que padecen violencia. Sus caminos notificó a Moisés, y a los hijos de Israel sus obras. Misericordioso y clemente es Jehová; lento para la ira, y grande en misericordia» (vv. 2-8).

Sería un honor ser embajador de los Estados Unidos, representando el poder y las capacidades de esta nación en otros países. Pero tienes un honor aun mayor: representar el poder y las capacidades del Dios vivo. Cuando tienes la oportunidad de hablar por Él, puedes decir con razón: «Tengo el privilegio de anunciar las obras poderosas y heroicas del Dios vivo que me ha llamado a su servicio».

Como estás en Cristo, tienes privilegios gloriosos que incluyen la unión con Dios, el acceso al Padre, los sacrificios espirituales, la seguridad, el afecto, el dominio, la posesión, la santidad, la iluminación y la compasión. ¿Qué mayor honor puede haber que proclamar las excelencias de aquel que te ha otorgado privilegios tan maravillosos?

Sugerencias para la oración: Da gracias a Dios por llamarte a ser su embajador.
⊙ Pídele la valentía y la integridad para representarlo bien siempre.

Para un estudio más profundo: Lee el Salmo 147, anota todas las obras poderosas de Dios proclamadas allí.

Notas: _____

_____

_____

_____

RECUERDA SU HERENCIA

«Bendito el Dios y Padre de nuestro Señor Jesucristo,
que según su grande misericordia nos hizo renacer para una esperanza viva,
por la resurrección de Jesucristo de los muertos, para una herencia incorruptible,
incontaminada e inmarcesible, reservada en los cielos para vosotros» (1 Pedro 1:3-4).

La victoria sobre las circunstancias presentes viene cuando te
enfocas en tu herencia eterna y alabas a Dios por ello.

Uno de los privilegios más asombrosos que tiene el cristiano es que es beneficiario de una herencia espiritual rica y emocionante. Jesús nos dio un vistazo de su magnitud cuando dijo: «Entonces el Rey dirá a los de su derecha: Venid, benditos de mi Padre, heredad el reino preparado para vosotros desde la fundación del mundo» (Mateo 25:34). ¡El reino en sí es parte de tu herencia!

Esta herencia es compartida por cada hijo de Dios. Hebreos 9:15 dice que Cristo «es mediador de un nuevo pacto, para que interviniendo muerte para la remisión de las transgresiones que había bajo el primer pacto, los llamados reciban la promesa de la herencia eterna». Jesús mandó a Pablo a predicar a los gentiles «para que abras sus ojos, para que se conviertan de las tinieblas a la luz, y de la potestad de Satanás a Dios; para que reciban, por la fe que es en mí, perdón de pecados y herencia entre los santificados» (Hechos 26:18).

Nadie puede entender completamente lo «que Dios ha preparado para los que le aman» (1 Corintios 2:9). En consecuencia, a veces puedes olvidar que eres un hijo del Rey y comenzar a actuar como si este mundo fuera todo lo que tienes para vivir. Dios puede incluso tener que disciplinarte de vez en cuando para corregir tu comportamiento. Pero algún día serás todo lo que Dios ideó que fueras y conocerás la gloria de tu herencia. Mientras tanto, sé diligente para poner «la mira en las cosas de arriba, no en las de la tierra» (Colosenses 3:2). Enfócate en tu herencia y alaba a Dios por ello. Eso te ayudará a ver más allá de tus circunstancias presentes y a la gloria que te espera cuando Jesús te llame a casa.

Sugerencias para la oración: Agradece a Dios por la rica herencia que es tuya en Cristo.

Para un estudio más profundo: Lee 1 Pedro 1.
- ¿Qué privilegios espirituales mencionó Pedro?
- ¿Qué ordenó él?
- ¿Hay alguna conexión entre esos privilegios y esas órdenes? Explica.

Notas: _____

_____

_____

_____

ALABA A DIOS POR SU HERENCIA ETERNA

«Bendito el Dios y Padre de nuestro Señor Jesucristo» (1 Pedro 1:3).

Dios te ha bendecido abundantemente, por lo que es digno de tu alabanza.

La fuente de tu herencia eterna es Dios, a quien Pedro describió de varias maneras. Primero, Él es nuestro Dios «bendito» (1 Pedro 1:3). La palabra griega traducida como «bendito» en ese versículo habla de lo que es digno de bendición, adoración, alabanza o adoración. La alabanza de Pedro a Dios es un ejemplo que debemos seguir. Nuestro Dios es especialmente digno de nuestra alabanza a la luz de la gloriosa herencia que nos ha concedido en su Hijo (v. 4).

«Padre» para el pueblo judío de la época de Pedro era una nueva designación para Dios. Las bendiciones judías más comunes destacaban a Dios como Creador de todas las cosas y Redentor o Libertador de su pueblo de las garras de Egipto, pero no como Padre (por ejemplo: Génesis 14:20; 24:27; Éxodo 18:10). Sin embargo, ahora a través de Cristo hemos recibido «el espíritu de adopción, por el cual clamamos: ¡Abba, Padre!» (Romanos 8:15).

Aunque la paternidad de Dios es maravillosa, la referencia de Pedro no fue principalmente a Él como nuestro Padre sino como el Padre de Cristo. Su relación única afirma la deidad de Cristo (Juan 10:30-33). Dios es el Padre de los creyentes en un sentido secundario porque nos ha redimido por medio de Cristo y nos ha adoptado a nosotros en su familia (Gálatas 4:4-6).

Al referirse a Jesús como «nuestro Señor Jesucristo» (1 Pedro 1:3), Pedro amplía su obra redentora. «Señor» habla de su régimen soberano; «Jesús» es su nombre como Dios en carne humana; y «Cristo» lo identifica como el Mesías, el Rey ungido.

La descripción final de Pedro acerca de Cristo se ve en el pronombre «nuestro». Él es «*nuestro* Señor Jesucristo», un Señor y Salvador personal, no una deidad distante e impersonal. Él te creó y te redimió porque te ama y quiere estar íntimamente involucrado en cada aspecto de tu vida.

¡Qué glorioso Dios al que servimos! Adórale hoy como merece ser adorado.

Sugerencias para la oración: Bendice a Dios, que es tu Padre, tu Redentor, tu compañero constante y la fuente de tu herencia eterna.

Para un estudio más profundo: Lee Juan 4:1-26. ¿Qué dijo Jesús acerca de la paternidad de Dios?

Notas: _____

_____

_____

_____

_____

_____

LO QUE MOTIVÓ A DIOS PARA DARTE TU HERENCIA

«Según su grande misericordia» (1 Pedro 1:3).

➤➤ ⊙ ➤➤

***Cada dimensión de la vida, física o espiritual, es un
testimonio de la misericordia de Dios.***

Cuando Dios te salvó y te otorgó una herencia eterna, no fue porque eras especial ni porque merecías más de su amor y su gracia que otros. Fue porque soberanamente eligió amarte y extenderte su gran misericordia. Es por eso que Pablo dijo: «Dios, que es rico en misericordia, en misericordia, por su gran amor con que nos amó, aun estando nosotros muertos en pecados, nos dio vida juntamente con Cristo (por gracia sois salvos)» (Efesios 2:4-5). Él «nos salvó, no por obras de justicia que nosotros hubiéramos hecho, sino por su misericordia» (Tito 3:5).

Debido a su gran misericordia, Dios se dirige a la penosa condición de la humanidad. Las personas no regeneradas son totalmente depravadas, están muertas en delitos, son esclavas del pecado, condenadas al tormento eterno, incapaces de ayudarse a sí mismas y con una necesidad desesperada de alguien que les muestre misericordia y compasión. Esa es la buena noticia del evangelio: Dios ama a los pecadores y extiende la misericordia a cualquiera que esté dispuesto a confiar en Él.

La misericordia atempera la justicia de Dios. El escritor puritano Thomas Watson dijo: «La misericordia endulza todos los otros atributos de Dios… Cuando el agua se puso amarga e Israel no podía beberla, Moisés arrojó un árbol a las aguas y se endulzaron. Cuán amargos y terribles fueron los otros atributos de Dios que la misericordia no los endulzó. La misericordia hace que el poder de Dios trabaje a favor nuestro; hace que su justicia se convierta en nuestra amiga; que vengue nuestras disputas».

El solo hecho de que Dios, después de todo, nos permita vivir habla de su misericordia. Lamentaciones 3:22-23 dice: «Por la misericordia de Jehová no hemos sido consumidos, porque nunca decayeron sus misericordias. Nuevas son cada mañana; grande es tu fidelidad».

No importa cuál sea tu situación, la misericordia de Dios es más que suficiente para ti. Es «más grande que los cielos» (Salmos 108:4). Así que anímate y mira hacia Él siempre.

Sugerencias para la oración: Alaba a Dios por su gran misericordia, porque por ella has recibido la vida eterna y una herencia eterna.

Para un estudio más profundo: Lee Marcos 10:46-52. ¿De qué manera el ministerio de sanidad de Jesús demostró la misericordia de Dios?

Notas: _____

_____

_____

_____

Qué herencia, el cielo o el infierno

«Dios ... nos hizo renacer para una esperanza viva,
por la resurrección de Jesucristo de los muertos» (1 Pedro 1:3).

Todos reciben una herencia eterna: el cielo o el infierno.

Hemos visto varios aspectos de la herencia del creyente y veremos más en los próximos días. Pero percátate de que los incrédulos también recibirán una herencia, porque Jesús les dirá: «Apartaos de mí, malditos, al fuego eterno preparado para el diablo y sus ángeles… E irán éstos al castigo eterno, y los justos a la vida eterna» (Mateo 25:41, 46).

Solo los cristianos tienen vida eterna y una herencia real. Cuando recibiste a Jesucristo como tu Señor y Salvador, te convertiste en una nueva creación en Cristo, de modo que tu vida comenzó a centrarse en Él más que en ti mismo. El Espíritu Santo entró a morar en ti y comenzó a transformar tus actitudes y tus acciones. ¡Eso es el nuevo nacimiento! Es como empezar de nuevo, solo que esta vez estás persiguiendo la gloria de Dios en vez de los placeres o metas mundanas.

Además, cuando fuiste salvado, te convertiste en heredero de Dios y en heredero con Cristo (Romanos 8:17). De forma que el nuevo nacimiento fue el medio de tu salvación y tu herencia eterna.

Habiendo dicho eso, debo amonestarte, así como Pablo amonestó a los corintios, cuando les dijo: «Examinaos a vosotros mismos si estáis en la fe; probaos a vosotros mismos. ¿O no os conocéis a vosotros mismos, que Jesucristo está en vosotros, a menos que estéis reprobados?» (2 Corintios 13:5). Así que querrás evitar que te engañen en cuanto a tu relación con Cristo. Cuando confías en el Señor, tienes una esperanza viva y una gloriosa herencia eterna. Cualquier cosa menos resulta en una herencia de condenación eterna.

Jesús dijo: «Yo soy la resurrección y la vida; el que cree en mí, aunque esté muerto, vivirá» (Juan 11:25). Asegúrate de que tu fe esté firmemente fija en Él.

Sugerencias para la oración: Ora por tus familiares y amigos que no conocen a Cristo. Pídele al Señor que los redima, para que Él sea glorificado y se conviertan en coherederos con Cristo.

Para un estudio más profundo: ¿Qué enseñan los siguientes versículos sobre el nuevo nacimiento? Juan 1:12-13; 3:3; 1 Pedro 1:23.

Notas: _____

_____

_____

_____

_____

Tu herencia incorruptible

«Una herencia incorruptible, incontaminada e inmarcesible» (1 Pedro 1:4).

A diferencia de los tesoros terrenales, tu herencia eterna nunca te será quitada.

A pesar de los beneficios de las cuentas bancarias, las acciones, los bonos y una miríada de otras oportunidades de inversión, cada herencia terrenal al fin se puede perder. Si alguien no te la roba o si no pierde su valor en un colapso del mercado accionario o en una recesión, de todos modos la muerte la separará de ti. ¡Es inevitable! Es por eso que Jesús dijo: «No os hagáis tesoros en la tierra, donde la polilla y el orín corrompen, y donde ladrones minan y hurtan; sino haceos tesoros en el cielo, donde ni la polilla ni el orín corrompen, y donde ladrones no minan ni hurtan» (Mateo 6:19-20).

La influencia del pecado y la corrupción no se aplica solo a las finanzas: afecta todo. Pablo dijo: «Porque la creación fue sujetada a vanidad, no por su propia voluntad, sino por causa del que la sujetó en esperanza; porque también la creación misma será libertada de la esclavitud de corrupción, a la libertad gloriosa de los hijos de Dios. Porque sabemos que toda la creación gime a una, y a una está con dolores de parto hasta ahora» (Romanos 8:19-22). Nada en la tierra escapa a la corrupción del pecado.

Sin embargo, tu herencia eterna no es como los tesoros terrenales. Es incorruptible, inmaculada e inmarcesible (1 Pedro 1:4). «Incorruptible» significa que es incapaz de descomponerse. La palabra griega utilizada describe una tierra que nunca ha sido devastada o saqueada por un ejército invasor. La idea es que tu herencia espiritual es segura y nunca puede ser violada por un intruso, ni siquiera por Satanás mismo. «Incontaminada» habla de algo que no es contaminado por el pecado. «Inmarcesible» sugiere una belleza sobrenatural que el tiempo no puede dañar. El apóstol usó la misma palabra en 1 Pedro 5:4 para hablar de la corona de gloria inmarcesible que recibirán los líderes fieles de la iglesia cuando Cristo regrese.

Tu herencia es única entre los tesoros. Nadie puede robarla, nada puede corromperla ni disminuirla en ninguna manera. Es tuya para disfrutarla al máximo por toda la eternidad. No permitas que la búsqueda de cosas perecederas evite que goces de las riquezas eternas.

Sugerencias para la oración: Pídele al Señor que te ayude a mantener una perspectiva adecuada de lo que es de mayor valor a tus ojos.

Para un estudio más profundo: Lee Mateo 6:19-34.
- ¿Por qué no debes preocuparte por las necesidades de la vida?
- ¿Qué prioridades debes tener?

Notas: _____

_____

_____

_____

UNA HERENCIA SEGURA

«Una herencia incorruptible … reservada en los cielos para vosotros,
que sois guardados por el poder de Dios mediante la fe, para alcanzar la salvación
que está preparada para ser manifestada en el tiempo postrero» (1 Pedro 1:4-5).

Tu herencia eterna es doblemente segura: está reservada
para ti y estás reservado para ella.

Cuando Pedro escribió su primera epístola, las actitudes hacia los cristianos en el Imperio Romano no eran en absoluto favorables. Debido a que no adoraban al emperador como dios ni entraban en otras prácticas paganas pecaminosas, los cristianos eran mirados con recelo y desdén. Además, Nerón los había culpado de incendiar Roma (un acto que él mismo perpetró); de modo que la ira y el odio por ellos estaba en pleno apogeo.

Pedro escribió para alentarlos a ellos, y a todos los creyentes, a vivir su fe en medio de la persecución, tal como lo hizo Jesús cuando sufrió injustamente (1 Pedro 2:21-23). Les recordó que a pesar de los sufrimientos que podrían soportar en esta vida, Dios los recompensará con una herencia eternamente segura puesto que está reservada en el cielo para ellos.

«Reservada» en 1 Pedro 1:4 indica una herencia que ya existe, que está actualmente protegida y que estará continuamente resguardada. El lugar de su protección es el cielo, «donde ni la polilla ni el orín corrompen, y donde ladrones no minan ni hurtan» (Mateo 6:20), y donde «no entrará en ella ninguna cosa inmunda, o que hace abominación y mentira, sino solamente los que están inscritos en el libro de la vida del Cordero» (Apocalipsis 21:27). ¡No hay lugar más seguro!

¡Tu herencia no solo está protegida para ti, sino que también está protegida por el poder de Dios! A eso se refería Pedro cuando dijo que está «reservada en los cielos para vosotros, que sois guardados por el poder de Dios mediante la fe, para alcanzar la salvación que está preparada para ser manifestada en el tiempo postrero» (1 Pedro 1:4-5). El poder omnipotente y soberano de Dios te protegerá continuamente hasta que su obra se realice completamente en tu vida. Entonces Él te concederá la glorificación: la plenitud de la salvación por la cual te redimió.

No debes temer la pérdida de tu herencia. Al contrario, regocíjate con la protección de nuestro Dios misericordioso.

Sugerencias para la oración: Agradece a Dios por su protección y por la seguridad de tu herencia.

Para un estudio más profundo: ¿Qué enseñan los siguientes versículos acerca de la seguridad de tu salvación? Romanos 8:31-39; Filipenses 1:6 y Judas 24.

Notas: _____

_____

Disfruta tu herencia

«En lo cual vosotros os alegráis» (1 Pedro 1:6).

Contemplar tu herencia eterna debe darte una alegría que trasciende cualquier circunstancia temporal.

El gozo es uno de los temas principales en las Escrituras. El salmista dijo: «Alegraos, oh justos, en Jehová; en los íntegros es hermosa la alabanza» (Salmos 33:1); «Mis labios se alegrarán cuando cante a ti, y mi alma, la cual redimiste» (Salmos 71:23).

Incluso se dice que la misma creación se regocija en el Señor: «Tú haces alegrar las salidas de la mañana y de la tarde … Alégrense los cielos, y gócese la tierra; brame el mar y su plenitud. Regocíjese el campo, y todo lo que en él está; entonces todos los árboles del bosque rebosarán de contento, delante de Jehová que vino; porque vino a juzgar la tierra. Juzgará al mundo con justicia, y a los pueblos con su verdad» (Salmos 65:8; 96:11-13; 98:8-9).

La alegría es el privilegio especial de cada creyente, independientemente de sus circunstancias. Es posible que sufras un dolor de corazón y una persecución indescriptible por tu fe en Cristo, pero en medio de las pruebas más severas, Dios quiere que tengas una profunda alegría. Es por eso que Pedro dijo: «Gozaos por cuanto sois participantes de los padecimientos de Cristo, para que también en la revelación de su gloria os gocéis con gran alegría» (1 Pedro 4:13).

La Primera Epístola de Pedro 1:6-9 identifica cinco elementos de tu vida cristiana que te traerán alegría en medio de las pruebas. El primero es tu herencia protegida. A eso se refirió Pedro cuando dijo: «*En lo cual vosotros os alegráis*» (v. 6, énfasis añadido). Los otros elementos incluyen una fe probada, un honor prometido, una confraternidad personal y una liberación presente (vv. 6-9), que exploraremos en los próximos días.

La palabra griega traducida como «alegría» en 1 Pedro 1:6 no es el vocablo griego usual para «alegrarse». Aquí Pedro usó una palabra más expresiva e intensa que habla de alguien que es feliz en un profundo sentido espiritual más que en un sentido temporal o circunstancial. Esa es la cualidad de la alegría que Dios concede a aquellos que confían en Él y que miran más allá de sus pruebas temporales para la gloria de su herencia eterna. Deja que ese sea tu enfoque también.

Sugerencias para la oración: Agradece a Dios por la alegría que trasciende las circunstancias.

Para un estudio más profundo: Lee Juan 16:16-22.
- ⊙ Según Jesús, ¿por qué los discípulos se lamentarían?
- ⊙ ¿Qué les daría alegría?
- ⊙ ¿Qué te enseña la experiencia de ellos?

Notas: _____

_____

_____

PRUEBA TU FE

«En lo cual vosotros os alegráis, aunque ahora por un poco de tiempo, si es necesario, tengáis que ser afligidos en diversas pruebas, para que sometida a prueba vuestra fe, mucho más preciosa que el oro, el cual aunque perecedero se prueba con fuego, sea hallada en alabanza, gloria y honra cuando sea manifestado Jesucristo» (1 Pedro 1:6-7).

La fe probada trae alegría y confianza.

Aunque algunos cristianos temen que las pruebas y las persecuciones solo puedan privarlos de su alegría, Pedro enseñó todo lo contrario. De hecho, dijo que esa alegría no viene *a pesar de* los problemas, sino *debido a* los problemas. Eso se debe a que es fácil perder tu alegría si dudas de tu salvación; pero cuando tu fe ha sido probada y comprobada como genuina, las dudas desaparecerán, y tendrás alegría y seguridad.

Cada prueba que enfrentas está diseñada para probar y perfeccionar tu fe, y Dios cuidadosamente controla sus parámetros para lograr ese propósito. El versículo 6 especifica que son temporales, necesarias, angustiosas y multifacéticas, pero nunca deben disminuir tu alegría. Él no te permitirá sufrir más de lo que puedas soportar (1 Corintios 10:13).

Pedro utilizó la analogía de un ensayador u orfebre para ilustrar el proceso de purga que produce una fe comprobada (v. 7). El fuego simboliza las pruebas y el oro representa tu fe. Así como el fuego del refinador quema la escoria y solo deja oro puro, Dios te purga a través de las pruebas para revelar la pureza de tu fe.

Esa es una analogía apropiada puesto que el oro era el metal más precioso y el estándar para todas las transacciones monetarias. Pero aunque es muy valioso, la fe probada es infinitamente más preciosa. El oro es temporal y perecedero; la fe probada es eterna.

Así que no temas a las pruebas cuando se crucen en tu camino. Dales la bienvenida como oportunidades para demostrar que tu fe es real. Anímate a que «después que hayáis padecido un poco de tiempo, él mismo os perfeccione, afirme, fortalezca y establezca» (1 Pedro 5:10).

Sugerencias para la oración: Si actualmente estás pasando por un momento de prueba, pídele a Dios la gracia y la sabiduría para pasarla con bien. Agradécele de antemano por la alegría y la confianza que obtendrás cuando termine la prueba.

Para un estudio más profundo: Lee 2 Corintios 11:23-28 y observa las pruebas que Pablo soportó por su fe en Cristo.

Notas: _____

_____

_____

_____

_____

_____

LA ALEGRÍA DE LA RECOMPENSA ANTICIPADA

*«Sometida a prueba vuestra fe ... sea hallada en alabanza, gloria y
honra cuando sea manifestado Jesucristo» (1 Pedro 1:7).*

>᠇᠊ ⊙ ᠊᠇᠊<

Tu recompensa futura está directamente relacionada con tu servicio actual.

E l gozo que experimentas después de que tu fe ha sido probada y comprobada se debe en gran parte a tus bendiciones presentes y a la seguridad de tu salvación. Pero también hay un aspecto futuro: la alegría de anticipar la recompensa que recibirás de Jesús cuando lo veas cara a cara y escuches que te dice: «Bien, buen siervo y fiel ... entra en el gozo de tu señor» (Mateo 25:21). Pedro lo describió como «alabanza, gloria y honra cuando sea manifestado Jesucristo» (1 Pedro 1:7).

«Alabanza» en ese texto habla de elogio verbal. Recibir la «gloria» debe hacerse como Cristo. Jesús es la encarnación de la gloria de Dios (Juan 1:14), y sabemos que cuando Él aparezca, «seremos semejantes a él, porque le veremos tal como él es» (1 Juan 3:2). Pablo habló de aquellos que «perseverando en bien hacer, buscan gloria y honra e inmortalidad» (Romanos 2:7). Como resultado, recibirán lo que buscan (v. 10).

Es probable que Pedro usó el «honor» como sinónimo de recompensas, las que Dios otorgará a todos los que le sirvan fielmente. Creo que esas recompensas son varias capacidades para el servicio celestial y están directamente relacionadas con el servicio del creyente en esta vida. Jesús dijo: «¡Miren que vengo pronto! Traigo conmigo mi recompensa, y le pagaré a cada uno *según lo que haya hecho*» (Apocalipsis 22:12, énfasis agregado). Pablo dijo: «He aquí yo vengo pronto, y mi galardón conmigo, para recompensar a cada uno *según sea su obra*» (1 Corintios 3:8, énfasis añadido).

Solo Dios es digno de alabanza, gloria y honor, pero Él te dará las tres cosas porque serás a la imagen de Jesucristo sin pecado y totalmente glorificado (1 Juan 3:2). Hasta ese momento, como dice el apóstol amado, «mirad por vosotros mismos, para que no perdáis el fruto de vuestro trabajo, sino que recibáis galardón completo» (2 Juan 8).

Sugerencias para la oración: Alaba al Señor por la alegría de anticipar tu recompensa futura.

Para un estudio más profundo: Pedro habló de un tiempo cuando Jesús recompensará a los creyentes. ¿Qué enseñan los siguientes versículos acerca de ese tiempo? Romanos 8:18; 1 Corintios 1:7-8; 2 Tesalonicenses 1:5-10; 1 Pedro 4:10-13.

Notas: _____

_____

_____

_____

_____

_____

DISFRUTA DE LA COMUNIÓN CON CRISTO

«A quien amáis sin haberle visto, en quien creyendo, aunque ahora no lo veáis, os alegráis con gozo inefable y glorioso» (1 Pedro 1:8).

La comunión con Cristo se basa en el amor, la confianza y la obediencia.

Los destinatarios de la Primera Carta de Pedro, como nosotros, nunca habían visto a Cristo, pero ellos también disfrutaron de la comunión con Él. Y su compañerismo fue genuino puesto que estaba marcado por el amor, la confianza y la obediencia.

El amor del que habla el apóstol en 1 Pedro 1:8 no es emotividad superficial ni sentimentalismo. Es el amor voluntario, el amor por elección. Sus lectores habían elegido amar a Cristo a pesar de nunca haberlo visto físicamente. Tal amor está marcado por la obediencia, como Jesús afirma en Juan 14: «Si me amáis, guardad mis mandamientos … El que no me ama, no guarda mis palabras» (vv. 15, 24). Tener comunión con Cristo es amarlo y obedecerlo. Otro elemento del compañerismo es la confianza. Después de escuchar los informes sobre la resurrección de Cristo, el discípulo Tomás declaró que confiaría en Jesús solo después que lo viera y lo tocara. Jesús honró sus deseos, diciendo: «Pon aquí tu dedo, y mira mis manos; y acerca tu mano, y métela en mi costado; y no seas incrédulo, sino creyente» (Juan 20:27). Pero luego Jesús dijo: «Porque me has visto, Tomás, creíste; bienaventurados los que no vieron, y creyeron» (v. 29). Nosotros como cristianos estamos entre aquellos que creen en Cristo sin haberlo visto.

El resultado de amar y confiar en Cristo es «gozo inefable y glorioso» (1 Pedro 1:8). Esta alegría es algo más allá de la capacidad de expresión y pensamiento para transmitir. Eso es obvio incluso a nivel humano, como lo demuestran las miles de canciones que han intentado comunicar la alegría de estar enamorado. «Gozo … glorioso» se refiere al elemento divino en la alegría cristiana. Es una dotación sobrenatural otorgada y energizada por el Espíritu Santo (Gálatas 5:22).

Disfrutar de la comunión con Cristo es uno de los privilegios supremos de tu vida cristiana. Fortalece y enriquece esa comunión aprendiendo la Palabra y confiando en el Espíritu. A medida que lo hagas, aprenderás a amar y a confiar en Cristo más profundamente.

Sugerencias para la oración: Pídele a Dios que te enseñe cómo amar y confiar en Él con más fidelidad. Agradécele por la alegría que surge cuando lo haces.

Para un estudio más profundo: Memoriza Mateo 22:37.

Notas: _____
_____
_____
_____

TU LIBERACIÓN ACTUAL

«Obteniendo el fin de vuestra fe, que es la salvación de vuestras almas» (1 Pedro 1:9).

⤙ ⊙ ⤚

Tu liberación actual te libera de la pena y el poder del pecado.

En 1 Corintios 1:18 Pablo dice que «la palabra de la cruz es locura a los que se pierden; *pero a los que se salvan*, esto es, a nosotros, es poder de Dios» (énfasis añadido). Eso enfatiza la maravillosa realidad de la liberación presente del creyente en cuanto al pecado. Pedro hizo hincapié en la misma verdad en 1 Pedro 1:8, donde dice que los creyentes obtienen como resultado de su fe la salvación de sus almas.

La palabra griega traducida como «obtener» literalmente significa «recibiendo en el presente». Habla de obtener algo que se te debe como resultado de tu fe en Cristo. «Resultado [meta] de tu fe» se refiere al resultado lógico o final de la fe. «Almas [tácito en el pasaje]» habla de la persona completa. Todo el verso podría traducirse: «Te alegras porque tienes y continúas aferrándote al resultado [a la meta] lógico de tu fe probada: tu liberación continua del pecado».

Necesitas una liberación continua porque el pecado es un problema constante. Tienes una nueva vida en Cristo, eres una nueva criatura en Él, y ya no eres esclavo de la pena ni del poder del pecado; pero aún no estás completamente glorificado. En consecuencia, todavía estás sujeto a la influencia del pecado. Pablo personalizó esa lucha en Romanos 7, donde dice: «Porque no hago el bien que quiero, sino el mal que no quiero, eso hago ... sí que, queriendo yo hacer el bien, hallo esta ley: que el mal está en mí … ¡Miserable de mí! ¿quién me librará de este cuerpo de muerte?» (vv. 19, 21, 24). La victoria viene en el versículo 25, que dice: «Gracias doy a Dios, por Jesucristo Señor nuestro».

Jesús es el Gran Libertador, a través de quien tienes la victoria sobre el pecado, la muerte y el infierno. Ese es el último privilegio espiritual en la breve lista de Pedro, pero de ninguna manera es el menos importante. Mientras lo amas y confías en Él, conocerás la alegría de la liberación presente.

Sugerencias para la oración: Alaba al Señor por tu liberación de la esclavitud del pecado.

Para un estudio más profundo: Revisa todos los privilegios espirituales y las fuentes de alegría cristiana que ya hemos discutido. Mantenlos frescos en tu mente al enfrentar los desafíos de cada nuevo día.

Notas: _____

El antídoto para el pecado

«Todas vuestras cosas sean hechas con amor» (1 Corintios 16:14).

☙ ⊙ ❧

Mientras más ames a Dios, menos pecarás.

La experiencia espiritual y personal nos enseña que el pecado siempre tiene sus consecuencias. Cuando albergas un pecado no confesado, deshonras a Dios y pierdes las bendiciones y el gozo que Él desea para ti. El pecado prolongado incluso puede traer su castigo a través del dolor o la enfermedad.

Eso es lo que les sucedió a los creyentes corintios que participaban de la mesa del Señor en una manera pecaminosa (1 Corintios 11:27-30). Pablo advirtió al resto de la congregación que hicieran un cuidadoso inventario espiritual de sí mismos para evitar incurrir en un castigo similar. Les revela la raíz de su problema, diciendo en efecto: «Por lo cual hay muchos enfermos y debilitados entre vosotros, y muchos duermen. Si, pues, nos examinásemos a nosotros mismos, no seríamos juzgados; mas siendo juzgados, somos castigados por el Señor, para que no seamos condenados con el mundo» o lo que es lo mismo, sus dolencias desaparecerán.

El amor es el antídoto contra el pecado. Cuando un fariseo le preguntó a Jesús cuál de los mandamientos era el más grande, Jesús respondió: «Amarás al Señor tu Dios con todo tu corazón, y con toda tu alma, y con toda tu mente. Este es el primero y grande mandamiento. Y el segundo es semejante: Amarás a tu prójimo como a ti mismo. De estos dos mandamientos depende toda la ley y los profetas» (Mateo 22:37-40). Si amas al Señor y a tus semejantes, no pecarás contra ellos. Es por eso que Pablo dijo: «"No debáis a nadie nada, sino el amaros unos a otros; porque el que ama al prójimo, ha cumplido la ley. Porque: No adulterarás, no matarás, no hurtarás, no dirás falso testimonio, no codiciarás, y cualquier otro mandamiento, en esta sentencia se resume: Amarás a tu prójimo como a ti mismo. El amor no hace mal al prójimo; así que el cumplimiento de la ley es el amor» (Romanos 13:8-10).

El amor es tu llamado más elevado y la mayor contribución que puedes hacer a los demás. Pero es posible descuidarlo o malinterpretar sus características. Es por eso que vamos a pasar los siguientes días explorando el amor verdadero y cómo funciona. Al hacerlo, ora para que tu amor por Dios y los demás aumente cada día.

Sugerencias para la oración: Pídele a Dios una mayor capacidad para amarlo, luego demuéstrale tu amor al obedecer su Palabra.

Para un estudio más profundo: Lee 1 Corintios 13, señala las características del amor.

Notas: _____

_____

_____

_____

Un himno de amor

«Os muestro un camino aun más excelente» (1 Corintios 12:31).

⤙ ⊙ ⤚

Los dones espirituales, sin amor, no tienen sentido.

A la Primera Carta a los Corintios, capítulo 13, se le llama el himno al amor o una interpretación lírica del Sermón del Monte con las bienaventuranzas como fondo musical. Es una hermosa porción de la Escritura que viene como un soplo de aire fresco en un libro que trata con un problema tras otro.

Este capítulo a menudo ha sido aislado de su contexto, pero su verdadero poder radica en el equilibrio y la corrección que brinda al resto del libro. Los corintios, como todos los cristianos, habían sido dotados por Dios en el momento de la salvación para beneficiar a la iglesia de una manera especial. Pero muchos estaban abusando de sus dones, buscando prominencia para sí mismos en vez de ministrarse unos a otros. Por tanto, en el capítulo 12, Pablo explica el concepto de los dones espirituales; en el capítulo 14, su uso correcto, y en el capítulo 13, la necesidad de usarlos con amor.

Al igual que muchos cristianos de hoy, los corintios olvidaron que los dones espirituales solo pueden operar eficazmente en una persona que es verdaderamente espiritual. Tenían los dones del Espíritu, pero no mostraban su fruto (Gálatas 5:22), el primero de los cuales es el amor.

En 1 Corintios 13 Pablo comienza así: «Si yo hablase lenguas humanas y angélicas, y no tengo amor, vengo a ser como metal que resuena, o címbalo que retiñe. Y si tuviese profecía, y entendiese todos los misterios y toda ciencia, y si tuviese toda la fe, de tal manera que trasladase los montes, y no tengo amor, nada soy. Y si repartiese todos mis bienes para dar de comer a los pobres, y si entregase mi cuerpo para ser quemado, y no tengo amor, de nada me sirve». El amor debe ser el motivo y la fuerza impulsora subyacente a todo lo que hagamos. ¿Cómo te ha bendecido Dios en cuanto al ministerio? ¿Estás usando tus dones con amor?

Sugerencias para la oración: Pídele a Dios que purifique tu amor y que te haga un ministro más eficaz de los dones que te ha dado.

Para un estudio más profundo: Lee 1 Corintios 12.
- ⊙ ¿Quién da los dones espirituales?
- ⊙ ¿Qué dones mencionó Pablo?
- ⊙ ¿Cuál es el propósito de esos dones?

Notas: _____

_____

_____

_____

DALE VIDA A UNA PALABRA VACÍA

«Os muestro un camino aun más excelente» (1 Corintios 12:31).

⌁ ⊙ ⌁

El amor bíblico se caracteriza por la humildad, la obediencia a Dios y el sacrificio propio.

En nuestra sociedad, *amor* es una palabra común, aunque también es una experiencia poco común. A menudo aquellos que más la usan son los que menos la entienden. Algunos de los que piensan que han encontrado el amor realmente se conforman con mucho menos de lo que Dios quiere para ellos.

Para muchos, el amor se circunscribe a una relación romántica o sexual. Si bien las Escrituras tienen mucho que decir acerca de la intimidad en el matrimonio, la palabra amor adquiere un significado diferente en el Nuevo Testamento. Y aunque no lo parezca, Efesios 5:25 («Maridos, amad a vuestras mujeres») no se refiere al amor romántico.

Otro error muy común es equiparar al amor con las emociones, los sentimientos o hasta confundirlo con un espíritu amistoso de tolerancia y hermandad por los demás, todo ello ajeno a la pureza doctrinal o las convicciones bíblicas que implica la palabra. Pero el amor bíblico no es nada de eso.

El «camino más excelente» al que Pablo se refiere en 1 Corintios 12:31 es el amor que proviene de Dios mismo y que se ajusta a sus sacros atributos. Somos incapaces de generar ese amor por nuestro propio esfuerzo. La palabra griega para esa clase de amor es ágape y se caracteriza por la humildad, la obediencia a Dios y el sacrificio propio. Juan 13:1 habla del amor de Cristo por sus discípulos diciendo que «los amó hasta el fin». Eso literalmente significa que los amó a la perfección, es un amor radical. En los versículos 4 y 5, Cristo muestra un amor tal que lavó los pies de sus discípulos. Eso confirma que el amor es humilde. Se enfoca en satisfacer las necesidades del prójimo.

Además, el amor es obediente y está dispuesto a sacrificarse por los demás. Jesús dijo: «Si me amáis, guardaréis mis mandamientos» (Juan 14:15). Dios se sacrificó tanto por nosotros «que dio a su Hijo unigénito» (Juan 3:16); oh, amor supremo de Dios.

El capítulo 13 de la Primera Carta a los Corintios es útil para todos los cristianos, puesto que enfrentamos el peligro de no usar bien nuestros dones espirituales. Al estudiar este y otros pasajes sobre el amor, pregúntate si el tuyo es todo lo que Dios quiere que sea. Si no es así, anota los cambios que debes hacer a la luz de lo que estás aprendiendo.

Sugerencias para la oración: Agradece a Dios por amarte.

⊙ Pídele sabiduría y gracia para entender el amor de Dios y andar en ese camino.

Para un estudio más profundo: Lee Juan 14:23-24 y observa cómo describió Jesús a los que lo aman.

Notas: _____

_____

_____

LA FUENTE DEL AMOR VERDADERO

*«Amados, amémonos unos a otros; porque el amor es de Dios… Nosotros
le amamos a él, porque él nos amó primero» (1 Juan 4:7, 19).*

>᠆᠆ ⊙ ᠆᠆᠈

El amor verdadero no se genera a nivel humano. Es un don de Dios.

L a Escritura a menudo nos hace demandas aparentemente imposibles. Por ejemplo,
Jesús dijo: «Amad a vuestros enemigos… y orad por los que os ultrajan y os persiguen» (Mateo 5:44). Eso es fácil de decir, pero ¿cómo es posible? Nuestra tendencia
natural es amar a nuestros amigos y odiar a nuestros enemigos. Pero Jesús dijo: «Porque
si amáis a los que os aman, ¿qué recompensa tendréis? ¿No hacen también lo mismo los
publicanos? Y si saludáis a vuestros hermanos solamente, ¿qué hacéis de más? ¿No hacen
también así los gentiles?» (vv. 46-47).

Israel veía a los recolectores de impuestos como traidores y a los gentiles como parias
espirituales. Sin embargo, aun los traidores y los marginados muestran amor y bondad
hacia aquellos que les corresponden. Jesús nos llama a un nivel mucho más elevado de
amor, uno que es imparcial, como lo muestra Dios al hacer «salir su sol sobre malos y
buenos, y… hacer llover sobre justos e injustos» (v. 45). Lo mismo vemos cuando Dios
extiende su amor aun a los que no son dignos de él, como lo afirma el apóstol Pablo al
decir que «Dios muestra su amor para con nosotros, en que siendo aún pecadores, Cristo
murió por nosotros» (Romanos 5:8).

Aun cuando una generación tras otra se rebelaba contra Él y lo escarnecían, Dios sacrificó a su Hijo amado para que esos pecadores pudieran ser salvos. Por amor, Jesús sufrió
el dolor y la vergüenza de la cruz. Por amor pagó el precio de nuestra redención. Por amor
hizo todo eso voluntariamente. ¡Ese es el amor divino! Así es como actúa el amor de Dios.

De modo que Dios te ordena que ames como Él, en forma imparcial y sacrificialmente.
Puede que eso te parezca imposible de realizar a nivel humano, pero recuerda que Dios
no te exige nada que no puedas hacer. En el mismo instante en que Jesucristo te salva, el
Espíritu Santo entra a vivir dentro de ti y comienza a producir el fruto del amor (Gálatas
5:22). No tienes que esforzarte por conseguirlo. Todo lo que tienes que hacer es invitar al
Espíritu Santo a tomar el control de tu vida y permitirle que gobierne tus pensamientos
y tus acciones. Cuando eso hagas, su precioso fruto se multiplicará en tu vida.

Sugerencias para la oración: Agradece a Dios por el amor que el Espíritu ha puesto
en ti.

⊙ Pídele que te dé oportunidades para que aprendas a amar como Él.

Para un estudio más profundo: Memorízate Gálatas 5:22-23.

Notas: _____

_____

_____

_____

LAS LENGUAS SIN AMOR

«Si yo hablase lenguas humanas y angélicas, y no tengo amor, vengo a ser como metal que resuena, o címbalo que retiñe» (1 Corintios 13:1).

El amor distingue la verdadera comunicación de la charlatanería.

El apóstol Pablo comienza su discurso sobre el amor explicando la inutilidad de las lenguas sin amor. A los corintios les encantaban los atractivos dones espirituales en contraste con aquellos que consideraban menos espectaculares (1 Corintios 12:12-31). Uno de los dones que más valoraban eran las lenguas, una habilidad concedida por el Espíritu Santo para declarar la verdad de Dios en un idioma desconocido para el propio hablante, aunque conocido por algunos de los receptores.

Las lenguas eran una señal para incitar a los judíos incrédulos a considerar el evangelio (1 Corintios 14:21-22). Su primera manifestación ocurrió el día de Pentecostés, cuando el Espíritu Santo capacitó a los que estaban reunidos en el aposento alto para que proclamaran las poderosas obras de Dios en las lenguas nativas de los judíos presentes en Jerusalén en aquel momento (Hechos 2:4-11).

Las «lenguas angelicales» que Pablo menciona en 1 Corintios 13:1 no son el don de lenguas, como algunos suponen. Simplemente estaba empleando una hipérbole para enfatizar su punto, diciendo en efecto: «Si tuviera la capacidad de comunicarme con los ángeles, no serviría de nada si no lo hago con amor».

En los días de Pablo, la adoración a Cibeles y Dionisos, dos dioses paganos, incluía hablar en lenguas extáticas en medio de ensordecedoras trompetas, gongos y címbalos resonantes. Creo que Pablo se inspiró en esa conocida práctica para decir que cada vez que los cristianos intentaban ministrar sin la presencia del Espíritu y sin su amor, no se diferenciaban de los paganos con sus ritos. Es probable que parezca genuino, pero no tiene lógica ni ningún valor espiritual para los creyentes.

Por tanto, debes aprovechar cualquier oportunidad para ministrar con tus dones espirituales a otros. Pero a medida que lo hagas, asegúrate de que sea con amor, con la energía del Espíritu y de acuerdo a la Palabra de Dios. Solo así harás un gran impacto para la gloria de Dios.

Sugerencias para la oración: Pídele a Dios que te redarguya cada vez que intentes usar tus dones espirituales sin amor.

Para un estudio más profundo: Lee Romanos 12:1-31.
- ¿Qué dice Pablo acerca de los dones espirituales?
- ¿Cómo pueden los cristianos expresar el amor fraternal entre ellos?

Notas: _____

_____

_____

_____

PROFECÍA SIN AMOR

«Y si tuviese profecía… y no tengo amor, nada soy» (1 Corintios 13:2).

⌒ ⊙ ⌒

***El amor motivó a Dios a comunicarse con la humanidad
caída. Esa debe ser tu motivación también.***

La palabra *profecía,* tal como se usa en 1 Corintios 13:2, es la capacidad de proclamar públicamente la verdad de Dios con precisión y autoridad. Es un don mayor que las lenguas porque estas fueron dadas como señal al Israel incrédulo en el primer siglo (1 Corintios 14:21-22), mientras que la profecía instruye y edifica a los creyentes a lo largo de los siglos. Pablo dijo: «El que profetiza habla a los hombres para edificación, exhortación y consolación… [y] edifica a la iglesia» (1 Corintios 14:3-4).

La profecía tiene dos aspectos: revelación y reiteración. Cuando un profeta del Antiguo o del Nuevo Testamento recibía nueva información directamente de Dios, eso era revelación. Cada vez que esa información se repetía a través de la predicación o la enseñanza, se manifestaba la reiteración. Por ejemplo, los sermones de Pedro y Pablo combinan la nueva revelación con una reiteración de la verdad del Antiguo Testamento. Ese es un elemento común en la predicación neotestamentaria.

Con el cierre del canon del Nuevo Testamento, la revelación directa de Dios cesó. Toda predicación y enseñanza hoy cae en la categoría de reiteración. Los profetas del Nuevo Testamento se aseguraban de que cada profecía fuera verdaderamente de Dios (1 Corintios 14:32). Hoy las Escrituras en sí son el parámetro por el cual probamos el mensaje de alguien. Como dijo el profeta Isaías: «¡A la ley y al testimonio! Si no dijeren conforme a esto, es porque no les ha amanecido» (8:20).

Pablo dice en 1 Corintios 13:2: «Si tuviese profecía, y entendiese todos los misterios y toda ciencia, y si tuviese toda la fe, de tal manera que trasladase los montes, y no tengo amor, nada soy». En su sentido más amplio, ese principio se aplica a cada creyente puesto que todos somos proclamadores de la Palabra de Dios. Puede que no enseñes una clase ni prediques un sermón, pero cada vez que le hablas a alguien acerca de Cristo o difundes un principio bíblico, estás reiterando la verdad divina. Es por eso que siempre debes decir «la verdad en amor» (Efesios 4:15). Solo así el Espíritu Santo puede empoderar tus palabras para ministrar a los demás.

Sugerencias para la oración: Pídele a Dios que te ayude a resguardar tus palabras, para que todo lo que digas esté revestido de su amor.

Para un estudio más profundo: Lee Deuteronomio 13:1-5 y 18:20-22.
⊙ ¿Qué pruebas dio Moisés para determinar a los falsos profetas?
⊙ ¿Qué castigo recibieron los falsos profetas?

Notas: _____

_____

_____

HABLA LA VERDAD EN AMOR

«Y si tuviese profecía, y entendiese todos los misterios y toda ciencia, y si tuviese toda la fe,
de tal manera que trasladase los montes, y no tengo amor, nada soy» (1 Corintios 13:2).

El amor es un ingrediente indispensable en el proceso de aprendizaje.

Tengo el privilegio de reunirme cada semana con cientos de jóvenes que asisten a nuestra institución The Master's College. Al observar su progreso, veo el impacto que los buenos maestros han hecho en sus vidas y me convenzo más de que los estudiantes aprenden mejor cuando saben que sus maestros realmente se preocupan por ellos.

¿Acaso no es eso cierto en cualquier relación? ¿Acaso no respondes mejor a los que te aman y se interesan de corazón por ti? Eso también es cierto en el ministerio. Piensa en los pastores y maestros que han aportado más a tu vida en los últimos años. Probablemente te amaban y te ministraban en maneras especiales.

De modo que sea pastor, maestro, pariente o amigo, el que habla con las personas en nombre de Dios debe hacerlo con amor e interés genuinos. Ese es el lado positivo de la declaración de Pablo en 1 Corintios 13:2. Jeremías era una de esas personas. Amaba profundamente al pueblo de Israel, por lo que estaba afligido por su apostasía y el juicio inminente que sufriría. «¡Oh, si mi cabeza se hiciese aguas, y mis ojos fuentes de lágrimas, para que llore día y noche los muertos de la hija de mi pueblo!» (Jeremías 9:1). Ese es el espíritu de un profeta amoroso, algo típico del lamento de Jeremías por el pecado de su pueblo.

La predicación y la enseñanza sin amor tergiversan el carácter de Dios y perturban el evangelio; la proclamación amorosa es atractiva y eficaz. Eso no significa que todos los que te escuchen han de responder positivamente; todo lo contrario. La gente de Judá no escuchó a Jeremías, por lo que incurrieron en juicio severo. Del mismo modo, algunos de los que te escuchen rechazarán cortésmente lo que dices; otros reaccionarán con hostilidad. Pero aquellos que respondan con fe apreciarán tu preocupación por su bienestar espiritual.

Sugerencias para la oración: Agradece a Dios por aquellos que te ministraron en amor. Trata de seguir su ejemplo alcanzando a otros.

Para un estudio más profundo: Lee Hechos 20:19, 31; Romanos 9:2-3, y 2 Corintios 2:4, e indica lo que impulsó a Pablo a llorar por la gente a la que ministraba.

Notas: _____

_____

_____

_____

_____

_____

DÍA 221

EQUILIBRA EL CONOCIMIENTO Y EL AMOR

«Y si… entendiese todos los misterios y toda ciencia… y no tengo amor, nada soy» (1 Corintios 13:2).

☞ ⊙ ☜

El verdadero conocimiento siempre es gobernado por el amor.

Los cristianos no deben creer que se las saben todas. La capacidad de aprender acerca de Cristo y crecer en su verdad es una bendición incalculable. Pablo oraba para que fuéramos «llenos del conocimiento de [la] voluntad [de Dios] en toda sabiduría e inteligencia espiritual» (Colosenses 1:9). Eso es lo que nos permite vivir de una manera agradable a Dios (v. 10).

Sin embargo, el conocimiento (o ciencia) debe ser regido por el amor, así como este debe ser gobernado por el conocimiento. En Filipenses 1:9 Pablo dice: «Esto pido en oración, que vuestro amor abunde aun más y más en ciencia y en todo conocimiento». En 1 Corintios 13:2 dice que el conocimiento sin amor de nada sirve. Es un equilibrio ordenado por Dios y que debes mantener si quieres ser eficaz para el Señor.

En 1 Corintios 13:2, Pablo usa una ilustración hipotética para enfatizar la importancia del amor: «Si… entendiese todos los misterios y toda ciencia, y no tengo amor, nada soy». La palabra griega traducida como «misterios» en ese versículo se usa en todo el Nuevo Testamento para hablar de la verdad redentora que una vez estuvo oculta pero que ahora es revelada. Por ejemplo, las Escrituras hablan del misterio de Dios (Colosenses 2:2-3), de la morada de Cristo en nosotros (Colosenses 1:26-27), y de la iglesia como el Cuerpo de Cristo (Efesios 3:3-6, 9).

«Ciencia» en 1 Corintios 13:2 se refiere a hechos que pueden ser determinados por la investigación. Es imposible conocer cada misterio y cada hecho existente en el universo pero —aunque pudieras hacerlo— sin amor, el conocimiento sería inútil. La ciencia solo genera arrogancia, pero el amor edifica a otros (1 Corintios 8:1).

Mantener un equilibrio entre la ciencia y el amor es un principio práctico que influye en las decisiones que tomas todos los días. Por ejemplo, si puedes elegir entre ir a una clase de Biblia o ayudar a un vecino con alguna necesidad inmediata, la mejor opción es ayudar a tu vecino. Tendrás otras oportunidades para aprender la Palabra, pero puede pasar un tiempo antes de que tengas el privilegio de mostrarle amor cristiano a tu vecino.

Sugerencias para la oración: Pídele a Dios sabiduría para que equilibres adecuadamente el conocimiento y el amor.

Para un estudio más profundo: Lee Lucas 10:25-37.
- ⊙ ¿Cómo intentó justificarse el intérprete de la ley ante Jesús?
- ⊙ ¿Cómo ilustró Jesús el amor por el prójimo?

Notas: _____

_____

_____

FE SIN AMOR

«Y si tuviese toda la fe, de tal manera que trasladase los montes,
y no tengo amor, nada soy» (1 Corintios 13:2).

La fe sin amor es fe inútil.

En Mateo 17:19 los discípulos acudieron a Jesús con el deseo de saber por qué no podían expulsarle un espíritu demoníaco a un niño. Jesús les respondió: «Por vuestra poca fe; porque de cierto os digo, que si tuviereis fe como un grano de mostaza, diréis a este monte: Pásate de aquí allá, y se pasará; y nada os será imposible» (v. 20). Y repitió el mismo principio en Mateo 21:21: «De cierto os digo, que si tuviereis fe, y no dudareis... si a este monte [de los Olivos] dijereis: Quítate y échate en el mar, será hecho».

Esos pasajes han desconcertado a muchas personas porque nunca han visto a nadie mover una montaña. Pero Jesús no estaba hablando literalmente. Mover montañas causaría todo tipo de problemas ecológicos y sería un milagro sin sentido. Esa expresión era una figura literaria común en aquellos días y significaba «superar grandes obstáculos». Jesús estaba hablando de aquellos que tienen el don de la fe: aquellos que pueden mover la mano de Dios sin vacilar, a través de la oración.

El don de la fe es la capacidad de creer que Dios actuará de acuerdo a su voluntad, cualesquiera sean las circunstancias. Las personas que poseen ese don son guerreros de oración y tienden a pararse como rocas cuando otros a su alrededor se caen a pedazos. Ven el poder y los propósitos de Dios operando, y confían en Él aun cuando otros duden.

Sin embargo, dice Pablo, aun cuando tengas tanta fe —si no tienes amor—, no vale de nada. Es una dura reprimenda, pero pone el énfasis donde corresponde, en nuestras motivaciones. La motivación de los corintios era evidente en su compromiso egoísta con los dones espectaculares.

¿Qué te motiva? Recuerda, sin amor no importa lo que sepas o lo que creas. Solo el amor puede validar tu servicio a Cristo.

Sugerencias para la oración: Pídele a Dios una mayor capacidad para confiar en Él y la motivación para orar con más fervor.

Para un estudio más profundo: Lee Hebreos 11 y extrae los ejemplos de las personas de gran fe que se mencionan allí.

Notas: _____

_____

_____

_____

_____

BENEVOLENCIA SIN AMOR

*«Y si repartiese todos mis bienes para dar de comer a los pobres...
y no tengo amor, de nada me sirve» (1 Corintios 13:3).*

⤙ ⊙ ⤚

***El amor se caracteriza por el sacrificio personal, pero no
todo sacrificio personal es un acto de amor.***

S i alguna vez has donado a tu iglesia o a otra organización caritativa por obligación, presión de grupo, legalismo, culpa, deseo de reconocimiento o simplemente para obtener una deducción fiscal, conoces lo que significa dar sin amor. En nuestra sociedad, es muy fácil caer presa de ese tipo de donaciones porque las necesidades son tan numerosas que los recaudadores de fondos apelan a todos los motivos habidos y por haber para obtener una donación tuya. Además, muchas sectas y religiones falsas alientan a sus seguidores a que abandonen sus posesiones y hagan otros gestos de sacrificio como un supuesto medio para ganarse el favor de Dios. Pero Dios está más interesado en el motivo por el que das que en lo que das.

La ilustración hipotética de Pablo en 1 Corintios 13:3 es la de alguien que sacrificó todo lo que tenía para alimentar a los pobres. La palabra griega traducida «alimentar» significa «repartir en pequeñas cantidades». Aparentemente esa persona no hizo simplemente un cheque para donarlo a un programa de distribución de alimentos; es más, participaba personalmente en un programa sistemático a largo plazo que al fin y al cabo consumiría todos los recursos que tenía.

Pablo no menciona los motivos, solo que esa persona carecía de amor. En consecuencia, los resultados de su benevolencia se limitaron al ámbito físico. Cualquier beneficio espiritual se perdió.

Jesús, haciendo una observación similar, dijo: «Guardaos de hacer vuestra justicia delante de los hombres, para ser vistos de ellos; de otra manera no tendréis recompensa de vuestro Padre que está en los cielos» (Mateo 6:1). Si tu motivo para dar es obtener la aprobación de los hombres, tus galardones serán la única recompensa. Si estás motivado por amor a Dios, Él te recompensará abundantemente (vv. 2-4).

Cuando le das al Señor, ¿qué te motiva? ¿Quieres que otros piensen mejor de ti? ¿Te sientes obligado? Esas son influencias sutiles, así que asegúrate de resguardar tus motivos con cuidado. Recuerda, el único motivo aceptable es el amor.

Sugerencias para la oración: Pídele al Espíritu Santo que te mantenga sensible a las necesidades de los demás y que te permita dar con amor genuino.

Para un estudio más profundo: Lee Lucas 18:9-14.
⊙ ¿En qué difiere la oración del fariseo de la del recaudador de impuestos?
⊙ ¿Cómo respondió Dios a cada oración?

Notas: _____

_____

SUFRIMIENTO SIN AMOR

*«Y si entregase mi cuerpo para ser quemado,
y no tengo amor, de nada me sirve» (1 Corintios 13:3).*

⚬

**Aunque hagas el sacrificio más grande con motivaciones
erróneas, no tendrás beneficio espiritual.**

Hasta ahora, en su denuncia de los ministerios sin amor, Pablo se ha ocupado de lo que decimos, lo que sabemos, lo que creemos y cómo damos. Ahora llega a la cima de su argumento: cómo morir. Muchos cristianos han hecho el máximo sacrificio del martirio, pero aun eso es inútil si se carece de amor.

En la época de Pablo, muchos esclavos eran marcados con un hierro caliente para identificarlos como propiedad de su amo. Por esa razón, algunos intérpretes creen que Pablo se refería a convertirse en esclavo cuando habló de entregar su cuerpo para ser quemado (1 Corintios 13:3). Otros piensan que estaba hablando de quemarse en la hoguera, una muerte que muchos cristianos sufrieron a manos de sus perseguidores.

Aunque la muerte por incineración no fue una forma común de persecución hasta después que Pablo escribió a los corintios, creo que en eso es en lo que pensó al escribir este pasaje. En los versículos 1 y 2 Pablo usó algunos extremos para explicar su punto de vista: hablar en lenguas angelicales, conocer todos los misterios y toda ciencia, tener toda la fe y hasta dar todas sus posesiones para alimentar a los pobres. El horrible y agonizante dolor asociado con la muerte por fuego es congruente con esos extremos.

Jesús dijo que el martirio era la más alta expresión de amor (Juan 15:13). Pero no siempre es algo divino o amoroso de hacer. Muchas personas han muerto por motivos menores. Considera las historias de los pilotos suicidas en la Segunda Guerra Mundial o, más recientemente, los monjes o los estudiantes que se han inmolado en protesta por alguna injusticia política o social.

Aun los cristianos no están exentos de motivaciones equivocadas. Se informa que muchos creyentes en la iglesia primitiva desarrollaron un complejo de mártires, queriendo morir por la fe para hacerse famosos como los mártires que los precedieron. Muchas de las acciones que parecen sacrificiales en realidad son producto del orgullo.

Cualquier sacrificio por grande que sea, si se hace sin amor, es inútil.

Sin embargo, el amor santifica. Por tanto, deja que el amor de Dios gobierne todo lo que hagas.

Sugerencias para la oración: Memoriza Romanos 5:8 y úsalo como recordatorio para alabar a Dios por el sacrificio que hizo por ti.

Para un estudio más profundo: Lee Apocalipsis 2:1-7.

⚬ ¿Qué fortalezas tenía la iglesia en Éfeso?

⚬ ¿Qué dijo el Señor sobre su flagrante debilidad?

Notas: _____

_____

AMOR EN ACCIÓN

«El amor es sufrido, es benigno; el amor no tiene envidia, el amor no es jactancioso,
no se envanece; no hace nada indebido, no busca lo suyo, no se irrita, no
guarda rencor; no se goza de la injusticia, mas se goza de la verdad.
Todo lo sufre, todo lo cree, todo lo espera, todo lo soporta» (1 Corintios 13:4-7).

⤙ ⊙ ⤚

El amor es difícil de definir, pero puede describirse por el comportamiento que produce.

El apóstol Pablo pintó un cuadro del tipo de amor que Jesús quiere producir en cada creyente. Es, de hecho, un retrato de Cristo mismo, que es la expresión más elevada del amor. A diferencia de la mayoría de las traducciones al castellano, que incluyen varios adjetivos, las formas griegas de todas esas propiedades son verbos. No se enfocan en lo que es el amor, sino en lo que el amor hace y lo que no hace.

Con el escenario del comportamiento ostentoso de los corintios, las palabras de Pablo son una fuerte reprimenda. Él dice en efecto: «El amor es paciente, pero tú eres impaciente. El amor es amable, pero eres cruel con los que no están de acuerdo contigo. El amor no es celoso, pero envidias a aquellos con ciertos dones espirituales. El amor no presume, pero estás orgulloso de tu teología. El amor no es arrogante y no actúa impropiamente, pero a menudo eres grosero y maleducado con los demás.

»El amor no busca lo suyo, pero eres un egocéntrico. El amor no es provocador, pero peleas con tu vecino. El amor no guarda rencor por un mal sufrido, pero no perdonas a nadie. El amor no se regocija con la injusticia, pero te deleitas con el fracaso de los demás. El amor se regocija con la verdad, pero tú distorsionas y desobedeces la Palabra de Dios.

»El amor lo soporta todo, pero tú estás a la defensiva y eres un resentido. El amor está ansioso por creer lo mejor del prójimo, pero tú asumes lo peor. El amor nunca se da por vencido y puede tolerar una oposición asombrosa, pero tú eres débil e intolerante».

Pablo quería que los corintios vieran las deficiencias de su amor a la luz de la verdad e hicieran las correcciones necesarias. Tú y yo debemos hacer lo mismo. Por tanto, a medida que exploremos cada una de las características del amor, pide al Espíritu Santo que purifique tu corazón para que otros puedan ver claramente en ti el retrato amoroso de Pablo.

Sugerencias para la oración: Lee 1 Corintios 13:4-7, sustituye «Jesús» por «amor». Luego alábalo por todas sus excelencias.

Para un estudio más profundo: ¿Qué enseña 1 Juan 3:13-18 acerca del amor?

Notas: _____

_____

_____

_____

GANA SIN VENGANZA

«El amor es paciente» (1 Corintios 13:4, RVC).

El amor no toma represalias.

Por lo general, considero la paciencia como la capacidad de esperar o soportar sin quejarse, sea con respecto a personas o circunstancias. Pero en el griego, la palabra traducida como *«paciente»* en 1 Corintios 13:4 se refiere de manera específica a la paciencia con las personas. Literalmente significa *«ser de mal genio»*, y habla de alguien que podría tomar represalias fácilmente cuando se le hace daño pero decide no hacerlo.

Ese tipo de paciencia es una virtud espiritual que refleja a Dios mismo (Gálatas 5:22). No puede ser duplicado en un nivel puramente humano. Pero para los cristianos, es una forma de vida. Pablo dijo: «Yo… os ruego que andéis como es digno de la vocación con que fuisteis llamados, con toda humildad y mansedumbre, soportándoos con paciencia los unos a los otros en amor» (Efesios 4:1-2).

Dios mismo es el ejemplo supremo de la paciencia. Pedro dijo: «[Él] es paciente para con nosotros, no queriendo que ninguno perezca, sino que todos procedan al arrepentimiento. Pero el día del Señor vendrá como ladrón en la noche» (2 Pedro 3:8). Los que rechazan su gracia desprecian «las riquezas de su bondad, paciencia y longanimidad» (Romanos 2:4).

En el mundo grecorromano de la época de Pablo, tomar represalias por un insulto personal o una lesión se consideraba una virtud. La no represalia se interpretaba como un signo de debilidad. Nuestra sociedad es muy parecida. Nuestros héroes tienden a ser aquellos que luchan con fuerza física o mediante litigios. Pero esa no es la perspectiva de Dios, ni tampoco la de Cristo al orar por sus asesinos: «Padre, perdónalos; porque no saben lo que hacen» (Lucas 23:34).

Al considerar tu propia paciencia, recuerda que las represalias no siempre son descaradas y contundentes. A menudo son sutiles, como negarle afecto a tu cónyuge cuando te ha ofendido o retirarle la amistad a alguien que te lastimó. Pero el amor piadoso nunca toma represalias. Se preocupa más por los sentimientos de los demás que por los propios.

Recuerda la paciencia del Señor contigo y permite que su Espíritu produzca una actitud similar en ti.

Sugerencias para la oración: Si estás albergando resentimiento hacia alguien que te ha perjudicado, confiésalo al Señor y haz todo lo posible para reconciliarte con esa persona.

Para un estudio más profundo: Lee Génesis 50:15-21.
- ¿Qué temían los hermanos de José?
- ¿Cómo reaccionó José ante su petición de perdón?
- ¿Cómo usó Dios el pecado de los hermanos de José para lograr sus propósitos?

Notas: _____

MUESTRA BONDAD

«El amor es… bondadoso» (1 Corintios 13:4, RVC)

⌘

La bondad compensa el mal con el bien.

Dos hombres que iban en direcciones opuestas en un estrecho sendero montañoso se encontraron cara a cara. Con un acantilado por un lado y rocas escarpadas por el otro, no podían pasar. Cuanto más lo intentaban, más se frustraban. La situación parecía desesperada hasta que uno de ellos, sin decir palabra, simplemente cedió el paso, permitiendo que el otro hombre lo rodeara. Eso ilustra la bondad, que no le importa lo que le pase si beneficia a otro.

La palabra griega traducida como «bondadoso» en 1 Corintios 13:4 significa literalmente «útil», «servidor» o «misericordioso». No es simplemente la actitud dulce que generalmente asociamos con la bondad; es la idea de ser útil a los demás. Es la otra cara de la paciencia. La paciencia soporta los abusos de los demás; la bondad los recompensa con buenas obras.

Dios hizo el supremo acto de bondad cuando les proporcionó la salvación a los pecadores perdidos. Tito 3:3-5 dice: «Nosotros también éramos en otro tiempo insensatos, rebeldes, extraviados, esclavos de concupiscencias y deleites diversos, viviendo en malicia y envidia, aborrecibles, y aborreciéndonos unos a otros. Pero cuando se manifestó la bondad de Dios nuestro Salvador, y su amor para con los hombres, nos salvó».

Jesús dijo: «Llevad mi yugo sobre vosotros, y aprended de mí, que soy manso y humilde de corazón; y hallaréis descanso para vuestras almas; porque mi yugo es fácil, y ligera mi carga» (Mateo 11:29-30). La palabra griega traducida como «fácil» se traduce como «bondadoso» en 1 Corintios 13:4. Jesús estaba diciendo: «Confía en mí, y te redimiré y te mostraré mi bondad».

Ya que «habéis gustado la benignidad del Señor» (1 Pedro 2:3), debes estar ansioso por mostrar bondad a los demás. Eso es lo que Pablo quería que hicieran los creyentes corintios. Sabía que tenían la capacidad, pero tenían que arrepentirse de sus caminos egoístas y permitir que el amor dominara sus vidas.

Sugerencias para la oración: El mundo malvado en el que vivimos brinda abundantes oportunidades para que expresemos bondad hacia los demás. Pídele al Señor que te ayude a aprovecharlas al máximo.

Para un estudio más profundo: Lee Mateo 5:38-48, señala las expresiones de bondad que Jesús instó a sus seguidores a seguir.

Notas: _____

_____

_____

_____

SUPERA LA ENVIDIA

«El amor no tiene envidia, el amor no es jactancioso, no se envanece» (1 Corintios 13:4).

⚬

La envidia prospera en un clima de ambición egoísta.

La envidia es un pecado insidioso que grita: «Quiero lo que tienes, quiero tener más que tú y además no quiero que tú tengas». Sustituye la satisfacción por el resentimiento y genera una miriada de otros pecados.

Los corintios envidiaban los dones espirituales de los demás. La Primera Carta a los Corintios, 12:31, dice al pie de la letra: «Procurad, pues, los dones mejores. Mas yo os muestro un camino aun más excelente». La palabra griega traducida como «envidia» habla de la efervescencia interna que proviene de querer algo que alguien más tiene. En 1 Corintios 3:3 Pablo los reprende por los celos y la contienda que existía entre ellos.

Pablo sabía lo que significaba ser víctima de personas envidiosas. En uno de sus encarcelamientos escribió con sinceridad: «Algunos, a la verdad, predican a Cristo por envidia y contienda; pero otros de buena voluntad. Los unos anuncian a Cristo por contención, no sinceramente, pensando añadir aflicción a mis prisiones; pero los otros por amor, sabiendo que estoy puesto para la defensa del evangelio» (Filipenses 1:15-17).

La actitud de Pablo hacia los que le envidiaban era ejemplar: «O por pretexto o por verdad, Cristo es anunciado; y en esto me gozo, y me gozaré aún» (v. 18). No estaba motivado por la comodidad personal o la ambición egoísta. Él amaba a Cristo profundamente y quería que la mayor cantidad de gente posible escuchara el evangelio. Con que Cristo fuera proclamado, Pablo estaba feliz; independientemente de sus propias circunstancias o los motivos de los demás. Esa también debe ser tu perspectiva.

El amor es el antídoto de la envidia. Cuando el amor piadoso gobierna tu corazón, puedes regocijarte con los éxitos espirituales de los demás, aun cuando sepas que sus motivos son incorrectos. Pero si buscas prominencia y ganancia egoísta, te conviertes en un objetivo fácil para la envidia y el resentimiento.

Sugerencias para la oración: Confiesa cualquier envidia que puedas abrigar por alguien.

⊙ Pídele a Dios que aumente tu amor por Cristo para que la envidia no tenga un punto de apoyo en tu corazón.

Para un estudio más profundo: Lee 2 Corintios 11:2. ¿Hay algo así como envidia piadosa? Explica.

Notas: _____

_____

_____

_____

EXALTA A LOS DEMÁS

«El amor no es jactancioso» (1 Corintios 13:4).

❦ ⊙ ❧

El amor exalta a los demás; el orgullo se exalta a sí mismo.

Muchos de nosotros rehuimos de las personas que tienen una visión inflada de sí mismos o que se creen el centro de cada conversación. Sin embargo, quizás luches con la tentación de pasar la mayor parte de tus conversaciones hablando de ti mismo. Aun cuando no presumas de ti mismo abiertamente, ¿podrías resentir de los demás por no reconocer tus logros? Esa es una sutileza del orgullo.

Jactarse siempre atropella al amor porque el que se jacta de sí mismo busca exaltarse a expensas de los demás: lucir bien y hacer que los demás se vean inferiores. Incita celos y otros pecados. Por desdicha, la jactancia existe incluso en la iglesia. Es por eso que Pablo nos exhortó a no pensar más de nosotros que lo que debemos pensar, «a cada cual que está entre vosotros, que no tenga más alto concepto de sí que el que debe tener, sino que piense de sí con cordura, conforme a la medida de fe que Dios repartió a cada uno» (Romanos 12:3). El contexto de esa declaración son los dones espirituales, que pueden conducir al orgullo si no se rigen por la humildad y el amor.

Los corintios eran fanfarrones espirituales, cada uno competía por la atención y la prominencia. En consecuencia, sus servicios de adoración eran caóticos. Primera de Corintios 14:26 dice: «Cuando os reunís, cada uno de vosotros tiene salmo, tiene doctrina, tiene lengua, tiene revelación, tiene interpretación». Al parecer, todos expresaban sus dones espirituales al mismo tiempo sin tener en cuenta a nadie más. Es por eso que Pablo concluyó: «Hágase todo para edificación».

Su falta de amor era obvia porque las personas que realmente aman a los demás no se exaltan a sí mismas. Consideran a los demás más importantes que ellos mismos, solo como lo hizo Cristo cuando se humilló a sí mismo y murió por nuestros pecados (Filipenses 2:3-8).

El alarde de nuestros dones espirituales es absurdo puesto que no hicimos nada para ganarlos. No reflejan nuestras capacidades; reflejan la gracia de Dios. Es por eso que Pablo les preguntó a los corintios: «¿O qué tienes que no hayas recibido? Y si lo recibiste, ¿por qué te glorías como si no lo hubieras recibido?» (1 Corintios 4:7). Eso se aplica a las capacidades físicas, así como a las espirituales. Todo lo que tienes es un don de Dios. Por lo tanto, «el que se gloría, gloríese en el Señor» (1 Corintios 1:31).

Sugerencias para la oración: Reconoce cada día tu dependencia absoluta de la gracia de Dios.
⊙ Alábalo por los dones que te ha confiado.

Para un estudio más profundo: Observa lo que Dios afirma acerca de la altivez en Proverbios 6:16-17; 16:18; 18:12; 21: 3-4 y 21:24.

Notas: _____

_____

UN MINISTRO EFICAZ

«El amor no se envanece» (1 Corintios 13:4).

⤛ ⊙ ⤜

El amor es la clave para un ministerio eficaz.

En 1 Corintios 13:4 Pablo dice: «El amor no es jactancioso, no se envanece». A menudo equiparamos presunción y envanecimiento, pero en este pasaje la palabra envanece hace énfasis en el habla o las acciones orgullosas; así como lo que motiva dichas acciones.

Las actitudes envanecidas de los corintios fueron evidentes en varios aspectos. En 1 Corintios 4:18-21, Pablo dice: «Mas algunos están envanecidos, como si yo nunca hubiese de ir a vosotros. Pero iré pronto a vosotros, si el Señor quiere, y conoceré, no las palabras, sino el poder de los que andan envanecidos. Porque el reino de Dios no consiste en palabras, sino en poder. ¿Qué queréis? ¿Iré a vosotros con vara, o con amor y espíritu de mansedumbre?» Al parecer, algunos pensaron que ya no necesitaban su instrucción. «Después de todo», razonaron, «hemos tenido los mejores maestros: Apolos, Pedro e incluso el mismo Pablo (1 Corintios 1:12). Entonces, ¿qué necesidad tenemos de más instrucción?» El hecho era que tenían el conocimiento suficiente para inflar sus egos, pero eran lamentablemente ignorantes del amor (1 Corintios 8:1).

Fue la arrogancia y el envanecimiento lo que llevó a la iglesia de Corinto a tolerar la inmoralidad general: «De cierto se oye que hay entre vosotros fornicación, y tal fornicación cual ni aun se nombra entre los gentiles; tanto que alguno tiene la mujer de su padre [incesto]. Y vosotros estáis envanecidos. ¿No debierais más bien haberos lamentado, para que fuese quitado de en medio de vosotros el que cometió tal acción?» (1 Corintios 5:1-2). Eran demasiado orgullosos para enfrentar y corregir esa situación, por lo que se jactaban de ello. ¡Incluso los paganos no tolerarían ese tipo de comportamiento!

Esa es una imagen trágica de personas tan cegadas por el orgullo que se negaron a discernir entre el bien y el mal. En consecuencia, todas sus actividades espirituales fueron contraproducentes. Ellos fueron dotados por el Espíritu e incluso ostentaron sus dones, pero carecían del amor que transforma a la persona dotada en un ministro efectivo.

Aprende de los errores de los corintios. No te conformes nunca con las meras actividades espirituales. Deja que el amor motive todo lo que hagas. Dios puede honrar tus ministerios y hacerlos verdaderamente efectivos para sus propósitos.

Sugerencias para la oración: Pídele a Dios que te convierta en un ministro más eficaz y que te proteja de la ceguera que genera la arrogancia.

Para un estudio más profundo: ¿Qué dicen los siguientes proverbios sobre el orgullo? Proverbios 8:13; 11:2; y 29:23.

Notas: _____

_____

_____

_____

TRATA A LOS DEMÁS CON CONSIDERACIÓN

«[El amor] no hace nada indebido» (1 Corintios 13:5).

❧ ⊙ ❧

El comportamiento considerado demuestra amor divino
y agrega credibilidad a tu testimonio.

Cuando era niño, me encantaba sorber mi sopa. No veía nada malo en ello, aunque mis padres me corregían constantemente. Una noche comí con alguien que sorbía su sopa. Me gustó eso, pero me incomodó un poco. Entonces me di cuenta de que los buenos modales en la mesa son una forma de mostrar consideración por los demás. La actitud correcta dice: «Me interesas y no quiero hacer nada que altere el disfrute de esta comida».

En una nota más seria, conozco a una pareja que obtuvo la anulación de su matrimonio porque el marido era grosero con su esposa. Ella afirmó que su eructo incesante le mostró que realmente no la amaba. El juez falló a su favor, afirmando que si el marido la hubiera amado en verdad, habría sido más considerado. Una historia algo extraña, pero verdadera, e ilustra el hecho de que el amor no es grosero.

«Indebido» en 1 Corintios 13:5 incluye cualquier comportamiento que viole los estándares bíblicos o sociales aceptables. Podríamos parafrasearlo: «El amor es considerado con los demás». Eso habría sido un fuerte contraste con el comportamiento irreflexivo de los corintios, muchos de los cuales se estaban excediendo en sus fiestas de amor y emborrachándose con el vino de la Santa Cena (1 Corintios 11:20-22). Algunas mujeres sobrepasando los límites quitándose el velo y usurpando el papel de los hombres en la iglesia (1 Corintios 11:3-16; 14:34-35). Tanto hombres como mujeres estaban corrompiendo los servicios de adoración y compitiendo por tratar de superar los dones espirituales de los demás (1 Corintios 14:26).

Sin duda, los corintios justificaron su comportamiento grosero, al igual que a menudo justificamos el nuestro. Pero la rudeza traiciona la falta de amor, lo cual siempre opera en detrimento del ministerio efectivo. Por ejemplo, he visto cristianos que se comportan tan groseramente con los incrédulos que fuman que eliminan cualquier oportunidad de hablarles acerca de Cristo.

Ten en cuenta cómo tratas a los demás, sean creyentes o incrédulos. Incluso las más pequeñas cortesías pueden causar una profunda impresión.

Sugerencias para la oración: Pídele al Espíritu Santo que controle tu comportamiento y que te impida cometer una imprudencia por falta de amor.

Para un estudio más profundo: Lee Lucas 7:36-50. ¿Cómo protegió Jesús a la mujer arrepentida de la rudeza del fariseo?

Notas: _____

_____

_____

_____

LA GENEROSIDAD DEL AMOR

«[El amor] no busca lo suyo» (1 Corintios 13:5).

El amor transforma a los egoístas en personas que se sacrifican a sí mismas.

Desde Adán y Eva, se busca un sustituto de Dios; alguien que lo reemplace, y ¿quién mejor que uno mismo? Esa siempre ha sido la raíz de todo pecado. Nuestros primeros padres tenían una sola restricción: «Del árbol de la ciencia del bien y del mal no comerás; porque el día que de él comieres, ciertamente morirás» (Génesis 2:17). Pero Eva creyó la mentira de la serpiente en cuanto a que Dios estaba tratando de evitar que ella se diera cuenta de su potencial (Génesis 3:5). Así que comió el fruto prohibido y le dio a probar a Adán; y juntos hundieron a la raza humana en el pecado y la muerte.

Cristo cambió todo eso cuando vino «no para ser servido, sino para servir, y para dar su vida en rescate por muchos» (Mateo 20:28). A diferencia de Adán y Eva, no buscó su propio consuelo ni ganancia, sino que hizo todos los sacrificios requeridos para redimir a los pecadores.

Hay una lápida en un pequeño cementerio inglés que dice: «Aquí yace un avaro que vivió para sí mismo y no se preocupó por nada más que por reunir riquezas. Ahora, nadie sabe dónde está ni cómo le va, y a nadie le interesa».

¡Qué trágico es pasar toda tu vida esclavizado a tu egoísmo! En contraste, una lápida en el patio de la catedral de San Pablo en Londres dice: «Sagrado recuerdo del General Charles George Gordon, que en todo momento y en todas partes dio su fuerza a los débiles, su sustento a los pobres, su simpatía a los sufridos y su corazón a Dios». La primera lápida testifica de la inutilidad de la avaricia y el egoísmo, la segunda, de lo glorioso que es ser generoso y de sacrificarse.

Cristo es el ejemplo perfecto de sacrificio. Si lo amas, deberías caracterizarte por lo mismo que Él. Entonces, otros verán tu autenticidad y tu compromiso con ellos y, por la gracia de Dios, serán atraídos a tu Señor.

¿Qué epitafio podrían escribir tus familiares y amigos sobre ti? Oro para que sea uno que glorifique a Dios por el amor desinteresado que mostró a través de ti.

Sugerencias para la oración: Agradece a Dios por aquellos que han realizado sacrificios significativos para tu crecimiento espiritual. Intenta imitar el amor de ellos.

Para un estudio más profundo: Enumera las quince cualidades del amor de 1 Corintios 13:4-7, luego determina cómo se relaciona el sacrificio con cada una de ellas.

Notas: _____

_____

_____

_____

IRA SANTA VS. IRA EGOÍSTA

«[El amor] no se irrita» (1 Corintios 13:5).

⤳ ⊙ ⤝

La ira egocéntrica no puede coexistir con el amor.

El gran predicador y teólogo del siglo dieciocho Jonathan Edwards tenía una hija con un temperamento terrible. Cuando un joven le pidió al doctor Edwards la mano de ella en matrimonio, le dijo que no. El joven se sintió devastado. «Pero la amo y ella me ama», suplicó. «Eso no tiene nada que ver», respondió Edwards; «Ella no es digna de ti». «Pero ella es cristiana», argumentó el joven. «Sí», dijo Edwards, «pero la gracia de Dios puede vivir con algunas personas con las que nadie más podría vivir».

Eso puede parecer duro, pero Jonathan Edwards sabía lo que su futuro yerno aún no había aprendido: la presencia de la ira egoísta indica ausencia de amor genuino. «El amor», dijo Pablo, «no se irrita». El amor no sufre de arrebatos repentinos, emotivos, por exceso de adrenalina. No responde enojado a las acciones cometidas contra él.

Pablo no estaba hablando de enojo por el pecado y sus terribles consecuencias. Esa es la justa indignación, que se espera que los cristianos tengan. Cuando Jesús sacó del templo a los mercaderes y a los cambistas (Juan 2:14-15), estaba genuinamente enojado porque la casa de su Padre era mal usada. Pero nunca reaccionó de esa manera cuando fue atacado o difamado personalmente. De la misma manera, es correcto que te enojes cuando otros son maltratados, cuando Dios se ofende o cuando su Palabra se tergiversa. Pero el amor siempre se soporta si se trata de ataques personales.

Tal gentileza es ajena a nuestra sociedad, que nos enseña a luchar por nuestros derechos particulares y a tomar represalias cuando no obtenemos lo que creemos que merecemos. Eso ha producido personas codiciosas y sin amor que desean poco más que el éxito personal y la comodidad. Cualquiera que se atreva a interponerse en su camino está en peligro de incurrir en su ira.

Como cristiano, debes resistir tales influencias centrándote en tu deber espiritual más que en tus derechos. Si no esperas nada del mundo, no te enojarás ni decepcionarás cuando no llegue nada. Recuerde, a Dios es el dador de todo bien y todo don perfecto (Santiago 1:17). Así que humíllate ante Él, y Él te exaltará en el momento apropiado (Santiago 4:10).

Sugerencias para la oración: Pídele a Dios gracia para perdonar a aquellos que se equivocan contigo.

Para un estudio más profundo: Según Efesios 4:26-27, ¿cómo debes lidiar con la ira?

Notas: _____

_____

_____

_____

PERDONA A LOS DEMÁS

«[El amor] no guarda rencor» (1 Corintios 13:5).

⌒ ◉ ⌒

Si amas a alguien, no mantendrás un registro de sus ofensas.

Se informa que cuando los misioneros de Moravia fueron por primera vez ante los esquimales, no pudieron encontrar una palabra en ese idioma para «perdón». Así que tuvieron que combinar una serie de palabras más cortas y agruparlas en un vocablo compuesto, a saber: Issumagijoujungnainermik. Aunque la palabra parece extraña, su significado es hermoso: «Ya no puedo pensar en eso».

Es probable que hayas notado que las personas que no pueden perdonar casi siempre tienen buena memoria. Algunos pueden guardar rencor toda la vida. Pero el amor nunca guarda un registro de los errores cometidos contra él. Perdona y deja de pensar en ellos.

Eso es lo que Pablo pensaba cuando dijo que el amor «no guarda rencor» (1 Corintios 13:5). La palabra «guardar» se usaba en la antigua Grecia para referirse a las entradas que se hacían en el libro mayor de los tenedores de libros. Esas entradas ayudaban a los contadores a recordar la naturaleza de cada transacción financiera. Por el contrario, el amor nunca lleva un registro ni responsabiliza a otros por los errores que han cometido contra él.

El mejor ejemplo de ese tipo de amor es Dios mismo. Romanos 4:8 dice: «Bienaventurado el varón a quien el Señor no inculpa de pecado». Segunda de Corintios 5:19 agrega: «Dios estaba en Cristo reconciliando consigo al mundo, no tomándoles en cuenta a los hombres sus pecados».

Cada pecado que cometemos como creyentes es una ofensa contra Dios, pero Él nunca los anota a nuestra cuenta. Estamos en Cristo, que cargó con nuestra pena en la cruz. Cuando pecamos, somos perdonados de inmediato.

Si amas a los demás, los perdonarás ya que Dios te ha perdonado. En vez de responsabilizarlos de sus ofensas, verás a Cristo más que a los pecados de los ofensores. Harás caso a la advertencia de Pablo en cuanto a que seamos «benignos unos con otros, misericordiosos, perdonándoos unos a otros, como Dios también os perdonó a vosotros en Cristo» (Efesios 4:32). Ese es el carácter del amor verdadero.

Sugerencias para la oración: ¿Hay alguien de quien hayas estado esperando el perdón? Si es así, reconócelo como pecado y confiésalo al Señor. Luego, reconcíliate con esa persona de inmediato.

◉ Gracias a Dios que no guarda un registro de tus pecados (Salmos 130:3-4).

Para un estudio más profundo: ¿Qué dice Mateo 18:21-35 acerca de perdonar a los demás?

Notas:

REGOCÍJATE DE LA JUSTICIA

«[El amor] no se goza de la injusticia» (1 Corintios 13:6).

El amor nunca justifica el pecado.

Para la mayoría de los cristianos, regocijarse por la injusticia es repulsivo puesto que sugiere disfrutar de un pecado deliberado e insensato. Hemos visto los efectos trágicos del pecado en la humanidad y sabemos cómo ofende eso a Dios, por tanto, ¿cómo podríamos regocijarnos en tal cosa? Pero regocijarse en la injusticia incluye cualquier intento de justificar el pecado en tu propia vida o en la de los demás, y esto puede ser algo muy sutil.

Hay muchas maneras de regocijarse en la injusticia. Una es intercambiar el bien por el mal. Eso es lo que el profeta Isaías condenó al decir: «¡Ay de los que a lo malo dicen bueno, y a lo bueno malo; que hacen de la luz tinieblas, y de las tinieblas luz!» (Isaías 5:20). En nuestra sociedad, por ejemplo, virtudes como la virginidad y la fidelidad en el matrimonio son calificadas de anticuadas y puritanas, mientras que la promiscuidad y el adulterio se aprueban como contemporáneos y liberadores. Las presiones sociales pueden causar que los cristianos débiles o sin discernimiento cedan ante normas morales confusas y ateas.

Otra forma de regocijarse con la injusticia es no tener en cuenta a qué te expones. Las filosofías humanísticas y la flagrante inmoralidad de nuestra sociedad pueden entorpecer rápidamente tus sentidos morales y espirituales. Por lo tanto, debes evaluar cuidadosamente lo que lees, ves y escuchas. ¿Denigra a Dios y exalta la violencia, el crimen, la inmoralidad, la calumnia y cosas por el estilo? Si es así, y encuentras ese libro o artículo entretenido, te estás regocijando en el pecado.

Algunos creyentes realmente se regocijan por los pecados de otros. Eso es lo que hizo Jonás cuando se negó a predicar en Nínive por temor a que la gente se arrepintiera y Dios los perdonara. Prefirió verlos continuar en pecado en lugar de reconciliarse con Dios. Esa actitud no está muy lejos hoy como nos gustaría pensar. He sabido de cristianos profesantes que desean acabar con sus matrimonios que esperan que sus cónyuges cometan adulterio para justificarse y divorciarse. ¡Qué perspectiva tan malvada!

El verdadero amor no puede regocijarse en el pecado, sino gloriarse siempre que prevalezca la justicia.

Si amas a Dios, las cosas que le agradan te agradarán, y las cosas que lo ofenden te ofenderán. Deja que ese sea siempre tu parámetro.

Sugerencias para la oración: Pídele a Dios gracia para vivir de modo que le agrades.

Para un estudio más profundo: Lee Mateo 18:15-20 y anota cuidadosamente el procedimiento para confrontar a un cristiano pecador.

Notas: _____

_____

MANTÉN LA PUREZA DOCTRINAL

«[El amor] se goza de la verdad» (1 Corintios 13:6)

El amor no transige con la Palabra de Dios.

E l apóstol Pablo nos ofrece una lista de cosas que el amor no hace: no es celoso, no se jacta, no es arrogante, no busca lo suyo, no se irrita, no guarda rencor, no se regocija de la injusticia. Ahora viene con la primera de las cinco cosas que sí hace el amor: «se goza de la verdad» (v. 6). El contraste aquí es entre la incapacidad del amor de regocijarse con la injusticia y su gozo cuando prevalece la verdad. «Verdad» se refiere a la Palabra de Dios, que es el parámetro de la rectitud. Pablo podría haber dicho: «El amor no se regocija en la injusticia, sino que se regocija con la justicia», pero fue un poco más allá de los hechos meramente, de la rectitud; y abordó su estándar y su motivo.

El amor no tolera la falsa doctrina ni el comportamiento pecaminoso, pero se regocija cuando se enseña y se obedece la Palabra de Dios. El salmista dijo: «¡Oh, cuánto amo yo tu ley! Todo el día es ella mi meditación. Me has hecho más sabio que mis enemigos con tus mandamientos… Más que todos mis enseñadores he entendido... Más que los viejos he entendido… De todo mal camino contuve mis pies, para guardar tu palabra. No me aparté de tus juicios, porque tú me enseñaste. ¡Cuán dulces son a mi paladar tus palabras! Más que la miel a mi boca. De tus mandamientos he adquirido inteligencia; por tanto, he aborrecido todo camino de mentira» (Salmos 119:97-104). Ese es el testimonio de alguien que se regocija en la verdad.

A menudo, los cristianos están dispuestos a ceder al mundo con la sana doctrina por amor a los demás. Creen que la precisión doctrinal es de alguna manera divisiva y poco amorosa. Pero la Escritura dice: «Este es el amor, que andemos según sus mandamientos… Porque muchos engañadores han salido por el mundo, que no confiesan que Jesucristo ha venido en carne. Quien esto hace es el engañador y el anticristo. Mirad por vosotros mismos, para que no perdáis el fruto de vuestro trabajo, sino que recibáis galardón completo» (2 Juan 6-8).

El amor bíblico siempre opera dentro de los parámetros de la Palabra de Dios y el discernimiento espiritual (Filipenses 1:9-10). Lo más amoroso que puedes hacer es vivir de acuerdo a la verdad bíblica. Transigir con la doctrina simplemente disminuye la calidad del amor y te pone en manos del maligno.

Sugerencias para la oración: Pídele a Dios la sabiduría y el discernimiento necesarios para que mantengas tu amor dentro de los límites bíblicos apropiados.

Para un estudio más profundo: Memoriza Filipenses 1:9-11.

Notas: _____

_____

_____

_____

EL AMOR CUBRE MULTITUD DE PECADOS

«[El amor] todo lo sufre» (1 Corintios 13:7).

⤙ ⊙ ⤚

El amor confronta el pecado pero protege al pecador.

En 1 Corintios 13:7 Pablo menciona cuatro cualidades del amor que están estrechamente relacionadas: todo lo sufre, todo lo cree, todo lo espera y todo lo soporta. Eso puede hacer lucir al amor como indiscriminado y que acepta cualquier cosa que se presente, pero «todo» en ese versículo está calificado por el contexto. El amor rechaza los celos, la fanfarronería, la arrogancia, etc. (vv. 4-6); pero sufre, cree, espera y soporta todas las cosas que están dentro de los parámetros de la Palabra de Dios.

«[El amor] todo lo soporta» habla de la disposición del amor para cubrir los pecados y guardar a los pecadores de un daño mayor. Es lo opuesto a nuestra sociedad con mentalidad sensacionalista, en la que los chismes son un gran negocio y las personas aparentemente tienen un apetito insaciable por exponerse y conocer «noticias amarillistas».

El amor trata de proteger, no de exponer. Se enfrenta y disciplina al pecado, pero nunca difunde las fallas o los errores. Siente el dolor de aquellos a quienes ama y está dispuesto a soportar ese dolor cuando sea necesario, como lo hizo Cristo cuando sufrió por nuestros pecados.

En el Antiguo Testamento, el propiciatorio era el lugar donde se rociaba la sangre de la expiación para cubrir los pecados del pueblo (Levíticos 16:14). Ese cubrimiento simbolizaba la cobertura perfecta del pecado que Cristo trajo a través de su muerte en la cruz (Romanos 3:25-26). Todos los que confían en Él están cubiertos para siempre con el manto del amor de Dios.

Tú no puedes cubrir los pecados en una manera redentora, pero puedes ayudar a resguardar y a restaurar a sus víctimas. Proverbios 10:12 dice: «El odio despierta rencillas; pero el amor cubrirá todas las faltas». Primera de Pedro 4:8 dice: «Ante todo, tened entre vosotros ferviente amor; porque el amor cubrirá multitud de pecados».

Cuando escuchas sobre el pecado de alguien, ¿cuál es tu primera reacción? ¿Piensas lo peor de él o incluso te alegras con sus fracasos? ¿O esperas lo mejor y quieres proteger a esa persona de una mayor exposición, ridículo o daño? ¿Estarás dispuesto a enfrentar el pecado cuando sea necesario e incluso ayudarás a soportar la carga que esa persona podría estar cargando? El modo en que reacciones indica la calidad de tu amor.

Sugerencias para la oración: Agradece a Dios por cubrir tus pecados con la sangre de Cristo.

⊙ Comprométete a amar a los demás de una manera que verdaderamente soporte todo.

Para un estudio más profundo: Lee Isaías 53:3-12.

⊙ ¿Cómo representas a Cristo?

⊙ ¿Qué soportó Él en tu nombre?

Notas: _____

ESPERA LO MEJOR

«[El amor] todo lo cree» (1 Corintios 13:7).

El amor siempre espera lo mejor de los demás.

En Lucas 15 Jesús cuenta una parábola sobre un padre que tuvo dos hijos. El menor pidió su parte de la herencia familiar, se fue de casa y derrochó todo en el circo pecaminoso en que convirtió su vida. Cuando se dio cuenta de su locura, decidió regresar a su casa y pedirle perdón a su padre. Entonces «levantándose, vino a su padre. Y cuando aún estaba lejos, lo vio su padre, y fue movido a misericordia, y corrió, y se echó sobre su cuello, y le besó. Y el hijo le dijo: Padre, he pecado contra el cielo y contra ti, y ya no soy digno de ser llamado tu hijo. Pero el padre dijo a sus siervos: Sacad el mejor vestido, y vestidle; y poned un anillo en su mano, y calzado en sus pies. Y traed el becerro gordo y matadlo, y comamos y hagamos fiesta»(vv. 20-23).

Esa es una bella ilustración de lo ansioso que se pone el amor por perdonar, pero también implica otra característica. Mientras el hijo todavía estaba lejos, el padre lo vio venir. ¿Cómo es posible eso? Porque estaba esperando a su hijo, anticipando y anhelando su regreso. El amor perdona cuando se cometen errores contra él, pero también espera lo mejor de los demás. Eso es lo que significa «todo lo cree» (1 Corintios 13:7). Ese hijo había lastimado profundamente a su padre, pero este nunca perdió la esperanza de que regresara.

Conozco a una cristiana que ha estado casada con un esposo incrédulo por treinta años. Sin embargo, ella continúa diciendo: «Él vendrá a Cristo algún día». Ella no es ciega a la situación, pero su amor por su esposo ha transformado su deseo sincero en una expectativa. Ella cree que se volverá a Cristo porque el amor siempre espera lo mejor.

Tal vez tengas un cónyuge o un hijo que sea incrédulo o que se ha apartado del Señor. No pierdas la pasión. Espera lo mejor y deja que esa expectativa te motive a orar más fervientemente y a dar un ejemplo piadoso para que tus seres queridos te sigan.

Sugerencias para la oración: Pídele a Dios que guarde tu corazón de las actitudes cínicas y sospechosas con los demás.

Para un estudio más profundo: Lee Mateo 9:1-13 y señala las actitudes de los escribas y los fariseos con los judíos.

Notas: _____

_____

_____

_____

_____

_____

ESPERA EN DIOS

«[El amor] todo lo espera» (1 Corintios 13:7).

El amor se niega a tomar el fracaso humano como definitivo.

Aun cuando la fe flaquee, la esperanza viene al rescate. La esperanza es esa larga cuerda que nos mantiene unidos a la soberanía y al poder de Dios.

El apóstol Pedro les escribió a los creyentes que estaban experimentando pruebas severas. Para animarlos comenzó así: «Bendito el Dios y Padre de nuestro Señor Jesucristo, que según su grande misericordia nos hizo renacer para una esperanza viva, por la resurrección de Jesucristo de los muertos» (1 Pedro 1:3).

La nuestra es «una esperanza *viva*» porque nuestro Dios es un Dios vivo. No importa cuán sombría parezca tu situación, Dios está obrando para cumplir sus propósitos contigo. Cuando Cristo pendía de la cruz, parecía que el pecado al fin triunfó sobre la justicia. Pero la mejor hora del pecado se convirtió en su sentencia de muerte cuando Cristo se levantó de la tumba como Señor de la vida y Redentor de su pueblo. Ahora «el Espíritu de aquel que levantó de los muertos a Jesús mora en vosotros, el que levantó de los muertos a Cristo Jesús vivificará también vuestros cuerpos mortales por su Espíritu que mora en vosotros» (Romanos 8:11). Las pruebas y la muerte no tienen poder sobre ti. Simplemente te acercan a Cristo.

Al ministrar a los demás, la esperanza te da la confianza de que, mientras haya vida, el fracaso humano nunca será definitivo. Dios se negó a aceptar los fracasos de Israel; Jesús se negó a aceptar el de Pedro; y Pablo se negó a aceptar el de los corintios. Cuando tus intentos por cubrir los pecados de otros fallen o tus justas expectativas sean destrozadas, la esperanza dice: «No te rindas. Dios todavía puede resolver esto».

La esperanza se ilustra en la historia real de un perro que fue abandonado en el aeropuerto de una gran ciudad. Permaneció allí más de cinco años, esperando que regresara su dueño. La gente en el aeropuerto lo alimentaba y lo cuidaba, pero el animal se negó a abandonar el lugar donde vio por última vez a su amo. Si el amor de un perro por su dueño puede producir ese tipo de esperanza, ¿cuánto más debe tu amor a Dios producir una esperanza duradera?

Sugerencias para la oración: Alaba a Dios por su soberanía, su poder y por la esperanza que es tuya en Cristo.

Para un estudio más profundo: Lee el Salmo 42 y señala el modo en que el salmista relacionó las circunstancias angustiosas de su vida con su esperanza en Dios.

Notas: _____

_____

_____

_____

EL TRIUNFO DEL AMOR

«[El amor] todo lo soporta» (1 Corintios 13:7).

$\longrightarrow \bullet \longleftarrow$

El amor triunfa sobre la oposición.

Tenacidad, aguante, resistencia, es la última característica del amor que Pablo menciona en este pasaje. Esa palabra se usaba en Grecia como un término militar que describe un posicionamiento en medio de una batalla violenta. Se refiere no a soportar molestias menores sino a una asombrosa oposición, sin dejar de amar.

Esteban es un buen ejemplo de amor tenaz. Predicó el mensaje de Dios con firmeza, pero sus enemigos lo apedrearon hasta que murió. Su último acto fue arrodillarse, gritando a gran voz: «Señor, no les tomes en cuenta este pecado» (Hechos 7:60). Otra clase de hombre habría odiado a sus torturadores, pero no Esteban. Él los perdonó y suplicó a Dios que hiciera lo mismo, siguiendo el ejemplo de su Señor, que en la cruz oró: «Padre, perdónalos; porque no saben lo que hacen» (Lucas 23:34). Esa es la resistencia del amor divino.

El amor soporta todas las heridas, los pecados y las desilusiones. No los difunde, pero hace todo lo posible para reconciliar y restaurar a los pecadores. El amor cree lo mejor de los demás; no es cínico ni sospecha. Incluso cuando está bajo ataque severo, perdona y se aferra a la esperanza del poder y las promesas de Dios. Ese tipo de amor debería caracterizar a cada creyente.

Tu amor puede que no sea perfecto, pero debería ser obvio. Si estás luchando para implementar el amor en algún área de tu vida, recuerda estas cinco claves:

- Reconoce que el amor es un mandamiento (Romanos 13:8-10).
- Acepta que tienes los recursos espirituales para amar a los demás como Dios te ama (Romanos 5:5).
- Comprende que amar a los demás es un comportamiento cristiano normal (1 Juan 4:7-10).
- Percátate de que el amor es obra del Espíritu (Gálatas 5:22).
- Sé ferviente en tu amor por los demás (1 Pedro 1:22; 4:8).

El amor piadoso debe ser tu propósito más elevado y tu alegría más grande (Mateo 22:36-40). Al amar a los demás, glorificas a Cristo y lo das a conocer al mundo.

Sugerencias para la oración: Repasa las quince características del amor de 1 Corintios 13:4-7 y pide a Dios que aumente cada una de ellas en tu vida.

Para un estudio más profundo: Vuelve a leer cada referencia en las cinco claves para implementar el amor en tu vida y comprométete al menos a memorizarlas.

Notas: _____

_____

_____

ODIO SANTO

«Los que amáis a Jehová, aborreced el mal» (Salmos 97:10).

El odio de Dios por el mal es una extensión de su amor.

Después de explorar las quince características del amor piadoso, podría parecer extraño pasar repentinamente al tema del odio. Adicionalmente, «Odio santo» suena como una contradicción de términos para aquellos que ven todo lo relativo al odio como malvado. Pero el amor y el odio son inseparables. No se puede amar verdaderamente algo y ser complaciente con las cosas que se le oponen o lo amenazan.

Si amas a tu cónyuge, odias todo lo que pueda contaminarlo o herirlo. Si amas a tus hijos, odias todo lo que pueda dañarlos. Si amas el bien, odias el mal. Si amas la unidad, odias la discordia. Si amas a Dios, odias a Satanás. Es por eso que las Escrituras dicen: «Los que amáis a Jehová, aborreced el mal» (Salmos 97:10) y «El temor de Jehová es aborrecer el mal; la soberbia y la arrogancia, el mal camino, y la boca perversa, aborrezco» (Proverbios 8:13).

Dios es un Dios de amor, indiscutiblemente. La Primera Epístola de Juan, versículo 4 afirma: «Amados, amémonos unos a otros; porque el amor es de Dios. Todo aquel que ama, es nacido de Dios, y conoce a Dios… El que no ama, no ha conocido a Dios; porque Dios es amor… Amados, si Dios nos ha amado así, debemos también nosotros amarnos unos a otros… Y nosotros hemos conocido y creído el amor que Dios tiene para con nosotros. Dios es amor; y el que permanece en amor, permanece en Dios, y Dios en él» (vv. 7-8, 11, 16).

¿Cómo debemos responder a ese amor? El salmista escribió: «De tus mandamientos he adquirido inteligencia; por tanto, he aborrecido todo camino de mentira… Aborrezco a los hombres hipócritas; mas amo tu ley… Por eso estimé rectos todos tus mandamientos sobre todas las cosas, y aborrecí todo camino de mentira… La mentira aborrezco y abomino; tu ley amo» (Salmo 119:104, 113, 128, 163).

¿Es esa tu oración? ¿Odias las cosas que se oponen a Dios? ¿Te ofendes por lo que le ofende? Recuerda, el odio sagrado es una parte tan importante del amor piadoso, es como cualquiera de sus otras características. Si amas a Dios, necesariamente debes odiar el mal.

Sugerencias para la oración: Pídele a Dios que aumente tu amor por Él y tu odio por el mal.

Para un estudio más profundo: Medita en el Salmo 119:101-104 y grábatelo en la memoria.

Notas: _____

_____

_____

_____

SIETE COSAS QUE DIOS ODIA

«Seis cosas aborrece Jehová, y aun siete abomina su alma: Los ojos altivos, la lengua mentirosa, las manos derramadoras de sangre inocente, el corazón que maquina pensamientos inicuos, los pies presurosos para correr al mal, el testigo falso que habla mentiras, y el que siembra discordia entre hermanos» (Proverbios 6:16-19).

∾ ⊙ ∾

Dios tiene en claro las cosas que le desagradan.

D ios odia el pecado en cualquiera de sus formas, pero Proverbios 6:17-19 enumera siete que son especialmente repugnantes para Él. El primero son «los ojos altivos» (v. 17), que representan a una persona orgullosa y arrogante con su nariz empinada y sus ojos alzados. El orgullo de su corazón se refleja en sus gestos.

El orgullo quizás se enumera primero porque está en el corazón de toda rebelión contra Dios, comenzando por el propio Lucifer, que clamó contra Dios: «Subiré al cielo; en lo alto, junto a las estrellas de Dios, levantaré mi trono, y en el monte del testimonio me sentaré, a los lados del norte; sobre las alturas de las nubes subiré, y seré semejante al Altísimo» (Isaías 14:13-14).

Dios también odia «la lengua mentirosa» (v. 17). Los hombres a menudo juegan con la verdad, negándola o distorsionándola para obtener una supuesta ventaja. Pero Dios no puede tolerar el engaño de ningún tipo. Él espera que vivamos de acuerdo a su verdad.

Tercero, odia las manos derramadoras de sangre (v. 17). Eso habla de personas cuyo odio y avaricia son tan fuertes que son capaces de matar si no logran lo que quieren. Dios creó la vida y estableció su santidad. Es por eso que ordenó que se ajusticie a los asesinos (Génesis 9:6).

Dios también odia al corazón malvado y los pies presurosos (v. 18). A veces las personas caen en pecado inadvertidamente. Pero esas personas trazan cuidadosamente sus actividades pecaminosas y luego se apresuran a ejecutar sus planes.

Por último, Dios odia «el falso testimonio» y el que siembra discordia (v. 19). Tener «falso testimonio» significa decir mentiras sobre alguien inocente. Eso puede obstruir la justicia, destruir una reputación e incluso derrumbar una vida. Un espíritu divisivo es aquel que crea divisiones donde debería haber unidad.

Esos pecados caracterizan a los incrédulos, pero los cristianos no son inmunes a ellos. Así que ten cuidado de no perderte en las actitudes y acciones que Dios odia.

Sugerencias para la oración: Si estás practicando alguna de esas cosas, confiésalas y arrepiéntete.

Para un estudio más profundo: Según Filipenses 2:1-5, ¿cómo deberían tratarse los cristianos entre ellos?

Notas: _____

_____

_____

EL AMOR DE DIOS ABORRECE

«No améis al mundo, ni las cosas que están en el mundo.
Si alguno ama al mundo, el amor del Padre no está en él. Porque todo lo que hay
en el mundo, los deseos de la carne, los deseos de los ojos, y la vanagloria de la
vida, no proviene del Padre, sino del mundo. Y el mundo pasa, y sus deseos; pero
el que hace la voluntad de Dios permanece para siempre» (1 Juan 2:15-17).

>~ ⊙ ~<

Si amas al mundo, participas en un amor que Dios odia.

Satanás, desde el comienzo de sus actividades rebeldes, ha estado desarrollando un sistema invisible de maldad espiritual diseñado para oponerse a Dios y esclavizar a la gente al pecado. El apóstol Juan identificó ese sistema como «el mundo» y nos advirtió que no lo amemos.

Satanás ha tenido muchos siglos para desarrollar su malvado sistema; por tanto, es muy efectivo para aquellos que rechazan a Cristo. En 1 Juan 5:19 se explica que si bien nosotros como cristianos pertenecemos a Dios, «el mundo entero está bajo el maligno», a quien Jesús llamó «el príncipe de este mundo» (Juan 12:31). En Juan 8:44 identificó a ciertos incrédulos como hijos de su padre, el diablo, que es un «asesino» y «el padre de la mentira». Así es como se identifican completamente los no creyentes con Satanás.

Como creyente, estás identificado con Dios. Has sido liberado del dominio de las tinieblas y puesto en el Reino de Cristo (Colosenses 1:13). Eres de Dios y has vencido al maligno porque el Espíritu Santo que mora en ti es más grande que el que controla el mundo (1 Juan 4:4).

Lo triste es que los cristianos a veces coquetean con las mismas cosas de las que han sido salvados. ¡No hagas eso! Satanás y su sistema no tienen nada que ofrecerte. Ellos están condenados. En 1 Juan 2:17 dice: «El mundo pasa, y también sus deseos; pero el que hace la voluntad de Dios permanece para siempre».

Sugerencias para la oración: Si has estado coqueteando con el mundo, ruega a Dios el perdón.

⊙ Alaba a Dios porque algún día Satanás y su malvado sistema serán vencidos.

Para un estudio más profundo: Lee la Primera Epístola de Juan y observa los contrastes entre los hijos de Dios y los hijos de Satanás.

Notas: _____

_____

_____

_____

_____

_____

RECHAZA AL MUNDO

«No améis al mundo, ni las cosas que están en el mundo. Si alguno ama
al mundo, el amor del Padre no está en él» (1 Juan 2:15).

El mundo se opone a todo lo que Dios representa.

Amar al mundo empieza cuando piensas que Dios no sabe lo que es mejor para ti y está tratando de enganarte a fin de que salgas de algo que te mereces. Ese pensamiento pronto florece para que ignores por completo las advertencias de Dios y tomes todo lo que Satanás te ofrezca.

El amor del mundo comenzó en el jardín del Edén y continúa hasta nuestros días. Génesis 3:6 dice: «Y vio la mujer que el árbol era bueno para comer, y que era agradable a los ojos, y árbol codiciable para alcanzar la sabiduría; y tomó de su fruto, y comió; y dio también a su marido, el cual comió así como ella». ¿Qué les hizo pensar que el fruto era bueno para comer o para hacerlos sabios? Dios no les dijo eso. De hecho, les advirtió que morirían si comían ese fruto (Génesis 2:17). Pero Eva creyó la mentira de la serpiente y Adán hizo lo mismo.

Satanás continúa propagando sus mentiras, pero no debes ser presa de ellas si amas a Dios y recuerdas que el mundo se opone a todo lo que Él representa. Está espiritualmente muerto, sin el Espíritu (Juan 14:17), moralmente contaminado y dominado por el orgullo, la codicia y los malos deseos. Satanás genera opiniones equivocadas, objetivos egoístas, placeres pecaminosos, influencias desmoralizadoras, política corrupta, honores vacíos y amor voluble.

No puedes amar al mundo y a Dios al mismo tiempo, porque el amor no conoce rivales. El amor le da a su objeto el primer lugar. Si amas a Dios, Él tendrá el primer lugar en tu vida. Si amas al mundo, el amor del Padre no está en ti (1 Juan 2:15).

Gálatas 1:3-5 explica que Jesús «se dio a sí mismo por nuestros pecados para librarnos del presente siglo malo, conforme a la voluntad de nuestro Dios y Padre, a quien sea la gloria por los siglos de los siglos». Cristo murió para liberarnos del malvado sistema de Satanás. ¿Qué mayor motivación podría haber para rechazar el mundo y vivir para la gloria de Dios?

Sugerencias para la oración: Pídele a Dios más sabiduría y gracia para resistir las influencias del mundo.

Para un estudio más profundo: De acuerdo a Efesios 6:10-18, ¿cómo puedes, en calidad de creyente, guardarte del malvado sistema de Satanás?

Notas: _____

_____

_____

_____

REALIDAD DE LA GUERRA ESPIRITUAL

«Por lo demás, hermanos míos, fortaleceos en el Señor, y en el poder de su fuerza. Vestíos de toda la armadura de Dios, para que podáis estar firmes contra las asechanzas del diablo. Porque no tenemos lucha contra sangre y carne, sino contra principados, contra potestades, contra los gobernadores de las tinieblas de este siglo, contra huestes espirituales de maldad en las regiones celestes» (Efesios 6:10-12).

━ ⊙ ━

La victoria en la batalla llega cuando identificas al enemigo, resistes sus ataques y tomas la iniciativa en su contra.

Nuestra nación ha conocido muchas guerras, pero Vietnam fue una campaña especialmente frustrante. El denso terreno de la jungla dificultó la ubicación del enemigo, por lo que fue muy difícil controlar esa guerra de guerrillas. Muchos vietnamitas que trabajaban pacíficamente en los arrozales por el día se vestían con el atuendo negro del soldado viet cong durante la noche y asolaban a las desprevenidas fuerzas de los Estados Unidos que acampaban cerca. La opinión pública estadounidense era fuertemente antibélica y la moral entre nuestras tropas a menudo era baja.

La guerra espiritual tiene paralelismos similares. Sutil y engañosamente, Satanás se disfraza de «ángel de luz» (2 Corintios 11:14) y «anda como león rugiente, buscando a quien devorar» (1 Pedro 5:8). Sus emisarios se disfrazan como «falsos apóstoles» y «ministros de justicia» (2 Corintios 11:13-15). Se necesita sabiduría y discernimiento para identificarlos y defenderse de sus ataques.

La mayoría de las personas están indefensas, sin embargo, porque se burlan de lo sobrenatural y niegan la realidad de la guerra espiritual. Creen que Satanás puede estar bien para las tramas de las películas y las ventas de libros, pero asumen que solo los supersticiosos y crédulos lo toman en serio. Por desdicha, muchos cristianos han sucumbido al ridículo de esas personas y han abandonado la batalla.

Efesios 6:10-24 nos recuerda que la guerra espiritual es real y que Dios nos ha dado todos los recursos que necesitamos, no solo para defendernos, sino también para tomar la iniciativa y ganar la victoria sobre las fuerzas de la oscuridad.

Oro para que estos estudios te alienten en la batalla y te desafíen a que siempre tengas «toda la armadura de Dios, para que podáis estar firmes contra las asechanzas del diablo» (Efesios 6:11).

Sugerencias para la oración: Busca el discernimiento y la gracia para identificar al enemigo y para oponerte a él valientemente.

Para un estudio más profundo: Lee Efesios 6: 10-24. ¿Qué armadura ha provisto Dios para protegerte en la guerra espiritual?

Notas: _____
_____
_____

PREPÁRATE PARA LA BATALLA

«Por lo demás, hermanos míos, fortaleceos en el Señor, y en el poder de su fuerza.
Vestíos de toda la armadura de Dios, para que podáis estar firmes
contra las asechanzas del diablo» (Efesios 6:10-11).

⚜ ◉ ⚜

La preparación adecuada es la clave para la victoria espiritual.

La Guerra del Golfo introdujo algunas armas muy sofisticadas que nunca se habían probado bajo condiciones de batalla en vivo. La mayoría de las tropas tampoco había ido a una guerra. Sin embargo, las tropas y la maquinaria se combinaron en una muestra de conquista militar sin precedentes en la historia.

La preparación minuciosa demostró ser un elemento indispensable en esa victoria abrumadora. Eso incluía desarrollar y probar armamento de alta tecnología, reclutar y entrenar tropas, y participar en simulacros de batallas. Los generales saben que si se atreven a entrar en un campo de batalla mal preparado, están destinados a la derrota. En consecuencia, hacen todo lo posible a fin de preparar a sus tropas para la victoria.

Del mismo modo, tu éxito en la guerra espiritual es directamente proporcional a tu preparación. Debes «fortalecerte en el Señor y en el poder de su fuerza» (Efesios 6:10) y también debes ponerte la armadura (v. 11). Dios es tu fortaleza y tu fuente de victoria, pero debes confiar en Él y apropiarte de tus recursos espirituales. Como dijo Oliver Cromwell: «Confía en Dios y mantén tus armas listas».

Si demoras en prepararte hasta que la batalla llegue, es demasiado tarde. Si tu armadura no está en su lugar, eres vulnerable a las flechas del enemigo. Si descuidas la oración, el culto, el estudio de la Biblia, la responsabilidad y las otras disciplinas de la fe, no puedes esperar prevalecer cuando surjan escaramuzas espirituales.

Ningún soldado que valore su propia vida iría al campo de batalla sin estar preparado. ¡Cuánto más deberían los soldados de Cristo prepararse para luchar contra las fuerzas de Satanás! Sé diligente. Cristo te garantiza la victoria final, pero puedes perder batallas individuales si no estás listo. Incluso es posible que caigas en períodos de letargo espiritual, indiferencia, impotencia e ineficacia, pero eso es totalmente incongruente con tu mandato de que «milites la buena milicia» (1 Timoteo 1:18).

¡Que no te atrapen con la guardia baja! Mantente con tu armadura puesta y permanece alerta a los avances del enemigo.

Sugerencias para la oración: Pídele a Dios que te mantenga alerta a la realidad de la guerra espiritual y a la necesidad de estar preparado en todo momento para la batalla.

◉ Agradécele por las veces que te protegió cuando tu armadura no era muy segura.

Para un estudio más profundo: Memoriza 2 Timoteo 2:4 como un recordatorio de que debes estar espiritualmente preparado todo el tiempo.

Notas: _____

TUS RECURSOS EN CRISTO

«Por lo demás, hermanos míos, fortaleceos en el Señor, y en el poder de su fuerza.
Vestíos de toda la armadura de Dios, para que podáis estar firmes
contra las asechanzas del diablo» (Efesios 6:10-11).

En Cristo tienes todos los recursos necesarios para la victoria espiritual.

S atanás se opone a Dios y quiere evitar que los creyentes lo glorifiquen. Una manera de hacerlo es convenciéndolos de que es tan formidable que no podrán derrotarlo o que es tan débil que pueden luchar contra él con sus propias fuerzas.

En 2 Corintios 10:4 dice: «Las armas de nuestra milicia no son carnales, sino poderosas en Dios para la destrucción de fortalezas». Los recursos humanos por sí solos nunca pueden vencer a un enemigo espiritual, pero los divinos sí. Es por eso que es crucial entender los recursos que tienes en Cristo, los que te aseguran la victoria espiritual.

En Efesios 1:3, Pablo dice que has recibido todas las bendiciones del cielo por medio de Cristo. Eso incluye ser perdonado y redimido (vv. 6-7) y recibir conocimiento, entendimiento y sabiduría (vv. 17-18). Dentro de ti reside el Espíritu Santo (v. 13), que te fortalece y logra más de lo que puedes pedir o pensar (3:16, 20).

Los creyentes representan el asombroso poder de Dios en este mundo, el mismo poder que levantó a Cristo de entre los muertos, lo sentó a la diestra del Padre y sometió todas las cosas bajo sus pies (Efesios 1:19-22). Él es el Señor soberano contra el que nadie puede resistirse. Es por eso que Pablo nos exhortó a «fortalecernos en *el Señor*, y en el poder de su fuerza» (Efesios 6:10, énfasis agregado). Encontramos esta fortaleza al ponernos la armadura que nos ha provisto —la verdad, la justicia, la paz, la fe, la salvación y la Palabra—, y usamos todo eso con oración. De modo que no importa en qué dirección se acerque el enemigo o cuán sutiles sean sus ataques, podremos mantenernos firmes.

Los ataques de Satanás son complejos y sutiles. Sus maneras de operar en este mundo son astutas y engañosas. Dado que es imposible analizar y anticiparse a cada una de sus ofensas, concéntrate en fortalecer tus defensas y en comprender tus recursos espirituales para que los uses todos los días.

Sugerencias para la oración: Pídele a Dios que aumente tu comprensión de la guerra espiritual.
⊙ Busca la sabiduría para aplicar sus recursos de la manera más efectiva.
⊙ Cuando enfrentes batallas espirituales, confía en un amigo cristiano que ore contigo y te anime.

Para un estudio más profundo: Según Mateo 4:1-11, ¿cómo lidió Jesús con los ataques de Satanás?

Notas: _____

_____

_____

EL ENFOQUE EQUILIBRADO PARA LA VICTORIA ESPIRITUAL

*«Por lo demás, hermanos míos, fortaleceos en el Señor, y en el poder de su fuerza.
Vestíos de toda la armadura de Dios, para que podáis estar firmes
contra las asechanzas del diablo» (Efesios 6:10-11).*

⤙ ⊙ ⤚

***La victoria espiritual no es pasiva; implica la disciplina
de la obediencia diaria a Cristo y su Palabra.***

Cuando era niño mi padre y yo vimos un combate de boxeo en la televisión. Después de pasar por el ritual de golpear el aire, patear y ponerle betún a sus zapatos, uno de los competidores se arrodilló en una esquina y se persignó. Le pregunté a mi padre si eso ayudaba. Él dijo: «Sí, lo hace si puede conectar un golpe. Si no puede hacerlo, no ayuda en absoluto».

Eso ilustra un punto que abordamos ayer y que desarrollaremos más a fondo hoy: la parte de Dios y nuestra parte en la guerra espiritual. Muchos cristianos creen que la victoria espiritual viene simplemente por rendirse más completamente a Dios. Citan versículos como 2 Crónicas 20:15 para apoyar su punto de vista: «no es vuestra la guerra, sino de Dios». «Deja de luchar y esforzarte», dicen. «Al contrario, cede y ríndete por completo a Dios. Solo Él lucha y da la victoria».

Tales personas a menudo se llaman «quietistas» porque ven el papel del cristiano en la guerra espiritual como pasivo o silencioso. Su himno es: «Olvídalo y deja que Dios se encargue».

Sin embargo, las Escrituras dan una visión muy diferente del papel del creyente. Representa la vida cristiana como una guerra, una carrera y una pelea. Dependemos de la energía, el poder y la fuerza de Dios, pero de ninguna manera somos pasivos. Se nos ordena que nos dediquemos a las buenas obras, a resistir al diablo, a someter nuestros cuerpos, a andar en sabiduría, a presionar hacia el premio, a limpiarnos de toda inmundicia de carne y espíritu, a resolver nuestra salvación con temor y temblor y a la perfecta santidad en el temor de Dios. Esos son llamados a una acción ferviente.

En Efesios 6:10-11 Pablo dice: «Fortaleceos en el Señor, y en el poder de su fuerza. Vestíos de toda la armadura de Dios». Ese es el equilibrio. Dios provee los recursos; nosotros el esfuerzo.

Sugerencias para la oración: Agradécele a Dios por la fortaleza que da para la victoria espiritual.
⊙ Pide su sabiduría para llevar una vida cristiana equilibrada.

Para un estudio más profundo: Lee 2 Pedro 1:3-7.
⊙ ¿Qué provee Dios para la vida cristiana?
⊙ ¿Qué debes, como creyente, suplir tú?

Notas: _____

SUPERA LA OPOSICIÓN SATÁNICA

«Por lo demás, hermanos míos, fortaleceos en el Señor, y en el poder de su fuerza… Porque no tenemos lucha contra sangre y carne, sino contra principados, contra potestades, contra los gobernadores de las tinieblas de este siglo, contra huestes espirituales de maldad en las regiones celestes» (Efesios 6:10-12).

〜 ⊙ 〜

La guerra espiritual puede ser intensa, pero la gracia de Dios permite que prevalezcas contra los ataques de Satanás.

A través de las edades, Satanás ha acusado, asediado y maltratado a los creyentes en un esfuerzo por evitar que vivan para la gloria de Dios. Se la pasa intentando arrebatarle el mensaje del evangelio al corazón de las personas incluso antes de que ocurra la salvación (Mateo 13:19). Él bombardea a los creyentes con doctrinas falsas, tratando de confundirlos y distraerlos de la verdad bíblica (Efesios 4:14).

Martín Lutero declaró que su conflicto con Satanás se hizo tan intenso que en un momento dado fue como si pudiera verlo. Enfadado por los ataques incesantes de Satanás, Lutero tomó su tintero y se lo arrojó. Golpeó la pared en un modo estrepitoso, salpicando tinta por toda la habitación. Las manchas permanecieron ahí por muchos años, recordándoles a todos los que las veían cuán vívido puede ser el conflicto espiritual.

Es probable que no hayas experimentado algo como la intensidad del conflicto de Martín Lutero, pero la guerra espiritual es tan real para ti como lo fue para él. Estás en un combate mortal con Satanás y sus fuerzas malignas. Es por eso que Pablo dijo: «No tenemos lucha contra sangre y carne… sino contra huestes espirituales de maldad en las regiones celestes» (Efesios 6:12).

«Lucha» en este versículo habla de vida o muerte, combate mano a mano, de la del mismo tipo que Jesús experimentó mientras estuvo en la tierra. Él tuvo oposición y persecución en todo momento. Lo mismo sucedió con Pablo y los otros apóstoles cuando trataban con religiosos judíos, paganos, hechiceros y personas poseídas por demonios que intentaban en vano frustrar los esfuerzos misioneros de los apóstoles.

Los ataques de Satanás pueden parecer abrumadores a veces, pero no te desanimes. Considéralos tal como son: los esfuerzos de última hora de un enemigo derrotado para infligir daño al ejército conquistador. El Señor te fortalecerá y te protegerá, así como ha protegido a todos los creyentes delante de ti.

Sugerencias para la oración: Alaba a Dios por ser tu protector y la fuente de la victoria espiritual.

Para un estudio más profundo: Lee Hechos 4:1-22.
- ¿Qué tipo de oposición enfrentaron Pedro y Juan?
- ¿Cómo respondieron a la orden del Concilio judío de no predicar el evangelio?

Notas: _____

_____

PERMANEZCAN FIRMES

«Para que podáis estar firmes contra las asechanzas del diablo» (Efesios 6:10-11).

>‑ ⊙ ‑<

Mantén tu armadura espiritual lista todo el tiempo.

Cada batalla tiene una estrategia ofensiva y otra defensiva. Pablo describe la estrategia ofensiva del cristiano en 2 Corintios 10:3-5: «Pues aunque andamos en la carne, no militamos según la carne; porque las armas de nuestra milicia no son carnales, sino poderosas en Dios para la destrucción de fortalezas, derribando argumentos y toda altivez que se levanta contra el conocimiento de Dios, y llevando cautivo todo pensamiento a la obediencia a Cristo».

Nuestra estrategia defensiva es confiar en la fortaleza de Cristo y vestirnos con nuestra armadura espiritual (Efesios 6:10-11). Pablo probablemente estaba encadenado a un soldado romano cuando escribió a los efesios; por tanto, tenía una ilustración ideal acerca del armamento espiritual a la mano. Pero a diferencia de los soldados romanos, que se quitaban la armadura cuando estaban fuera de combate, los cristianos deben permanecer completamente protegidos en todo momento. Ese pensamiento es captado en la palabra griega traducida como «vestíos», en Efesios 6:11, que comunica permanencia, que te la pones de una vez por todas.

«Está firme» en el versículo 11 traduce un término militar que habla de mantenerte firme mientras te atacan. Cuando la empleas adecuadamente, tu armadura espiritual sirve como un compañero de por vida que te permite luchar contra las fuerzas del mal y hacerlo sin retroceder. Así como Jesús instruyó personalmente a las iglesias en Tiatira y Filadelfia a mantenerse firmes hasta que regrese (Apocalipsis 2:25; 3:11), también nos instruye a mantenernos firmes sin titubear.

Exhortaciones similares del Nuevo Testamento nos llaman a aferrarnos a la verdad bíblica (1 Corintios 15:2), a lo que es bueno (1 Tesalonicenses 5:21), a nuestra confianza en Cristo (Hebreos 3:6), y a nuestra confesión de fe (Hebreos 4:14). Esas son marcas de un creyente fuerte y estable contra el cual los planes de Satanás tienen poco efecto.

Sugerencias para la oración: ¿Hay alguna área de tu vida cristiana en la que no estés tan firme como deberías, tal vez sea en la oración, el estudio de la Biblia o el ministerio personal? Si es así, confiésalo al Señor y comienza a fortalecer esa área hoy. No le des a Satanás una debilidad que atacar.

Para un estudio más profundo: Memoriza 1 Juan 4:4 como un recordatorio del poder de Dios en tu vida.

Notas: _____

_____

_____

_____

EL ALCANCE DE LA OPOSICIÓN SATÁNICA

«Para que podáis estar firmes contra las asechanzas del diablo» (Efesios 6:11).

⚬

Satanás se opone a todo lo que Dios hace.

El conflicto del creyente con las fuerzas de la oscuridad se llama justamente guerra espiritual ya que Satanás y su maligno sistema mundial son hostiles a todo lo que Dios haga. Por naturaleza son antiDios y antiCristo.

Satanás es la antítesis de cada atributo piadoso. Dios es santo; Satanás es malvado. Dios es amor; Satanás es la encarnación del odio. Dios redime a sus hijos; Satanás condena a los suyos. Jesús revela la gracia y la verdad (Juan 1:17), pero Satanás no está en la verdad, «porque no hay verdad en él. Cuando habla mentira, de suyo habla; porque es mentiroso, y padre de mentira» (Juan 8:44).

Dios da vida, mientras que Satanás engendra muerte (Hebreos 2:14). Dios produce «amor, gozo, paz, paciencia, benignidad, bondad, fe, mansedumbre, templanza» (Gálatas 5:22-23). Satanás produce «adulterio, fornicación, inmundicia, lascivia, idolatría, hechicerías, enemistades, pleitos, celos, iras, contiendas, disensiones, herejías, envidias, homicidios, borracheras, orgías, y cosas semejantes a estas» (vv. 19-21).

Dios usa las pruebas para comprobar la autenticidad de tu fe y para aumentar tu alegría y tu resistencia espiritual (Santiago 1:3). Satanás usa la tentación en un intento por destruir tu fe y silenciar tu testimonio. Dios otorga la libertad de la esclavitud del pecado, mientras que Satanás quiere esclavizarte al pecado por toda la eternidad (2 Timoteo 2:26).

Jesús es tu «Abogado», defiende tu causa delante del Padre (1 Juan 2:1). Satanás es tu «acusador», te acusa incesantemente por cosas que Dios ya ha perdonado (Apocalipsis 12:10).

Debido a que Satanás se opone a todo lo que Dios hace, también se opondrá a los hijos de Dios. Cuando lo haga, no te preocupes demasiado ni pienses que es extraño o injusto. Espera las pruebas, mantente preparado y alégrate, porque ellas demuestran que eres una amenaza para el sistema de Satanás y un activo para el reino de Cristo.

Sugerencias para la oración: Agradece a Dios por la alegría de conocer a Cristo y por estar libre de la esclavitud del pecado.

⊙ Pídele que te use hoy de una manera poderosa para su gloria.

Para un estudio más profundo: Lee Romanos 14:17 y 1 Juan 2:16-17. ¿Qué caracteriza al reino de Dios? ¿Y al malvado sistema mundial de Satanás?

Notas: _____

_____

_____

_____

_____

ATAQUES AL CARÁCTER DE DIOS

«Para que podáis estar firmes contra las asechanzas del diablo» (Efesios 6:11).

Una de las tácticas más efectivas de Satanás es desafiar la credibilidad de Dios.

La exhortación de Pablo a «estar firmes contra las asechanzas del diablo» (Efesios 6:11) se refiere a las diversas tácticas que Satanás emplea en la guerra espiritual. Una de ellas es cuestionar el carácter y los motivos de Dios planteando dudas sobre su Palabra.

Usó ese enfoque en el huerto del Edén cuando le dijo a Eva: «¿Conque Dios os ha dicho: No comáis de todo árbol del huerto?» (Génesis 3:1). En una breve declaración, Satanás discutió y distorsionó la Palabra de Dios. Dios no les prohibió comer de ningún árbol. Podían comer libremente de todos los árboles, excepto uno: el árbol del conocimiento del bien y del mal (2:16-17).

Satanás continuó con su distorsión negando de manera rotunda la Palabra de Dios: «¡No moriréis!» (3:4). Le dio a entender que Dios mintió cuando dijo que el pecado resultaría en muerte. Luego Satanás le dijo a Eva que si comía el fruto, en realidad, se volvería como Dios mismo (v. 5). La implicación es que Dios estaba reteniéndole algo bueno a Eva y, para evitar que lo obtuviera, la había intimidado con vanas amenazas de muerte y juicio.

¿Ves la naturaleza insidiosa del enfoque de Satanás? Trágicamente, Eva no lo vio. En vez de confiar y obedecer a Dios, creyó en las mentiras de Satanás y concluyó que el árbol era «bueno para comer», «agradable a los ojos» y «codiciable para alcanzar la sabiduría». Luego «tomó de su fruto y comió» (v. 6).

Satanás engaña y difunde sus mentiras de generación en generación (2 Corintios 11:14). Aunque es sutil, sus intentos por desacreditar a Dios al disputar, distorsionar y negar su Palabra deberían ser obvios para los cristianos que disciernen.

No seas victimizado por los ataques de Satanás. Hazte fuerte en la Palabra a través del estudio sistemático de la Biblia. Cede al control del Espíritu a través de la oración y la obediencia a los principios bíblicos.

Sugerencias para la oración: Pídele a Dios discernimiento para reconocer los engaños satánicos y sabiduría para buscar la verdad.

⊙ Ora para que Dios te capacite y te discipline para un estudio bíblico diligente.

Para un estudio más profundo: Lee 1 Juan 2:12-14. ¿Cómo describió Juan a los que son fuertes en la Palabra?

Notas: _____

_____

_____

_____

_____

LOS ATAQUES AL PUEBLO DE DIOS

«[Permanezcan] firmes contra las asechanzas del diablo» (Efesios 6:11).

>͡ ⊙ ͡<

Satanás quiere tomarte por sorpresa.

En la actualidad, vemos cómo Satanás ataca la Palabra de Dios. Hoy veremos cómo acomete contra el pueblo de Dios. Persecución, presión de grupo y preocupación son tres armas que emplea con gran efectividad.

La persecución nunca debe tomar a los cristianos por sorpresa, porque las Escrituras nos advierten repetidas veces que vendrá. Por ejemplo, 2 Timoteo 3:12 dice: «Ciertamente, todos los que desean vivir piadosamente en Cristo Jesús serán perseguidos». Sin embargo, tales advertencias a menudo se pasan por alto en el clima de salud, riqueza y prosperidad del cristianismo contemporáneo.

A medida que la avaricia perpetuada por tal movimiento continúa su asalto a la virtud cristiana, muchos creyentes profesantes han llegado a esperar una vida libre de dolor y sin problemas. Cuando llegan las pruebas, entonces, los toma desprevenidos y a menudo se desilusionan con la iglesia o con Dios mismo. Algunos comprueban ser falsos creyentes, a quienes Jesús describió en su parábola de los cuatro terrenos, personas que inicialmente responden al evangelio con alegría, pero que se apartan cuando surge la aflicción o la persecución debido a la Palabra (Mateo 13:21).

Satanás también usa la presión de grupo como arma efectiva. Muchas personas no vienen a Cristo por temor a perder a sus amigos o ser considerados como diferentes. Incluso los cristianos a veces luchan con la presión de los compañeros, poniendo en peligro los estándares de Dios para evitar ofender a los demás.

Otra arma es la preocupación por el mundo. A menudo, el lugar más difícil para llevar la vida cristiana es el menos pensado. Por ejemplo, convertirse en cristiano en los Estados Unidos no es una opción que amenace o que atente contra la vida del que cree. Algunos que se oponen con valentía a la persecución o la presión de los compañeros pueden fallar en un clima de aceptación. A menudo, ahí es cuando el peligro de la complacencia espiritual y la preocupación por el mundo es mayor.

Para resguardarte de esos ataques, recuerda que Dios usa la persecución para que madures y para dar gloria a sí mismo. Además, toma una decisión consciente cada día para agradar a Dios más que a las personas. Finalmente, evalúa cuidadosamente tus prioridades y tus actividades. Combate la tendencia a preocuparte por cosas que no están relacionadas con el reino de Dios.

Sugerencias para la oración: Pídele a Dios que te mantenga espiritualmente alerta todo este día, para que el enemigo no te sorprenda.

Para un estudio más profundo: Lee Mateo 26:31-56. ¿Qué podrían haber hecho los discípulos para evitar que los tomaran por sorpresa?

Notas: _____

_____

MANTÉN LA EFECTIVIDAD ESPIRITUAL

«Para que podáis estar firmes contra las asechanzas del diablo» (Efesios 6:10-11).

⤛ ⊙ ⤜

Satanás quiere hacerte ineficaz para Cristo.

En 1 Corintios 16:9 Pablo dice: «Se me ha abierto puerta grande y eficaz, y muchos son los adversarios». Eso es típico de la guerra espiritual. Cuantas más oportunidades tengas para servir a Cristo, más adversarios enfrentarás. Eso se debe a que Satanás trata de impedir tu servicio espiritual. Con frecuencia, los estudiantes del seminario me preguntan si el ministerio se vuelve más fácil a lo largo de los años.

En cierto sentido sí, porque desarrollas más habilidades para el estudio y las mejoras, aprendes a gestionar el tiempo y cosas por el estilo. Pero en un sentido más amplio se vuelve más difícil porque a medida que trabajas en la Palabra, luchas por las almas a la vez que batallas contra tus propias debilidades, Satanás se opone a ti en todo momento.

Puedes captar algo de la dificultad del ministerio en las palabras de Pablo a los Tesalonicenses: «Tan grande es nuestro afecto por vosotros, que hubiéramos querido entregaros no sólo el evangelio de Dios, sino también nuestras propias vidas; porque habéis llegado a sernos muy queridos. Porque os acordáis, hermanos, de nuestro trabajo y fatiga; cómo trabajando de noche y de día, para no ser gravosos a ninguno de vosotros, os predicamos el evangelio de Dios» (1 Tesalonicenses 2:8-9). A los ancianos de Éfeso les dijo: «Velad, acordándoos que por tres años, de noche y de día, no he cesado de amonestar con lágrimas a cada uno» (Hechos 20:31).

Cada esfera del ministerio es importante, seas pastor, ama de casa, obrero o estudiante. En consecuencia, cada ministerio encuentra oposición cuando Satanás intenta causar fricción y desaliento dentro de las familias, las iglesias y los escenarios laborales. Por lo tanto, los creyentes deben ser humildes y afables entre sí, «solícitos en guardar la unidad del Espíritu en el vínculo de la paz» (Efesios 4:3). Cuando hacemos eso, el cuerpo de Cristo se fortalece y Satanás no puede obtener un punto de apoyo.

El ministerio es un trabajo duro, y los obstáculos son grandes, pero las victorias son aun mayores. Así que sé fiel, consciente de que Dios te recompensará en abundancia.

Sugerencias para la oración: Agradece a Dios por el privilegio de servirle, incluso durante los tiempos difíciles.
⊙ Agradécele por el aliento que recibes de su Espíritu, su Palabra y sus compañeros creyentes.

Para un estudio más profundo: Según Romanos 8:18, ¿cuál era la perspectiva de Pablo en cuanto a las dificultades?

Notas: _____
_____
_____
_____

IDENTIFICA AL VERDADERO ENEMIGO

«Porque no tenemos lucha contra sangre y carne, sino contra principados, contra potestades, contra los gobernadores de las tinieblas de este siglo, contra huestes espirituales de maldad en las regiones celestes» (Efesios 6:12).

No confundas a los prisioneros de guerra con el enemigo.

A veces, en el fragor de la batalla, podemos perder la perspectiva de quién es el verdadero enemigo. Efesios 6:12 nos recuerda que nuestra lucha no es contra las personas que pecan, es en contra del sistema malvado y las fuerzas sobrenaturales que influyen en sus actitudes y sus acciones.

En su asalto al reino de Dios, Satanás ha reunido un ejército altamente organizado de ángeles caídos. Pablo los clasificó como «principados, contra potestades, contra los gobernadores de las tinieblas de este siglo, contra huestes espirituales de maldad en las regiones celestes» (Efesios 6:12).

Esa no es una descripción detallada de la jerarquía de Satanás sino simplemente una indicación general de su poder y sofisticación. Aparentemente, «principados y potestades» son demonios de alto rango. Las «gobernadores de las tinieblas de este siglo» son posiblemente demonios que se infiltran en varios sistemas políticos del mundo, intentando dirigir a líderes humanos para oponerse a los planes de Dios. Ejemplo de uno de ellos es un demonio llamado «el príncipe del reino de Persia» en Daniel 10:13 que se opuso a Daniel hasta que Miguel el arcángel acudió al rescate. «Las huestes espirituales de maldad en las regiones celestes» tal vez se refiera a los demonios que participaban en los pecados más viles y pervertidos: inmoralidad grosera, prácticas ocultistas, adoración a Satanás y cosas por el estilo.

Los que rechazan a Cristo y a Dios son prisioneros de guerra involuntarios, capturados y movilizados por el enemigo para lograr sus propósitos. Trágicamente, cuando termine con ellos, los abandonará e irán a un infierno eterno.

Es probable que conozcas incrédulos que disfruten ridiculizando tu fe y haciéndote la vida difícil. Aunque es difícil de aceptar, sé paciente y no te amargues con ellos. Pídele a Dios que te convierta en un instrumento de su amor para que les tiendas la mano a ellos. También ora para que Dios elimine su ceguera espiritual, de modo que puedan ver más allá de las mentiras de Satanás y reconocer su necesidad de un Salvador.

Sugerencias para la oración: Alaba a Dios por librarte de la «potestad de las tinieblas, y trasladado al reino de su amado Hijo» (Colosenses 1:13).
⊙ Pídele que te use hoy para romper el engaño de Satanás en la vida de alguien.

Para un estudio más profundo: Lee 2 Corintios 4:3-7 y señala por qué las personas rechazan el evangelio.

Notas: _____

_____

RESISTE AL DIABLO

«Por tanto, tomad toda la armadura de Dios, para que podáis resistir en el día malo, y habiendo acabado todo, estar firmes» (Efesios 6:13).

⤝ ⊙ ⤞

La guerra espiritual no consiste tanto en un ataque frontal al dominio de Satanás como en la capacidad de resistir sus avances.

La guerra espiritual se ha convertido en un tema popular en los últimos años. Libros, grabaciones y seminarios sobre el tema abundan, pero todavía hay mucha confusión. Algunos dicen que debemos reprender y atar a Satanás para frustrar su poder e influencia. Otros afirman que debemos expulsar a los espíritus demoníacos a través de «ministerios de liberación». Aun otros nos animan a unirnos para atacar agresivamente las fortalezas de los supuestos demonios territoriales.

La guerra espiritual, sin embargo, no es un ataque directo frontal a las fuerzas de la oscuridad. La Escritura dice: «Someteos, pues, a Dios; resistid al diablo, y huirá de vosotros» (Santiago 4:7); «Sed sobrios, y velad; porque vuestro adversario el diablo, como león rugiente, anda alrededor buscando a quien devorar; al cual resistid firmes en la fe, sabiendo que los mismos padecimientos se van cumpliendo en vuestros hermanos en todo el mundo» (1 Pedro 5:8-9). La idea de que los cristianos tienen la autoridad para reprender o atar a Satanás es ajena a las Escrituras. Incluso el arcángel Miguel trató ese asunto con mucho más respeto y cuidado (Judas 9).

La victoria espiritual implica someterse a Dios, seguir su voluntad, mantener su armadura espiritual, estar alerta ante los ataques de Satanás y mantenerse firme para resistir «en el día malo» (Efesios 6:13).

«Día malo» es una referencia general al pecado que existe en este mundo. Como «el dios de este siglo» (2 Corintios 4:4), Satanás continuará produciendo mal hasta que él y sus fuerzas sean arrojados al lago de fuego (Apocalipsis 20:10-15). Entonces «el día malo» dará paso a una era eterna de justicia.

Innumerables personas pastorearon iglesias, impartieron clases en la escuela dominical, dirigieron estudios bíblicos, cantaron en coros y se involucraron en todas las áreas imaginables del ministerio, hasta que un día abandonaron sus ministerios y abrazaron al mundo. De alguna manera dejaron de resistir al diablo y perdieron la valentía para mantenerse firmes.

¿Y qué contigo? ¿Es fuerte tu compromiso? ¿Estás dispuesto a mantenerte firme para el Señor hoy?

Sugerencias para la oración: Pídele a Dios la gracia para resistir con valentía cualquier cosa que pueda desafiar tu fe hoy.

Para un estudio más profundo: Lee 1 Corintios 9:23-27.

⊙ ¿Cuál fue el gran temor de Pablo?

⊙ ¿Qué medidas tomó para asegurar la victoria espiritual?

⊙ ¿Estás tomando las mismas medidas?

Notas: _____

BUSCA LA VERDAD

«Estad, pues, firmes, ceñidos vuestros lomos con la verdad,
y vestidos con la coraza de justicia» (Efesios 6:14).

La verdad es la mejor defensa contra las mentiras de Satanás.

La primera pieza de la armadura que Pablo menciona en Efesios 6:14 es el cinturón de la verdad. Los soldados romanos de su tiempo usaban una túnica, que era una gran pieza cuadrada de material con unos agujeros para la cabeza y los brazos. El cinto evitaba que la túnica volara y les estorbara en medio de la batalla.

La frase «ceñirse vuestros lomos» se usa comúnmente para indicar que el material de la túnica que se mueve con el movimiento de la persona se ajusta, de modo que el guerrero se prepara para la batalla o la travesía. Habla de preparación, como en Éxodo 12:11, donde Dios les dice a los hijos de Israel que se ceñirán los lomos para su éxodo de Egipto. Jesús lo usó en un sentido figurativo en Lucas 12:35, donde nos advierte que ciñamos nuestros lomos o que estemos «vestidos de buena voluntad» para su segunda venida. Pedro, por su parte, dijo que debemos ceñir nuestras mentes para la acción (1 Pedro 1:13).

La palabra griega traducida como «verdad» en Efesios 6:14, puede referirse al contenido de lo que es verdadero o a una actitud veraz. Ambas cosas están implicadas en el versículo. En Efesios 4 Pablo combina ambos aspectos al advertir que no seamos «llevados por doquiera de todo viento de doctrina, por estratagema de hombres que para engañar emplean con astucia las artimañas del error» (vv. 14-15). Al contrario, debemos abrazar la sana doctrina y siempre decir la verdad en amor.

La manera de defenderte de los astutos engaños de Satanás es vestirte con un conocimiento profundo de la Palabra de Dios y un firme compromiso con la obediencia. Sin embargo, muchos cristianos siguen siendo vulnerables porque no están dispuestos a hacer eso.

Pablo exhorta a los filipenses a sobresalir en «ciencia» y en «conocimiento» y a seguir siendo «sinceros e irreprensibles» hasta que estemos en la presencia de Cristo (Filipenses 1:9-10), y hay que hacer lo mismo. Nunca estés satisfecho con tu nivel actual de espiritualidad. Sigue aprendiendo y creciendo. Muestra una actitud de veracidad que revele tu compromiso con la Palabra de Dios y tu preparación para la batalla.

Sugerencias para la oración: ¿Se caracteriza tu vida por la veracidad? Si no es así, eres un blanco listo para los planes de Satanás. Confiésale eso al Señor y pídele que limpie tu corazón y te dé amor por su verdad. Comienza hoy a aplicar su Palabra a tu vida.

Para un estudio más profundo: Lee los versículos 1-4 y 13-15 de 2 Corintios 11, y toma nota de las tácticas de Satanás y sus siervos.

Notas: _____

_____

_____

GUARDA TU MENTE Y TUS EMOCIONES

«Estad, pues, firmes... vestidos con la coraza de justicia» (Efesios 6:14).

La verdadera rectitud comienza con una relación correcta con Dios.

El soldado romano a menudo se enfrentaba a su enemigo en combate mano a mano. Para ese encuentro, el arma elegida era una espada corta, con la que intentaba penetrar los órganos vitales de su oponente. Para su propia protección, llevaba una coraza de metal moldeado que se extendía desde la base de su cuello hasta la parte superior de sus muslos. Eso ayudaba a desviar cualquier ataque dirigido a su corazón y al abdomen.

El pectoral romano tiene un gran simbolismo en la analogía de Pablo puesto que para el pueblo judío, el corazón representaba la mente del hombre y sus procesos de pensamiento; el área intestinal o las entrañas representaban el asiento de los sentimientos y las emociones. Proverbios 23:7 dice: «Cual es su pensamiento en su corazón, tal es él». Jeremías 17:9 dice: «Engañoso es el corazón más que todas las cosas, y perverso; ¿quién lo conocerá?» Jesús agregó: «Porque de dentro, del corazón de los hombres, salen los malos pensamientos» (Marcos 7:21).

Durante la guerra espiritual, los ataques principales de Satanás se dirigen a tus pensamientos y tus emociones. Si puede condicionarte a pensar y a sentir oposición a la Palabra de Dios, tiene una victoria significativa. Es por eso que intenta llenar tu mente con mentiras, inmoralidad, falsas doctrinas y medias verdades. Él trata de difuminar la línea entre la justicia y el pecado rodeándote con influencias malvadas que aumentan tu tolerancia por el pecado. Él viste al pecado ofensivo con la enceguecedora prenda del entretenimiento. Lo pone en la música y lo enmascara con humor para confundirte y anestesiar tus sentidos espirituales. Satanás quiere corromper tus emociones y atraerte a los deseos pecaminosos.

Vestir la coraza de justicia comienza con una relación correcta con Dios, que es la fuente de la verdadera rectitud. De esa relación fluye el compromiso de cultivar la justicia en tu propia vida aprendiendo y aplicando su Palabra. En ello reside la protección que necesitas para salvaguardar tu mente y tus emociones de los engaños satánicos.

Sugerencias para la oración: Concéntrate en fortalecer tu relación con Dios hoy. Comunícate con Él en oración. Medita en su Palabra. Busca su gracia al responder con consideración y justicia a las tentaciones que enfrentes.

Para un estudio más profundo: Lee Proverbios 10 y señala lo que Salomón describe como personas justas.

Notas: _____

_____

_____

VIVE Y CULTIVA LA JUSTICIA PRÁCTICA

«Estad, pues, firmes, ceñidos vuestros lomos con la verdad, y
vestidos con la coraza de justicia» (Efesios 6:14).

La justicia práctica consiste en obedecer a Dios momento tras momento.

Hemos visto la importancia de ponerse la coraza de justicia como protección contra los intentos de Satanás por pervertir tu pensamiento y tus emociones. Pero las Escrituras hablan de tres tipos de justicia: justicia propia, justicia imputada y justicia práctica. ¿En qué pensaba Pablo cuando escribió Efesios 6:14?

Pablo no estaba hablando de justicia propia porque la coraza de la justicia está diseñada para protegerte. La justicia propia engaña a la persona para que piense: «Puedo agradar a Dios y alcanzar el cielo por esfuerzo propio». Pero Isaías dijo: «Todas nuestras justicias son como trapo de inmundicia» (Isaías 64:6). Lejos de llevarte al cielo, la justicia propia te condenará al infierno eterno porque rechaza los méritos de la expiación de Cristo.

De manera similar, Pablo tampoco hablaba de justicia imputada, la que Cristo otorga a cada creyente en el momento de la salvación. Esta también se llama «justicia posicional» porque es el resultado de tu posición en Cristo. En 2 Corintios 5:21 dice que Dios hizo que Cristo, «que no conoció pecado, por nosotros se hizo pecado, para que nosotros fuésemos hechos justicia de Dios en él». Todo creyente está vestido con el manto de la justicia de Cristo. Así que no te pongas otra cosa. Ese manto ya es tuyo en Cristo.

Solo queda la justicia práctica, la que fluye de la obediencia a la Palabra de Dios. Aunque a los ojos de Dios eres justo en Cristo, también debes buscar un comportamiento justo. En otras palabras, tu práctica debe coincidir con tu posición. A eso se refería Pablo cuando dijo: «ocupaos en vuestra salvación con temor y temblor» (Filipenses 2:12). Juan agregó que «el que dice que permanece en [Cristo] debe andar de la misma manera que él caminó» (1 Juan 2:6).

A medida que aprendas a vivir en obediencia a la Palabra de Dios, serás protegido por la coraza de justicia.

Sugerencias para la oración: Pídele al Espíritu que te ayude a registrar tu corazón y revelar cualquier actitud de fariseísmo que pueda hacerte vulnerable a los ataques de Satanás. Confiésate y alaba a Cristo por la verdadera justicia que es tuya en Él.

Para un estudio más profundo: Lee Romanos 3:10-23. ¿Qué clase de justicia describió Pablo aquí?

Notas. _____

_____

_____

_____

_____

LA JUSTICIA QUE GLORIFICA A DIOS

«Estad, pues, firmes, ceñidos vuestros lomos con la verdad, y
vestidos con la coraza de justicia» (Efesios 6:14).

Una vida recta testifica del poder transformador de Dios y le da gloria.

Ya hemos visto la importancia de ponerse la coraza de justicia, pero las Escrituras también hablan de las consecuencias de no hacerlo, las cuales sirven de advertencia a cualquiera que sea propenso a descuidar su rectitud.

Si no te consagras a la rectitud, no solo te vuelves espiritualmente vulnerable, sino que también pierdes algunas de las maravillosas bendiciones de Dios. David oró: «Vuélveme el gozo de tu salvación» (Salmos 51:12). Su pecado le había robado su alegría y su seguridad. Eso también sucede con nosotros, porque la alegría es directamente proporcional a la obediencia. Si persigue una mayor rectitud, conocerás una mayor alegría.

También puedes renunciar a parte de tu recompensa celestial. Juan dijo: «Mirad por vosotros mismos, para que no perdáis el fruto de vuestro trabajo, sino que recibáis galardón completo» (2 Juan 8). Creo que las recompensas del Nuevo Testamento son varias capacidades para el servicio en el cielo. Cuanto mayor sea tu recompensa, mayor será tu capacidad para servir a Dios. De alguna manera, tu rectitud y tu fidelidad actuales a Dios afectan lo que harás por toda la eternidad. ¡No permitas que el pecado y la negligencia disminuyan tu recompensa!

Sin rectitud, también sufrirás la pérdida de oportunidades para glorificar a Dios. Cuando piensas o te comportas mal, violas tu razón de vivir, que es glorificar a Dios en todo (1 Corintios 10:31). En vez de exaltarlo, traes reproche en su nombre. En vez de hacer que los demás vean tus buenas obras y glorifiquen a tu Padre celestial (Mateo 5:16), generas confusión y burla.

Pedro nos dice: «Amados, yo os ruego como a extranjeros y peregrinos, que os abstengáis de los deseos carnales que batallan contra el alma» (1 Pedro 2:11). Cuando los incrédulos escudriñan tu vida, ¿qué ven? ¿Testifica tu justicia de la gracia salvadora y santificadora de Dios?

Sugerencias para la oración: Pídele a Dios que te dé más hambre y sed de justicia a medida que buscas vivir para su gloria.

Para un estudio más profundo: Memoriza 2 Corintios 5:21 como un recordatorio de la maravillosa gracia de Dios para ti.

Notas: _____
_____
_____
_____

SELECCIONA LOS ZAPATOS APROPIADOS

«Estad, pues, firmes, ceñidos vuestros lomos con la verdad, y vestidos con la coraza de justicia, y calzados los pies con el apresto del evangelio de la paz» (Efesios 6:14-15).

⤙ ⊙ ⤚

Mantenerse firme mientras se enfrenta el conflicto requiere el tipo correcto de calzado espiritual.

Nunca olvidaré un juego que hubo en el Rose Bowl durante mis días de fútbol universitario. Era invierno y tarde en la temporada de fútbol, el campo estaba en mal estado debido a varios días de lluvia y una temporada completa de desgaste. Sin embargo, el equipo de mantenimiento pintó el campo de verde; de forma que se veía mucho mejor de lo que realmente era. Yo tenía dos pares de zapatos de fútbol: uno con puntas largas para césped malo y otro con púas cortas para un buen césped. Pensando que el campo se veía bastante bien, opté por usar los picos cortos.

En la patada inicial cogí la pelota en la yarda 4, di dos pasos y de inmediato aterrizó en mi trasero. Eso no es inusual después de una entrada, ¡pero en este caso no había un oponente a la vista! Me había resbalado en el barro; mis zapatos me traicionaron.

Los zapatos adecuados son importantes en el atletismo y aún más importantes cuando luchas por tu vida. Los soldados romanos tenían mucho cuidado al seleccionar el zapato adecuado. Por lo general, usaban un semibota de suela gruesa con correas que la sujetaban a la pierna. En la parte inferior de las suelas había unos clavos que sobresalían como los tacos de una pista o un zapato de béisbol. Las suelas gruesas protegían los pies de las lesiones; los clavos proporcionaban tracción al maniobrar en el terreno.

El calzado espiritual de los cristianos es el «evangelio de la paz» (Efesios 6:15). Romanos 5:1 afirma: «Habiendo sido justificados por la fe, tenemos paz para con Dios por medio de nuestro Señor Jesucristo». Dios te ha reconciliado consigo mismo a través de la muerte de su Hijo (v. 10). Una vez eras su enemigo; ahora eres su hijo. Una vez se opuso a ti; ahora está de tu lado.

No importa cuán difíciles sean tus circunstancias o cuántos opositores vengan en tu contra, comprende que el Dios invencible del universo está de tu lado. Dios le hace la guerra a sus enemigos (Apocalipsis 2:16), y contra Él nadie puede afirmarse. Así que mantente firme con esa confianza. Concéntrate en tu Gran Aliado más que en tus débiles enemigos.

Sugerencias para la oración: Agradécele a Dios por su paz, presencia y protección en tu vida.

Para un estudio más profundo: Lee Jueces 7. ¿Cómo demostró Gedeón su confianza de que Dios estaba a su favor?

Notas: _____

_____

_____

CONFÍA EN DIOS

*«Sobre todo, tomad el escudo de la fe, con que podáis apagar todos
los dardos de fuego del maligno» (Efesios 6:16).*

⤝ ⊙ ⤞

La intensa guerra espiritual requiere una gran confianza en Dios.

El soldado romano en servicio siempre estaba vestido para la batalla, pero no utilizaba su escudo, su casco ni su espada hasta que comenzaba la lucha. Sin embargo, nosotros como cristianos debemos estar listos para la batalla todo el tiempo porque nuestro enemigo es implacable. No podemos darnos el lujo de pasar por alto una sola armadura ni deslizarnos en la complacencia o el descuido.

En ese sentido, Efesios 6:16 dice, en efecto: «Sobre todo, tomad el escudo de la fe, con que podáis apagar todos los dardos de fuego del maligno. Y tomad el yelmo de la salvación, y la espada del Espíritu, que es la palabra de Dios».

Los soldados romanos usaban comúnmente dos tipos de escudos. Uno de ellos era uno pequeño, liviano y redondo, que estaba sujeto a su antebrazo izquierdo y se utilizaba para parar los golpes durante el combate cuerpo a cuerpo. El otro, al que Pablo se refiere aquí, era un gran escudo que medía un metro y medio de altura y medio metro de ancho. Era hecho de madera resistente cubierta de metal y una gruesa capa de cuero tratado con aceite. El metal repelía las flechas mientras que el cuero aceitoso extinguía el fuego ardiente con el que comúnmente se lanzaban las flechas. Ese tipo de escudo era ideal para protegerse todo el cuerpo.

En las etapas iniciales de la batalla, los soldados de primera línea se arrodillaban detrás de sus grandes escudos para protegerse y hacer una barrera de defensa para las tropas que venían detrás de ellos y que disparaban sus armas ofensivas. El objetivo era avanzar lentamente como una pared humana hasta que pudieran enfrentarse al enemigo en el combate mano a mano.

Como creyente, el escudo que te protege es tu fe en Dios. Si no cuestionas su carácter, su poder o su Palabra, nunca serás víctima de los ataques de Satanás. Eso no significa que no te asedie; pero cuando lo haga, sus ataques serán ineficaces.

Sugerencias para la oración: La fe es un precioso don de Dios (Filipenses 1:29). Agradécele por ello y pide sabiduría para aplicarlo correctamente cuando lleguen las luchas espirituales (Santiago 1:5).

Para un estudio más profundo: Lee Romanos 8:31-39.
- ⊙ Medita en la victoria que tienes en Cristo.
- ⊙ ¿Qué efecto debería tener eso en tu vida diaria?

Notas: _____

EXTINGUE LOS DARDOS DE FUEGO DE SATANÁS

*«Sobre todo, tomad el escudo de la fe, con que podáis apagar todos
los dardos de fuego del maligno» (Efesios 6:16).*

No eleves la voluntad de Satanás por encima de la de Dios en tu vida.

En Efesios 6:16, Pablo caracteriza a Satanás como «el maligno» que ataca a los creyentes con dardos de fuego. La palabra griega traducida como «maligno» literalmente significa «malo», «vil» o «miserable». Todas son descripciones apropiadas del archienemigo de nuestras almas, que busca mutilarnos y destruirnos espiritualmente.

El término «dardos de fuego» representa una de las armas romanas de la época de Pablo: flechas que tenían material de algodón empapado de aceite en la punta. En la batalla, estos se encendían y los disparaban contra el enemigo. Cuando la flecha alcanzaba su objetivo, la brea se extendía sobre la ropa y otras superficies inflamables. Bajo tales ataques, cualquier soldado romano sin escudo corría el riesgo de morir.

Las flechas llameantes de Satanás vienen en muchas formas: tentaciones impuras, autoconfianza, duda, miedo, decepción, avaricia, vanidad, codicia y otras. Pero cualquiera que sea la forma específica, todas son seductoras tentaciones dirigidas a obtener respuestas impías.

Tu fe te resguarda de tales ataques cuando elevas la voluntad de Dios para tu vida por encima de la de Satanás. Cuando Jesús fue tentado por Satanás, respondió diciendo, en efecto: «No voy a violar la voluntad de mi Padre para ceder a tus intrigas. Cuando Él quiera me alimentará, me ungirá como el Mesías y me dará los reinos del mundo. Así que no elevaré tu voluntad por encima de la de mi Padre» (Mateo 4:1-11 parafraseado).

Cuando el enemigo le sugirió a Jesús que hiciera pan con las piedras, este pudo haberlas convertido en un sabroso alimento. En cualquier caso, Él es el Creador de todo lo que existe, es el Mesías y el Señor soberano sobre los reinos del mundo. Sin embargo, confió en el Padre y cedió a la voluntad de este, a pesar de que sufrió incomodidad y, finalmente, la cruz. Cuando Satanás vio que la confianza de Jesús en el Padre era inquebrantable, lo dejó (v. 11). Ese es el poder de la fe.

Oro para que muestres una fuerza similar en tiempos de prueba. Satanás huirá de ti si lo resistes, firme en tu fe (1 Pedro 5:9).

Sugerencias para la oración: Alaba a Jesús por su carácter impecable y su ejemplo para que triunfes sobre la tentación.

Para un estudio más profundo: Memoriza Santiago 4:7 como un recordatorio de la importancia de resistir a Satanás.

Notas: _____

_____

_____

_____

RECHAZA EL DESÁNIMO Y LA DUDA

«Y tomad el yelmo de la salvación» (Efesios 6:17).

⤛ ⊙ ⤜

El desaliento y la duda desaparecen cuando sabes que estás seguro en Cristo.

El casco del soldado romano era una pieza crucial de la armadura. Una de sus funciones era resguardarlo de los golpes en la cabeza y, especialmente, los potencialmente letales de los sables. Los soldados de esa época portaban una daga que usaban con velocidad y precisión diseñada para el combate cuerpo a cuerpo. Pero también llevaban otra espada ancha y gigante, que tenía doble filo, de casi un metro de largo. Tenía un mango enorme que, similar a un bate de béisbol, se sostenía con las dos manos. Con el casco podían golpear de lado a lado o de frente al cráneo del oponente.

Para protegernos de los aplastantes golpes de Satanás, Pablo nos dice que «tomemos el yelmo de la salvación». Considerando todo lo que nos ha estado diciendo hasta ahora, no nos dijo: «Ah, por cierto, agarren cualquier cosa para que se salven». Pablo se dirigía a los creyentes. Los incrédulos no tienen que ponerse armadura espiritual. Ni siquiera están en la batalla. Satanás no ataca a sus propias fuerzas.

En 1 Tesalonicenses 5:8, Pablo describe el yelmo de la salvación como «la esperanza de salvación». Eso implica que los golpes más feroces y poderosos de Satanás están dirigidos a la seguridad del creyente. Por lo tanto, Pablo estaba alentando a los creyentes a tener confianza en la salvación que ya poseían. Sabía que dudar de su seguridad en Cristo los haría ineficaces en la guerra espiritual, del mismo modo que un golpe en la cabeza hace que el cuerpo físico sea incapaz de defenderse.

Como creyente, debes tener la seguridad de que estás seguro en Cristo. Si no lo estás, no te has puesto el casco, y eso te hace vulnerable al desaliento y la duda. Romanos 8:29-30 nos asegura que todos a los que Dios justifica, los santifica y los glorifica. Nadie se pierde en el proceso.

Jesús dijo: «Mis ovejas oyen mi voz, y yo las conozco, y ellas me siguen; y les doy la vida eterna; y no perecerán jamás, y nadie los arrebatará de mi mano» (Juan 10:27-28). Esa es una promesa maravillosa. Así que no permitas que tu enemigo te robe el gozo y la seguridad de saber que perteneces a Cristo, porque el Señor nunca te dejará ir (Hebreos 13:5).

Sugerencias para la oración: ¡Alaba a Dios por tu seguridad eterna en Cristo!

Para un estudio más profundo: Lee Juan 6: 37-40.
- ⊙ ¿Quién recibe la vida eterna?
- ⊙ ¿Cómo responde Cristo a los que acuden a Él?

Notas: _____

_____

_____

_____

Vence la duda

«Y tomad el yelmo de la salvación» (Efesios 6:17).

La clave para vencer la duda es enfocarse en el poder preservador de Dios.

La duda alcanza a los cristianos en muchas maneras. Después de haber pecado, tu conciencia puede silbar y decirte: «Seguramente no eres cristiano. ¿Por qué te va a salvar si de todos modos no mereces su misericordia? No eres lo suficientemente bueno. ¡Qué presuntuoso es pensar que Dios podría usarte alguna vez!» Tales dudas son comunes entre los cristianos que se enfocan en sus obras más que en el poder de Dios.

Con demasiada frecuencia reconocemos rápidamente el poder de Dios para salvarnos, pero nos demoramos en comprender su poder para mantenernos. Para complicar las cosas, muchos cristianos creen que pueden perder su salvación; así que viven con el temor constante de apartarse de la fe. Aun otros no han aprendido lo que las Escrituras enseñan acerca de su seguridad en Cristo. Están tan decididos a agradar a Dios con sus propios esfuerzos que menosprecian la gracia y se dejan llevar por una mentalidad basada en resultados.

Su desempeño no determina su posición en Cristo; su posición en Cristo determina su desempeño. Las buenas obras son el resultado necesario de la salvación (Efesios 2:10), pero no te salvan ni te guardan. Ese es el trabajo de Dios.

Judas dijo: «A aquel que es poderoso para guardaros sin caída, y presentaros sin mancha delante de su gloria con gran alegría» (v. 24). «Poderoso» en ese verso traduce una palabra griega que habla de fuerza. «Guardaros» literalmente significa «asegurar en medio de un ataque». «Caída» se refiere a caer en el pecado. Todo ello dice que Dios es lo suficientemente poderoso como para evitar que te tropieces con el pecado y te alejes de Él, no importa cuán intensos sean los ataques de Satanás. Continuará protegiéndote y limpiándote hasta el día en que entres a su glorioso cielo perfeccionado.

El pecado es un problema serio, no debes tomarlo a la ligera. Pero cuando peques, recuerda que como creyente eres limpio inmediatamente por la sangre de Jesucristo (1 Juan 1:7). Confiesa siempre tus pecados y aléjate de ellos, pero no dudes del poder ni de la disposición de Dios para mantenerte salvo. Confía en su gracia, no en tu habilidad.

Sugerencias para la oración: Alaba al Señor por la limpieza continua de tu pecado.

Para un estudio más profundo: Memoriza Judas 24-25 y recita esos versículos a menudo como un recordatorio del poder y la majestad de Dios.

Notas: _____

_____

_____

_____

_____

LIDIA CON LA DESESPERACIÓN

«Y tomad el yelmo de la salvación» (Efesios 6:17).

Tu casco de la salvación te protege del desaliento y la desesperación.

Hemos visto el modo en que Satanás ataca a los creyentes con su espada de dos filos: la duda y el desaliento. Pero no se detiene allí. Él trata de ir más allá del desaliento y de la desesperación, para ello intenta robarte la esperanza. A menos que tengas cuidado, sus ataques tendrán éxito cuando te sientas cansado de la batalla.

El profeta Elías ilustra esa verdad. Lo más destacado de su ministerio ocurrió en el Monte Carmelo, donde mató a 450 profetas de Baal (1 Reyes 18:40). Y sin embargo, inmediatamente después de esa gran victoria, huyó por su vida porque la reina Jezabel amenazó con matarlo (1 Reyes 19:1-3).

Huyó del Monte Carmelo al desierto de Beerseba, donde «se sentó debajo de un enebro; y deseando morirse, dijo: Basta ya, oh Jehová, quítame la vida, pues no soy yo mejor que mis padres» (v. 4). Y continuó su lamento: «He sentido un vivo celo por Jehová Dios de los ejércitos; porque los hijos de Israel han dejado tu pacto, han derribado tus altares, y han matado a espada a tus profetas; y sólo yo he quedado, y me buscan para quitarme la vida» (v. 10).

Elías perdió la esperanza porque no pudo ver sus circunstancias a través de los ojos de la fe; estaba intentando pelear la batalla solo. Se permitió gastarse emocional, física y espiritualmente, y se abrumaba con la autocompasión. Se sintió completamente solo.

Sin embargo, Dios no había abandonado a Elías. Todavía tenía el control, y su pueblo era numeroso (v. 18). Elías, en efecto, se había quitado su casco de la salvación y recibió un golpe casi mortal en cuanto a su confianza en la bendición de Dios para su vida. Puede haber circunstancias en las que, como Elías, pierdas tu confianza y dudes de la fidelidad de Dios. En esos momentos, ponerse el casco de la salvación significa quitar los ojos de esas situaciones y confiar en las promesas de Dios. Es posible que no siempre percibas su presencia o entiendas lo que está haciendo, pero ten la seguridad de que nunca te dejará ni te abandonará (Hebreos 13:5); Sus propósitos siempre se lograrán (Romanos 8:28).

Sugerencias para la oración: Alaba a Dios por su carácter inmutable y sus promesas irrevocables.

Para un estudio más profundo: Lee Isaías 40:29-31 y Gálatas 6:9.

⊙ ¿Qué promesas se dan en esos pasajes?

⊙ ¿De qué maneras específicas se aplican a tu vida?

Notas: _____

_____

_____

_____

INICIA LA OFENSIVA

«Y tomad… la espada del Espíritu, que es la palabra de Dios» (Efesios 6:17).

⌒⊙⌒

La Palabra de Dios es tu principal arma espiritual para la ofensiva.

Todos los elementos de la armadura que Pablo detalla en Efesios 6 son defensivos, con una excepción: la espada del Espíritu. Esa es tu arma ofensiva para derrotar a Satanás.

Hemos visto que los soldados romanos portaban dos espadas: la grande y la pequeña daga. La palabra griega traducida como «espada» en el versículo 17 se refiere a la daga, que tenía casi medio metro de largo y se llevaba en una funda o vaina a un costado del soldado.

La daga era un arma común. Los soldados romanos que arrestaron a Jesús en el huerto de Getsemaní estaban armados con una (Mateo 26:47). Pedro usó una para cortarle la oreja al siervo del sumo sacerdote (Mateo 26:51). También se usó una daga para matar a Santiago, el hermano de Juan (Hechos 12:2). Hebreos 11:37 nos dice que tal arma fue usada contra varios héroes de la fe.

«La espada del Espíritu» no es una referencia directa al Espíritu Santo como tal. La implicación es que dado que nuestro enemigo es espiritual, nuestras armas también deben ser espirituales (2 Corintios 10:4). Nuestra espada es espiritual porque es la Palabra dada por el Espíritu Santo. Él inspiró su escritura y, a través de ella, condenó y redimió a los pecadores (Juan 16:8, Hebreos 4:12-13). La Palabra mora en ti y te transforma. Proporciona todo lo que necesitas para una vida piadosa y victoriosa. Te edifica y te santifica (Hechos 20:32). Y te capacita para buenas obras, enseñándote, reprochándote, corrigiendo y entrenándote en justicia (2 Timoteo 3:16-17). La Biblia es un arma poderosa y efectiva. La pregunta es, ¿sabes cómo usarla? ¿La estudias diligentemente y aplicas sus principios a tu vida? ¿Tienes un almacén de verdades bíblicas del cual extraer al calor de la batalla?

La daga romana era un arma de precisión dirigida a un punto específico para producir un resultado determinado. De manera similar, la espada del Espíritu es más efectiva cuando aplicas principios bíblicos específicos a situaciones concretas en tu vida. ¿Lo haces tú?

Sugerencias para la oración: Pídele a Dios que aumente tu deseo de conocer su Palabra.

⊙ Pídele sabiduría para aplicar lo que ya sabes a las decisiones y situaciones que enfrentes hoy.

Para un estudio más profundo: Lee 1 Pedro 1:22—2:3. ¿Cómo se acercan los creyentes a la Palabra?

Notas: _____

_____

_____

APRENDE DEL EJEMPLO DE CRISTO

«Y tomad… la espada del Espíritu, que es la palabra de Dios» (Efesios 6:17).

***La espada del Espíritu aplica los principios bíblicos
específicos a situaciones concretas.***

Jesús nos dio el ejemplo perfecto en cuanto a usar la espada del Espíritu con habilidad y precisión. Después de su bautismo, «Jesús fue llevado por el Espíritu al desierto, para ser tentado por el diablo. Y después de haber ayunado cuarenta días y cuarenta noches, tuvo hambre. Y vino a él el tentador, y le dijo: Si eres Hijo de Dios, di que estas piedras se conviertan en pan» (Mateo 4:1-3).

Satanás desafió la confianza de Cristo en el poder y las disposiciones de su Padre celestial. Dios acababa de anunciar que Jesús era su Hijo (Mateo 3:17). ¿Y ahora abandonaría a Jesús y lo dejaría morir de hambre en el desierto? Satanás instó a Jesús a que tomara el asunto en sus propias manos y a que supliera sus propias necesidades. Después de todo, Satanás le dio a entender que como Hijo de Dios no se merecía algo más que eso.

Jesús no actuó bajo su propia autoridad ni exigió que Dios le diera lo que se merecía. Al contrario, mostró su confianza en Dios y reprendió a Satanás por sus intenciones malvadas: «Escrito está: "No sólo de pan vivirá el hombre, sino de toda palabra que sale de la boca de Dios"» (v. 4). Ese es un verso específico aplicado a una situación concreta. Jesús respondió de la misma manera a las otras tentaciones de Satanás (vv. 7, 10).

Las Escrituras brindan muchos principios generales para la vida cristiana, pero la espada del Espíritu es un arma precisa. Debemos aprender a aplicar los principios bíblicos apropiados a cualquier situación dada. A eso se refería el salmista cuando escribió: «¿Con qué limpiará el joven su camino? Con guardar tu palabra… En mi corazón he guardado tus dichos, para no pecar contra ti» (Salmos 119:9, 11).

¿Sabes a qué recurrir en la Biblia para defenderte de la tristeza, el desaliento, la apatía, la lujuria o el orgullo? Si no lo sabes, estás intentando pelear una batalla espiritual desarmado.

Sugerencias para la oración: Agradécele a Dios por su preciosa Palabra y los recursos docentes que están a la disposición de los que estudian la Biblia hoy.

⊙ Renueva tu compromiso con el estudio bíblico sistemático diario.

Para un estudio más profundo: Lee el Salmo 119:97-105. ¿Es esa tu actitud hacia las Escrituras?

Notas: _____

_____

_____

_____

_____

¿Mariposa, agrónomo o abeja?

«Y tomad… la espada del Espíritu, que es la palabra de Dios» (Efesios 6:17).

Tu actitud hacia las Escrituras determinará tu efectividad en la batalla espiritual.

Recuerdo haber disfrutado las observaciones de un individuo analítico que estaba contemplando un hermoso jardín. Primero vio una mariposa revoloteando de flor en flor. Esta pasaba unos segundos en los bordes de cada flor, pero no obtenía ningún beneficio particular de ninguna.

Luego vio a un agrónomo con una libreta enorme y un microscopio en la mano. El perito observó cuidadosamente cada flor y cada planta, e hizo numerosas anotaciones en su cuaderno. Pero después de horas de meticuloso estudio, dejó la mayor parte de lo que observó anotado en su libreta y se fue. Dejó muy poco en su mente.

Luego vino una pequeña abeja. Cuando esta entró en una de las flores, salió cargada de polen. Había dejado la colmena esa mañana vacía pero volvería llena.

En lo que se refiere al estudio de la Biblia, algunas personas son como las mariposas, que pasan de un versículo a otro, de un seminario a otro o de un libro a otro. Están muy ocupados y gastan mucha energía, pero tienen pocos resultados que mostrar. Permanecen inalterables porque nunca profundizan en la Palabra ni sienten pasión por su estudio. Se contentan simplemente con revolotear por encima.

Otros, como el agrónomo, pueden estudiar en gran profundidad pero nunca aplicarlo a sus vidas. Conozco comentarios completos escritos por incrédulos. En algunos casos, lo que entienden de las Escrituras es excepcional, pero no saben nada del verdadero amor a Dios ni de la obediencia a la verdad bíblica. ¡Que tragedia! Pero no es necesario ser un erudito bíblico para cometer ese error. Solo necesitas dejar de aplicar lo que aprendes a tu vida.

Sin embargo, lo mejor es que te esfuerces por ser como la abeja, usando el tiempo en leer, estudiar, tomar notas, para luego emerger más lleno que cuando comenzaste. Tu mente estará plena de sabiduría y conocimientos bíblicos. Tu vida será más dulce y más pura porque la Palabra ha hecho su trabajo en ti (1 Corintios 2:13).

¿Eres mariposa, agrónomo o abeja?

Sugerencias para la oración: Agradécele a Dios por las oportunidades que te brinda de estudiar su Palabra. Aprovéchalas al máximo.

Para un estudio más profundo: Según Santiago 1:22-25, ¿cuál es la diferencia entre alguien que simplemente escucha la Palabra y alguien que la obedece?

Notas: _____

_____

_____

_____

SATANÁS SE OPONE A LA PALABRA DE DIOS

«Y tomad… la espada del Espíritu, que es la palabra de Dios» (Efesios 6:17).

━━ ◦ ━━

La Palabra de Dios hace su trabajo en su pueblo pese a la oposición satánica.

En Mateo 13 Jesús cuenta la parábola del sembrador y la semilla: «He aquí, el sembrador salió a sembrar. Y mientras sembraba, parte de la semilla cayó junto al camino; y vinieron las aves y la comieron. Parte cayó en pedregales, donde no había mucha tierra; y brotó pronto, porque no tenía profundidad de tierra; pero salido el sol, se quemó; y porque no tenía raíz, se secó. Y parte cayó entre espinos; y los espinos crecieron, y la ahogaron. Pero parte cayó en buena tierra, y dio fruto, cuál a ciento, cuál a sesenta, y cuál a treinta por uno» (vv. 3-8).

Jesús pasó a explicar que la semilla es la verdad de la Palabra de Dios. Satanás y sus fuerzas demoníacas pueden arrebatársela a aquellos que la escuchan pero no comprenden lo que significa. Además, puede llevar aflicción y persecución contra aquellos que solo tienen un compromiso emocional, haciendo que pierdan el deseo y decaigan. En algunos casos ahoga la Palabra con preocupaciones y «el engaño de las riquezas» (vv. 19-22).

Sin embargo, los pecadores verdaderamente arrepentidos reciben y nutren la verdad del evangelio, así como el suelo preparado recibe y nutre la semilla. Lo escuchan, lo comprenden, lo reciben y producen fruto espiritual (v. 23).

Proclamar el evangelio es un aspecto importante en cuanto a tomar la espada del Espíritu (Efesios 6:17). Al hacerlo, otros serán salvados y se unirán al ejército de Dios. Pero ten cuidado: Satanás nunca abandona el territorio sin luchar. Algunas de las personas a las que les testificas olvidarán lo que les dijiste. Otros se negarán a apartarse de las influencias mundanas. Aun otros pueden responder en base a sus emociones pero sin un compromiso genuino de servir a Cristo y abandonar el pecado.

Esas batallas espirituales deberían obligarte a sumergir tu evangelización en la oración y apoyarla con una presentación clara del evangelio. Si las personas entienden exactamente lo que significa recibir a Cristo, y si sus corazones están preparados por el Espíritu Santo, no serán tan fácilmente victimizadas por la oposición satánica.

Sugerencias para la oración: Pídele al Señor que te dé la oportunidad de hablar de Cristo con alguien hoy o de alentar a un creyente en apuros.

Para un estudio más profundo: Lee 1 Tesalonicenses 3:1-8.
- ¿Cuál fue la preocupación de Pablo por los creyentes de Tesalónica?
- ¿Qué hizo para eliminar esa preocupación?

Notas: _____

ORA SIEMPRE

«Orando en todo tiempo con toda oración y súplica» (Efesios 6:18).

Haz de la oración una parte integral de tu día.

A pesar de lo importante que es la oración para tu vida espiritual, esperarías que Pablo la mencione como otra pieza de la armadura espiritual, pero no es así. Al contrario, él la hace omnipresente al instruirnos a orar «en todo tiempo». Ella es nuestro oxígeno espiritual, el aire que respira nuestro espíritu. La efectividad de cada armadura está directamente relacionada con la eficacia de nuestras oraciones.

A través de todo el Nuevo Testamento vemos la importancia de la oración. Jesús instruyó a sus discípulos a estar en alerta en todo momento, orando para que tuvieran fuerzas y así enfrentar las pruebas y tentaciones que se avecinaban (Lucas 21:36). Los apóstoles se dedicaron a la oración (Hechos 6:4), al igual que gente piadosa como Cornelio (Hechos 10:2). Todo cristiano debe dedicarse continuamente a la oración (Romanos 12:12).

En Filipenses 4:6 Pablo indica: «Por nada estéis afanosos, sino sean conocidas vuestras peticiones delante de Dios en toda oración y ruego, con acción de gracias». A los tesalonicenses les exhortó que «oraran sin cesar» (1 Tesalonicenses 5:17) e instruyó a los hombres en todas partes a orar «levantando manos santas» (1 Timoteo 2:8). Jesús y Pablo no solo exhortaron a los creyentes a orar, sino que también modelaron la oración diligente en sus propias vidas. Jesús solía pasar largos períodos de tiempo a solas para orar. Pablo escribió a menudo sus propias oraciones fervientes en nombre de otros (Colosenses 1:9; Filemón 4).

Es posible que te hayan enseñado, desde niño, que la oración está reservada para las comidas, la hora de acostarse o los servicios de la iglesia. Esa es una idea errónea que muchos niños llevan en sus años adultos. Pero los creyentes deben estar en comunicación constante con Dios; orar siempre es simplemente ver toda la vida desde una perspectiva divina. Del mismo modo que discutirías tus experiencias y sentimientos cotidianos con un amigo cercano, deberías tratarlos con Dios.

Dios te ama y quiere compartir todos tus gozos, tristezas, victorias y derrotas. Vive consciente de su presencia hoy y aprovecha la dulce comunión que te ofrece.

Sugerencias para la oración: Gracias a Dios que siempre está disponible para escuchar tus oraciones.

⊙ Pídele que te dé el deseo de estar en comunión con Él con más lealtad.

Para un estudio más profundo: ¿Qué dicen los siguientes versículos sobre los momentos más apropiados para la oración? Salmos 55:16-17; Daniel 6:10; Lucas 6:12; 1 Timoteo 5:5.

Notas: _____

_____

_____

_____

CONOCE A DIOS

«Orando en todo tiempo con toda oración y súplica en el Espíritu,
y velando en ello con toda perseverancia y súplica por todos los santos» (Efesios 6:18).

>⊙<

El deseo de conocer a Dios debe motivarte a orar de manera ferviente.

E l más alto propósito del ser humano es conocer a Dios. Jesús oró al Padre, diciendo: «Esta es la vida eterna: que te conozcan a ti, el único Dios verdadero, y a Jesucristo, a quien has enviado» (Juan 17:3). De nosotros dijo: «Yo soy el buen pastor; y conozco mis ovejas, y las mías me conocen» (Juan 10:14). Juan agregó que «sabemos que el Hijo de Dios ha venido, y nos ha dado entendimiento para conocer al que es verdadero; y estamos en el verdadero, en su Hijo Jesucristo. Este es el verdadero Dios, y la vida eterna» (1 Juan 5:20).

Todo cristiano conoce a Dios a través de la salvación, pero más allá de eso yace un conocimiento íntimo de Dios. Esa debería ser la búsqueda de cada creyente. Moisés oró: «te ruego que me muestres ahora tu camino, para que te conozca, y halle gracia en tus ojos» (Éxodo 33:13). David le suplicó a su hijo Salomón: «Reconoce al Dios de tu padre, y sírvele con corazón perfecto y con ánimo voluntario» (1 Crónicas 28:9). Incluso el apóstol Pablo, que tal vez conoció a Cristo más íntimamente que cualquier ser humano hasta ese momento, nunca perdió su pasión por un conocimiento aun más profundo (Filipenses 3:10).

Tal pasión es la fuerza impulsora que yace tras la oración poderosa. Aquellos que conocen a Dios oran mejor y más fervientemente. Su amor por Él los impulsa a conocerlo y servirle mejor.

¿Y qué contigo? ¿Es tu conocimiento de Dios íntimo? ¿Revela el carácter de tus oraciones que estás en el proceso de conocer a Dios?

Las advertencias de Pablo en cuanto a «orar en todo tiempo con toda oración y súplica en el Espíritu, y velando en ello con toda perseverancia y súplica por todos los santos» (Efesios 6:18) hacen suponer que conoces a Dios y que deseas ver su voluntad cumplida en su pueblo. Si no, nunca apreciarás la importancia de interceder a favor de otros.

Sugerencias para la oración: El misionero Jim Elliot, que perdió la vida en la obra misionera en Ecuador, una vez oró: «Señor, haz de mi vida un testimonio del valor de conocerte». Deja que esa sea tu oración todos los días.

Para un estudio más profundo: Lee 1 Crónicas 28.
  ⊙ ¿Qué le prohibió Dios a David?
  ⊙ ¿Qué le iba a pasar a Salomón si ignoraba y no servía a Dios?

Notas: _____

_____

_____

_____

ORA POR LOS DEMÁS

«Orando en todo tiempo con toda oración y súplica en el Espíritu,
y velando en ello con toda perseverancia y súplica por todos los santos» (Efesios 6:18).

Dios desea que veas más allá de tus problemas y ores por las necesidades de los demás.

El gran predicador D. Martyn Lloyd-Jones escribió: «Antes del estallido de la Guerra Civil Española, en Barcelona, Madrid y otros lugares, había clínicas psicológicas con un gran número de personas neuróticas sometidas a tratamientos farmacológicos y otras que asistían periódicamente a practicar psicoanálisis y cosas por el estilo. Tenían sus problemas particulares, sus preocupaciones, sus ansiedades, sus tentaciones, por lo que iban semana tras semana, mes tras mes a dichas clínicas para seguir adelante.

»Luego surgió la Guerra Civil; y uno de los primeros y más llamativos efectos de ese conflicto bélico fue que virtualmente vació las clínicas psicológicas y psiquiátricas. Esas personas neuróticas se curaron repentinamente debido a una ansiedad mayor, la ansiedad de conocer su posición completa, si sus hogares todavía estarían allí, si sus esposos todavía estarían vivos, si sus hijos serían asesinados.

»Sus mayores ansiedades se deshicieron de las menores. Al tener que prestar atención al problema más grande, olvidaron sus propios problemas personales y algo mezquinos».

Esa es una ilustración negativa de un principio positivo: tus propios problemas palidecen cuando oras en el Espíritu a favor de otros. Cuando oras «en el Espíritu» (Efesios 6:18) lo haces en concierto con el Espíritu Santo, en armonía con su Persona y su voluntad. Eso es sinónimo de orar según la voluntad de Dios (1 Juan 5:14). El Espíritu Santo intercede por ti (Romanos 8:26-27), por lo que debes interceder por los demás. Eso no siempre es fácil en nuestro entorno religioso contemporáneo, donde se elogia el egocentrismo en vez de rechazarlo; donde cada vez más creyentes cristianos adoptan la salud, la riqueza y la herejía de la doctrina de la prosperidad. Pero el mandato de Dios es que nos amemos los unos a los otros, que oremos unos por otros y que cuidemos los intereses de los demás (Filipenses 2:3-4). Permite que ese mandato gobierne todas tus relaciones.

Sugerencias para la oración: Haz una lista de las personas por las que deseas interceder.
⊙ Pasa tiempo orando por cada persona, pidiéndole a Dios que te muestre maneras específicas de ministrar a sus necesidades.

Para un estudio más profundo: Lee Filipenses 2:1-11.
⊙ ¿Cuál debería ser tu actitud hacia otros creyentes?
⊙ ¿Cómo puso Cristo el ejemplo con sus actitudes?

Notas: _____

_____

_____

_____

PRINCIPIOS PARA LA VICTORIA ESPIRITUAL

«Por lo demás, hermanos míos, fortaleceos en el Señor, y en el poder de su fuerza» (Efesios 6:10).

¡Eres victorioso!

E n estas lecciones hemos aprendido muchas cosas sobre la guerra espiritual que te equiparán mejor para triunfar en tu vida cristiana. Por lo cual oro fervientemente. Al concluir nuestro breve estudio de Efesios 6.10-18, presento algunos principios clave que quiero que mantengas en tu mente:

- ⊙ Recuerda que Satanás es un enemigo derrotado. Jesús vino a destruir las obras del diablo (1 Juan 3:8) y algún día lo arrojará al infierno eterno (Apocalipsis 20:10).
- ⊙ Recuerda el poder de Cristo en tu vida. Juan dijo: «Mayor es el que está en vosotros, que el que está en el mundo» (1 Juan 4:4). El mismo poder que derrotó a Satanás mora en ti. En consecuencia, no estás solo ni sin recursos divinos.
- ⊙ Recuerda que debes resistir a Satanás. Tienes el poder para hacerlo; así que no consientas con él ignorando sus planes ni cediendo deliberadamente ante la tentación.
- ⊙ Mantén tu armadura espiritual lista todo el tiempo. Es una tontería entrar en combate sin la protección adecuada.
- ⊙ Deja que Cristo controle tus actitudes y tus acciones. La batalla espiritual en la que nos encontramos exige armas espirituales (2 Corintios 10:3-4); así que lleva «todo pensamiento cautivo a la obediencia de Cristo» (v. 5). Aliméntate de la Palabra y obedece sus principios.
- ⊙ ¡Ora, ora, ora! La oración libera el poder del Espíritu. Sé una persona de oración, ferviente y fiel (Santiago 5:16).

Dios nunca tuvo la intención de que vivieras en derrota espiritual. Oro para que aproveches los recursos que Él ha provisto, para que tu vida lo honre. ¡Disfruta la dulce victoria cada día!

Sugerencias para la oración: Agradécele a Dios porque te prometió la victoria final en Cristo.

Para un estudio más profundo: Lee Efesios 6:10-18.
- ⊙ Revisa cada pieza de tu armadura.
- ⊙ ¿Falta alguna pieza en tu sistema de defensa personal? Si es así, determina qué harás para corregir el asunto.

Notas: _____

_____

SÉ GENEROSO

«[Los de Berea] eran más nobles que los que estaban en Tesalónica,
pues recibieron la palabra con toda solicitud, escudriñando cada día las
Escrituras para ver si estas cosas eran así» (Hechos 17:11).

>᠇᠇ ⊙ ᠇᠇

Dios honra el discernimiento espiritual.

En su segundo viaje misionero, Pablo acompañado por Silas, predicó el evangelio de Jesucristo en la ciudad de Tesalónica. Fueron mucho antes de que el evangelio echara raíces y muchos se apartaran de su idolatría «para servir al Dios vivo y verdadero» (1 Tesalonicenses 1:9). En 1 Tesalonicenses 2:13 Pablo dice: «Por lo cual también nosotros sin cesar damos gracias a Dios, de que cuando recibisteis la palabra de Dios que oísteis de nosotros, la recibisteis no como palabra de hombres, sino según es en verdad, la palabra de Dios, la cual actúa en vosotros los creyentes». Su respuesta franca a la Palabra de Dios los hizo un ejemplo para todos los creyentes en esa área (1 Tesalonicenses 1:7).

Sin embargo, aunque los tesalonicenses fueron ejemplares, sus fraternos en Berea lo fueron aun más. Dios los llamó «nobles» (Hechos 17:11). Estaban ansiosos por escuchar lo que Pablo y Silas predicaban, pero analizaban todo lo que estos decían a la luz de la revelación del Antiguo Testamento antes de recibirlo como mensaje de Dios. Habían aprendido a examinar todo cuidadosamente y a «retener» la verdad (1 Tesalonicenses 5:21).

La iglesia actual, sin embargo, tiene una abrumadora falta de ese tipo de discernimiento. Muchos creyentes son engañados por nuevas enseñanzas y herejías absolutas. Son «llevados por doquiera de todo viento de doctrina» (Efesios 4:14). Por eso necesitamos con urgencia una nueva raza de bereanos que eleve la bandera de la sana doctrina y no transija con ella.

Con ese objetivo nos enfocaremos en el carácter y los beneficios de la Palabra de Dios. Aprenderás que esa es la fuente de crecimiento espiritual, del servicio espiritual, de la bendición, de la victoria, de la verdad y del conocimiento. Verás su infalibilidad, su inerrancia, su autoridad, su inspiración y su suficiencia.

Oro para que, a partir de ahora, tu dedicación a aprender y a aplicar la verdad bíblica sea más fuerte que nunca y que, en verdad, seas un bereano moderno y noble.

Sugerencias para la oración: Pídele a Dios que te dé un mayor amor por su Palabra maravillosa.

Para un estudio más profundo: Lee Hechos 17:1-15.
⊙ ¿Por qué Pablo y sus compañeros salieron de Tesalónica y Berea?
⊙ ¿Qué te dicen las experiencias de Pablo sobre lo que puedes esperar al hablar de Cristo con los demás?

Notas: _____

_____

_____

Programa tu computadora espiritual

«Que seáis llenos del conocimiento de su voluntad [de Dios] en toda sabiduría e inteligencia espiritual, para que andéis como es digno del Señor» (Colosenses 1:9-10).

>>>~ ⊙ ~<<<

El comportamiento piadoso es consecuencia del pensamiento piadoso.

Tal vez hayas escuchado a los fanáticos de la informática usar el término G.I.G.O., siglas que en inglés significan: «basura entra, basura sale». Lo que entra determina lo que sale. Es decir, los argumentos son poco firmes si las premisas son defectuosas.

Así mismo, lo que programas en tu mente al fin y al cabo influirá en tu comportamiento. Es por eso que debes exponerla a cosas que sean «verdaderas», «honestas», «justas», «puras», «amables», «de buen nombre» y «dignas de alabanza» (Filipenses 4:8). Como dijo un predicador: «Debes estar tan saturado con la Palabra de Dios que tu respiración debería decir: "Biblia", "Biblia", "Biblia". Que si se te cortara por un instante tu mente siga diciendo: "Biblia", "Biblia", "Biblia". Todo lo que respires ¡debe ser Biblia!» La exageración de ese predicador revela su pasión por la verdad de Dios, una pasión que cada creyente debería compartir.

Pablo oraba para que los cristianos anduviésemos «como es digno del Señor, agradándole en todo, llevando fruto en toda buena obra, y creciendo en el conocimiento de Dios; fortalecidos con todo poder... dando gracias al Padre» (Colosenses 1:10-12).

Esas son características cristianas maravillosas, pero ¿cómo se logran? El versículo 9 nos da la respuesta: «Que seáis llenos del conocimiento de su voluntad [de Dios] en toda sabiduría e inteligencia espiritual». La palabra griega traducida como «llenos» habla de influencia o control. Es la misma que Pablo usa en Efesios 5:18: «Sed llenos del Espíritu [controlado]». Cuando estás lleno del Espíritu, Él gobierna tus decisiones. De manera similar, cuando estás lleno del conocimiento de la voluntad de Dios, tus decisiones reflejan la sabiduría y la comprensión piadosas.

La frase «sabiduría e inteligencia espiritual» indica más que simplemente conocer la Palabra de Dios. Habla de aplicarla a tu vida bajo el poder y la dirección del Espíritu.

A medida que satures en forma espiritual tu mente con la Palabra de Dios, empezarás a controlar cada vez más tu pensamiento y tu comportamiento. El Espíritu usa la Palabra para renovar tu mente y para impedir que te conformes a las actitudes y acciones mundanas (Romanos 12:2).

Sugerencias para la oración: Pídele al Espíritu Santo que controle todos los aspectos de tu vida desde hoy mismo.

⊙ Sé diligente en cuanto a aplicar los principios bíblicos apropiados a cada circunstancia que enfrentes.

Para un estudio más profundo: Memorízate Filipenses 4:8 como un recordatorio para alimentar tu mente con las cosas que producen santidad.

Notas: _____

CONFÍA EN LAS PROMESAS DE DIOS

*«Mi palabra… no volverá a mí vacía, sino que… será prosperada
en aquello para que la envié» (Isaías 55:11).*
*«No sólo de pan vivirá el hombre,
mas de todo lo que sale de la boca de Jehová» (Deuteronomio 8:3).*

➤➤ ⊙ ⧫◄

La Palabra de Dios es productiva y nutritiva.

La Biblia contiene muchas promesas preciosas, dos de las cuales se relacionan específicamente con ella misma. Primero, el profeta Isaías dijo que la Palabra es productiva: «Porque como desciende de los cielos la lluvia y la nieve, y no vuelve allá, sino que riega la tierra, y la hace germinar y producir, y da semilla al que siembra, y pan al que come, así será mi palabra que sale de mi boca; no volverá a mí vacía, sino que hará lo que yo quiero, y será prosperada en aquello para que la envié» (Isaías 55:10-11).

Cuando ministras la Palabra, puedes alentar a un compañero cristiano, llevar a un pecador al arrepentimiento o incluso confirmar a un incrédulo en su pecado. Cualquiera que sea la respuesta, ten la seguridad de que la Palabra siempre cumple su propósito.

La Palabra es como un mensajero que corre para hacer la obra de Dios: «Él envía su palabra a la tierra; velozmente corre su palabra. Da la nieve como lana, y derrama la escarcha como ceniza. Echa su hielo como pedazos; ante su frío, ¿quién resistirá? Enviará su palabra, y los derretirá; soplará su viento, y fluirán las aguas. Ha manifestado sus palabras a Jacob, sus estatutos y sus juicios a Israel» (Salmos 147:15-19). Así como envía los elementos naturales para lograr sus propósitos, Dios también envía su Palabra.

La Palabra también es nutritiva. Moisés escribió: «No sólo de pan vivirá el hombre, mas de todo lo que sale de la boca de Jehová» (Deuteronomio 8:3). La Palabra de Dios alimenta a los creyentes, lo que contribuye a su crecimiento espiritual.

¿Cómo deberías responder a una Palabra tan poderosa y productiva? Confía en ella para que puedas vivir cada día con seguridad. Proclámala, para que otros lleguen a conocer a su Autor. Obedécela para que pueda continuar su trabajo transformador en ti y haga que te vayas pareciendo más a Cristo cada día.

Sugerencias para la oración: Las promesas de Dios están destinadas a brindarte gran alegría y aliento. Enumera siete promesas que sean especialmente significativas para ti. Usa una cada día durante una semana como punto focal para la oración y la alabanza.

Para un estudio más profundo: ¿Qué promesas hace Jesús en Juan 14:1-14?

Notas: _____

_____

_____

_____

¿POR QUÉ ESTUDIAR LA BIBLIA?

«Procura con diligencia presentarte a Dios aprobado, como obrero que no tiene de qué avergonzarse, que usa bien la palabra de verdad» (2 Timoteo 2:15).

⤙ ⊙ ⤚

El Espíritu Santo te protege de la falsa doctrina, pero eso no elimina la necesidad de que estudies la Biblia con diligencia.

En adelante consideraremos varios beneficios del estudio de la Biblia. Hoy abordaremos por qué el estudio de la Biblia es necesario totalmente.

Quizás conozcas creyentes que piensan que el estudio de la Biblia es innecesario. La lectura de la Biblia, dicen, es suficiente porque tenemos el Espíritu Santo, que nos enseña todas las cosas. A menudo citan 1 Juan 2:27 para apoyar su punto de vista: «Pero la unción que vosotros recibisteis de él [Dios] permanece en vosotros, y no tenéis necesidad de que nadie os enseñe; así como la unción misma os enseña todas las cosas, y es verdadera, y no es mentira, según ella os ha enseñado, permaneced en él».

Sin embargo, ese pasaje no implica que el estudio de la Biblia o los maestros de la Biblia sean innecesarios. Al contrario, Juan estaba exhortando a sus lectores a permanecer en lo que ya habían aprendido (v. 24) y a rechazar solo a aquellos maestros que niegan a Cristo y tratan de engañar a los creyentes.

El Espíritu Santo es el detector de mentiras que reside en el creyente, que le otorga discernimiento para resguardarlo de la falsa doctrina. Aunque un cristiano verdadero puede ser temporalmente confundido por los falsos maestros, en última instancia nunca puede derivar en la apostasía o negar a Cristo. Si alguien se aparta de la fe, su partida es prueba de que nunca fue un verdadero creyente, en primer lugar (v. 19).

El Espíritu te protege del error, pero debes cumplir con tu responsabilidad como estudiante de la Palabra. Incluso un hombre con la estatura espiritual de Timoteo necesitaba estudiar la Palabra diligentemente y manejarla con precisión (2 Timoteo 2:15).

Oro para que la actitud del salmista en cuanto a las Escrituras sea también la tuya: «¡Oh, cuánto amo yo tu ley! Todo el día es ella mi meditación» (Salmos 119:97).

Sugerencias para la oración: Agradece a Dios por su preciosa Palabra.
⊙ Pídele que te dé un amor más profundo por sus verdades.

Para un estudio más profundo: Lee Tito 1:7-16 y 2 Timoteo 2:2.
⊙ ¿Qué habilidades debe tener un líder de la iglesia con respecto a la Palabra de Dios?
⊙ ¿Por qué son necesarias esas habilidades?
⊙ ¿Se aplican esas habilidades solo a los líderes de la iglesia? Explica
⊙ ¿Eres hábil en el tratamiento de la Palabra de Dios?

Notas: _____

ANHELO POR LA PALABRA

«Desead, como niños recién nacidos, la leche espiritual no adulterada,
para que por ella crezcáis para salvación» (1 Pedro 2:2).

La Escritura es nuestra fuente de crecimiento espiritual.

Un bebé recién nacido fue abandonado en un montón de basura en cierto callejón de la ciudad. La madre obviamente lo había dejado allí para que muriera. El infante estaba a punto de morir cuando alguien escuchó su débil llanto y pidió ayuda médica. El niño sobrevivió, pero solo porque recibió la atención y la nutrición que necesitaba.

Una situación paralela fue usada por el apóstol Pedro para ilustrar la dependencia espiritual del creyente de la Palabra de Dios. Cualquier bebé al que se priva de alimento, muere pronto. De manera similar, si un cristiano no se alimenta de la Palabra, languidece espiritualmente y es ineficaz para el Señor. Por otro lado, el creyente debe anhelar la Palabra de Dios tan atentamente como el recién nacido anhela la leche de su madre.

Las Escrituras apelan a la metáfora de la relación padre-hijo en otras maneras, refiriéndose a los cristianos como nacidos de nuevo (Juan 3:7; 1 Pedro 1:3), hijos de Dios (Romanos 8:16; 1 Juan 3:1), e hijos adoptivos (Romanos 8:15; Efesios 1:5). Así como es natural que los niños biológicos crezcan y maduren, los cristianos también tienen la capacidad de crecer espiritualmente. De hecho, se nos ordena «crecer en la gracia y el conocimiento de nuestro Señor y Salvador Jesucristo» (2 Pedro 3:18).

La Palabra de Dios es el pilar de tu dieta espiritual. Es tu principal fuente de alimento. Pablo dijo: «De la manera que habéis recibido al Señor Jesucristo, andad en él; arraigados y sobreedificados en él, y confirmados en la fe, así como habéis sido enseñados» (Colosenses 2:6-7). La frase «en la fe», en ese contexto, se refiere al contenido del cristianismo: las doctrinas de las Escrituras. A medida que tu conocimiento y aplicación de los principios bíblicos aumenten, estarás mejor fundado en la verdad y más firme en Cristo.

Sugerencias para la oración: Si has perdido el apetito por la Palabra de Dios, es probable que sea por el pecado (1 Pedro 2:1). Si es así, pídele a Dios que limpie tu corazón y que te dé un renovado anhelo por su verdad. Luego, dedícate a pasar un tiempo diario con la Palabra.

Para un estudio más profundo: Lee Hechos 20:32 y 1 Tesalonicenses 2:13 y señala el efecto que las Escrituras tienen en los creyentes.

Notas: _____

_____

_____

_____

_____

_____

PREPÁRATE PARA EL SERVICIO ESPIRITUAL

«Toda la Escritura es inspirada por Dios, y útil…
a fin de que el hombre de Dios sea perfecto, enteramente preparado
para toda buena obra» (2 Timoteo 3:16-17).

⚬

La Escritura te equipa para el servicio espiritual.

Cada semana tengo el privilegio de interactuar con más de cien estudiantes en nuestra institución educativa The Master's Seminary. Una de mis mayores alegrías es ver la determinación que tienen de trabajar para Dios a la manera de Dios.

Esa actitud es la clave del éxito en el ministerio, como la aprendió Josué cuando asumió el liderazgo de los israelitas tras la muerte de Moisés. En ese momento Dios le dijo: «Nunca se apartará de tu boca este libro de la ley, sino que de día y de noche meditarás en él, para que guardes y hagas conforme a todo lo que en él está escrito; porque entonces harás prosperar tu camino, y todo te saldrá bien» (Josué 1:8).

Así es como Pablo describió el éxito espiritual de Timoteo: «Si esto enseñas a los hermanos, serás buen ministro de Jesucristo, nutrido con las palabras de la fe y de la buena doctrina que has seguido» (1 Timoteo 4:6).

«Ministro», o servidor, se refiere a alguien que supervisa y administra los bienes o las propiedades de otro. Un buen servidor espiritual es aquel que conoce y administra la Palabra de Dios. Cualquiera sea el nivel de ministerio que persigas, debes conformarte a la enseñanza bíblica. Para ello, debes saber lo que Dios dice acerca de ministrar a su pueblo.

He conocido a muchas personas que aman al Señor y desean con urgencia servirle eficazmente, pero no se han tomado el tiempo para aprender los principios que gobiernan el ministerio espiritual. En consecuencia, están mal preparados y, en algunos casos, participan sin quererlo en actividades que realmente violan la Palabra de Dios.

No dejes que eso te suceda a ti. La Palabra de Dios proporciona toda la fuerza, la instrucción y el consuelo que necesitas para servir a Cristo correctamente. Estudia a fondo y síguelo de cerca.

Sugerencias para la oración: Agradece a Dios cada oportunidad que te brinde para ministrar.

⚬ Pídele que te ayude a ver las áreas de tu servicio que podrían necesitar alguna corrección y luego responde en consecuencia.

Para un estudio más profundo: Según Filipenses 1:12-18, ¿es posible ministrar con motivos impuros? Explica.

Notas: _____

_____

_____

_____

DISFRUTA LAS BENDICIONES DE DIOS

«Bienaventurados los que oyen la palabra de Dios,
y la guardan» (Lucas 11:28).

⤙ ⊙ ⤚

Obedecer las Escrituras trae bendición espiritual.

Cuando las Escrituras hablan de que una persona es «bendecida», por lo general se refiere a la recepción de algún beneficio temporal o espiritual. También incluye la alegría y la sensación de bienestar que implica saber que Dios está obrando a favor tuyo.

El salmista escribió: «Bienaventurado el varón que no anduvo en consejo de malos, ni estuvo en camino de pecadores, ni en silla de escarnecedores se ha sentado; sino que en la ley de Jehová está su delicia, y en su ley medita de día y de noche» (Salmos 1:1-2). Aquellos que conocen y obedecen la Palabra de Dios serán bendecidos. El salmista los comparó con un árbol fuerte, productivo y próspero.

Santiago agregó: «Mas el que mira atentamente en la perfecta ley, la de la libertad, y persevera en ella, no siendo oidor olvidadizo, sino hacedor de la obra, éste será bienaventurado en lo que hace» (Santiago 1:25). Nuevamente, el mismo acto de obediencia trae bendición.

Juan inicia el libro de Apocalipsis con esta promesa: «Bienaventurado el que lee, y los que oyen las palabras de esta profecía, y guardan las cosas en ella escritas; porque el tiempo está cerca» (Apocalipsis 1:3). Jesús concluyó la revelación con la misma promesa: «¡He aquí, vengo pronto! Bienaventurado el que guarda las palabras de la profecía de este libro» (Apocalipsis 22:7). La obediencia y la bendición siempre van de la mano.

Como cristiano, has sido bendecido «con toda bendición espiritual en los lugares celestiales en Cristo» (Efesios 1:3). Cada uno de los recursos espirituales es tuyo. Incluso en tiempos de tristeza y persecución, las bendiciones de Dios descansan sobre ti (1 Pedro 4:14). Sin embargo, puedes perder sus bendiciones si descuidas su Palabra o cometes otros actos pecaminosos. Así que guarda tu corazón cuidadosamente y continúa en la Palabra. Cuando esto hagas, ¡tu gozo no tendrá límites!

Sugerencias para la oración: Haz una lista de las maneras específicas en que el Señor te ha bendecido en los últimos días. Alaba a Dios por cada una de ellas.

Para un estudio más profundo: Lee Santiago 1:12; 1 Pedro 3:14 y 1 Pedro 4:14. ¿En qué modo te es útil la bendición de Dios cuando estás sufriendo injustamente?

Notas: _____

_____

_____

_____

_____

EXPERIMENTA LA VICTORIA ESPIRITUAL

«¿Con qué limpiará el joven su camino? Con guardar tu palabra. En mi corazón
he guardado tus dichos, Para no pecar contra ti» (Salmos 119:9, 11).

>ᴥᴥ ⊙ ᴥ᷈

La Escritura es la fuente de la victoria espiritual.

Muchos cristianos luchan con la derrota espiritual o los pecados recurrentes porque no aprenden a aplicar los principios bíblicos a situaciones específicas. Es probable que no conozcan la voluntad de Dios porque no han madurado en la Palabra. O tal vez sepan lo que Él espera de ellos, pero ignoran su consejo. En cualquier caso, el resultado es el mismo.

El propio Jesús repelió los ataques de Satanás citando porciones específicas de las Escrituras que se aplicaban a determinadas tentaciones (Mateo 4:1-11). Él conocía la Palabra, la creía y se negaba a doblegar sus principios. Con ello, estableció un patrón para que nosotros lo sigamos.

El apóstol Juan, mediante un lenguaje metafórico, enfatizó la prioridad de la Palabra al describir tres niveles de madurez espiritual: hijos, jóvenes y padres. En 1 Juan 2:13 dice: «Os escribo a vosotros, padres, porque conocéis al que es desde el principio... Os escribo a vosotros, hijitos, porque habéis conocido al Padre». Los hijos o niños espirituales aún no han madurado en su fe, pero saben quién es su Padre celestial. Saben que pertenecen a Dios.

Juan continúa: «Os he escrito a vosotros, padres, porque habéis conocido al que es desde el principio. Os he escrito a vosotros, jóvenes, porque sois fuertes, y la palabra de Dios permanece en vosotros, y habéis vencido al maligno» (v. 14). Los jóvenes espirituales son saludables, vibrantes y agresivos porque la Palabra permanece en ellos; ella ha hecho un hogar en sus corazones. Han vencido al maligno porque su doctrina es firme y han cultivado la sabiduría espiritual y el discernimiento (Filipenses 1:9). Reconocen las mentiras de Satanás y las rechazan.

En 1 Juan 2:14 también dice: «Os he escrito a vosotros, padres, porque habéis conocido al que es desde el principio». Los padres espirituales tienen una relación profunda y madura con Dios que proviene de un tiempo prolongado en la oración y la Palabra.

¿Cuál de esos términos te describe mejor: hijo espiritual, joven o padre? ¿Qué puedes hacer hoy específicamente para avanzar hacia una vida más madura y victoriosa en Cristo?

Sugerencias para la oración: Pídele a Dios que te ayude a amarlo más profundamente y a conocer su Palabra más cada día. Esa es la clave de la victoria espiritual.

Para un estudio más profundo: Memoriza el Salmo 119:11. Recítalo a menudo para que recuerdes la prioridad de guardar la Palabra de Dios en tu corazón.

Notas: _____

Un consejo santo

«Estoy seguro de vosotros, hermanos míos, de que vosotros mismos estáis llenos de bondad, llenos de todo conocimiento, de tal manera que podéis amonestaros los unos a los otros» (Romanos 15:14).

>••• ⊙ •••<

La Escritura es la fuente del consejo piadoso.

En años recientes, cuestionar quién es competente para aconsejar se ha convertido en un tema importante en la iglesia. Muchos pastores y líderes eclesiales han limitado sus ministerios de consejería o los han eliminado por completo. Se les ha hecho sentir improcedentes por no tener entrenamiento formal en técnicas de asesoramiento psicológico.

Tras ese movimiento, alejado de la orientación pastoral, está la sutil implicación de que el Espíritu Santo y las Escrituras son incapaces de abordar las necesidades más profundas del corazón humano. Se afirma que solo la psicología secular dispensada por analistas entrenados puede hacerlo.

Sin embargo, la verdad es que: «Engañoso es el corazón más que todas las cosas, y perverso; ¿quién lo conocerá?» (Jeremías 17:9). Nadie. Eso incluye a los consejeros humanistas. El versículo 10 dice: «Yo Jehová, que escudriño la mente, que pruebo el corazón, para dar a cada uno según su camino, según el fruto de sus obras».

David oró: «Oh Jehová, tú me has examinado y conocido. Tú has conocido mi sentarme y mi levantarme; has entendido desde lejos mis pensamientos. Has escudriñado mi andar y mi reposo, y todos mis caminos te son conocidos. ¿A dónde me iré de tu Espíritu? ¿Y a dónde huiré de tu presencia?» (Salmos 139:1-3, 7).

Solo Dios sabe lo que hay en el corazón de una persona. Solo su Espíritu obrando a través de su Palabra puede penetrar los pensamientos y motivos más profundos de uno para transformar el corazón y renovar la mente (Hebreos 4:12; Romanos 12:2).

Los psicólogos profesionales no sustituyen a las personas espiritualmente dotadas que conocen la Palabra, que poseen sabiduría santa, que están llenas de bondad y a la disposición para ayudar a otros a aplicar la verdad divina a sus vidas (Romanos 15:14).

Cuando la gente acuda a ti en busca de consejo, lo mejor que puedes hacer es mostrarle lo que dice la Palabra de Dios sobre su problema y cómo se aplica a su situación. Pero no puedes hacer eso a menos que conozcas la Palabra y le permitas a esta que primero haga su trabajo en ti. Entonces estarás en posición de aconsejar a otros de manera más efectiva.

Sugerencias para la oración: Agradece a Dios el consejo sabio y suficiente de su Palabra.
⊙ Reafirma tu compromiso de expresarlo cuando sea oportuno.

Para un estudio más profundo: De acuerdo al Salmo 119:24, ¿en qué se basó el salmista para su consejo?

Notas: _____

_____

EN BUSCA DE LA VERDAD

«Tu ley es verdad… Y todos tus mandamientos son verdad…
La suma de tu palabra es verdad» (Salmos 119:142, 151, 160).

⤛ ⊙ ⤜

La Escritura es la fuente de la verdad divina.

Me sorprende cómo pueden las personas pasar tanto tiempo buscando la verdad e ignorando la Biblia. En su poema *Miriam*, John Greenleaf Whittier reflexionó sobre el mismo enigma:

Buscamos en el mundo la verdad.
Eliminamos lo bueno, lo puro, lo bello,
de la piedra tallada y el rollo escrito,
de todos los viejos campos floridos del alma;
Cansados buscadores de lo mejor,
Volvemos cargados de buscar,
Para hallar que todo lo que los sabios dijeron
Está en el Libro que leen nuestras madres.

Dios nunca tuvo la intención de que la verdad fuera misteriosa o inalcanzable. Su Palabra es fuente de la verdad que tiene todos los principios que necesitamos para la vida y el pensamiento. Pero conocer la verdad comienza con conocer a Dios, que es su Autor. 1 Juan 5:20 dice: «Sabemos que el Hijo de Dios ha venido, y nos ha dado entendimiento para conocer al que es verdadero; y estamos en el verdadero, en su Hijo Jesucristo. Este es el verdadero Dios, y la vida eterna».

El salmista proclamó: «Las obras de sus manos son verdad y juicio; fieles son todos sus mandamientos, afirmados eternamente y para siempre, hechos en verdad y en rectitud» (Salmos 111:7-8).

Como cristianos, caminamos en la verdad. Así es como Jesús nos describió cuando oró al Padre: «Santifícalos en la verdad; tu palabra es verdad» (Juan 17:17). De manera similar, Juan indicó: «No tengo yo mayor gozo que este, el oír que mis hijos andan en la verdad» (3 Juan 4). Por el contrario, «la ira de Dios se revela desde el cielo contra toda impiedad e injusticia de los hombres que detienen con injusticia la verdad» (Romanos 1:18).

Amar a Dios es amar la verdad; amar la verdad es amar la Palabra. Camina en la verdad de la Palabra de Dios hoy y todos los días.

Sugerencias para la oración: Agradece a Dios por el privilegio de conocerle y poder caminar en su verdad.

Para un estudio más profundo: ¿Cómo describe Jesús al Espíritu Santo en Juan 14:17, 15:26 y 16:13?

Notas: _____

LA REVELACIÓN DE DIOS

«Dios, habiendo hablado muchas veces y de muchas maneras
en otro tiempo a los padres por los profetas, en estos postreros
días nos ha hablado por el Hijo» (Hebreos 1:1-2).

La Escritura es el almacén de la revelación divina.

Por décadas, los teólogos liberales han tergiversado la Biblia simplemente como una colección de pensamientos y aspiraciones religiosas del hombre. Sin embargo, la Escritura es mucho más que eso. Es una revelación divina: la revelación de Dios por medio de su Espíritu a los escritores humanos. El hombre nunca podría conocer la identidad, los atributos, las perspectivas o los mandatos de Dios si Él no se los hubiera revelado. Tampoco podría el hombre conocer su propio origen, propósito o destino.

Pablo dijo: «Antes bien, como está escrito: Cosas que ojo no vio, ni oído oyó, ni han subido en corazón de hombre, son las que Dios ha preparado para los que le aman. Pero Dios nos las reveló a nosotros por el Espíritu; porque el Espíritu todo lo escudriña, aun lo profundo de Dios» (1 Corintios 2:9-10). En 2 Timoteo 3:16, agrega: «Toda la Escritura es inspirada por Dios y es útil para enseñar, para redargüir, para corregir, para instruir en justicia». Dios inspiró cada palabra de la Escritura y nos habla en cada una de sus páginas.

Hebreos 1 habla de dos medios comunes por los cuales Dios se reveló a sí mismo: la revelación del Antiguo Testamento («hace mucho tiempo», v. 1) y la revelación del Nuevo Testamento («en su Hijo», v. 2). Primero les habló a los padres judíos a través de los profetas del Antiguo Testamento «en muchas partes». Eso se refiere a todos los libros del Antiguo Testamento. «De muchas maneras» habla de los medios específicos por los cuales se comunicó: visiones, profecías, parábolas, tipos, símbolos, ceremonias, teofanías y voz audible.

Desde el final del Antiguo Testamento hasta la llegada de Juan el Bautista, hubo aproximadamente cuatrocientos años durante los cuales Dios guardó silencio. Pero ese silencio cesó cuando Juan anunció la venida de Cristo. Desde ese momento, Dios habló a través de su Hijo. Los evangelios registran su vida y sus enseñanzas, el libro de Hechos muestra la propagación de sus instrucciones a través de los apóstoles y la iglesia primitiva, las epístolas aplican sus enseñanzas a la vida cotidiana, y Apocalipsis habla de su regreso triunfal y la consumación de la revelación divina.

¿No es maravilloso conocer la perspectiva de Dios sobre la vida y la historia?

Sugerencias para la oración: Agradece a Dios que su Palabra es una lámpara para tus pies y una luz para tu camino (Salmos 119:105).

Para un estudio más profundo: De acuerdo a Deuteronomio 29:29, ¿cuál es el propósito de la revelación divina?

Notas: _____

_____

REVELACIONES DEL DÍA MODERNO

«Que contendáis ardientemente por la fe
que ha sido una vez dada a los santos» (Judas 3).

Las Escrituras contienen todo lo que necesitas saber para vivir en santidad.

Durante muchos años he observado con profunda preocupación que un número significativo de cristianos han pasado de una teología reflexiva, bíblica y centrada en Dios a una que es cada vez más mística, no bíblica y enfocada en el hombre. Uno de los indicadores más inquietantes de esta tendencia es la proliferación de revelaciones extrabíblicas que ciertas personas afirman recibir directamente de Dios.

Tales afirmaciones son alarmantes puesto que diluyen la singularidad y centralidad de la Biblia y hacen que la gente se apoye en la palabra del hombre más que en la de Dios. Implican que las Escrituras son insuficientes para la vida cristiana y que necesitamos revelación adicional para llenar el vacío que ellas dejan.

No obstante la Palabra de Dios contiene todo lo que necesitas saber para la vida espiritual y la vida piadosa. Es «inspirada por Dios, y útil para enseñar, para redargüir, para corregir, para instruir en justicia», de modo que puedas estar completamente «enteramente preparado para toda buena obra» (2 Timoteo 3:16-17). ¿Qué más es necesario?

Cuando Juan el Amado murió, la revelación apostólica llegó a su fin. Pero ese legado escrito permanece como el estándar por el cual debemos evaluar a cada maestro y enseñanza que dice ser de Dios (1 Tesalonicenses 5:21; 1 Juan 4:1). Si una enseñanza no se ajusta a las Escrituras, debe ser rechazada. Si se ajusta, no es una nueva revelación. En cualquier caso, la revelación adicional es innecesaria.

Dios hizo todo lo posible para registrar y preservar su revelación, por lo que celosamente la resguarda de la corrupción de cualquier tipo. Desde Moisés, el primer receptor conocido de la revelación divina, hasta el apóstol Juan, el destinatario final, su encargo siguió siendo el mismo: «No añadiréis a la palabra que yo os mando, ni disminuiréis de ella, para que guardéis los mandamientos de Jehová vuestro Dios que yo os ordeno» (Deuteronomio 4:2; Apocalipsis 22:18-19).

No te dejes influir por supuestas nuevas revelaciones. Dedícate a lo que ya ha sido revelado.

Sugerencias para la oración: Pídele a Dios que resguarde tu corazón de la confusión y te ayude a mantener tu atención fija en su Palabra.

Para un estudio más profundo: De acuerdo a 2 Timoteo 4:1-4, ¿por qué debemos predicar y sostener la Palabra de Dios?

Notas: _____

_____

_____

_____

DE LA BOCA DE DIOS

«Toda la Escritura es inspirada por Dios, y útil para enseñar, para redargüir,
para corregir, para instruir en justicia, a fin de que el hombre de Dios sea perfecto,
enteramente preparado para toda buena obra» (2 Timoteo 3:16-17).

⤞ ⊙ ⤝

La Palabra de Dios es inspirada.

La Segunda Carta a Timoteo, capítulo 3:16, habla de la inspiración de las Escrituras. «Inspirada» es la traducción de una palabra griega que literalmente significa «exhalada por Dios». Por tanto, cada palabra de la Escritura ¡es de la boca de Dios!

Los teólogos hablan de la inspiración como el misterioso proceso por el cual Dios trabajó a través de los escritores de las Escrituras para producir escritos inerrantes y divinamente autorizados. La inspiración es un misterio porque las Escrituras no explican específicamente cómo ocurrió. El único atisbo que tenemos es lo que dice 2 Pedro: «Entendiendo primero esto, que ninguna profecía de la Escritura es de interpretación privada, porque nunca la profecía fue traída por voluntad humana, sino que los santos hombres de Dios hablaron siendo inspirados por el Espíritu Santo» (1:20-21).

«Interpretación» habla de origen. La Escritura no se originó a nivel humano sino en el Espíritu Santo, que este «inspiró» a los escritores para que escribieran (v. 21). La palabra «inspiró» es la traducción de un término náutico que describe los efectos del viento sobre un barco que sopla contra sus velas y lo mueve a través del agua. De manera similar, el Espíritu movió con su inspiración a los escritores bíblicos para producir la Palabra de Dios en el lenguaje de los hombres.

Los autores humanos de las Escrituras sabían que estaban escribiendo la Palabra de Dios, por lo que lo hicieron con confianza y autoridad. A menudo se citaban o aludían el uno al otro como agentes autorizados de la revelación divina (por ejemplo, 2 Pedro 3:15-16).

A nivel personal, la inspiración garantiza que lo que dice la Escritura lo dice Dios. Es su consejo para ti; para que puedas estudiarlo y obedecerlo con plena seguridad de que es verdad y que nunca te extraviará.

Sugerencias para la oración: Alaba al Señor por su Palabra inspirada.
⊙ Reafirma tu compromiso de vivir de acuerdo con sus principios.

Para un estudio más profundo: A menudo el Nuevo Testamento confirma la inspiración del Antiguo Testamento atribuyéndole citas e veterotestamentarias a Dios mismo. Por ejemplo, compara los siguientes pasajes del Antiguo Testamento con sus contrapartes en el Nuevo: Génesis 2:24 con Mateo 19:4-5; Salmos 2:1-2 con Hechos 4:25-26; Isaías 55:3 con Hechos 13:34; Salmos 16:10 con Hechos 13:35; Salmos 95:7-11 con Hebreos 3:7-11.
⊙ ¿Cómo podrías responderle a alguien que dice que la Biblia consiste meramente en palabras de hombres religiosos?

Notas: _____

_____

AGRUPADOS ALREDEDOR DE LA PALABRA

«Toda palabra de Dios es limpia;
Él es escudo a los que en él esperan» (Proverbios 30:5).

❧ ⊙ ☙

La Palabra de Dios no tiene error.

El término inerrancia transmite la creencia de que las escrituras originales de la Palabra de Dios son absolutamente ciertas en todo lo que enseñan, ya sea doctrina, historia, ciencia, geografía, geología o cualquier otra disciplina o conocimiento. También se aplica a las copias exactas de esas escrituras originales.

Inerrancia es un concepto impopular entre algunas personas puesto que creen que no es realmente importante. Sin embargo, considera las implicaciones. Ningún cristiano negaría que nuestra relación con Jesucristo es de suma importancia. Pero, ¿cómo podemos conocer a Cristo si Él no se presentara en la Biblia? Él es nuestro Señor, por lo que debemos obedecer sus mandamientos (Hebreos 5:9). ¿Cómo podemos saber lo que Él manda si dudamos de su Palabra?

Otros rechazan la inerrancia porque creen que es divisiva. Pero la inerrancia debe ser un punto de unión para los evangélicos, no de división. ¿Qué factor unificador tenemos si no podemos estar de acuerdo con la verdad de la revelación divina?

Aun otros retienen el juicio sobre el tema, pensando que es un asunto técnico que es mejor que lo decidan los eruditos bíblicos. Al contrario, ese es el más elemental de todos los asuntos. No es nada menos que preguntar: «¿Hay alguna palabra segura acerca de Dios?»

La inerrancia no es simplemente una cuestión de debate teológico. Es un tema del carácter de Dios. Dios no puede mentir (Tito 1:2; Hebreos 6:18); por lo tanto, su Palabra es verdadera. Jeremías 10:10 dice que el Señor es «el Dios verdadero» o el Dios de la verdad. El apóstol Juan indicó: «Dios es verdadero» (Juan 3:33). Y Jesús definió la vida eterna como conocer al «único Dios verdadero» (Juan 17:3). Cristo vino para que podamos «conocer al que es verdadero… Este es el verdadero Dios, y la vida eterna» (1 Juan 5:20).

De modo que no te dejes convencer por aquellos que atacan la integridad de las Escrituras. Cuando tengas la oportunidad, estudia los pasajes que te parezcan confusos para que sepas cuáles son los problemas y las soluciones propuestas. Y recuerda, la Escritura fue dada por inspiración del Espíritu Santo, que es «el Espíritu de verdad» (Juan 16:13). Él no puede equivocarse.

Sugerencias para la oración: Si el Salmo 119:12-16 refleja la intención de tu corazón, léelo al Señor como una oración de alabanza y compromiso.

Para un estudio más profundo: De acuerdo a Mateo 22:29 y Juan 17:17, ¿cuál era el punto de vista de Jesús sobre las Escrituras?

Notas: _____

Confía en la Palabra de Dios

«La ley de Jehová es perfecta...
El precepto de Jehová es puro...
Los juicios de Jehová son verdad, todos justos» (Salmos 19:7-9).

La Palabra de Dios es infalible.

La infalibilidad se refiere a la verdad de las Escrituras como un todo, mientras que la inerrancia se centra en la exactitud de cada palabra. Al igual que esta última, la primera se basa en el carácter de Dios. Dios no puede mentir y no cambia (1 Samuel 15:29). Él es completamente coherente en todo lo que hace y su Palabra refleja esas características. El salmista escribió: «La suma de tu palabra es verdad, y eterno es todo juicio de tu justicia» (Salmos 119:160). Pablo indicó: «La ley a la verdad es santa, y el mandamiento santo, justo y bueno» (Romanos 7:12).

Jesús dijo que no vino para abolir la ley ni los profetas (secciones del Antiguo Testamento), sino para cumplirlos. Prometió que todo en la Escritura se cumpliría (Mateo 5:17-18). Juan 10:35 declara que la autoridad de la Escritura «no puede ser quebrantada». Es vinculante y no se puede destruir, abolir ni eliminar. La Palabra de Dios es indestructible, autoritativa e infalible.

A nivel práctico, la infalibilidad significa que puedes confiar en la Biblia. Nunca te engañará ni te dará un consejo que sea erróneo. Esa fue la confianza del salmista cuando escribió: «Confirma tu palabra a tu siervo, que te teme. Quita de mí el oprobio que he temido, porque buenos son tus juicios. He aquí yo he anhelado tus mandamientos; vivifícame en tu justicia. Venga a mí tu misericordia, oh Jehová; tu salvación, conforme a tu dicho. Y daré por respuesta a mi avergonzador, que en tu palabra he confiado. No quites de mi boca en ningún tiempo la palabra de verdad, porque en tus juicios espero. Guardaré tu ley siempre, para siempre y eternamente. Y andaré en libertad, porque busqué tus mandamientos. Hablaré de tus testimonios delante de los reyes, y no me avergonzaré; y me regocijaré en tus mandamientos, los cuales he amado» (Salmos 119:38-47).

Sugerencias para la oración: Alaba a Dios porque su Palabra es completamente confiable.

Para un estudio más profundo: Memorízate el Salmo 119:165 para que recuerdes la infalibilidad de la Palabra de Dios.

Notas: _____

_____

_____

_____

_____

SOMÉTETE A LA AUTORIDAD DIVINA

«Oíd, cielos, y escucha tú, tierra; porque habla Jehová» (Isaías 1:2).

⤜ ⊙ ⤛

La Palabra de Dios es la única fuente de autoridad divina.

Es posible que supongamos que los que proclaman la inspiración, la inerrancia y la infalibilidad de la Palabra de Dios se someten automáticamente a su autoridad. Pero ese no es siempre el caso. Incluso aquellos que sostienen una alta visión de la Escritura a veces no la obedecen. Debemos recordar que la autoridad de la Palabra de Dios no es simplemente una doctrina que debe afirmarse, sino una prioridad que debe perseguirse.

Israel cayó en la trampa de mantener una alta visión de las Escrituras y no cumplir con sus estatutos. El apóstol Pablo les dijo: «He aquí, tú tienes el sobrenombre de 'judío', y te apoyas en la ley, y te glorías en Dios, y conoces su voluntad, e instruido por la ley apruebas lo mejor, y confías en que eres guía de los ciegos, luz de los que están en tinieblas, instructor de los indoctos, maestro de niños, que tienes en la ley la forma de la ciencia y de la verdad. Tú, pues, que enseñas a otro, ¿no te enseñas a ti mismo?... Tú que te jactas de la ley, ¿con infracción de la ley deshonras a Dios? Porque como está escrito, el nombre de Dios es blasfemado entre los gentiles por causa de vosotros» (Romanos 2:17-21, 23-24).

El pecado de Israel llevó a los incrédulos a blasfemar contra Dios. Eso es lo que sucede en nuestra sociedad, en la que el Señor es constantemente ridiculizado a causa de los pecados de su pueblo. Eres la única Biblia que algunos incrédulos leerán, por lo que tu vida está bajo escrutinio todos los días. ¿Qué aprenden otros de ti? ¿Ven una imagen de tu Dios?

Los cristianos siempre serán difamados, pero que sea por causa de la justicia, no del pecado. Como dijo Pedro: «[Mantengan] buena vuestra manera de vivir entre los gentiles; para que en lo que murmuran de vosotros como de malhechores, glorifiquen a Dios en el día de la visitación, al considerar vuestras buenas obras» (1 Pedro 2:12).

Sugerencias para la oración: Confiesa cualquier área de tu vida en la que seas desobediente a la Palabra de Dios.

⊙ Busca su gracia y su poder para vivir cada día como alguien que realmente respeta la autoridad de la Palabra de Dios.

Para un estudio más profundo: Lee 1 Corintios 10:1-13. ¿Qué propósito tiene para nosotros el registro del Antiguo Testamento de los castigos de Israel?

Notas: _____

UN CANTO A LA SUFICIENCIA DIVINA

«La ley de Jehová es perfecta, que convierte el alma; el testimonio de Jehová es fiel, que hace sabio al sencillo. Los mandamientos de Jehová son rectos, que alegran el corazón; el precepto de Jehová es puro, que alumbra los ojos. El temor de Jehová es limpio, que permanece para siempre; los juicios de Jehová son verdad, todos justos. Deseables son más que el oro, y más que mucho oro afinado; y dulces más que miel, y que la que destila del panal. Tu siervo es además amonestado con ellos; en guardarlos hay grande galardón. ¿Quién podrá entender sus propios errores? Líbrame de los que me son ocultos. Preserva también a tu siervo de las soberbias; que no se enseñoreen de mí; entonces seré íntegro, y estaré limpio de gran rebelión. Sean gratos los dichos de mi boca y la meditación de mi corazón delante de ti, oh Jehová, roca mía, y redentor mío» (Salmos 19:7-14).

La Palabra de Dios cubre cada necesidad del alma.

E l rey David era un hombre de marcados contrastes. Conocía la humildad de pastorear un rebaño y el prestigio de reinar sobre una nación. Experimentó gloriosos triunfos y amargas derrotas. Buscó a Dios, pero también sufrió inmensa culpa y dolor por la inmoralidad y el asesinato. Eso llevó incluso a que su propio hijo intentara quitarle la vida. Algunos de sus salmos reflejan una gran esperanza mientras que otros se caracterizan por la desesperanza. Pero a pesar de todo, David continuó mirando a Dios, asegurándose de la soberanía de Él y la suficiencia de sus recursos divinos.

En el Salmo 19, David escribió la declaración más importante jamás hecha acerca de la suficiencia de la Escritura. Mientras la analizamos en los próximos estudios, considera que cada necesidad de tu alma o de lo más íntimo de tu ser es —en última instancia— espiritual; por lo que Dios ha provisto recursos suficientes para satisfacer esas necesidades por completo. Esa era la confianza de David. Que sea la tuya también.

Sugerencias para la oración: A lo largo de nuestro estudio del Salmo 19, pídele a Dios que te dé ideas frescas que te permitan apreciar y descansar más plenamente en sus disposiciones de gracia.

Para un estudio más profundo: Vuelve a leer el Salmo 19:1-14.
- ¿Qué términos usó David para referirse a la Palabra de Dios?
- ¿Qué beneficios trae la Palabra a los creyentes?
- ¿Estás disfrutando de esos beneficios?

Notas: _____

_____

_____

_____

_____

LA PALABRA TRANSFORMADORA DE DIOS

«La ley de Jehová es perfecta,
que convierte el alma» (Salmos 19:7).

Dios puede transformarte, con su Palabra, en la persona que desea que seas.

Muchos dudan del poder de la Escritura al tratar con los aspectos más profundos del corazón y la mente. La Biblia puede ser útil para ciertos problemas superficiales o «espirituales», afirman, pero es demasiado simplista e inadecuada para los problemas psicológicos más complejos del hombre moderno. La verdad es que, sin embargo, lo mejor que puede hacer la psicología es modificar el comportamiento externo. No puede redimir ni transformar el alma. Solo Dios puede hacer eso a través del poder de su Palabra.

Esa es la verdad que yace tras el Salmo 19:7, que llama a las Escrituras «la ley de Jehová», enfatizando así su naturaleza didáctica. Es la suma de las instrucciones de Dios al hombre, ya sea por credo (lo que creemos), carácter (lo que somos) o conducta (lo que hacemos).

La ley de Jehová es «perfecta». Eso representa una palabra hebrea común que habla de integridad, totalidad o suficiencia. El comentarista Albert Barnes escribió que la Escritura «no carece de nada en cuanto a su integridad. Es completa como revelación de la verdad divina; es completa como regla de conducta… Es absolutamente cierta; se adapta con sabiduría consumada a las [necesidades] del hombre; es una guía infalible de conducta. No hay nada en ella que lleve a los hombres al error o al pecado; no hay nada esencial que el hombre sepa que no se encuentre allí» (*Notas sobre el Antiguo Testamento: Salmos*, Vol. 1 [Baker, 1974]).

El razonamiento del hombre es imperfecto, pero la Palabra de Dios es perfecta y contiene todo lo necesario para tu vida espiritual. Es tan completa que puede restaurar tu alma. Es decir, convertirá, revivirá, actualizará y transformará cada aspecto de tu ser para que seas precisamente la persona que Dios quiere que seas.

No busques alternativas humanas estériles, la Palabra de Dios está lista para atender todas tus necesidades. La guerra espiritual se combate con armas espirituales, no con técnicas, teorías ni terapias carnales (2 Corintios 10:4).

Sugerencias para la oración: Pídele a Dios que te mantenga enfocado en su consejo con respecto a cada situación que enfrentes hoy.

Para un estudio más profundo: Memoriza 2 Corintios 9:8 para que recuerdes la gracia suprema de Dios para ti.

Notas: _____

_____

_____

_____

ADQUIERE LA VERDADERA SABIDURÍA

«El testimonio de Jehová es fiel,
que hace sabio al sencillo» (Salmos 19:7).

>￫～ ⊙ ～￩

La Palabra de Dios imparte sabiduría y conocimiento que
trasciende el mero entendimiento humano.

L a caracterización de David en cuanto a la Palabra de Dios como «el testimonio de Jehová» (Salmos 19:7) habla de su papel como testigo de Dios; qué es Él y qué requiere de nosotros. Además, es un testimonio «fiel». Eso significa que es inquebrantable, inamovible, inconfundible, confiable y honrado.

Pedro hizo la misma observación cuando, después de relatar su extraordinaria experiencia con Cristo en el Monte de la Transfiguración (2 Pedro 1:16-18), dijo: «Tenemos también la palabra profética más segura» (v. 19). El testimonio de la Palabra escrita de Dios es la confirmación más segura y convincente de la verdad divina; más que las experiencias apostólicas con el propio Cristo.

Quizás es por eso que nuestro Señor impidió que los dos discípulos en el camino a Emaús lo reconocieran, ya que les dio una base bíblica para las cosas que habían visto y oído (Lucas 24:27). Su fe y su predicación se basarían en las Escrituras, no solo en sus propias experiencias, sin importar cuán profundas o conmovedoras pudieran haber sido esas experiencias.

El beneficio de la Palabra segura de Dios es que hace al sabio simple (Salmos 19:7). Toma personas indiferentes, ignorantes y crédulas y les enseña la profunda verdad de Dios que pueden aplicar a sus vidas. Al hacer eso, se vuelven expertos en el arte de la vida piadosa.

Ese fue el gozo del salmista cuando escribió: «Me has hecho más sabio que mis enemigos con tus mandamientos, porque siempre están conmigo. Más que todos mis enseñadores he entendido, porque tus testimonios son mi meditación. Más que los viejos he entendido, porque he guardado tus mandamientos» (Salmos 119:98-100).

Al aplicar ese principio a los creyentes del Nuevo Testamento, Pablo oró para que estuviéramos «llenos del conocimiento de su voluntad en toda sabiduría e inteligencia espiritual» (Colosenses 1:9). Cuando eso ocurre, podemos andar «como es digno del Señor, agradándole en todo, llevando fruto en toda buena obra, y creciendo en el conocimiento de Dios» (v. 10). Esa es la manifestación de la sabiduría divina y la clave para la vida santa.

Sugerencias para la oración: Ora para que la sabiduría de Dios aumente y abunde en tu vida hoy y todos los días.

Para un estudio más profundo: Lee Lucas 24:13-35 y observa cómo ministró Jesús la Palabra a los discípulos en el camino de Emaús.

Notas: _____

_____

UNA VIDA ALEGRE

«Los mandamientos de Jehová son rectos,
que alegran el corazón» (Salmos 19:8).

Estar consciente de que vas en el camino correcto es una fuente de gran alegría.

¿Qué te trae alegría? Tu respuesta revelará mucho sobre tus prioridades y sobre la dirección en que se dirige tu vida espiritualmente.

El salmista escribió: «Bienaventurado el varón que no anduvo en consejo de malos, ni estuvo en camino de pecadores, ni en silla de escarnecedores se ha sentado; sino que en la ley de Jehová está su delicia, y en su ley medita de día y de noche. Será como árbol plantado junto a corrientes de aguas, que da su fruto en su tiempo, y su hoja no cae; y todo lo que hace, prosperará» (Salmos 1:1-3).

Ese salmista sabía que el verdadero gozo y la felicidad provienen de conocer a Dios y permanecer en su Palabra. Esa fue la confianza de David cuando escribió: « Los mandamientos de Jehová son rectos, que alegran el corazón» (Salmos 19:8).

«Mandamientos», en ese versículo, habla de principios divinos y pautas para el carácter y la conducta. Dios te creó y sabe cómo debes vivir para darle gloria. Él reveló en su Palabra todos los preceptos que debes saber para ello.

Cada mandamiento divino es «correcto». Muestra el camino correcto y verdadero. ¡Qué maravillosa confianza es esa! Mientras que muchos de los que te rodean pueden sentirse desalentados o desanimados por su falta de dirección y propósito, la Palabra de Dios es una lámpara a tus pies y una luz para tu camino (Salmos 119:105). Ella te guía a través de los difíciles laberintos de la vida y le da a tu vida un significado eterno. No vivas simplemente para tus propios placeres. Tu vida tiene un propósito elevado y sacro, y cada día puede llenarse de alegría cuando ves que ese propósito se desarrolla.

Sugerencias para la oración: Pídele a Dios que te ayude a ser consciente de su propósito eterno hoy y todos los días.

⊙ Pídele que te dirija a alguien que necesita a Cristo y siente una falta de propósito en su vida.

Para un estudio más profundo: Lee Colosenses 3:1-4.

⊙ ¿Cómo describió Pablo a Cristo?

⊙ ¿Cuál debería ser el enfoque de tu pensamiento?

⊙ ¿Estás prestando atención a la exhortación de Pablo?

Notas: _____

_____

_____

_____

OBEDECE LOS MANDAMIENTOS DE DIOS

«El precepto de Jehová es puro,
que alumbra los ojos» (Salmos 19:8).

La obediencia a la Palabra es lo que distingue al creyente verdadero.

No es popular en estos tiempos hablar de la Palabra de Dios como un libro de preceptos. Los preceptos implican ley y estamos acostumbrados a la gracia. Pero el hecho es decir que, tanto el Antiguo como el Nuevo Testamento, contienen muchos mandamientos que todo el pueblo de Dios debe obedecer.

El apóstol Juan dijo: «Y en esto sabemos que nosotros le conocemos, si guardamos sus mandamientos. El que dice: Yo le conozco, y no guarda sus mandamientos, el tal es mentiroso, y la verdad no está en él; pero el que guarda su palabra, en éste verdaderamente el amor de Dios se ha perfeccionado; por esto sabemos que estamos en él» (1 Juan 2:3-5). Juan equiparó los preceptos divinos con la Palabra de Dios.

El propio Jesús expresó: «Si me amáis, guardaréis mis mandamientos» (Juan 14:15), y «el que tiene mis mandamientos y los guarda, ése es el que me ama; y el que me ama, será amado por mi Padre» (v. 21). Si realmente amas a Cristo, tu vida se caracterizará por un patrón de obediencia a su Palabra.

Cada precepto de Jehová es «puro», dijo el salmista (Salmos 19:8). Su efecto es que «alumbra los ojos». La Palabra de Dios lleva la verdad espiritual a un enfoque claro. No todos los pasajes de la Escritura son fáciles de entender, pero tomados como un todo, el mensaje de la Biblia es claro para la mente regenerada.

Sin embargo, aunque la Biblia es muy clara para los creyentes, las personas no redimidas no pueden entenderla. Para ellos es una tontería porque sus mentes no son iluminadas (1 Corintios 2:14). En su ceguera espiritual, eligen las especulaciones filosóficas humanistas antes que la Palabra de Dios. Pero al creer, continuamente son alumbrados con las verdades de la Palabra de Dios, ya que el Espíritu Santo les permite comprenderlas y aplicarlas a su vida.

Tu habilidad para entender la Palabra es un regalo invaluable. Aprovéchala a diario, desarrolla tu conocimiento bíblico y aumenta tu obediencia.

Sugerencias para la oración: Agradece al Señor por abrir tu mente a las verdades de su Palabra.

⊙ Comprométete a descubrir al menos una verdad adicional de las Escrituras cada día.

Para un estudio más profundo: Lee 1 Corintios 2:14-16. ¿Qué comparación hizo Pablo entre el hombre natural (no regenerado) y el hombre espiritual (regenerado)?

Notas: _____

_____

TEME A DIOS

«El temor de Jehová es limpio, que permanece para siempre» (Salmos 19:9).

$\rightarrowtail \odot \leftarrowtail$

Temer a Dios lleva a actitudes y acciones reverenciales.

En el Antiguo Testamento, temer a Dios era verlo con temor reverente y doblegarse ante su autoridad soberana. En el Salmo 34, David escribió: «Venid, hijos, oídme; el temor de Jehová os enseñaré. ¿Quién es el hombre que desea vida, que desea muchos días para ver el bien? Guarda tu lengua del mal, y tus labios de hablar engaño. Apártate del mal, y haz el bien; busca la paz, y síguela» (vv. 11-14). Su hijo Salomón agregó: «El principio de la sabiduría es el temor de Jehová; los insensatos desprecian la sabiduría y la enseñanza… Teme a Jehová, y apártate del mal» (Proverbios 1:7; 3:7).

El concepto de temer a Dios no se limita al Antiguo Testamento. Pablo dijo: «ocupaos en vuestra salvación con temor y temblor» (Filipenses 2:12), «Limpiémonos de toda contaminación de carne y de espíritu, perfeccionando la santidad en el temor de Dios» (2 Corintios 7:1) y «someteos unos a otros en el temor de Dios» (Efesios 5:21).

Nuestro temor a Dios nos obliga a adorarlo y a conformar nuestras vidas a su voluntad. Si le temes, complacerlo será tu mayor deleite, pero desilusionarlo será tu mayor decepción.

En el Salmo 19:9, David usa el «temor» como sinónimo de la Palabra de Dios, lo que implica que las Escrituras son el manual de Dios sobre cómo adorarlo. «Limpiémonos» es un término amplio que habla de la ausencia de pecado, corrupción, inmundicia, imperfección y error. El mensaje que la Escritura transmite es que «las palabras de Jehová son palabras limpias, como plata refinada en horno de tierra, purificada siete veces» (Salmos 12:6).

Debido a que es tan perfecta, la Escritura perdura para siempre (Salmos 19:9). Es por eso que Jesús dijo: «El cielo y la tierra pasarán, pero mis palabras no pasarán» (Marcos 13:31). No necesita ser actualizada para tratar con el pensamiento contemporáneo. Permanece para siempre, autoritativa e inflexible. Los que la juzgan, la difaman o la ignoran están en grave peligro. Es mucho mejor temer a Dios y someterse a su voluntad revelada.

Sugerencias para la oración: Lee el Salmo 33 como una oración de alabanza al Señor.

Para un estudio más profundo: Memoriza Proverbios 3:5-7 para que siempre recuerdes buscar la voluntad y la aprobación de Dios.

Notas: _____

_____

_____

_____

_____

LA FUENTE DE LA JUSTICIA

«Los juicios de Jehová son verdad, todos justos» (Salmos 19:9).

La Palabra de Dios es verdadera y produce justicia en la vida del creyente.

La incapacidad de la sabiduría humana para generar una vida correcta se reafirmó en mi pensamiento mientras leía un libro de psiquiatría contemporánea sobre cómo superar la depresión. La primera sugerencia de la autora era gritar: «¡Cancela!» cada vez que tengas un pensamiento negativo. También recomendaba reproducir una grabación de mensajes positivos mientras la persona duerme por la noche y escuchar música positiva durante el día.

Cultivar una filosofía espiritual significativa fue otra de sus sugerencias. Ella decía que cualquier cosa servirá, siempre y cuando funcione para uno, pero advirtió contra aquellos que hablan del pecado y la culpa. Su punto final es que debes encontrar la luz espiritual dentro de ti.

Ese tipo de consejo es tonto porque no tiene ninguna base en la verdad. Lo mejor que puede hacer es enmascarar algunos síntomas. No cura la enfermedad.

Jesús ilustró lo decepcionante de buscar la verdad a través de tales medios cuando les dijo a un grupo de incrédulos: «¿Por qué no entendéis mi lenguaje? Porque no podéis escuchar mi palabra. Vosotros sois de vuestro padre el diablo, y los deseos de vuestro padre queréis hacer. Él ha sido homicida desde el principio, y no ha permanecido en la verdad, porque no hay verdad en él. Cuando habla mentira, de suyo habla; porque es mentiroso, y padre de mentira. Y a mí, porque digo la verdad, no me creéis… El que es de Dios, las palabras de Dios oye; por esto no las oís vosotros, porque no sois de Dios» (Juan 8:43-47).

Los incrédulos no ven la verdad de la Palabra de Dios por lo que es. Pero los creyentes escuchan la verdad y la reciben. Como David, reconocen que «los juicios de Jehová son verdad, todos justos» (Salmos 19:9).

«Juicios» en ese contexto se refiere a ordenanzas o veredictos divinos del Juez Supremo. «Todos justos» implica que las Escrituras producen justicia integral en todos los que la reciben. Juntas, estas palabras enfatizan que la verdadera justicia se origina en la Palabra de Dios y fluye a través de su pueblo.

Sugerencias para la oración: Alaba a Dios por darte la verdad que produce justicia.

Para un estudio más profundo: ¿Qué dicen los siguientes versículos acerca de la Palabra justa de Dios? Salmos 119:89, 128, 137-138, 142 y 160.

Notas: _____

_____

_____

_____

DESEA LA PALABRA DE DIOS

«[Los juicios de Jehová] Deseables son más que el oro, y más que mucho oro afinado;
y dulces más que miel, y que la que destila del panal» (Salmos 19:10).

Debes valorar las Escrituras más que todos los tesoros terrenales.

Tengo una amiga que tiene una hermosa colección de Biblias raras. Mi favorita es una de las primeras copias impresas en Inglaterra, data del siglo dieciséis. La primera vez que la sostuve en mis manos noté que el tercio superior de cada página estaba cubierto con una mancha oscura. Las lágrimas llenaron mis ojos cuando me di cuenta que era de la sangre de su dueño original.

Mi amiga explicó que cuando Bloody Mary gobernó Inglaterra, se deleitaba en aterrorizar a los protestantes y asesinar a tantos como pudiera. Sus soldados ejecutaban a sus víctimas por medios sangrientos, luego tomaban su Biblia y la sumergían en la sangre. Algunas de esas Biblias se han conservado y se conocen como las Biblias de los Mártires. Los científicos han confirmado que las manchas oscuras en cada página de la Biblia de mi amiga son, en verdad, sangre humana.

Esa misma Biblia está muy gastada porque se ha estudiado mucho en ella. Y muchas de sus páginas tienen manchas de agua, tal vez por las lágrimas. Obviamente era la posesión más preciada de alguien, y su sangre está allí para probarlo.

El Salmo 19:10 cautiva el corazón de tales personas, ensalzando la preciosidad de la Palabra de Dios. Para David, las Escrituras eran más valiosas que el mejor oro y la miel más pura. Meditar en ella significaba más para él que las cosas más ricas y dulces de la vida. Él conocía su habilidad para satisfacer cada apetito espiritual. Aunque la Palabra de Dios es muy preciosa, muchos cristianos son transigentes con su estudio. Algunos pasan largos períodos sin obtener nuevos conocimientos de sus páginas.

Quizás conozcas a alguien que está en esa situación. Si es así, pídele al Señor sabiduría para animar a esa persona gentilmente en cuanto a estudiar más la Palabra de Dios. Al mismo tiempo, ten cuidado de no ser negligente tú mismo.

Sugerencias para la oración: Agradece a Dios por el ejemplo de aquellos que han amado su Palabra al costo de sus vidas.

⊙ Pídele que te dé el deseo de alimentarte diariamente con su verdad y el impulso de satisfacer ese deseo.

Para un estudio más profundo: Lee 1 Pedro 2:1-2 para que recuerdes mantener tu corazón sensible al precioso don de la Palabra de Dios.

Notas: _____

_____

_____

_____

ATIENDE A LAS ADVERTENCIAS DE DIOS

*«Tu siervo es además amonestado con ellos [los juicios]; en
guardarlos hay grande galardón» (Salmos 19:11).*

Prestar atención a las advertencias de Dios
brinda protección espiritual y gran alegría.

E l Salmo 19:11 concluye el himno de David sobre la suficiencia de la Escritura. Cuán apropiado es que termine señalando el valor de la advertencia de Dios, porque proteger a su pueblo de la tentación, el pecado, el error, la necedad, los falsos maestros y cualquier otra amenaza para su bienestar espiritual es una gran preocupación para Dios.

Por ejemplo, Dios le dijo al profeta Ezequiel: «A ti, pues, hijo de hombre, te he puesto por atalaya a la casa de Israel, y oirás la palabra de mi boca, y los amonestarás de mi parte» (33:7). La gran tragedia del Antiguo Testamento es que los israelitas «desecharon sus estatutos, y el pacto que él había hecho con sus padres, y los testimonios que él había prescrito a ellos» (2 Reyes 17:15).

El apóstol Pablo definió su ministerio como el de proclamar a Cristo y advertir «a todo hombre, y enseñando a todo hombre en toda sabiduría» (Colosenses 1:28). Después de exhortar a la iglesia de Tesalónica a mantener la pureza sexual, Pablo agregó: «El Señor es vengador de todo esto, como ya os hemos dicho y testificado» (1 Tesalonicenses 4:6).

También advirtió a la iglesia de Éfeso, diciendo: «Porque yo sé que después de mi partida entrarán en medio de vosotros lobos rapaces, que no perdonarán al rebaño. Y de vosotros mismos se levantarán hombres que hablen cosas perversas para arrastrar tras sí a los discípulos. Por tanto, velad, acordándoos que por tres años, de noche y de día, no he cesado de amonestar con lágrimas a cada uno. Y ahora, hermanos, os encomiendo a Dios, y a la palabra de su gracia, que tiene poder para sobreedificaros y daros herencia con todos los santificados» (Hechos 20:29-32). Lo hizo para declararles todo el consejo de Dios (v. 27).

Las advertencias de las Escrituras no tienen la intención de frustrarte ni sofocarte. Por el contrario, cuando las escuchas, te resguardan del daño espiritual y te dan la alegría de saber que estás en la voluntad de Dios. Esa es la «gran recompensa» de la que David habla en el Salmo 19:11. Puedes ganártela, como finalmente lo hizo, al prestar atención a la Palabra de Dios en todos los aspectos de la vida.

Sugerencias para la oración: Abrumado por la suficiencia de la Palabra de Dios, David oró: «Sean gratos los dichos de mi boca y la meditación de mi corazón delante de ti, oh Jehová, roca mía, y redentor mío» (Salmos 19:14). Haz esta tu oración.

Para un estudio más profundo: Vuelve a leer el Salmo 19:7-11, repasando cada característica y beneficio de la Escritura. Piensa cuidadosamente sobre cómo se aplican a tu vida.

Notas: _____

_____

DEJA UNA HERENCIA SANTA

«Y que desde la niñez has sabido las Sagradas Escrituras, las cuales te pueden hacer sabio para la salvación por la fe que es en Cristo Jesús» (2 Timoteo 3:15).

⌇⌇ ⊙ ⌇⌇

Plantar y nutrir la semilla de la Palabra de Dios en la mente de un niño puede producir una abundante cosecha espiritual.

No hace mucho tiempo me reuní con un grupo de líderes cristianos a fin de considerar a varios candidatos para una posición ministerial importante. Durante la reunión, me percaté de que el padre de cada uno de los candidatos era un pastor prominente. Cada candidato había crecido en una familia que diariamente enseñaba y ejemplificaba la verdad bíblica.

Eso ilustra el enorme impacto que una herencia cristiana puede tener en una persona, ya sea que siga el pastorado o no. Y de ninguna manera son solo los padres quienes influencian a sus hijos hacia la rectitud. Todo lo contrario; una madre piadosa generalmente tiene muchas más oportunidades para hacerlo.

El doctor G. Campbell Morgan tuvo cuatro hijos, todos los cuales siguieron su ejemplo al convertirse en ministros. Se informa que en una reunión familiar, un amigo le preguntó a uno de los hijos: «¿Qué Morgan es el mejor predicador?» «Eso es fácil», respondió el hijo. «¡Mi madre!»

Timoteo conocía los beneficios de una herencia espiritual así. Su madre, Eunice, y su abuela, Loida (2 Timoteo 1:5) le enseñaron las Sagradas Escrituras, que dan la sabiduría que conduce a la salvación (2 Timoteo 3:15). Aun desde niño, Timoteo estaba siendo equipado para el ministerio al cual Dios lo llamaría más tarde. El entrenamiento espiritual que recibió en su niñez, y la reserva de conocimiento bíblico que acumuló en aquellos primeros años, fueron elementos cruciales en su ministerio ya adulto.

Si eres padre, el regalo más precioso que le puedes dar a tu hijo es una educación piadosa que servirá como base para sus futuros ministerios.

Sugerencias para la oración: Alaba a Dios por aquellos que te han instruido en la Palabra y te han alentado en justicia.
- ⊙ Si eres padre, ora para que tus hijos te superen en la fe.
- ⊙ Sé fiel al orar por los jóvenes que te rodean y pon un ejemplo piadoso para que lo sigan.

Para un estudio más profundo: Lee 1 Samuel 1:1—2:10. ¿Qué características de una madre piadosa mostró Ana?

Notas: _____

_____

_____

_____

APRENDE LA VERDAD

«Toda la Escritura es inspirada por Dios, y útil para enseñar, para redargüir,
para corregir, para instruir en justicia» (2 Timoteo 3:16).

La Escritura es el manual de la verdad divina.

En estos últimos estudios hemos considerado muchos beneficios de las Escrituras. En 2 Timoteo 3:16 hay una lista de cuatro más que serán el centro de nuestro enfoque: enseñar la verdad, reprobar el pecado y el error, corregir el comportamiento y entrenar en justicia. Hemos abordado cada uno de ellos hasta cierto punto en nuestros estudios anteriores, pero merecen una discusión adicional de este versículo, que es la declaración más concisa de la Escritura sobre su propio poder y propósito.

Primero, la Biblia es útil para enseñar. La palabra griega traducida como «enseñar» se refiere más al contenido que al proceso de enseñanza. La Escritura es el manual de Dios de la verdad divina para modelar tus pensamientos y tu accionar.

Como creyente, tienes la capacidad de comprender y responder a las Escrituras. Esto se debe a que el Espíritu Santo mora en ti y te imparte discernimiento espiritual, sabiduría y comprensión (1 Juan 2:27). Tienes «la mente de Cristo» (1 Corintios 2:16).

Sin embargo, tener la capacidad de comprender la verdad espiritual no garantiza que ejercites esa habilidad. Dios les dijo a los israelitas a través del profeta Oseas: «Mi pueblo fue destruido, porque le faltó conocimiento» (4:6). Su verdad estaba a la disposición de ellos, pero la ignoraron y vivieron en desobediencia.

He escuchado a muchas personas lamentarse de que podrían haber evitado mucho dolor si hubiesen conocido la Biblia más a fondo, si se hubieran tomado el tiempo para aprender lo que Dios esperaba de ellos en una situación particular. Quizás te hayas sentido de esa manera. La mejor forma de evitar cometer ese error en el futuro es saturar fielmente, en oración, con paciencia y en profundidad tu mente con la verdad bíblica, y luego disciplinarte para vivir de acuerdo con sus principios. Ese es un desafío de toda la vida, pero es la única forma de beneficiarse de la enseñanza bíblica y evitar angustias innecesarias.

Oro para que te animes hoy, mientras estudias la Palabra de Dios y la apliques con diligencia a tu vida.

Sugerencias para la oración: Pídele a Dios que use las circunstancias que enfrentes hoy de modo que te acerquen a Él y que te inspire a profundizar en su Palabra.

Para un estudio más profundo: Lee Éxodo 24:1-8. ¿Cuál fue la respuesta de los israelitas a la Palabra de Dios? ¿Cuál es la tuya?

Notas: _____

_____

_____

_____

EVITA EL ENGAÑO ESPIRITUAL

«Toda la Escritura es… útil para… redargüir» (2 Timoteo 3:16).

⚭ ⊙ ⚮

La Escritura es el parámetro con el cual debes comparar toda enseñanza.

En noviembre de 1978, el representante de la cámara del congreso de California de los Estados Unidos, Leo Ryan, visitó el Templo del Pueblo (una secta con sede en California) en Guyana. Fue a investigar los informes de que algunas personas estaban retenidas allí contra su voluntad. El mundo pronto se sorprendió al saber que el congresista y su partido habían sido emboscados y asesinados.

Aun más impactante fue el sombrío descubrimiento que siguió unos días más tarde. Las autoridades que ingresaron a las instalaciones de la secta en Jonestown, Guyana, se horrorizaron al encontrar los cuerpos de 780 miembros de ese culto que habían recibido disparos o que se habían suicidado bebiendo un ponche con cianuro. Su líder, el reverendo Jim Jones, fue encontrado cerca del altar muerto por una herida de bala en la cabeza. Para muchos, fue la primera vez que presenciaron el efecto letal de la enseñanza satánica. Editoriales y artículos periodísticos de todo calibre intentaron explicar, por muchos meses, cómo pudo ocurrir ese terrible engaño y genocidio en esta época. Pero por más trágicas que fueron esas muertes en Jonestown, la mayoría de los observadores no enfocaron la mayor tragedia de todas: la condenación espiritual a la que Jim Jones, David Koresh y todos esos falsos maestros —que surgen por doquier— dirigen a sus seguidores.

El engaño espiritual es un problema muy serio para Dios. Es por eso que en las Escrituras establece la verdad y reprende cualquier cosa que sea contraria a ella. La palabra griega traducida como «redargüir» en 2 Timoteo 3:16 significa «reprender o confrontar a alguien con respecto a una mala conducta o enseñanza falsa».

Si tienes un conocimiento completo de las Escrituras, tienes un parámetro con el cual comparar toda enseñanza. Solo así puedes reconocer fácilmente la falsa doctrina y evitar el engaño espiritual. Eso es lo que Juan expresó cuando dijo: «Os he escrito a vosotros, padres, porque habéis conocido al que es desde el principio. Os he escrito a vosotros, jóvenes, porque sois fuertes, y la palabra de Dios permanece en vosotros, y habéis vencido al maligno» (1 Juan 2:14).

Las falsas religiones siempre intentarán distorsionar las Escrituras puesto que deben eliminar la verdad de Dios para poder justificar sus propias mentiras. Cuídate de sus sutilezas y sé fuerte en la Palabra de Dios.

Sugerencias para la oración: Gracias al Señor por protegerte del engaño espiritual. ⊙ Ora por cualquiera que sepas que ha sido víctima de enseñanzas falsas. Aprovecha cada oportunidad para impartirle la verdad de Dios.

Para un estudio más profundo: Lee 2 Corintios 11:1-4, 13-15. ¿Cómo describió Pablo a los falsos maestros?

Notas: _____

_____

REPRUEBA LA CONDUCTA PECAMINOSA

«Toda la Escritura es… útil para corregir» (2 Timoteo 3:16).

Las personas que no se interesan en una vida santa evitan la sana doctrina.

Pablo instruyó a Timoteo a predicar «la palabra; que instes a tiempo y fuera de tiempo; redarguye, reprende, exhorta con toda paciencia y doctrina» (2 Timoteo 4:2). Él sabía que llegaría un momento en que muchas personas rechazarían la sana doctrina y que, «teniendo comezón de oír, se amontonarán maestros conforme a sus propias concupiscencias, y apartarán de la verdad el oído y se volverán a las fábulas» (vv. 3-4).

Eso es cierto en nuestros días. Muchos que profesan amar a Cristo parecen tolerantes con su Palabra. A menudo caen en la transigencia espiritual y se rodean de maestros que les dicen exactamente lo que quieren escuchar. Si el mensaje no les agrada, van de iglesia en iglesia o simplemente la abandonan por completo.

Tales personas han cambiado la convicción por el consuelo y necesitan examinarse a sí mismos para ver si son creyentes genuinos (2 Corintios 13:5). Su actitud hacia la Palabra contrasta fuertemente con aquellos que realmente aman a Cristo y llegan a la Palabra con un ferviente deseo de aprender sus verdades y vivirlas.

Sin embargo, incluso los verdaderos creyentes pueden caer en la trampa de la negligencia y la indulgencia. Tal vez hayas notado cómo algunos cristianos pecadores a menudo tratan de evitar la exposición a la Palabra de Dios. A veces dejan de asistir temporalmente a la iglesia o a los estudios bíblicos. También intentan evitar a otros creyentes, especialmente aquellos que los harán responsables de lo que saben que es verdad.

No obstante, como cualquier padre amoroso, Dios no permitirá que sus hijos permanezcan en pecado por mucho tiempo sin disciplinarlos (Hebreos 12:5-11). Tarde o temprano deben arrepentirse y reconciliarse con Él.

Un elemento importante para reconciliar a los cristianos pecadores con Dios es la oración fiel de otros creyentes. Dios puede usarte en esa función; por tanto, prepárate para orar por ellos y anhela restaurar a los demás con un espíritu de mansedumbre (Gálatas 6:1).

Sugerencias para la oración: ¿Conoces a un cristiano que está siendo desobediente a la Palabra de Dios? Si es así, pídele a Dios que lo lleve al arrepentimiento. Asegúrale a esa persona tus oraciones y tu interés en ella, y ponte a su disposición para ser utilizado en el proceso de restauración si el Señor lo quiere.

Para un estudio más profundo: ¿Qué dice Mateo 18:15-20 acerca de cómo enfrentar a un cristiano pecador?

Notas: _____

_____

_____

_____

Aumenta tu fuerza espiritual

«Toda la Escritura es… útil para corregir» (2 Timoteo 3:16).

☞ ⊙ ☜

La Palabra de Dios fortalece al pecador arrepentido.

Si eres aficionado a la jardinería, sabes que la poda hábil promueve el crecimiento y la productividad general de una planta. Jesús supuso que su audiencia sabía eso cuando dijo: «Yo soy la vid verdadera, y mi Padre es el labrador. Todo pámpano que en mí no lleva fruto, lo quitará; y todo aquel que lleva fruto, lo limpiará, para que lleve más fruto. Ya vosotros estáis limpios por la palabra que os he hablado» (Juan 15:1-3).

Jesús estaba comparando a los creyentes con las ramas (o pámpanos), que el Padre poda para obtener la máxima productividad. La Palabra es la cuchilla cortante con la que poda, la que aplica con habilidad y precisión para eliminar nuestras imperfecciones y promover la piedad. Él quiere eliminar cualquier cosa de nuestras vidas que pueda restringir nuestro crecimiento espiritual.

La palabra traducida como «corregir» en 2 Timoteo 3:16 se refiere al trabajo de fortalecimiento que brinda la Palabra de Dios. Las Escrituras no solo exponen tu pecado, sino que también te fortalecen y te llevan a la postura espiritual apropiada. Te convence y luego te da instrucciones para volver a edificarte.

Job 17:9 dice: «Proseguirá el justo su camino, y el limpio de manos aumentará la fuerza». Pablo añadió: «Os encomiendo a Dios, y a la palabra de su gracia, que tiene poder para sobreedificaros y daros herencia con todos los santificados» (Hechos 20:32).

A medida que el Espíritu emplee las Escrituras para exponer el pecado en tu vida, abandona ese pecado y obedece lo que las Escrituras dicen que hagas. Como resultado, te verás fortalecido en tu caminar espiritual. Para ayudar en ese proceso, nútrete «con las palabras de la fe y de la buena doctrina que has seguido» (1 Timoteo 4:6).

Creo firmemente que cualquier debilidad que tengas puede convertirse en un área de gran fortaleza si permites que la Palabra de Dios haga su trabajo de santificación dentro de ti.

Sugerencias para la oración: Agradece a Dios por el poder fortalecedor y restaurador de su Palabra.

- ⊙ Si hay un área de tu vida que es débil y vulnerable a la tentación, confiésalo al Señor y comienza hoy mismo a fortalecerla de acuerdo con la Palabra.

Para un estudio más profundo: Lee Efesios 1:18-23 y 3:14-21.

- ⊙ ¿Por qué oró Pablo?
- ⊙ ¿Cómo mostró Dios su poder a los creyentes?
- ⊙ ¿Es el poder de Dios suficiente para todas tus necesidades espirituales? Explica.

Notas:

ENTRÉNATE EN LA JUSTICIA

«Toda la Escritura es… útil para… instruir en justicia» (2 Timoteo 3:16).

⤛ ⊙ ⤜

La Palabra de Dios nutre tu vida espiritual.

Concluimos nuestro estudio sobre el carácter y los beneficios de la Palabra de Dios centrándonos en el beneficio que vincula a todos los demás: el entrenamiento o la instrucción en justicia. Todo lo que la Palabra logra en ti a través de la enseñanza, la represión y la corrección está dirigido a aumentar tu rectitud, para que estés «equipado para toda buena obra» (2 Timoteo 3:17).

«Instruir» implica entrenar o educar a un niño. El Nuevo Testamento también usa ese término para hablar de castigo, que es otro elemento importante tanto en la crianza de los hijos como en el crecimiento espiritual (Hebreos 12:5-11). La idea es que, desde la infancia espiritual hasta la madurez, las Escrituras instruyen, entrenan y educan a los creyentes en la vida piadosa.

La Escritura es tu alimento espiritual. Jesús dijo: «No sólo de pan vivirá el hombre, sino de toda palabra que sale de la boca de Dios» (Mateo 4:4). Pedro nos exhortó a «desear, como niños recién nacidos, la leche espiritual no adulterada, para que por ella crezcáis para salvación» (1 Pedro 2:2).

Deberías anhelar la Palabra al igual que un bebé ansía la leche. Pero Pedro presentó esa declaración con una exhortación a dejar de lado «toda malicia y toda astucia e hipocresía, envidia y toda calumnia» (v. 1). Ese es el prerrequisito. Santiago enseñó el mismo principio: «Desechando toda inmundicia y abundancia de malicia, recibid con mansedumbre la palabra implantada, la cual puede salvar vuestras almas» (Santiago 1:21). Intentar deleitarte con las Escrituras sin confesar tu pecado es como intentar comer con un bozal puesto.

La Palabra te mantendrá alejado del pecado o el pecado te mantendrá alejado de la Palabra. Ocúpate del pecado inmediatamente, para que no arruine tu apetito por la Palabra de Dios. E incluso si conoces bien la Biblia, refréscate con frecuencia releyendo y estudiando acerca de su poder y sus verdades. Esa es la clave para disfrutar la salud espiritual y la victoria.

Sugerencias para la oración: Agradece a Dios por la nutrición que su Palabra te proporciona.
⊙ Busca su sabiduría y su gracia para que lidies con el pecado. No la ignores, ya que eso disminuirá tu deseo de escudriñar la verdad bíblica.

Para un estudio más profundo: Lee Filipenses 3:1 y 2 Pedro 1:12-15.
⊙ ¿Qué dijeron Pablo y Pablo sobre la importancia de recordar las verdades bíblicas que ya has aprendido?
⊙ ¿Sigues ese consejo?

Notas: _____

_____

LOS HÉROES DE LA FE

«Es, pues, la fe la certeza de lo que se espera, la convicción de lo que no se ve.
Porque por ella alcanzaron buen testimonio los antiguos» (Hebreos 11:1-2).

La fe cristiana produce buenas obras.

Hebreos 11 tiene varios apelativos: «Los héroes de la fe», «El capítulo de la fe», «El salón de la fama de los santos», «El cuadro de honor de los Santos del Antiguo Testamento» y la «Abadía de Westminster de las Escrituras». Títulos apropiados porque este capítulo destaca las virtudes de la fe como se muestra en las vidas de los grandes santos del Antiguo Testamento. También nos recuerda que sin fe es imposible agradar a Dios.

Tal recordatorio era necesario para el pueblo hebreo del primer siglo porque el judaísmo había abandonado la fe verdadera en Dios por un sistema legalista basado en las obras. Su mensaje también es válido hoy porque nuestra devoción a Cristo puede degenerar fácilmente en una religión de reglas y regulaciones.

Al tiempo que afirma la primacía de la fe, el escritor de Hebreos no menosprecia la importancia de las buenas obras. Todo lo contrario. Nos exhorta a «estimularnos al amor y a las buenas obras» (10:24) y a buscar la santidad para que otros vean a Cristo en nosotros y sean atraídos por Él (12:14).

Sin embargo, las obras justas son un derivado de la verdadera salvación, no son medios salvíficos. Como escribió el apóstol Pablo, «somos hechura suya, creados en Cristo Jesús para buenas obras, las cuales Dios preparó de antemano para que anduviésemos en ellas» (Efesios 2:10). Además de la fe, todos los intentos por agradar a Dios a través de las buenas obras son tan inútiles y ofensivos para Él como los trapos de inmundicia (Isaías 64:6). Por eso, con mucho gusto, Pablo apartó todas sus prácticas legalistas judías, contándolas como «basura». Él solo quería «la justicia que es de Dios por la fe» (Filipenses 3:8-9).

Debido a la importancia de este tema es que estudiaremos a los héroes de la fe que figuran en Hebreos 11. Al hacerlo, recuerda que no eran personas perfectas. Pero su fe fue ejemplar, y por eso ganaron la aprobación de Dios. Oro para que también sigas su ejemplo.

Sugerencias para la oración: Agradece a Dios el regalo de la fe.

⊙ Sin dudas, conoces personas que intentan agradar a Dios por sus propios esfuerzos. Ora por ellos y aprovecha cada oportunidad para hablarles acerca de la verdadera salvación a través de la fe en Cristo.

Para un estudio más profundo: Selecciona una de las personas mencionadas en Hebreos 11 y revisa el relato de su vida en el Antiguo Testamento.

Notas: _____

_____

_____

_____

LA ESPERANZA ASEGURA

«La fe es la certeza de lo que se espera» (Hebreos 11:1).

～ ⊙ ～

La fe es la base sólida en la que estamos esperando el cumplimiento de las promesas de Dios.

Un anciano, en su setenta y cinco cumpleaños, recibió una invitación para sobrevolar la pequeña ciudad de West Virginia en la que había pasado toda su vida. Aunque nunca antes había volado, el hombre aceptó la generosa oferta.

Después de sobrevolar la ciudad durante unos veinte minutos, el piloto llevó de vuelta a su pasajero a tierra. El nieto del hombre lo saludó con entusiasmo y le preguntó: «¿Te dio miedo, abuelo?» «No», respondió con timidez, «no pude ni sentarme bien».

A diferencia de ese abuelo vacilante, la fe verdadera confía plenamente en su objeto. Para el cristiano, eso significa descansar en Dios y en sus promesas. Esa es la característica principal de cada individuo fiel que se nombra en Hebreos 11. Todos le creyeron a Dios y respondieron a la altura.

La gente a menudo confunde la fe con un anhelo melancólico porque algo, por improbable que sea, suceda en el futuro. Pero «certeza» en Hebreos 11:1 se refiere a la esencia y la realidad, lo real en oposición a la mera apariencia. La fe, por tanto, implica certeza absoluta.

Por ejemplo, los santos del Antiguo Testamento tenían la promesa de un Mesías venidero que iba a eliminar el pecado. Creyeron en Dios, a pesar de que no entendían completamente lo referente al Mesías. Sabían que sus esperanzas se cumplirían y esa certeza dominaba sus vidas.

Lo mismo sucedió con los creyentes del Nuevo Testamento. Pedro dijo: «A quien amáis sin haberle visto, en quien creyendo, aunque ahora no lo veáis, os alegráis con gozo inefable y glorioso; obteniendo el fin de vuestra fe, que es la salvación de vuestras almas» (1 Pedro 1:8-9).

La propensión natural del hombre es confiar solo en las cosas que puede ver, oír, palpar o probar. Pero nuestros sentidos físicos pueden mentirnos, mientras que Dios no lo hace (Tito 1:2). Es mucho mejor creerle a Dios y confiar en sus promesas.

Sugerencias para la oración: ¿Qué promesas de Dios son especialmente significativas para ti hoy? Agradécele por ellas y reafirma tu compromiso de vivir basado en su Palabra.

Para un estudio más profundo: Lee Hebreos 11 y observa todas las promesas divinas que encuentres en ese capítulo. Para obtener una comprensión más completa de cada una de ellas, busca otras referencias bíblicas que mencionen las mismas promesas.

Notas: _____

_____

UNA FE QUE RESPONDE

«Fe [es]... la convicción de lo que no se ve» (Hebreos 11:1).

La fe verdadera trasciende la acción.

Cuando el escritor dijo: «La fe es la certeza de lo que se espera, la convicción de las cosas que no se ven», usó dos frases paralelas y casi idénticas para definir ese concepto.

Hemos visto que la fe es la seguridad de que todas las promesas de Dios llegarán a tiempo. «La convicción de lo que no se ve» va un paso más allá al implicar una respuesta a lo que creemos y de la que estamos seguros.

El apóstol Santiago abordó el tema de la siguiente manera: «Alguno dirá: Tú tienes fe, y yo tengo obras. Muéstrame tu fe sin tus obras, y yo te mostraré mi fe por mis obras... ¿Mas quieres saber, hombre vano, que la fe sin obras es muerta? Porque como el cuerpo sin espíritu está muerto, así también la fe sin obras está muerta» (Santiago 2:18, 20, 26). En otras palabras, una fe que no responde no es tal cosa, en absoluto.

Noé tuvo una fe receptiva. Nunca había visto lluvia porque esta no existió antes del Diluvio. Tal vez no sabía nada sobre construcción de barcos. Aun así, siguió las instrucciones de Dios y soportó ciento veinte años de arduo trabajo y ridículo porque creía que Dios estaba diciéndole la verdad. Su trabajo fue un testimonio de esa creencia.

Moisés consideró tener «por mayores riquezas el vituperio de Cristo que los tesoros de los egipcios; porque tenía puesta la mirada en el galardón» (Hebreos 11:26). El Mesías no vendría a la tierra en los siguientes catorce siglos, pero Moisés abandonó la riqueza y los beneficios de Egipto para perseguir la esperanza mesiánica.

Sadrac, Mesac y Abednego, cuando enfrentaron amenazas a sus vidas, decidieron actuar en base a su fe en Dios, a quien no podían ver, pero no se inclinaron ante Nabucodonosor, a quien podían ver muy bien (Daniel 3). Aunque eso significara su muerte física, no pondrían en peligro sus creencias.

Oro para que las decisiones que tomes hoy muestren que eres una persona de fuerte fe y convicciones.

Sugerencias para la oración: Pídele a Dios que aumente y fortalezca tu fe a través de los acontecimientos de este día.

⊙ Busca oportunidades específicas para confiar más en Él.

Para un estudio más profundo: Lee Daniel 3: 1-30. ¿Cómo fue probada la fe de Sadrac, Mesac y Abednego?

Notas: _____

_____

_____

_____

OBTÉN LA APROBACIÓN DE DIOS

«Porque por ella alcanzaron buen testimonio los antiguos» (Hebreos 11:2).

⤝ ◦ ⤞

Dios da a conocer su aprobación a aquellos que confían en Él.

El libro *Trampa 22* es una novela que habla de un escuadrón de aviadores de la Segunda Guerra Mundial estacionados en la isla Pianosa, en el Mediterráneo. Antes que cualquier avión se fuera de la isla, tenía que completar veinticinco misiones extremadamente peligrosas en el sur de Europa.

Un piloto, Yosarian, estaba especialmente ansioso por irse. Tras completar su vigésima quinta misión, su comandante aumentó el número de misiones requeridas. La única justificación para una transferencia era la insania mental. Pero el comandante determinó que cualquiera que fingiera locura para obtener una transferencia, comprobaba lo contrario con su acto.

Al darse cuenta de que todo era un cruel juego sin salida, Yosarian ideó un plan para construir una balsa y salir en ella hacia Suecia. Aunque había un continente entre él y Suecia, además de que las corrientes oceánicas lo llevarían en la dirección opuesta, nada lo hacía desistir. Así que dio un salto a lo irracional con un plan imposible para escapar de una situación absurda e improbable.

En su incesante búsqueda de sentido en la vida, muchas personas se transforman en yosarians espirituales. Rechazan a Dios, que es la única respuesta segura y racional de la vida, y se lanzan de cabeza al alcohol, las drogas, la brujería, la astrología, la reencarnación o a innumerable cantidad de absurdos.

Muchos reconocen a Dios, pero tratan de obtener su aprobación a través de sus propias obras de justicia, alejados de la verdadera fe. En cualquier caso, los resultados son los mismos: andan sin fe, sin salvación, sin esperanza, sin paz y sin seguridad.

Sin embargo, aquellos que aceptan a Dios y se acercan a Él con verdadera fe reciben su aprobación y disfrutan de sus bendiciones. El de ellos no es un salto ciego al absurdo, sino una esperanza viva en el Dios que hizo al hombre y que solo puede cumplir los anhelos más profundos del ser humano. Conocen la alegría y la satisfacción de una vida dedicada al servicio de Cristo y tienen la paz y la seguridad de que todo ha de estar bien, tanto ahora como en la eternidad.

Sugerencias para la oración: Ora por aquellos que conoces que han rechazado a Dios o están tratando de obtener su aprobación por sí mismos. Explícales el significado y el propósito de que solo Cristo puede aportar a sus vidas.

Para un estudio más profundo: De acuerdo a 2 Timoteo 2:24-26, ¿cuál es el estado espiritual de aquellos que se oponen al evangelio y cómo debemos abordarlos?

Notas: _____

_____

El conocimiento a través de la fe

«Por la fe entendemos haber sido constituido el universo por la palabra de Dios,
de modo que lo que se ve fue hecho de lo que no se veía» (Hebreos 11:3).

Las mayores verdades acerca de Dios se descubren por la fe.

Como hombre o mujer de fe, tienes una visión de la vida que los incrédulos ni se imaginan. Ya sabes cómo comenzó el universo físico, hacia dónde se dirige y cómo terminará. Sabes quién gobierna el universo y cómo encajas en el esquema total de las cosas. Sabes por qué existes y cómo invertir tu vida en asuntos de consecuencia eterna.

Los incrédulos no pueden apreciar esas cosas porque «el hombre natural no percibe las cosas que son del Espíritu de Dios, porque para él son locura, y no las puede entender, porque se han de discernir espiritualmente» (1 Corintios 2:14).

Algunos de los asuntos más elementales de la vida siguen siendo un misterio para la mayoría de las personas puesto que rechazan el consejo de Dios. Por ejemplo, los pensadores más brillantes nunca han adoptado una posición conjunta sobre el origen del universo. El suyo es un intento fútil de explicar lo que está más allá del ámbito de la investigación científica.

Sin embargo, esas cosas no están más allá del dominio del conocimiento, si una persona desea ser enseñada por la Palabra de Dios. La Biblia claramente establece que Dios habló sobre la existencia del universo físico, creando materia visible a partir de lo que no era físico (Romanos 4:17). Ningún humano observó ese acontecimiento. Tampoco puede ser medido o repetido. Debe ser aceptado por fe.

Cualquier intento por explicar el origen del universo o la naturaleza del hombre aparte de la Palabra de Dios es temerario. La mente no regenerada, pese a lo brillante que pueda ser, es incapaz de comprender tales cosas.

Así que nunca sientas que tienes que disculparte por confiar en la Palabra de Dios. Deja que la confianza del salmista sea la tuya: «Más que todos mis enseñadores he entendido, porque tus testimonios son mi meditación. Más que los viejos he entendido, porque he guardado tus mandamientos» (Salmo 119: 99-100).

Sugerencias para la oración: Lee Génesis 1—2 para que recuerdes el poder y la sabiduría de Dios al crear el universo. De esos capítulos, selecciona algunas cosas específicas por las cuales puedes alabarlo.

Para un estudio más profundo: Memoriza el Salmo 19:1. ¿Puedes pensar en algunas formas en que la creación natural glorifica a Dios? (Romanos 1:18-20.)

Notas: _____

_____

_____

_____

DÍA 311

UN LEGADO JUSTO

«Por la fe Abel ofreció a Dios más excelente sacrificio que Caín, por lo cual alcanzó testimonio de que era justo, dando Dios testimonio de sus ofrendas; y muerto, aún habla por ella» (Hebreos 11:4).

⤳ ⊙ ⤶

Tu carácter determina el legado que dejas a los demás.

El erudito bíblico James Moffatt escribió: «La muerte nunca es la última palabra en la vida del… hombre. Una vez que el hombre deja este mundo, sea justo o injusto, deja algo en el mundo. Puede dejar algo que crezca y se extienda como un cáncer o un veneno, o puede dejar algo como la fragancia de un perfume o una bella flor que impregne la atmósfera con bendiciones».

Eso se ilustra en las vidas de los primeros hijos de Adán y Eva: Caín y Abel. Caín era un hombre injusto que buscaba agradar a Dios por sus propios esfuerzos. Dios lo rechazó (Génesis 4:5). Abel era un hombre justo que adoraba a Dios con verdadera fe. Dios lo aceptó (v. 4).

En un ataque de celos, Caín asesinó a Abel, convirtiéndose en el primer ser humano en quitarle la vida a otro. Caín siempre ha sido el testimonio de lo trágico que es intentar agradar a Dios por medios ajenos a la fe verdadera. Porque «sin fe», afirma Hebreos 11:6, «es imposible agradar a Dios». Caín lo intentó y fracasó, como lo han hecho millones que han seguido sus pasos.

Abel, por otro lado, fue el primer hombre de fe. Antes de la Caída, Adán y Eva no tenían necesidad de fe en la misma manera que sus descendientes. Vivían en el paraíso del Edén y tenían contacto directo con Dios. Sus hijos fueron los primeros en necesitar la fe en un sentido más amplio.

El legado de Caín es rebelión, dolor y juicio. El de Abel es justicia, rectitud y fe salvadora. Su vida proclama el mensaje central de la redención: la justicia es solo por fe.

¿Qué legado dejarás a los que van tras de ti? Oro para que vean en ti un modelo de rectitud y fidelidad que los inspire a seguir tu ejemplo.

Sugerencias para la oración: Alaba a Dios por el justo Abel y todos los que han seguido su ejemplo.
⊙ Pídele que te guarde de rebelarte contra su Palabra.

Para un estudio más profundo: Lee Génesis 4:1-16 y 1 Juan 3:11-12.
⊙ ¿Cuál fue el consejo de Dios a Caín después de rechazar su ofrenda?
⊙ ¿Por qué Caín mató a Abel?
⊙ ¿Cómo castigó Dios a Caín?

Notas: _____
_____
_____

ADORA A DIOS A LA MANERA DE ÉL

«Por la fe Abel ofreció a Dios más excelente sacrificio que Caín» (Hebreos 11:4).

La verdadera adoración requiere que te acerques a Dios bajo sus términos.

L a esencia de toda religión falsa es la noción de que el hombre puede acercarse a Dios por cualquier medio que elija, meditando, haciendo buenas obras, y listo. Pero las Escrituras dicen: «En ningún otro hay salvación; porque no hay otro nombre bajo el cielo, dado a los hombres, en que podamos ser salvos» (Hechos 4:12). Ese nombre es Jesucristo y acudimos a Él confesando y arrepintiéndonos de nuestro pecado, confiando en su muerte expiatoria en la cruz y afirmando su resurrección corporal de la tumba (Romanos 10:9-10). No hay otro camino a Dios.

Siglos antes de que Cristo muriera, Dios proporcionó un medio de adoración y sacrificio. Génesis 4:3-5 dice: «Aconteció andando el tiempo, que Caín trajo del fruto de la tierra una ofrenda a Jehová. Y Abel trajo también de los primogénitos de sus ovejas, de lo más gordo de ellas. Y miró Jehová con agrado a Abel y a su ofrenda; pero no miró con agrado a Caín y a la ofrenda suya. Y se ensañó Caín en gran manera, y decayó su semblante».

Se supone que Dios designó un tiempo especial para sacrificar porque indica que «andando el tiempo» (v. 3) literalmente significa «al final de los días», o al fin de cierto período de tiempo. Además, Él inició un patrón particular para la adoración y los sacrificios. De lo contrario, Caín y Abel no habrían sabido el modo en que se iba a hacer.

Dios requirió una ofrenda de sangre por el pecado. Abel acudió ante Él con fe, reconoció su pecado e hizo el sacrificio apropiado. Su ofrenda fue mejor que la de Caín porque este descuidó el sacrificio prescrito, mostrando así su falta de voluntad para someterse a Dios y enfrentar su pecado.

No había nada intrínsecamente erróneo en la ofrenda de Caín. Las ofrendas de granos, frutas u hortalizas se incluían en el pacto de Moisés. Pero la ofrenda por el pecado tenía que ser lo primero. Como tantos hoy, Caín erróneamente asumió que podía acercarse a Dios bajo sus propios términos. Al hacerlo, se convirtió en el padre de todas las religiones falsas, y su nombre llegó a ser sinónimo de rebelión y apostasía (Judas 11).

Sugerencias para la oración: Agradece a Dios por proporcionarnos la salvación mediante la fe en Jesucristo.
- Ten cuidado de no acercarte a Él en forma irreverente o presuntuosa.

Para un estudio más profundo: Lee Judas 11. ¿Cómo describió Judas a los falsos maestros de su época?

Notas: _____

_____

_____

_____

EL PRIMER DISCÍPULO

«Caín trajo del fruto de la tierra una ofrenda a Jehová. Y Abel trajo también de los primogénitos de sus ovejas, de lo más gordo de ellas. Y miró Jehová con agrado a Abel y a su ofrenda; pero no miró con agrado a Caín y a la ofrenda suya» (Génesis 4:3-5).

El verdadero discipulado se caracteriza por la obediencia a la Palabra de Dios.

En Juan 8:31 Jesús pronunció una declaración importante ante un grupo de personas que mostraban interés en él: «Si vosotros permaneciereis en mi palabra, seréis verdaderamente mis discípulos». Tristemente, rechazaron sus palabras, probando ser menos que verdaderos discípulos. Jesús pasó a explicar por qué: «El que es de Dios, las palabras de Dios oye; por esto no las oís vosotros, porque no sois de Dios» (v. 47). Escucharon pero realmente no oyeron. Estaban interesados pero no verdaderamente comprometidos. Eran oidores de la Palabra pero no hacedores (Santiago 1:22).

Por el contrario, Abel hizo lo que Dios le indicó. Él fue, en efecto, el primer discípulo. Probablemente fue mejor persona que Caín: más amigable, moral y confiable. Pero esa no es la razón por la cual Dios aceptó su sacrificio y rechazó el de Caín. Abel confió en Dios y su fe fue contada como justicia. Al igual que Abraham, cuya fe fue evidenciada por su voluntad de obedecer a Dios y sacrificar a su hijo Isaac (Santiago 2:21-22), la fe de Abel se probó en su ofrecimiento obediente. Él no confió en su propia bondad sino que reconoció su pecado e hizo el sacrificio prescrito.

Tal vez Dios indicó la aceptación del sacrificio de Abel al consumirlo con fuego, como lo hizo en otras ocasiones en las Escrituras (Jueces 6:21; 1 Reyes 18:38). Pero cualquiera que sea el medio que usó, Dios le hizo conocer a Abel su agrado. La breve vida de Abel transmite un mensaje simple de tres puntos: debemos acercarnos a Dios por fe; debemos recibir y obedecer la Palabra de Dios; y el pecado trae serias consecuencias. Si escuchas y pones por obra ese mensaje, caminarás por el sendero del verdadero discipulado y te asegurarás el agrado de Dios.

Sugerencias para la oración: Haz que tu meta sea complacer al Señor en todo lo que hagas hoy. Busca su sabiduría y su gracia para que lo hagas fielmente.

Para un estudio más profundo: Lee los siguientes versículos y señala lo que dicen acerca de agradar a Dios: 2 Corintios 5:9; Efesios 5:6-10; Filipenses 2:12-13; Hebreos 11:6; y Hebreos 13:15-16, 20-21.

Notas: _____

_____

_____

_____

_____

_____

CAMINA POR FE

«Por la fe Enoc fue traspuesto para no ver muerte, y no fue hallado, porque lo traspuso Dios; y antes que fuese traspuesto, tuvo testimonio de haber agradado a Dios» (Hebreos 11:5).

⤙ ⊙ ⤚

Cuando caminas por fe, disfrutas la intimidad con Dios.

Nuestro segundo héroe de la fe es Enoc. Génesis 5:21-24 registra que «Vivió Enoc sesenta y cinco años, y engendró a Matusalén. Y caminó Enoc con Dios, después que engendró a Matusalén, trescientos años, y engendró hijos e hijas. Y fueron todos los días de Enoc trescientos sesenta y cinco años. Caminó, pues, Enoc con Dios, y desapareció, porque le llevó Dios».

Qué epitafio tan maravilloso: «Caminó Enoc con Dios». Su vida ejemplifica el camino de la fe. Adán y Eva habían caminado con Dios en el huerto del Edén, pero su pecado los separó de esa intimidad. Enoc experimentó la confraternidad con Dios que ellos perdieron.

La caminata fiel de Enoc le agradó mucho a Dios. Y después de más de trescientos años en la tierra, Enoc fue trasladado al cielo sin experimentar la muerte. Es como si Dios simplemente dijera: «Enoc, disfruto tanto tu compañía, que quiero que te unas conmigo aquí ahora mismo».

Al igual que Enoc, vendrá una generación de cristianos que nunca verán la muerte. Algún día, tal vez pronto, Jesús regresará por su iglesia, y «luego nosotros los que vivimos, los que hayamos quedado, seremos arrebatados juntamente con ellos en las nubes para recibir al Señor en el aire, y así estaremos siempre con el Señor» (1 Tesalonicenses 4:17). Enoc es una hermosa imagen de ese gran evento futuro que llamamos el Rapto de la iglesia.

Al caminar con Dios, Él se deleita en ti. Eres su hijo, por lo que tus alabanzas y el compañerismo contigo le producen alegría. El Salmo 116:15 dice: «Estimada es a los ojos de Jehová la muerte de sus santos». La muerte simplemente te lleva a su presencia por la eternidad.

Deja que la alegría de la intimidad con Dios y el anhelo de ver a Cristo cara a cara, ya sea por éxtasis o por muerte, te motiven a agradarle más cada día.

Sugerencias para la oración: Agradece a Dios por la promesa del regreso de Cristo.

Para un estudio más profundo: Lee 1 Tesalonicenses 4:13-18.

⊙ ¿Qué eventos rodean el Rapto de la iglesia?

⊙ ¿Cómo respondieron los tesalonicenses a las enseñanzas de Pablo acerca del Rapto?

⊙ ¿Cómo deberías responder tú?

Notas: _____

_____

_____

CAMINA CON DIOS

«Caminó Enoc con Dios» (Génesis 5:24).

Caminar con Dios genera reconciliación, obediencia y fe continua.

Cuando las Escrituras hablan de caminar con Dios se refieren a la forma de vida de uno. Por ejemplo, Pablo oraba para que los creyentes colosenses (y nosotros) estuviésemos «llenos del conocimiento de su voluntad en toda sabiduría e inteligencia espiritual, para que andéis como es digno del Señor» (Colosenses 1:9-10). A los efesios les dijo: «Ya no andéis como los otros gentiles, que andan en la vanidad de su mente… Sed, pues, imitadores de Dios como hijos amados. Y andad en amor, como también Cristo nos amó» (Efesios 4:17; 5:1-2).

El Antiguo Testamento describe a Enoc como un hombre que caminó con Dios. Aunque se dice relativamente poco acerca de este hombre especial, podemos derivar implicaciones de su vida que nos ayudarán a entender mejor lo que significa caminar con Dios.

Primero, la caminata de Enoc con Dios implica reconciliación. Amós 3:3 dice: «¿Andarán dos juntos, si no estuvieren de acuerdo?» Dos personas no pueden tener una amistad profunda a menos que estén de acuerdo. Obviamente, Enoc no era rebelde a Dios, sino que se había reconciliado con Él por medio de la fe.

En segundo lugar, caminar con Dios implica un servicio amoroso. En 2 Juan 6 dice: «Este es el amor, que andemos según sus mandamientos». Obedecemos a Cristo, pero nuestra obediencia está motivada por el amor, no por el legalismo o el temor al castigo. Tercero, un caminar piadoso implica fe continua, «porque por fe andamos, no por vista» (2 Corintios 5:7). Colosenses 2:6-7 agrega: «De la manera que habéis recibido al Señor Jesucristo, andad en él; arraigados y sobreedificados en él, y confirmados en la fe». Por gracia, Enoc creyó a Dios y a este le agradó su vida.

¿Te ven los que mejor te conocen como alguien que camina con Dios? Confío que sí. Después de todo, esa es la marca distintiva de un verdadero creyente: «El que dice que permanece en él, debe andar como él anduvo» (1 Juan 2:6).

Sugerencias para la oración: Alaba a Dios por concederte la reconciliación, la fe y el amor que te permite caminar con Él día a día.

Para un estudio más profundo: ¿Qué enseñan los siguientes versículos acerca de tu caminar cristiano? Romanos 8:4; Gálatas 5:16; Efesios 2:10; 1 Tesalonicenses 2:12; 1 Juan 1:7.

Notas: _____

_____

_____

_____

CREE EN DIOS

«Sin fe es imposible agradar a Dios; porque es necesario que el que se acerca a Dios crea que le hay» (Hebreos 11:6).

Nada de lo que hagas ha de agradar a Dios aparte de la fe.

A lo largo de la historia, las personas han intentado todo lo imaginable para ganarse el favor de Dios. La mayoría recurre a la religión, pero cualquier religión que no tenga a Cristo como su eje principal es simplemente una falsificación satánica de la verdad.

Muchos confían en sus propias buenas obras, sin darse cuenta de que incluso sus mejores esfuerzos son ofensivos ante Dios (Isaías 64:6; Filipenses 3:8). Y cuanto más tratamos de justificarnos, más ofenderemos a Dios, porque «por las obras de la ley ningún ser humano será justificado delante de él» (Romanos 3:20).

Algunos confían en su herencia familiar o en su nacionalidad. El pueblo judío pensaba que agradaban a Dios simplemente porque eran descendientes de Abraham. Pero Juan el Bautista les advirtió, diciendo: «¡Generación de víboras! ¿Quién os enseñó a huir de la ira venidera? Haced, pues, frutos dignos de arrepentimiento, y no penséis decir dentro de vosotros mismos: A Abraham tenemos por padre; porque yo os digo que Dios puede levantar hijos a Abraham aun de estas piedras» (Mateo 3:7-9).

Aparte de la fe, el hombre no puede agradar a Dios. Y el primer paso de la fe es simplemente creer que Dios existe. Eso no es suficiente para salvar a una persona, incluso los demonios tienen ese nivel de fe (Santiago 2:19), pero es un comienzo, y por la gracia de Dios puede florecer en plena fe salvadora.

Dios ha dado amplia evidencia de su existencia. Romanos 1:20 dice: «Porque las cosas invisibles de él, su eterno poder y deidad, se hacen claramente visibles desde la creación del mundo, siendo entendidas por medio de las cosas hechas». David dijo: «Los cielos cuentan la gloria de Dios, y el firmamento anuncia la obra de sus manos» (Salmos 19:1).

La creación misma proclama la existencia, el poder y la gloria de Dios, y sin embargo la mayoría de la gente «detiene con injusticia la verdad» (Romanos 1:18) al rechazar al Creador y al negarle su responsabilidad ante Él. En vez de inclinarse ante el verdadero Dios, rinden homenaje a la «madre naturaleza» o a la evolución. ¡Qué tontería!

Sugerencias para la oración: Alaba a Dios por la belleza de su creación.
⊙ Adóralo como el Dador de todo buen don (Santiago 1:17).

Para un estudio más profundo: Lee Romanos 1:18-32. ¿Hay alguna conexión entre negar a Dios, practicar la idolatría y cometer groseras inmoralidades? Explica.

Notas: _____

_____

_____

_____

BUSCA LA RECOMPENSA DE DIOS

«El que se acerca a Dios crea que le hay,
y que es galardonador de los que le buscan» (Hebreos 11:6).

Todos los que acuden a Dios con fe recibirán la recompensa de la vida eterna.

Hemos visto que sin fe es imposible agradar a Dios. Y el primer paso de la fe es creer que Dios existe. Además, debemos también creer que responde nuestras oraciones, más específicamente, que redime a los que acuden a Él con fe.

Las Escrituras repetidas veces nos dicen que Dios no solo puede ser hallado sino que también desea serlo. David le dijo a su hijo Salomón: «Si tú le buscares, lo hallarás; mas si lo dejares, él te desechará para siempre» (1 Crónicas 28:9). El Señor dice en Jeremías 29:13: «Me buscaréis y me hallaréis, porque me buscaréis de todo vuestro corazón». Jesús dijo: «Todo aquel que pide, recibe; y el que busca, halla; y al que llama, se le abrirá» (Lucas 11:10).

A primera vista, esos versículos parecen contradecir las enseñanzas de Pablo en cuanto a que «no hay quien busque a Dios. Todos se desviaron» (Romanos 3:11-12) y la declaración de Jesús de que nadie puede venir a Él a menos que el Padre lo «atraiga» (Juan 6:44). Pero en realidad son dos caras de la misma moneda teológica.

Por un lado, ves al hombre creyendo en Dios y recibiendo a Cristo para salvación. Por el otro, ves a Dios capacitándolo para hacerlo. Antes de la salvación, la persona está espiritualmente muerta y es completamente incapaz de responder al evangelio. Dios debe otorgarle fe salvadora. Es por eso que la Biblia contiene declaraciones como: «A vosotros os es concedido a causa de Cristo, no sólo que creáis en él» (Filipenses 1:29); «creyeron todos los que estaban ordenados para vida eterna» (Hechos 13:48); y «el Señor abrió el corazón de ella [Lidia] para que estuviese atenta a lo que Pablo decía» (Hechos 16:14).

Dios es el gran recompensador, que extiende su amor y su gracia a todos los que lo invocan. «Todo aquel que en él creyere, no será avergonzado» (Romanos 10:11).

Sugerencias para la oración: Si has estado orando por la salvación de alguien, no te desanimes. Solo Dios puede otorgar fe salvadora, pero nos da el privilegio de participar en su obra redentora a través de la oración constante y la evangelización fiel (Romanos 10:1).

Para un estudio más profundo: Memoriza Efesios 2:8-9.

Notas: _____

_____

_____

_____

_____

OBEDECE EN LA FE

«Por la fe Noé, cuando fue advertido por Dios acerca de cosas que aún no se veían, con temor preparó el arca en que su casa se salvase; y por esa fe condenó al mundo, y fue hecho heredero de la justicia que viene por la fe» (Hebreos 11:7).

La verdadera fe funciona.

Cuando el apóstol Santiago dijo: «La fe sin obras es muerta» (Santiago 2:26), afirmó un principio que es coherente a lo largo de la Escritura: la verdadera fe siempre produce obras justas.

Las personas descritas en Hebreos 11 daban a conocer su fe genuina en las cosas que hacían. Lo mismo se aplica a nosotros hoy. Pablo dijo: «Porque la gracia de Dios se ha manifestado para salvación a todos los hombres, enseñándonos que, renunciando a la impiedad y a los deseos mundanos, vivamos en este siglo sobria, justa y piadosamente» (Tito 2:11-12).

Quizás mejor que nadie en la historia, Noé ilustra la obediencia a la fe. La Escritura lo caracteriza como «varón justo, era perfecto en sus generaciones; con Dios caminó Noé» (Génesis 6:9).

Recuerdo a un comentarista deportivo que entrevistó a un jugador profesional de futbol americano y le preguntó qué pensaba de las posibilidades de que su equipo ganara el Super Tazón. El jugador respondió: «Creemos que si hacemos lo que dice el entrenador, ganaremos». El equipo tenía absoluta confianza en su entrenador, pero se dieron cuenta de que también tenían que hacer su parte.

Eso ilustra la calidad de la fe que Noé tenía en Dios, en quien confiaba absolutamente mientras realizaba una tarea que parecía totalmente absurda e inútil desde una perspectiva humana. Imagínate renunciar a todo tu tiempo y tu esfuerzo para dedicar 120 años a construir algo que nunca habías visto (un barco del tamaño de un transatlántico o un barco de guerra) para protegerte de algo que nunca habías experimentado (lluvia e inundaciones). Sin embargo, Noé lo hizo sin cuestionarlo.

La fe de Noé es única en cuanto a magnitud y tiempo invertido en la tarea que Dios le encomendó. No discutió con Dios ni se desvió de su asignación. ¿Es eso cierto contigo? ¿Estás siguiendo tu ministerio tan fiel y persistentemente como lo hizo Noé? ¿Es tu fe una que funciona?

Sugerencias para la oración: Agradece a Dios por el ministerio al que te ha llamado. Si sientes que hay más cosas que podrías estar haciendo, pídele orientación.
⊙ Ora por mayor fidelidad y tenacidad para servirle.

Para un estudio más profundo: Lee el relato de Noé en Génesis 6:1—9:17.

Notas:

CONSTRUYE UNA REPRESENTACIÓN DE LA SALVACIÓN

«Por la fe Noé, cuando fue advertido por Dios acerca de cosas que aún no se veían, con temor preparó el arca en que su casa se salvase» (Hebreos 11:7).

⤜ ⊙ ⤛

El arca es una bella representación de la salvación por gracia a través de la fe.

Dios llamó a Noé a una tarea colosal. Las figuras conservadoras estiman que el arca tenía unos ciento veinticinco metros de largo, veintiuno de ancho y doce de alto. Eso hace que sea casi una vez y media la longitud de un campo de fútbol y más de cuatro pisos de altura. Sus tres cubiertas sumaban casi ocho mil novecientos metros cuadrados, con un volumen total de aproximadamente 1.3 millones de pies cúbicos. Los ingenieros navales coinciden en que su forma y sus dimensiones constituyen un diseño naval increíblemente estable.

Sin embargo, más allá de la enormidad de su tamaño y la precisión de sus medidas, el arca es una maravillosa ilustración de la salvación a través de la fe en Jesucristo. Por ejemplo, a Noé se le ordenó cubrir el arca por dentro y por fuera con brea (Génesis 6:14). La palabra hebrea para *brea* tiene la misma raíz que la palabra para *expiación*. La brea evitó que las aguas de juicio entraran en el arca, así como la sangre expiatoria de Cristo mantiene el juicio del pecador arrepentido.

El arca era lo suficientemente grande como para albergar a una pareja de cada especie animal, más cada persona que recurría a Dios por seguridad. Solo ocho personas optaron por ser salvos bajo los términos de Dios, pero habían acudido más, sin duda Dios los habría acomodado. Es su deseo que ninguno perezca, sino que todos «vengan al arrepentimiento» (2 Pedro 3:9). Los que perecieron en el Diluvio se perdieron porque rechazaron los medios de salvación de Dios.

De manera similar, la sangre de Jesús es suficiente para expiar a cada pecador y cada pecado desde la caída del hombre en el jardín del Edén. Nadie que acuda a Él será expulsado (Juan 6:37), y sin embargo muy pocos aprovecharon su providencia misericordiosa (Mateo 7:14).

Noé fue un hombre que «caminó con Dios» (Génesis 6:9), sin embargo no carecía de pecado. Eso es obvio por su comportamiento ebrio e inmodesto después del Diluvio (9:20-21). Pero Noé, como todo verdadero creyente, fue justificado por la gracia de Dios, su fe fue contada como justicia. Esa ha sido siempre la base de la salvación (Génesis 15:6; Romanos 4:5).

Sugerencias para la oración: Agradece a Dios por su asombrosa gracia, por la cual te salvó y continúa limpiándote de cada pecado.

Para un estudio más profundo: Lee Romanos 4:1-8.
- ⊙ ¿Cuál es el punto más relevante de ese pasaje?
- ⊙ ¿Quién es el principal ejemplo?

Notas: _____

_____

REPRENDE AL MUNDO

«Por la fe Noé… condenó al mundo, y fue hecho heredero de
la justicia que viene por la fe» (Hebreos 11:7).

⤙ ⊙ ⤚

Tus acciones y tus palabras deben reprender a nuestra sociedad impía.

Génesis 6:5 dice: «Vio Jehová que la maldad de los hombres era mucha en la tierra, y que todo designio de los pensamientos del corazón de ellos era de continuo solamente el mal». Antes de iniciar el juicio contra la sociedad más malvada y corrupta de la historia, Dios instruyó a Noé para que construyera un arca que se convirtió en un símbolo de vida y salvación para todos los que creyeron en Dios. Para aquellos que dudaron, representó la muerte y el juicio inminentes.

Al mismo tiempo que desarrollaba la construcción del arca, Noé predicaba acerca del juicio venidero. Pedro lo llamó «pregonero de justicia» (2 Pedro 2:5), por lo que cada tabla que cortaba y cada clavo que manipulaba era una ilustración viva de la urgencia de su mensaje.

La advertencia de Dios fue severa y su mensaje terrible, pero su paciencia y su misericordia prevalecieron durante ciento veinte años. Como dijo Pedro: «esperaba la paciencia de Dios en los días de Noé, mientras se preparaba el arca» (1 Pedro 3:20). La gente tuvo una amplia advertencia de juicio, pero eligieron ignorar el mensaje de Noé.

Aunque el relato de los días de Noé fue muy triste, tal vez la mayor tragedia es que la actitud del hombre hacia Dios no ha cambiado desde entonces. Jesús dijo: «Mas como en los días de Noé, así será la venida del Hijo del Hombre. Porque como en los días antes del diluvio estaban comiendo y bebiendo, casándose y dando en casamiento, hasta el día en que Noé entró en el arca, y no entendieron hasta que vino el diluvio y se los llevó a todos, así será también la venida del Hijo del Hombre» (Mateo 24:37-39).

Así como Noé, debes proclamar la justicia a una generación malvada y perversa por medio de tus obras y de tu testimonio. Se fiel para que incluso la gente que no quiera escuchar sepa su responsabilidad. Después de ciento veinte años de trabajo diligente y predicación fiel de Noé, solo ocho personas ingresaron al arca. Pero los propósitos de Dios se lograron y la raza humana fue preservada.

Sugerencias para la oración: A veces te encontrarás con personas que se burlan del juicio de Dios y de tu testimonio. No te desanimes. Ora por ellos y disponte a ministrarles siempre que sea posible.

Para un estudio más profundo: Lee 2 Pedro 3. ¿Qué efecto debería tener la perspectiva de un juicio futuro en tu conducta actual?

Notas: _____

_____

_____

_____

SAL POR FE

«Por la fe Abraham, siendo llamado, obedeció para salir al lugar que había de recibir como herencia; y salió sin saber a dónde iba» (Hebreos 11:8).

La vida de fe comienza con la disposición a abandonar todo lo que desagrada a Dios.

Abraham es el ejemplo clásico de la vida de fe. Como padre de la nación judía, fue el ejemplo ideal de fe que tuvo el escritor del libro de Hebreos. Pero la gente a quien Hebreos fue dirigida necesitaba entender que Abraham era más que el padre de su raza; también fue, por ejemplo, el padre de todos los que viven por la fe en Dios (Romanos 4:11).

Contrario al pensamiento popular judío del primer siglo, Dios no eligió a Abraham porque era justo por sí mismo. Cuando Dios lo llamó, Abraham era un hombre pecador que vivía en una sociedad idólatra. Su hogar estaba en la ciudad caldea de Ur, que se encontraba en la antigua Mesopotamia, entre los ríos Tigris y Éufrates.

El llamado de Dios a Abraham se registra en Génesis 12:1-3: «Vete de tu tierra y de tu parentela, y de la casa de tu padre, a la tierra que te mostraré. Y haré de ti una nación grande, y te bendeciré, y engrandeceré tu nombre, y serás bendición. Bendeciré a los que te bendijeren, y a los que te maldijeren maldeciré; y serán benditas en ti todas las familias de la tierra».

Observa la respuesta de Abraham: «Y se fue Abram, como Jehová le dijo» (v. 4). Escuchó, confió y obedeció. Su peregrinaje de fe comenzó cuando se separó de los placeres de una tierra pagana para seguir el plan de Dios con su vida.

Lo mismo es contigo si eres un hombre o una mujer de verdadera fe. Has abandonado los placeres pecaminosos para seguir a Cristo. Y a medida que tu amor por Cristo aumenta, los deseos mundanos que sentías se van reduciendo.

Oro para que tu enfoque se centre continuamente en cumplir la voluntad de Dios contigo y que siempre conozcas el gozo y la seguridad que vienen de seguirlo.

Sugerencias para la oración: Pídele a Dios la gracia y la fortaleza espiritual para caminar por la fe hoy.

Para un estudio más profundo: Memoriza 1 Juan 2:15 como recordatorio para mantenerte separado del mundo.

Notas: _____
_____
_____
_____
_____
_____

ENFÓCATE EN EL CIELO

«Por la fe [Abraham] habitó como extranjero en la tierra prometida como en tierra ajena, morando en tiendas con Isaac y Jacob, coherederos de la misma promesa; porque esperaba la ciudad que tiene fundamentos, cuyo arquitecto y constructor es Dios» (Hebreos 11:9-10).

Enfocarse en el cielo es la mejor manera de soportar las dificultades en la tierra.

Seguir el llamado de Dios no siempre es fácil. Dios espera que confiemos en Él explícitamente y, sin embargo, no pide nuestro consejo sobre decisiones que puedan afectarnos dramáticamente. Él no nos dice sus planes específicos en ningún momento dado en nuestras vidas. Él no siempre nos resguarda de la adversidad. Él prueba nuestra fe para producir aguante y madurez espiritual, pruebas que a veces son dolorosas. Y hace algunas promesas que nunca veremos cumplidas en esta vida.

Si seguir el llamado de Dios es un desafío para nosotros, imagínate cómo fue para Abraham que no tenía Biblia, pastor, sermones, comentarios ni aliento ni responsabilidad cristiana. Pero lo que sí tenía era la promesa de una nación, una tierra y una bendición (Génesis 12:1-3). Eso fue suficientemente bueno para él.

Abraham nunca se estableció en la tierra de la promesa. Tampoco lo hicieron su hijo Isaac ni su nieto Jacob. Eran extranjeros que vivían en tiendas como nómadas. Abraham nunca construyó casas o ciudades. La única forma en que poseería la tierra era por fe. Sin embargo, esperó pacientemente a que las promesas de Dios se cumplieran.

Aun cuando la tierra prometida era para él, Abraham fue paciente porque su visión estaba en su hogar celestial, «la ciudad que tiene fundamentos, cuyo arquitecto y constructor es Dios» (Hebreos 11:10). Sabía sin lugar a dudas que heredaría esa ciudad, viera o no su hogar terrenal mientras viviera.

De manera similar, enfocarte en lo celestial te da la paciencia para continuar trabajando para el Señor aunque las cosas se pongan difíciles. Es la mejor cura que conozco para el desaliento o la fatiga espiritual. Es por eso que Pablo dice: «Poned la mira en las cosas de arriba, no en las de la tierra» (Colosenses 3:2). Si tu mente está puesta en el cielo, puedes soportar lo que te suceda aquí.

Sugerencias para la oración: Alaba a Dios por tu hogar celestial.
⊙ Busca su gracia para ayudarte a mantener una perspectiva adecuada en medio de las dificultades de esta vida.

Para un estudio más profundo: Lee la porción de la vida de Abraham registrada en Génesis 12—17.

Notas: _____

_____

_____

_____

MIRA AL FUTURO

«Por la fe también la misma Sara, siendo estéril, recibió fuerza para concebir; y dio a luz aun fuera del tiempo de la edad, porque creyó que era fiel quien lo había prometido. Por lo cual también, de uno, y ése ya casi muerto, salieron como las estrellas del cielo en multitud, y como la arena innumerable que está a la orilla del mar» (Hebreos 11:11-12).

Tu fe en Cristo influirá en las generaciones futuras.

He sido bendecido con una maravillosa herencia cristiana. En efecto, pertenezco a la quinta generación de predicadores de nuestra familia. La fe de mis predecesores ha tenido un impacto enorme en mi vida, directa o indirectamente. Tengo la misma responsabilidad que ellos en cuanto a influir en los demás para bien, como tú.

Hebreos 11:11-12 ofrece un ejemplo muy personal de la manera en que la fe de un hombre influyó en una nación entera. El versículo 11 afirma: «Por la fe también la misma Sara, siendo estéril, recibió fuerza para concebir; y dio a luz aun fuera del tiempo de la edad, porque creyó que era fiel quien lo había prometido».

Dios le había prometido a Abraham que llegaría a ser el padre de una gran nación (Génesis 12:2). Pero Sara, su esposa, siempre había sido estéril, y ambos habían avanzado en años. En un momento, Sara se impacientó y decidió tomar las cosas en sus manos. Persuadió a Abraham de que tuviera un hijo con su criada, Agar (16:1-4). Ese acto de desobediencia mostró ser costoso porque Ismael, el hijo de esa unión, se convirtió en el progenitor de los pueblos árabes, que han sido antagonistas constantes de la nación judía.

A pesar de sus tiempos de desobediencia, Abraham creía que Dios cumpliría su promesa. Dios honró la fe de Abraham al darle no solo a Isaac, el hijo de la promesa, sino también descendientes demasiado numerosos para contar. La fe de un hombre literalmente cambió al mundo.

Del mismo modo, la fe que ejerzas hoy influirá en los demás mañana. Por tanto, se fiel y recuerda que a pesar de tus fallas, Dios «es poderoso para hacer todas las cosas mucho más abundantemente de lo que pedimos o entendemos, según el poder que actúa en nosotros» (Efesios 3:20).

Sugerencias para la oración: Agradece a Dios por aquellos que han tenido una influencia justa sobre ti.
⊙ Ora por mayores oportunidades para influenciar a otros para Cristo.

Para un estudio más profundo: Lee el relato de Abraham y Sara en Génesis 18—21 y 23.

Notas: _____

_____

_____

_____

VIVE SATISFECHO

«Conforme a la fe murieron todos éstos sin haber recibido lo prometido, sino mirándolo de lejos, y creyéndolo, y saludándolo, y confesando que eran extranjeros y peregrinos sobre la tierra. Porque los que esto dicen, claramente dan a entender que buscan una patria; pues si hubiesen estado pensando en aquella de donde salieron, ciertamente tenían tiempo de volver. Pero anhelaban una mejor, esto es, celestial; por lo cual Dios no se avergüenza de llamarse Dios de ellos; porque les ha preparado una ciudad» (Hebreos 11:13-16).

<hr />

Descansar en las promesas de Dios trae verdadera satisfacción.

Recuerdo que vi con horror y disgusto las turbas enojadas que recorrían Los Ángeles, matando gente y prendiendo fuego a miles de edificios. Bajo la influencia del caos, innumerables personas saquearon y robaron todas las tiendas que veían. Vi a familias enteras (madres, padres y niños pequeños) cargar sus automóviles y camiones con lo que pudieran robar.

Esa fue la demostración más gráfica de anarquía que jamás haya visto. Era como si estuvieran diciendo: «No estoy satisfecho con la forma en que la vida me trata, así que tengo derecho a tomar todo lo que puedo, sin importar quién se lastime en el proceso».

Tal vez no nos demos cuenta de lo egoísta e inquieto que puede ser el corazón humano hasta que se levantan las restricciones de la ley y el orden y las personas pueden hacer lo que quieran sin aparentes consecuencias. Entonces, de repente, los resultados de nuestra despiadada sociedad «egocéntrica» se ven tal como son. La gratificación instantánea a cualquier precio se ha convertido en el lema del día.

Eso está en marcado contraste con las personas de fe como Abraham, Isaac y Jacob, que confiaban en Dios aun cuando sus circunstancias no fueran lo que podrían haber esperado. Dios les prometió una tierra magnífica, pero nunca la poseyeron. Eran, en efecto, extraños y refugiados en su propia tierra. Pero eso no les molestaba porque esperaban un lugar mejor: una ciudad celestial.

Su fe agradó a Dios, por lo que no se avergonzó de ser llamado su Dios. ¡Qué testimonio tan maravilloso! Oro para que lo mismo ocurra contigo. No permitas que las esperanzas y los sueños terrenales te hagan vivir insatisfecho. Confía en las promesas de Dios y pon tu mirada en tu hogar celestial.

Sugerencias para la oración: Agradece a Dios la bendición de que te dio un corazón satisfecho.

Para un estudio más profundo: Memoriza el Salmo 27:4.

Notas: _____

_____

_____

_____

PASA LA PRUEBA

«Por la fe Abraham, cuando fue probado, ofreció a Isaac;
y el que había recibido las promesas ofrecía su unigénito, habiéndosele dicho:
En Isaac te será llamada descendencia; pensando que Dios es poderoso
para levantar aun de entre los muertos» (Hebreos 11:17-19).

⤙⚬⤚

La disposición a sacrificar algo valioso para ti es una prueba de fe genuina.

Juan Bunyan tenía una pequeña hija ciega, por la que sentía un amor especial. Cuando lo encarcelaron por predicar el evangelio, se preocupó profundamente por su familia, sobre todo por su pequeña. Así que escribió: «En la condición en que estaba observé que estaba derribando mi casa sobre la cabeza de mi esposa y mis hijos. Sin embargo, pensé: Debo hacerlo; debo hacerlo. Señor, ayúdame a arrancar al ídolo más querido que he conocido, de tu trono y adorarte solo a ti».

A pesar de su intenso dolor, Bunyan estaba dispuesto a sacrificar lo más precioso que tenía, si Dios lo requería. Lo mismo ocurrió con Abraham. Cada promesa que Dios le había hecho estaba ligada a su hijo Isaac.

Abraham creyó en las promesas de Dios y su fe le fue contada por justicia (Génesis 15:6). Pero el momento de la verdad llegó cuando Dios le dio instrucciones para que ofreciera a su hijo como sacrificio. Abraham se dio cuenta de que matar a Isaac significaba la muerte del pacto de Dios. Por eso razonó que seguramente Dios levantaría a Isaac de la muerte. Él creía en la resurrección antes de que la doctrina fuera revelada en términos claros.

Dios probó a Abraham y este pasó la prueba: estaba dispuesto a hacer el sacrificio. Y ese es siempre el estándar final de fe. Jesús dijo: «Si alguno quiere venir en pos de mí, niéguese a sí mismo, y tome su cruz, y sígame» (Mateo 16:24). Romanos 12:1 dice: «Por lo tanto, os ruego, hermanos, por las misericordias de Dios, presentar vuestros cuerpos un sacrificio vivo y santo, aceptable para Dios, que es vuestro servicio espiritual de adoración».

Oro para que estés dispuesto a sacrificar todo lo que sea necesario para ministrar más efectivamente por Cristo.

Sugerencias para la oración: Agradece a Dios por aquellos que conoces que están pasando la prueba de una fe sacrificial.
⚬ Ora por el valor y la gracia para seguir su ejemplo.

Para un estudio más profundo: Lee el relato de la prueba de Abraham en Génesis 22.

Notas: _____
_____
_____
_____
_____

DERROTA A LA MUERTE

«Por la fe bendijo Isaac a Jacob y a Esaú respecto a cosas venideras. Por la fe
Jacob, al morir, bendijo a cada uno de los hijos de José, y adoró apoyado sobre
el extremo de su bordón. Por la fe José, al morir, mencionó la salida de los hijos
de Israel, y dio mandamiento acerca de sus huesos» (Hebreos 11:20-22).

La fe triunfa sobre la muerte.

E l comentarista Matthew Henry dijo: «Aunque la gracia de la fe es de uso universal a lo largo de la vida del cristiano, sin embargo, es especialmente así cuando estamos a punto de morir. La fe tiene que hacer su gran obra al final, ayudar a los creyentes a terminar bien, a morir ante el Señor para honrarlo, con paciencia, esperanza y gozo para dejar atrás un testigo de la verdad de la Palabra de Dios y la excelencia de sus caminos».

Dios es honrado cuando su pueblo muere triunfalmente. Cuando hemos vivido para su gloria, y hemos dejado el mundo alegremente para entrar en su presencia por toda la eternidad, Él se complace, porque «estimada es a los ojos de Jehová la muerte de sus santos» (Salmos 116:15).

Muchos creyentes que temían enfrentar la muerte han experimentado una medida especial de la gracia de Dios que hizo que sus horas finales fueran las más dulces y las más preciadas de sus vidas.

Isaac, Jacob y José son ejemplos de hombres que enfrentaron la muerte con gran fe y confianza. «Conforme a la fe murieron todos éstos sin haber recibido lo prometido, sino mirándolo de lejos, y creyéndolo, y saludándolo, y confesando que eran extranjeros y peregrinos sobre la tierra» (Hebreos 11:13). No habían visto cumplidas todas las promesas de Dios, pero por fe las pasaron a sus hijos.

Esos hombres no tenían una fe perfecta. José fue ejemplar, pero Isaac y Jacob a menudo vacilaron en su caminar con Dios. Sin embargo, cada uno de ellos terminó su vida triunfalmente. Esa es la recompensa de todos los que confían en Dios y se aferran a sus promesas. Como todo creyente antes que tú, no has visto el cumplimiento de todas las promesas de Dios. Pero ciertamente has visto mucho más que Isaac, Jacob o José. ¿Cuánto más, entonces, deberías confiar en Dios y alentar a los que siguen a que hagan lo mismo?

Sugerencias para la oración: Agradece a Dios por su maravillosa gracia, que triunfa sobre el pecado y la muerte.

Para un estudio más profundo: Lee las últimas palabras de Jacob y José en Génesis 48:1—49:33 y 50:22-26.

Notas: _____

_____

_____

_____

DÍA 327

EL PATRIARCA REACIO

«Por la fe bendijo Isaac a Jacob y a Esaú respecto a cosas venideras» (Hebreos 11:20).

⤙ ⊙ ⤚

Cuando desobedeces a Dios, pierdes el gozo y la bendición.

Isaac es un fascinante personaje del Antiguo Testamento. Era el hijo largamente esperado de Abraham, el hijo del pacto, el hijo de la promesa. Sin embargo, aparte de eso, era
bastante ordinario, pasivo y callado. Un poco más de dos capítulos del Génesis se enfocan
en él, mientras que los otros patriarcas (Abraham, Jacob y José) tienen alrededor de doce
capítulos cada uno.

En última instancia, Isaac creyó a Dios y se sometió a su voluntad. Pero en general, su
carácter espiritual parece más reacio que resuelto.

Después que una hambruna incitó a Isaac a trasladar a su familia a Gerar (una ciudad
filistea en la frontera entre Palestina y Egipto), recibió una visión del Señor. En ella, Dios
le hizo a Isaac las promesas del pacto que le había hecho a Abraham: «Habita como forastero en esta tierra, y estaré contigo, y te bendeciré; porque a ti y a tu descendencia daré
todas estas tierras, y confirmaré el juramento que hice a Abraham tu padre. Multiplicaré
tu descendencia como las estrellas del cielo, y daré a tu descendencia todas estas tierras; y
todas las naciones de la tierra serán benditas en tu simiente» (Génesis 26:3-4).

Pensarías que tales promesas infundirían a Isaac audacia y confianza; sin embargo, tan
pronto como las recibió les mintió a los hombres de Gerar acerca de su esposa, Rebeca,
porque temía que pudieran matarlo para poseerla (v. 7).

Fue solo con gran dificultad e insistencia que el Señor finalmente llevó a Isaac a la tierra
prometida, donde una vez más repitió las promesas del pacto (vv. 23-24).

Más adelante Isaac incluso intentó bendecir a su hijo Esaú después de que este le vendió
su primogenitura a Jacob (27:4; 25:33). Solo después de darse cuenta de que la elección
divina de Jacob era irreversible, Isaac aceptó.

Isaac es un vívido recordatorio de cómo los creyentes pueden perder el gozo y la bendición desobedeciendo a Dios. Pero también es un recordatorio de la fidelidad de Dios,
incluso con los santos reacios.

¿Es tu obediencia reacia o decidida?

Sugerencias para la oración: Agradece a Dios por su fidelidad inquebrantable hacia
ti.
⊙ Busca su perdón cuando tu obediencia sea reacia o anulada por completo.
⊙ Pídele que te enseñe a amarlo de la misma manera firme e inquebrantable en
que Él te ama.

Para un estudio más profundo: Lee acerca de Isaac en Génesis 25:19—26:33.

Notas: _____

_____

_____

DE JACOB A ISRAEL

«Por la fe Jacob, al morir, bendijo a cada uno de los hijos de José, y adoró» (Hebreos 11:21).

⤙ ⊙ ⤚

La vida de Jacob tipifica la peregrinación espiritual del egoísmo a la sumisión.

La vida de Jacob se puede delinear en tres fases: una bendición robada, un compromiso condicional y una súplica sincera.

Desde el principio, la intención de Dios fue bendecir a Jacob de una manera especial. Pero este, cuyo nombre significa «embaucador», «suplantador» o «usurpador», engañó a su padre para que lo bendijera a él en vez de a su hermano mayor, Esaú (Génesis 27:1-29). Como resultado, Jacob tuvo que huir de Esaú y pasar catorce años pastoreando rebaños para su tío Labán.

Mientras Jacob iba hacia la casa de Labán, Dios se le apareció en un sueño (Génesis 28:10-22) y lo convirtió en el destinatario de las promesas del pacto hechas a su abuelo, Abraham, y luego a su padre, Isaac.

La respuesta de Jacob es reveladora, porque «hizo voto, diciendo: Si fuere Dios conmigo, y me guardare en este viaje en que voy, y me diere pan para comer y vestido para vestir, y si volviere en paz a casa de mi padre, Jehová *será* mi Dios» (vv. 20-21, énfasis agregado). El voto condicional de Jacob decía en efecto: «Dios, si me das lo que quiero, seré tu hombre».

A pesar de los motivos egoístas de Jacob, Dios lo bendijo, pero también lo humilló. Cuando dejó la casa de Labán, Jacob estaba listo para ceder a la voluntad de Dios sin reservas. Observa su cambio de parecer en Génesis 32:10: «Menor soy que todas las misericordias y que toda la verdad que has usado para con tu siervo».

Entonces el Señor apareció en forma de hombre y luchó con Jacob toda la noche (v. 24). Jacob se negó a dejarlo ir hasta que recibió una bendición. Esa no era una petición egoísta, sino una que provenía de un corazón dedicado a ser todo lo que Dios quería que fuera. Fue entonces cuando el Señor cambió el nombre de Jacob por «Israel», que significa «el que lucha o persiste con Dios».

Al igual que Abraham e Isaac antes que él, Jacob nunca vio el cumplimiento de las promesas del pacto divino. Sin embargo, en la travesía espiritual de Jacob a Israel, del egoísmo a la sumisión, aprendió a confiar en Dios y a esperar su tiempo perfecto.

Sugerencias para la oración: Ora por gracia para seguir consecuentemente la voluntad de Dios y para que te conceda la paciencia para esperar en su tiempo.

Para un estudio más profundo: Lee la historia de Jacob en Génesis 27—35.

Notas: _____

_____

_____

_____

Reconoce la soberanía de Dios

*«Por la fe José, al morir, mencionó la salida de los hijos de Israel, y
dio mandamiento acerca de sus huesos» (Hebreos 11:22).*

>━ ⊙ ━<

Dios usa tus circunstancias presentes para cumplir sus propósitos futuros.

Así como Abraham, Isaac y Jacob, José también era heredero de las promesas del pacto divino. Su esperanza estaba firmemente fija en Dios y estaba consciente de que algún día su gente estaría en casa, en la tierra prometida.

Aunque pasó toda su vida adulta en Egipto y nunca vio la tierra prometida por sí mismo, la fe de José nunca se desvaneció. Al final de su vida, instruyó a sus hermanos para que retiraran sus huesos de Egipto y los sepultaran en su futura patria (Génesis 50:25). Esa petición se cumplió en el éxodo (Éxodo 13:19).

Sin embargo, la fe de José no estaba en las promesas de los acontecimientos futuros solamente, porque su vida estuvo marcada por una confianza excepcional en Dios y en la integridad personal. Su comprensión de la soberanía de Dios fue única entre los patriarcas. Aunque sufrió mucho a manos de los malhechores (incluidos sus propios hermanos, que lo vendieron como esclavo), José reconoció la mano de Dios en cada hecho de su vida, por lo que se sometió a su voluntad.

José les dijo a sus hermanos: «Ahora, pues, no os entristezcáis, ni os pese de haberme vendido acá; porque para preservación de vida me envió Dios delante de vosotros… para preservaros posteridad sobre la tierra, y para daros vida por medio de gran liberación» (Génesis 45:5, 7-8). Más tarde, después de la muerte de su padre, les volvió a tranquilizar: «No temáis; ¿acaso estoy yo en lugar de Dios? Vosotros pensasteis mal contra mí, mas Dios lo encaminó a bien, para hacer lo que vemos hoy, para mantener en vida a mucho pueblo» (Génesis 50:19-20).

El genio de la fe de José era su comprensión del papel que desempeñan las circunstancias presentes en el cumplimiento de las promesas futuras. Él aceptó la bendición y la adversidad por igual porque sabía que Dios usaría ambas cosas para lograr objetivos más grandes en el futuro.

José es el clásico ejemplo del Antiguo Testamento en cuanto a la verdad de que Dios trabaja todas las cosas para bien de quienes lo aman (Romanos 8:28). Esa es una promesa en la que puedes confiar también.

Sugerencias para la oración: Reafirma tu confianza en el trabajo soberano de Dios en tu vida.

Para un estudio más profundo: Lee acerca de la vida de José en Génesis 37—50.

Notas: _____

_____

_____

_____

ACEPTA EL PLAN DE DIOS

«Por la fe Moisés, cuando nació, fue escondido por sus padres por tres meses, porque le vieron niño hermoso, y no temieron el decreto del rey» (Hebreos 11:23).

Dios hace sus planes; tú caminas en ellos por fe. Él no necesita tu ayuda ni tu consejo, solo tu obediencia y tu confianza.

Se ha dicho sabiamente que tratar de mejorar el plan de Dios es más presuntuoso que tratar de mejorar la Mona Lisa con un pincel cualquiera. Todo lo que harías es arruinar la obra maestra.

La historia de Amram y Jocabed, los padres de Moisés, es acerca de dos personas que se negaron a arruinar la obra maestra. Confiaban en Dios y hacían todo lo posible para ver que el plan de Él con su hijo llegara a buen término.

Debido al número y la fuerza del pueblo hebreo en Egipto, Faraón los esclavizó y ordenó que todos los bebés hebreos varones fueran ejecutados. En desafío directo a ese edicto malvado, los padres de Moisés escondieron a su bebé durante tres meses, luego lo colocaron en una canasta impermeabilizada a lo largo de las orillas del río Nilo, cerca del lugar donde se bañaba la hija del faraón. Uno solo puede imaginar la fe que les requirió arriesgar sus propias vidas, así como también la de su bebé, colocándolo en esa canasta y presentándolo en la mismísima casa de quien quería a todos los pequeños hebreos asesinados.

Por la providencia de Dios, la hija de Faraón halló al bebé, se apiadó de él y lo adoptó. Más que eso, el Señor usó a María, la habilidosa hermana de Moisés, para hacer que Jocabed amamantara y cuidara a su propio hijo. Eso le dio a la familia de Moisés la oportunidad de enseñarle sobre las promesas de Dios para que Israel heredara la tierra prometida, se convirtiera en una nación poderosa y fuera de bendición para todas las naciones. Ellos ayudaron a inculcar en Moisés la fe en Dios que luego caracterizaría su vida.

Puede que nunca te pidan que hagas el tipo de sacrificio que hicieron los padres de Moisés, pero no importa cuáles sean los riesgos, recuerda que Dios siempre honra tu obediencia.

Sugerencias para la oración: Agradece a Dios por su plan con tu vida. Busca la sabiduría y la gracia para vivir acorde a ello.

Para un estudio más profundo: Lee acerca de la opresión de Israel y el nacimiento de Moisés en Éxodo 1:1—2:10.

Notas: _____

_____

_____

_____

RECHAZA LOS PLACERES DEL MUNDO

«Por la fe Moisés, hecho ya grande, rehusó llamarse hijo de la hija de Faraón, escogiendo antes ser maltratado con el pueblo de Dios, que gozar de los deleites temporales del pecado» (Hebreos 11:24-25).

El mundo tiene poco que ofrecer en comparación con las riquezas de Cristo.

Por cuarenta años Moisés disfrutó de lo mejor que Egipto tenía que ofrecerle: formidable riqueza, cultura, educación y prestigio (Hechos 7:22). Sin embargo, él nunca olvidó las promesas de Dios a su propio pueblo, Israel.

Por tanto, «cuando hubo cumplido la edad de cuarenta años, le vino al corazón el visitar a sus hermanos, los hijos de Israel. Y al ver a uno que era maltratado, lo defendió, e hiriendo al egipcio, vengó al oprimido. Pero él pensaba que sus hermanos comprendían que Dios les daría libertad por mano suya; mas ellos no lo habían entendido así» (vv. 23-25).

De algún modo, Moisés sabía que debía liberar a su pueblo de la opresión egipcia. Aunque pasarían otros cuarenta años antes de que estuviera completamente preparado para la tarea, por fe abandonó los placeres y el prestigio de Egipto y soportó los malos tratos con el pueblo elegido de Dios.

Hablando en términos francamente humanos, Moisés hizo una decisión costosa. Parecía estar sacrificando todo por nada. Pero lo contrario fue mucho más el caso, ya que Moisés consideró como «mayores riquezas el vituperio de Cristo que los tesoros de los egipcios; porque tenía puesta la mirada en el galardón» (Hebreos 11:26).

A veces la obediencia a Cristo parece muy costosa, especialmente cuando la gente malvada prospera, mientras que muchos que fielmente sirven a Dios sufren pobreza y aflicción. Asaf el salmista luchó con el mismo problema: «He aquí estos impíos, sin ser turbados del mundo, alcanzaron riquezas. Verdaderamente en vano he limpiado mi corazón, y lavado mis manos en inocencia» (Salmos 73:12-13).

Sin embargo, ten la seguridad de que las recompensas eternas de Cristo superan con creces los placeres pasajeros del pecado. Los malvados solo tienen juicio e infierno en su futuro; tú tienes gloria y cielo. De modo que opta siempre por la obediencia y confía en Dios para que dirija tus decisiones, tal como lo hizo con Moisés.

Sugerencias para la oración: Alaba a Dios porque algún día los justos serán recompensados por completo.
⊙ Busca la gracia de Dios para ser obediente cuando te enfrentes a decisiones difíciles.

Para un estudio más profundo: Lee el relato de Esteban acerca de Moisés en Hechos 7:20-39.

Notas: _____

_____

_____

SOPORTA EL OPROBIO DE CRISTO

«Teniendo [Moisés] por mayores riquezas el vituperio de Cristo
que los tesoros de los egipcios; porque tenía puesta la mirada en el galardón.
Por la fe dejó a Egipto, no temiendo la ira del rey;
porque se sostuvo como viendo al Invisible» (Hebreos 11:26-27).

Cuando sufres por Cristo, soportas su oprobio.

¿Cómo pudo Moisés, que vivió mil quinientos años antes de Cristo, soportar su oprobio? Cristo es la forma griega del título hebreo Mesías, significa «Ungido». El Antiguo Testamento se refería a muchas personalidades como ungidas para un servicio especial al Señor. Algunos han sugerido que Moisés pensaba que era un tipo de mesías, porque liberó a su pueblo de la esclavitud egipcia. Tales personas traducirían el versículo 26 como sigue: «Considerando el oprobio de su propio mesianismo como libertador divino».

Sin embargo, parece mejor ver este versículo como una referencia al propio Jesús, el futuro gran Libertador. No sabemos cuánto conocimiento tenía Moisés de Jesús, pero ciertamente era más que el de Abraham, de quien Jesús dijo: «Abraham vuestro padre se gozó de que había de ver mi día; y lo vio, y se gozó» (Juan 8:56).

El Mesías siempre ha sido identificado con el pueblo de Dios. Cuando sufren por causa de la justicia, sufren en lugar de Él. Es por eso que David dijo: «Los denuestos de los que te vituperaban cayeron sobre mí» (Salmos 69:9). Hablando desde una perspectiva neo-testamentaria, Pablo hizo una declaración similar: «Traigo en mi cuerpo las marcas del Señor Jesús» (Gálatas 6:17).

También hay cierto sentido en el que Cristo sufre con su pueblo. Cuando Jesús se enfrentó a Pablo, que perseguía fuertemente a la iglesia, le dijo: «Saulo, Saulo, ¿por qué me persigues?... Soy Jesús a quien tú persigues» (Hechos 9:4-5).

Moisés decidió darle la espalda a la casa de Faraón e identificarse con el pueblo de Dios porque sabía que sufrir por Cristo era mucho mejor que disfrutar las riquezas de Egipto. En algún punto del tiempo, también serás perseguido por causa de Cristo (2 Timoteo 3:12), así que prepárate. Cuando llegue ese momento, sigue el ejemplo de fe y valor de Moisés, sabiendo que Dios será tu escudo y tu recompensa (Génesis 15:1).

Sugerencias para la oración: Sigue el ejemplo de los apóstoles al dar gracias a Dios por el privilegio de llevar una pequeña porción del oprobio a la causa de Cristo (Hechos 5:27-41).

Para un estudio más profundo: Memoriza el Salmo 27:1 como una fuente de aliento cuando enfrentes dificultades.

Notas: _____

_____

_____

_____

ACEPTA LAS DISPOSICIONES DE DIOS

«Por la fe [Moisés] celebró la pascua y la aspersión de la sangre, para que el que destruía a los primogénitos no los tocase a ellos. Por la fe pasaron el Mar Rojo como por tierra seca; e intentando los egipcios hacer lo mismo, fueron ahogados» (Hebreos 11:28-29).

El hombre o la mujer de fe aceptan con gratitud todas las disposiciones de Dios, sin importar cuán inútil parezcan.

Cuando llegó el momento que Moisés iba a sacar a los israelitas de Egipto todo, a nivel humano, decía que no se podía. Faraón no iba a permitir que dos o tres millones de esclavos empacaran y se fueran. Su formidable ejército estaba listo para asegurarse de que no ocurriera tal éxodo.

Sin embargo, cuando Dios diseña un plan, siempre hace las provisiones necesarias para llevarlo a cabo. En esa ocasión, su provisión vino en forma de diez terribles plagas diseñadas para hacer que Faraón cambiara su terca manera de pensar.

La décima y peor plaga fue la muerte de todos los primogénitos (Éxodo 11:5). Para resguardarse de esa plaga, los israelitas rociaron la sangre de un cordero en los dinteles y los portales de sus casas. Cuando el ángel de la muerte veía la sangre, pasaba por encima de esa casa. Por lo tanto, se instituyó la Pascua.

La sangre de esos primeros corderos pascuales no tenía poder intrínseco para evitar al ángel de la muerte, pero su presencia mostraba fe y obediencia, simbolizando así el sacrificio futuro de Cristo (Juan 1:29).

Faraón recibió el mensaje y permitió que los israelitas se fueran. Pero poco después cambió de opinión y ordenó a su ejército que los persiguiera. Una vez más, Dios intervino dividiendo el Mar Rojo, permitiendo que su pueblo cruzara a tierra firme. Luego ahogó a todo el ejército egipcio que perseguía a los israelitas por el mar.

Esa fue una demostración patente de una lección que todo creyente debe aprender: las provisiones de Dios siempre son las mejores. A veces pueden parecer insensatas al intelecto humano, así como «la palabra de la cruz es locura a los que se pierden» (1 Corintios 1:18), pero el hombre o la mujer de fe confían en Dios y reciben sus provisiones con gratitud.

Sugerencias para la oración: Agradece a Dios por las disposiciones sabias y amables que ha hecho para tu salvación y para tu marcha cristiana constante.

Para un estudio más profundo: Lee el relato de la Pascua y la despedida del Mar Rojo en Éxodo 11—14.

Notas: _____

_____

_____

_____

CONQUISTA Y VENCE AL CONFLICTO

«Por la fe cayeron los muros de Jericó después de rodearlos siete días» (Hebreos 11:30).

❦ ⊙ ❦

La fe es la clave de la conquista espiritual.

Cuarenta años habían transcurrido desde que los israelitas se negaron a entrar en la tierra prometida. Esa generación incrédula había perecido en el desierto. Ahora Josué estaba liderando una nueva generación. El primer obstáculo que enfrentaron fue Jericó, una ciudad bien fortificada que estaba cerca de la desembocadura del río Jordán.

Algunas murallas de la ciudad de ese tiempo eran lo suficientemente anchas en la parte superior como para permitir que dos carros anduvieran uno al lado del otro. Eso probablemente era cierto en Jericó debido a su ubicación estratégica. Eso, junto con el calibre de su ejército, hizo que la ciudad fuera prácticamente inexpugnable, sobre todo para los israelitas —que eran poco sofisticados—, que carecían de entrenamiento militar.

Sin embargo, lo que es imposible para el hombre es posible para Dios. Y el escenario estaba listo para que Él mostrara su poder y para que los israelitas mostraran su fe y su humildad.

Uno solo puede imaginarse cuán avergonzado se sentía el pueblo hebreo mientras marchaba por Jericó una vez al día durante seis días. Esa ciertamente no era una estrategia militar típica. Pero en el séptimo día, después de desfilar siete veces por la ciudad, con los sacerdotes tocando los cuernos de los carneros, dieron un último golpe, todos gritaron en voz alta y las murallas de la ciudad se derrumbaron (Josué 6:20). La fe había reducido un obstáculo colosal a simples ruinas.

¿Puedes identificar algunos obstáculos espirituales que hayas enfrentado recientemente? ¿Cómo lidiaste con ellos? Siempre tendrás que luchar con ellos en tu caminar cristiano, pero no te preocupes. Considera que son oportunidades para ejercitar tu fe y ver el poder de Dios mostrándose en tu vida. Continúa confiando en el Señor y demuestra tu fe haciendo con valentía lo que Dios te ha llamado a hacer.

Sugerencias para la oración: Pídele a Dios que te ayude a confiar humildemente en el poder de Dios cuando enfrentes conflictos espirituales.

Para un estudio más profundo: Lee acerca de la conquista de Jericó en Josué 6:1-21. Considera cada ocasión en que la gente obedecía las órdenes de Josué sin dudarlo.

Notas: _____

UNA HEROÍNA LEAL

«Por la fe Rahab la ramera no pereció juntamente con los desobedientes, habiendo recibido a los espías en paz» (Hebreos 11:31).

Rahab ilustra la profundidad y amplitud de la asombrosa gracia de Dios.

El último de los héroes de la fe del Antiguo Testamento es una mujer que podríamos considerar una adición poco probable a la lista. No solo era gentil y cananea, también era prostituta.

Los cananeos eran un pueblo idólatra, bárbaro y libertino, infame incluso entre los paganos por su inmoralidad y su crueldad. Sin embargo, en medio de esa sociedad extremadamente perversa, Rahab llegó a la fe en el Dios de Israel.

Josué 2:9-11 registra su confesión de fe ante los dos hombres que Josué envió a Jericó como espías: «Sé que Jehová os ha dado esta tierra; porque el temor de vosotros ha caído sobre nosotros, y todos los moradores del país ya han desmayado por causa de vosotros. Porque hemos oído que Jehová hizo secar las aguas del Mar Rojo delante de vosotros cuando salisteis de Egipto, y lo que habéis hecho a los dos reyes de los amorreos que estaban al otro lado del Jordán, a Sehón y a Og, a los cuales habéis destruido. Oyendo esto, ha desmayado nuestro corazón; ni ha quedado más aliento en hombre alguno por causa de vosotros, *porque Jehová vuestro Dios es Dios arriba en los cielos y abajo en la tierra*» (énfasis añadido).

Rahab demostró la autenticidad de su profesión de fe al arriesgar su vida para esconder a los espías de los hombres del rey de Jericó, que buscaban capturarlos. Debido a que Rahab mintió para proteger a los espías (vv. 4-5), algunas personas cuestionan la validez de su fe. Seguramente los creyentes genuinos no mentirían así, ¿o sí? Abraham lo hizo, Sara lo hizo, Isaac lo hizo, Jacob lo hizo. Pero lo importante, lo que hay que entender es que Dios honró su fe, no su engaño.

Como con todos los héroes de la fe que la precedieron, la fe de Rahab no era perfecta, ni tampoco su conocimiento de la ley moral de Dios. Pero debido a que confió en Dios, ella se salvó durante la conquista de Jericó, y luego se le dio un honor aun mayor. Se convirtió en la madre de Booz, que se casó con Rut, la tatara-tatara-abuela de David, convirtiéndose así en antecesora del Señor Jesucristo (Mateo 1:5).

Sugerencias para la oración: Alaba a Dios por recibir incluso al pecador más vil que acude a Él con fe.

Para un estudio más profundo: Lee todo sobre Rahab en Josué 2:1-24; 6:22-25; y Santiago 2:25.

Notas: _____

_____

_____

_____

LA PREEMINENCIA DE CRISTO

*«Dios… nos ha hablado por el Hijo, a quien constituyó heredero de todo,
y por quien asimismo hizo el universo; el cual, siendo el resplandor de su gloria,
y la imagen misma de su sustancia, y quien sustenta todas las cosas con la palabra
de su poder, habiendo efectuado la purificación de nuestros pecados por medio
de sí mismo, se sentó a la diestra de la Majestad en las alturas» (Hebreos 1:1-3).*

>❦ ⊙ ❧

Cristo es superior a todos y a todo.

El libro de Hebreos fue dirigido a una audiencia compuesta por cristianos judíos, judíos no cristianos que conocían a Jesús a nivel intelectual pero que no se habían entregado a Él, y judíos no cristianos que no creían en el evangelio en absoluto.

El objetivo del autor era demostrar la superioridad de Cristo sobre todos y sobre todo lo que le había precedido, fueran personas, instituciones, rituales o sacrificios del Antiguo Testamento. Contrastaba de manera específica a Cristo con los ángeles, con Moisés, con Josué, con Aarón y su sacerdocio, con el Antiguo Pacto y con el sistema de sacrificios.

Los creyentes judíos necesitaban ese enfoque en la superioridad de Cristo puesto que la mayoría de ellos sufrían alguna modalidad de persecución debido a su testimonio cristiano. Algunos estaban en peligro de confundir el evangelio con las ceremonias judías y el legalismo, y de regresar a sus prácticas anteriores.

Los que estaban convencidos a nivel intelectual, pero no comprometidos en lo espiritual, necesitaban ser advertidos de que no se detuvieran en ese punto, sino que llegaran a la fe salvadora. Estaban en peligro de consumar el mayor pecado que cualquier persona podría cometer: rechazar a Jesucristo como Salvador y Señor.

Aquellos que no creían en Cristo necesitaban ver que Jesús era en realidad quien decía ser. A tales personas, el autor explica el sacerdocio exclusivo de Cristo y la urgencia de acudir a Él con fe.

Dentro de tu círculo de amigos y asociados, es probable que tengas cristianos que sean débiles en la fe y necesiten tu aliento e instrucción. Disponte a ministrarles siempre que sea posible.

Sin dudas, también conoces personas que están intelectualmente convencidas de que Jesús es lo que afirmó ser, pero que no están dispuestas a abrazarlo como su Señor. No temas instarlos a aceptar la salvación.

Comparte con los que rechazan a Cristo directamente, háblales del evangelio con audacia para que confíen en el Espíritu Santo.

Sugerencias para la oración: Alaba a Cristo por su preeminencia y su bendita gracia.

Para un estudio más profundo: Lee Hebreos 1—2. ¿A quién compara el escritor con Cristo? Sé específico.

Notas: _____

JESÚS, NUESTRO GRAN SUMO SACERDOTE

«Ahora bien, el punto principal de lo que venimos diciendo es que
tenemos tal sumo sacerdote, el cual se sentó a la diestra del
trono de la Majestad en los cielos» (Hebreos 8:1).

Puesto que Jesús funge como nuestro Sumo Sacerdote, tenemos acceso a Dios.

El acceso a Dios siempre fue un problema para el pueblo judío. Éxodo 33:20 declara que ningún hombre puede ver a Dios y vivir. Una vez al año, en el gran Día de la Expiación (Yom Kipur), el sumo sacerdote judío entraba al Lugar Santísimo, donde la presencia de Dios habitaba en un sentido exclusivo, para acercarse a Dios en nombre del pueblo.

El pacto de Dios con Israel era la base de su comunión con Él. Y el sistema sacrificial que acompañaba al Antiguo Pacto les permitía a las personas hacer un acto externo para representar su arrepentimiento interior. Sin embargo, sus sacrificios eran incesantes porque su pecado también lo era. Necesitaban un sacerdote y un sacrificio perfectos para tener acceso a Dios en forma permanente. Eso es exactamente lo que Jesús fue e hizo.

Hebreos 10 dice que Jesús ofreció su cuerpo como sacrificio por los pecados de la humanidad de una vez por todas, y luego se sentó a la diestra del Padre (vv. 10, 12). Ese era un concepto revolucionario para el pensamiento judío. El sacerdote en servicio no podía sentarse porque su trabajo nunca se cumplía a cabalidad. Pero Jesús introdujo un elemento nuevo y maravilloso en el sistema sacrificial: un sacrificio, ofrecido una vez, suficiente para todos los tiempos. Esa fue la base del Nuevo Pacto.

El sacerdocio de nuestro Señor es permanente y perpetuo: «Por cuanto [Él] permanece para siempre, tiene un sacerdocio inmutable; por lo cual puede también salvar perpetuamente a los que por él se acercan a Dios, viviendo siempre para interceder por ellos» (Hebreos 7:24-25). Ese es el mensaje central del libro de Hebreos.

No fue fácil para el pueblo judío aceptar la necesidad de un nuevo pacto. La mayoría rechazó a Cristo directamente. De manera similar, muchas personas hoy rechazan su sacerdocio, suponiendo que pueden tener acceso a Dios bajo sus propios términos. Pero están trágicamente equivocados. Jesús mismo dijo: «Nadie viene al Padre sino por mí» (Juan 14:6).

Sugerencias para la oración: Alaba a Dios por recibirte en su presencia a través de su Hijo, Jesucristo.

Para un estudio más profundo: Lee Hebreos 10:19-25 y observa cómo quiere Dios que respondas al sacerdocio de Cristo.

Notas: _____

_____

_____

DIOS ENTRÓ EN LA CAJA

*«Dios, habiendo hablado muchas veces y de muchas maneras
en otro tiempo a los padres por los profetas, en estos postreros
días nos ha hablado por el Hijo» (Hebreos 1:1-2).*

El hombre no puede descubrir a Dios por sí mismo;
Dios se revela al hombre.

Desde el principio de los tiempos, el hombre se ha engañado pensando que puede descubrir a Dios a través de las religiones. Pero en realidad, vive en una caja encerrado dentro de las paredes del tiempo y el espacio. Contrario a ello, Dios está fuera de esa caja. El hombre siente que Dios está allí, pero no puede llegar a Él. Cada nueva religión es solo otro intento inútil por penetrar las paredes de la caja y echarle un vistazo a Dios.

La única esperanza del hombre es que Dios entre en la caja, lo cual Hebreos 1:1-2 declara que hizo, primero por carta (el Antiguo Testamento), luego en persona (con Jesucristo). Con respecto a la Palabra de Dios, David dijo: «El Espíritu de Jehová ha hablado por mí, y su palabra ha estado en mi lengua» (2 Samuel 23:2). Jeremías agregó: «Y extendió Jehová su mano y tocó mi boca, y me dijo Jehová: He aquí he puesto mis palabras en tu boca» (Jeremías 1:9). De Cristo, el apóstol Juan dijo: «Y aquel Verbo fue hecho carne, y habitó entre nosotros (y vimos su gloria, gloria como del unigénito del Padre), lleno de gracia y de verdad…. A Dios nadie le vio jamás; el unigénito Hijo, que está en el seno del Padre, él le ha dado a conocer» (Juan 1:14, 18).

Lo irónico de las personas que piensan que pueden descubrir a Dios por sí mismas es que, aparte de la dirección del Espíritu Santo, nadie realmente quiere encontrarlo. Simplemente desean agregar un amuleto cósmico de buena suerte a sus vidas o saciar sus conciencias culpables. Pablo dijo: «*No hay justo, ni* aun *uno; no hay quien entienda, no hay quien busque a Dios*» (Romanos 3:10-11, énfasis agregado).

Dios pudo habernos dejado en nuestro pecado e ignorancia, pero decidió entrar en la caja y revelarnos todo lo que necesitábamos saber para tener redención y amistad con Él. ¡Qué privilegio tenemos al estudiar su Palabra y vivir según sus principios! Sé diligente y hazlo todos los días.

Sugerencias para la oración: Alaba a Dios por otorgarte la capacidad de apreciar su Palabra.

Para un estudio más profundo: Lee 1 Corintios 2:6-16 y observa cómo responden las personas naturales (no regeneradas) a la revelación divina.

Notas:

LA REVELACIÓN PROGRESIVA

«Dios, habiendo hablado muchas veces y de muchas maneras en otro tiempo a los padres por los profetas, en estos postreros días nos ha hablado por el Hijo» (Hebreos 1:1-2).

><del>~ ⊙ ~<del>

El Antiguo Testamento no es más que una muestra de lo que se revela en el Nuevo Testamento.

Cuando Jesús dijo: «No penséis que he venido para abrogar la ley o los profetas [el Antiguo Testamento]; no he venido para abrogar, sino para cumplir» (Mateo 5:17), estaba afirmando que las Escrituras pasaron de la promesa al cumplimiento, de lo parcial a lo completo. A eso se le conoce como revelación progresiva.

Por ejemplo, el Antiguo Testamento anticipó la venida de Cristo; el Nuevo registra su venida. Los escritores del Antiguo Testamento no entendieron todo lo que escribieron porque no siempre se aplicaba a su día. Es por eso que Pedro dijo: «Los profetas que profetizaron de la gracia destinada a vosotros, inquirieron y diligentemente indagaron acerca de esta salvación, escudriñando qué persona y qué tiempo indicaba el Espíritu de Cristo que estaba en ellos, el cual anunciaba de antemano los sufrimientos de Cristo, y las glorias que vendrían tras ellos. A éstos se les reveló que no para sí mismos, sino para nosotros, administraban las cosas que ahora os son anunciadas por los que os han predicado el evangelio por el Espíritu Santo enviado del cielo; cosas en las cuales anhelan mirar los ángeles» (1 Pedro 1:10-12).

La revelación progresiva no implica en absoluto que el Antiguo Testamento sea inexacto. La distinción no está en lo correcto o incorrecto de la revelación, sino en su integridad. Así como un niño progresa aprendiéndose las letras, luego las palabras hasta llegar a escribir oraciones completas, la revelación de Dios avanzó pasando de tipologías, a ceremonias y a profecías hasta la finalización concluyente en Jesucristo y el Nuevo Testamento.

Aunque, según los patrones del Nuevo Testamento, el Antiguo Testamento pareciera incompleto, sin embargo es absolutamente inspirado por Dios. Eso se afirma a menudo en el Nuevo Testamento. Pedro nos dice que ningún escritor humano del Antiguo Testamento escribió por su propia voluntad, sino solo cuando fue dirigido por el Espíritu Santo (2 Pedro 1:21). Pablo agregó que «*toda* la Escritura es inspirada por Dios y útil para enseñar, para redargüir, para corregir, [y] para instruir en justicia» (2 Timoteo 3:16, énfasis agregado).

El Antiguo Testamento no constituye toda la verdad de Dios, pero todo lo que tiene escrito es verdad. Y a medida que pasas de lo viejo a lo nuevo, ves el carácter de Dios y el plan de redención desplegándose en mayor detalle.

Sugerencias para la oración: Alaba a Dios por la plenitud de la revelación que disfrutas en las Escrituras.

Para un estudio más profundo: Memoriza 2 Timoteo 3:16-17.

Notas: _____

_____

LA REVELACIÓN FINAL DE DIOS

*«Dios, habiendo hablado muchas veces y de muchas maneras
en otro tiempo a los padres por los profetas, en estos postreros
días nos ha hablado por el Hijo» (Hebreos 1:1-2).*

***Jesús no solo fue traído sino que de hecho fue la
revelación completa y definitiva de Dios.***

La mujer samaritana declaró: «Sé que ha de venir el Mesías, llamado el Cristo; cuando él venga nos declarará todas las cosas» (Juan 4:25). La expectativa en cuanto a ese día, incluso entre los samaritanos, era que el Mesías desplegaría la revelación completa y final de Dios. El Espíritu Santo, a través del escritor de Hebreos, afirma que es verdad: «Dios… en estos postreros días nos ha hablado por el Hijo» (Hebreos 1:1-2).

El Antiguo Testamento mostró la revelación divina en segmentos. Cada pieza era verdadera, pero incompleta. Sin embargo, cuando Jesús vino, todo el panorama quedó claro; y pese a ser rechazado por su propio pueblo, en efecto, fue el cumplimiento de la esperanza mesiánica que habían acariciado durante tantos siglos.

La era de la promesa del Antiguo Testamento terminó cuando Jesús llegó. Él es la última palabra de Dios: «Porque todas las promesas de Dios son en él Sí, y en él Amén, por medio de nosotros, para la gloria de Dios» (2 Corintios 1:20).

Dios se expresó plenamente en su Hijo. Es por eso que Juan dijo: «Y aquel Verbo fue hecho carne, y habitó entre nosotros (y vimos su gloria, gloria como del unigénito del Padre), lleno de gracia y de verdad… A Dios nadie le vio jamás; el unigénito Hijo, que está en el seno del Padre, él le ha dado a conocer» (Juan 1:14, 18). Pablo agregó que en Cristo «habita corporalmente toda la plenitud de la Deidad» (Colosenses 2:9).

Las implicaciones prácticas de esa verdad son asombrosas. Puesto que Cristo es la plenitud de la revelación divina, no necesitamos nada más. En Él has sido hecho «completo» (Colosenses 2:10) y se te ha concedido «todas las cosas que pertenecen a la vida y a la piedad» (2 Pedro 1:3). Su Palabra es suficiente, no necesita adiciones ni enmiendas.

Sugerencias para la oración: Pídele a Dios que te enseñe a confiar más plenamente en sus recursos en Cristo.

Para un estudio más profundo: Lee Juan 1:1-18 como recordatorio de la plenitud de la revelación de Dios en su Hijo.

Notas: _____

_____

_____

_____

_____

EL HEREDERO DE TODO

*«En estos postreros días nos ha hablado por el Hijo, a quien
constituyó heredero de todo» (Hebreos 1:2).*

Como Jesús es el Hijo de Dios, es el heredero de todo lo que Dios posee.

Cuando Cristo vino a la tierra se hizo pobre por nosotros para que nosotros, por su pobreza, pudiéramos enriquecernos (2 Corintios 8:9). Él no tenía nada para sí mismo; no tenía «dónde recostar su cabeza» (Lucas 9:58). Incluso sus ropas le fueron quitadas cuando murió, y fue enterrado en una tumba que pertenecía a otra persona.

Escapa a toda comprensión humana pensar que el Carpintero galileo —que fue crucificado como un delincuente común, desnudo y sangrando en una cruz lejos de la ciudad de Jerusalén—, sea el Rey de reyes y Señor de señores. ¡Pero lo es!

Como el Hijo de Dios, Jesús es el heredero de todo lo que Dios posee. El apóstol Pablo explica que todas las cosas no solo fueron creadas por Cristo sino también para Él (Colosenses 1:16). Todo lo que existe hallará su verdadero significado solo cuando quede bajo el control final de Cristo.

El libro de los Salmos predijo que Cristo algún día sería el heredero de todas las posesiones de Dios. El Padre, hablando al Hijo, dice: «Pídeme, y te daré por herencia las naciones, y como posesión tuya los confines de la tierra» (Salmos 2:8). Dios también declaró: «Yo también le pondré por primogénito, el más excelso de los reyes de la tierra» (Salmos 89:27; Colosenses 1:15). «Primogénito» se refiere a los derechos legales, especialmente los de herencia y autoridad.

Cuando Cristo venga a la tierra otra vez, heredará absoluta y eternamente todas las cosas (Apocalipsis 11:15). Y debido a que hemos confiado en Él, debemos ser «coherederos con Cristo» (Romanos 8:16-17). Cuando entremos en su reino eterno, conjuntamente poseeremos todo lo que Él posee. No seremos cristos ni asesores del Señor, seremos coherederos. Su maravillosa herencia será también nuestra.

Sugerencias para la oración: Agradece a Dios por hacer de ti un heredero conjuntamente con Cristo. Agradece a tu Señor por permitir que eso suceda a través de su muerte en la cruz.

Para un estudio más profundo: Lee Apocalipsis 5:1-14 y 11:15-18 y observa cómo responden los habitantes del cielo a Cristo.

Notas: _____

_____

_____

_____

_____

_____

EL CREADOR DEL MUNDO

«En estos postreros días nos ha hablado por el Hijo…
por quien asimismo hizo el universo» (Hebreos 1:2).

Cristo es el agente por medio del cual Dios creó al mundo.

Juan 1:3 testifica: «Todas las cosas por él fueron hechas, y sin él nada de lo que ha sido hecho, fue hecho». Jesús tiene la capacidad de crear algo de la nada (Romanos 4:17), lo cual lo distingue de las simples criaturas. Solo Dios puede crear así; nosotros no podemos hacerlo. Si pudieras crear, vivirías en una casa diferente, conducirías un automóvil distinto y probablemente tendrías un trabajo diferente, si es que tuvieras alguno. Podrías simplemente sentarte en tu patio trasero y ganar dinero. Por dicha, Dios no les dio a los hombres y a las mujeres depravados el derecho de ser creadores.

La habilidad de crear *ex nihilo* (de la nada) solo le pertenece a Dios y el hecho de que Jesús cree cosas así indica que es Dios y que establece su absoluta superioridad sobre todo. Él creó todo lo material y lo espiritual. Aunque el hombre ha manchado la obra de Él con el pecado, Cristo originalmente hizo todo bueno, tanto que la propia creación anhela ser restaurada a lo que era al principio (Romanos 8:19-21).

La palabra griega común para «mundo» es *kosmos*, pero esa no es la que se usa en Hebreos 1:2. En este pasaje se emplea el vocablo griego *aionas*, que no se refiere al mundo material, sino a «las edades», como a menudo se traduce. Jesucristo es responsable de crear no solo la tierra física, sino también el tiempo, el espacio, la energía y la materia. El escritor de Hebreos no restringe la creación de Cristo a esta tierra; nos muestra que Cristo es el Creador de todo el universo y de la existencia misma. Y lo hizo todo sin esfuerzo alguno.

¿Qué crees? Si no reconoces a Dios como el Creador, tendrás dificultad para explicar cómo nació este universo. ¿De dónde vino todo? ¿Quién lo concibió? ¿Quién lo hizo? No puede ser un accidente. Alguien lo hizo y la Biblia nos dice quién es: Es Jesucristo.

Sugerencias para la oración: Alaba a Dios por la maravilla de su creación, la que no valoramos con justicia.

Para un estudio más profundo: Lee Colosenses 1:16-23 para descubrir la relación entre la creación y tu salvación.

Notas: _____

_____

_____

_____

_____

CRISTO ES RESPLANDOR E IMAGEN

«[Cristo es] el resplandor de su gloria, y la imagen misma de su sustancia» (Hebreos 1:3).

᠆᠆ ⊙ ᠆᠆

Jesús es Dios manifiesto y Dios en sustancia.

Así como los rayos solares dan luz, calor, vida y crecimiento a la tierra, Jesucristo es la luz gloriosa de Dios que brilla en los corazones de los seres humanos. Como «resplandor de la gloria de Dios», Jesús manifiesta a Dios. Nadie puede ver a Dios en toda su gloria; ni nadie lo hará. El resplandor de esa gloria que nos llega de Dios aparece en la Persona de Jesucristo.

Así como el sol nunca estuvo ni puede separarse de su resplandor, Dios nunca estuvo aparte —ni se separa— de la gloria de Cristo. Nunca fue Dios sin Él ni Él sin Dios y, de ninguna manera, puede ser separado de Dios. Sin embargo, el brillo del sol no es el sol, ni tampoco la gloria de la encarnación de Jesús es exactamente la misma que Dios en ese sentido. Él es completa y absolutamente Dios y, sin embargo, una Persona distinta dentro de la Deidad Trina.

Jesús dijo: «Yo soy la luz del mundo; el que me sigue no andará en tinieblas, sino que tendrá la luz de la vida» (Juan 8:12). Como resplandor de la gloria de Dios, Cristo puede transmitir esa luz a tu vida y a la mía, para que podamos irradiar la gloria de Dios a un mundo oscuro.

Al usar la expresión «imagen misma» para describir la relación de Cristo con la naturaleza de Dios, el escritor emplea terminología generalmente asociada con una impresión reproducida en un molde por un dado o un sello. Jesucristo es la reproducción de Dios, la huella personal perfecta de Dios en el tiempo y el espacio.

¡Qué maravilloso es saber que Jesucristo, que es a la vez la expresión plena de Dios y la imagen exacta de la naturaleza divina en la historia humana, puede entrar en nuestras vidas y darnos luz para ver y conocer a Dios! Su luz es la fuente de nuestra vida espiritual. Y su luz nos da un propósito, es decir: felicidad, paz, alegría, compañerismo, todo, por toda la eternidad.

Sugerencias para la oración: Agradécele a Dios por haber decidido convertirte en hombre a fin de que sepas cómo es Él.

Para un estudio más profundo: Lee 2 Corintios 4:3-6 y observa quién permite que la gente vea o no vea espiritualmente.

Notas: _____

_____

_____

_____

_____

_____

EL PODER SUSTENTADOR DE CRISTO

«[Cristo] sustenta todas las cosas con la palabra de su poder» (Hebreos 1:3).

Cristo, por su poder omnipotente, sostiene toda la creación.

Basamos nuestras vidas enteras en la constancia de las leyes físicas. Cuando algo como un terremoto interrumpe la condición normal o el funcionamiento de las cosas aunque sea un poco, las consecuencias a menudo son desastrosas. ¿Puedes imaginar lo que sucedería si Jesucristo renunciara a su poder sustentador de las leyes del universo dado que «todas las cosas en él subsisten» (Colosenses 1:17)? Saldríamos de la existencia, nuestros átomos se dispersarían por toda la galaxia.

Si suspendiera las leyes de la gravedad solo por un breve instante, perderíamos todos los puntos de referencia. Si alguna de las leyes físicas variara ligeramente, no podríamos existir. Nuestra comida podría convertirse en veneno; nosotros mismos podríamos quedar a la deriva en el espacio o ser inundados por las mareas oceánicas. Innumerables cosas terribles podrían suceder.

Sin embargo, el universo permanece en equilibrio porque Jesucristo sostiene y supervisa todos sus movimientos y su funcionamiento. Él mantiene la cohesión. No es el creador «relojero» que los deístas proclaman como inventor del mundo, el que lo puso en marcha y no se molestó más desde entonces. La razón por la cual el universo es un cosmos más que un caos —un sistema ordenado y confiable más que un embrollo errático e impredecible—, es el poder sustentador de Jesucristo.

Todo el universo pende del brazo de Jesús. Su sabiduría insondable y su poder infinito se manifiestan en el gobierno del universo. Y lo defiende todo por «la palabra de su poder». La clave de la creación del Génesis se ve en dos palabras: «Dijo Dios». Dios habló y sucedió.

Cuando contemplo el poder de Cristo para sostener el universo, me atrae la maravillosa promesa de Filipenses 1:6: «[Estoy] persuadido de esto, que el que comenzó en vosotros la buena obra, la perfeccionará hasta el día de Jesucristo». Cuando Cristo inicia una obra en tu corazón, no termina allí. La sostiene continuamente hasta el día en que nos lleve a la presencia misma de Dios. Una vida, como un universo, que no está sostenida por Cristo es un caos.

Sugerencias para la oración: Pídele a Dios que te recuerde el poder sustentador de Cristo cuando padezcas tu próxima prueba.

Para un estudio más profundo: Lee Job 38—39 para que aprecies más lo que Cristo hace para sustentar el universo.

Notas: _____

_____

_____

_____

SACRIFICIO Y EXALTACIÓN DE CRISTO

*«Habiendo efectuado la purificación de nuestros pecados…
se sentó a la diestra de la Majestad en las alturas» (Hebreos 1:3).*

**Jesucristo ofreció un sacrificio por todos los pecados de la humanidad,
luego se sentó con el Padre una vez que logró su cometido.**

La Biblia deja perfectamente en claro que «la paga del pecado es muerte» (Romanos 6:23). Jesucristo fue a la cruz, sufrió la muerte que merecíamos nosotros y, en consecuencia, nos liberó de la pena del pecado por nuestra fe en Él.

El escritor de Hebreos continúa diciendo que Cristo «no tiene necesidad cada día, como aquellos sumos sacerdotes [del Antiguo Testamento], de ofrecer primero sacrificios por sus propios pecados, y luego por los del pueblo; porque esto lo hizo una vez para siempre, ofreciéndose a sí mismo» (Hebreos 7:27). En el Antiguo Testamento, los sacerdotes tenían que hacer sacrificios continuos, pero Jesús hizo uno solo. ¡Y no solo era el sacerdote, sino también el sacrificio! Hizo un sacrificio tremendamente potente, porque purgó para siempre nuestros pecados, algo que los sacrificios del Antiguo Testamento nunca podrían hacer.

Cuando completó su sacrificio, «se *sentó* a la diestra de la Majestad en las alturas» (Hebreos 1:3, énfasis agregado). Eso es significativo, porque los sacerdotes del Antiguo Testamento no se sentaban; no había asientos en el santuario porque ofrecían sacrificios día tras día. Pero Jesús ofreció un sacrificio, lo terminó y luego fue al Padre y se sentó. Lo que los sacrificios del Antiguo Testamento no pudieron lograr, lo hizo Cristo para todas las edades.

Como resultado, Dios lo exaltó a su diestra, el lugar de honor, dominio y descanso. Pero quizás lo más importante es que es el lugar donde Cristo intercede ante el Padre a favor nuestro (Romanos 8:34).

No olvides nunca lo que Jesús logró y lo que aún hace por nosotros: «Si alguno hubiere pecado, abogado tenemos para con el Padre, a Jesucristo el justo» (1 Juan 2:1).

Sugerencias para la oración: Agradécele a Jesús por su sacrificio a favor tuyo. También agradécele por la salvación que te ha dado y el acceso que ahora tienes a Dios.

Para un estudio más profundo: Lee Hebreos 9:1—10:18 para obtener una comprensión más profunda del cumplimiento final que Cristo hizo con el sistema sacerdotal del Antiguo Testamento. ¿De qué manera específica lo cumplió?

Notas: _____

_____

_____

_____

CRISTO ES SUPERIOR A LOS ÁNGELES

«Hecho tanto superior a los ángeles» (Hebreos 1:4).

>ᴥᴥᴥ ⊙ ᴥᴥᴥ

**Mediante un hábil uso del Antiguo Testamento, el escritor prueba
que Cristo es el mediador de un pacto más grande.**

El hombre es una creación maravillosa y asombrosa, más elevada que las plantas, los animales y cualquier otra creación material en este mundo. Pero hay seres creados aun más altos que el hombre: los ángeles.

Hebreos 2:9 muestra que este es el caso porque cuando Jesús se hizo hombre, «fue hecho un poco menor que los ángeles» por un tiempo. Después de la caída de los ángeles rebeldes liderados por Lucifer, los ángeles del cielo ya no pudieron optar por el pecado. De modo que estos ángeles son santos, poderosos y sabios. Son seres especiales creados por Dios antes que el hombre.

El pueblo judío entendía la posición exaltada de los ángeles porque sabían que el Antiguo Pacto se llevó a los hombres y se mantuvo mediante la mediación angélica. Gálatas 3:19 dice: «Entonces, ¿para qué sirve la ley? Fue añadida a causa de las transgresiones, hasta que viniese la simiente a quien fue hecha la promesa; y fue ordenada por medio de ángeles en mano de un mediador».

Debido a ese gran respeto por los ángeles por parte de sus lectores, el escritor de Hebreos se enfrentó a un problema. Si demostraba que Cristo era el mediador de un mejor pacto, tendría que probar que es mejor que los ángeles. Para ello, usó siete pasajes del Antiguo Testamento con el fin de verificar su afirmación.

Si él hubiera tratado de probar en los escritos cristianos que Cristo es un mejor meditador, sus lectores judíos incrédulos habrían dicho: «No aceptamos estos escritos como de Dios». Así que, en efecto, sabiamente responde: «Abran sus propias Escrituras y probaré lo que afirmo de ellas». Esto resulta en un argumento poderoso e irresistible.

En los próximos estudios, veremos de qué manera Cristo es superior a los ángeles y cómo podría mediar en un mejor pacto para nosotros.

Sugerencias para la oración: Debido a que gran parte de nuestra comprensión del Nuevo Testamento se basa en los escritos del Antiguo, agradece a Dios por la forma en que nos ha revelado su Palabra completa a través de los siglos.

Para un estudio más profundo: Lee Gálatas 3:8, Romanos 9:15 y Mateo 4:4. ¿Qué versículos del Antiguo Testamento citan esos pasajes? ¿Qué verdad verifica cada uno de ellos?

Notas: _____

_____

_____

Un nombre más excelente

«Cuanto heredó más excelente nombre que ellos. Porque ¿a cuál de los ángeles dijo Dios jamás: Mi Hijo eres tú, Yo te he engendrado hoy, y otra vez: Yo seré a él Padre, y él me será a mí hijo?» (Hebreos 1:4-5).

Jesús es mejor que los ángeles porque es más que un mensajero: es Hijo.

En nuestra cultura, los nombres que elegimos para nuestros hijos no tienen mucha relación con el carácter de ellos. Pero en la Biblia, las personas eligen nombres que se relacionan con el carácter de las personas que los usan.

El escritor de Hebreos era muy consciente de eso cuando formuló esta pregunta retórica: «¿A cuál de los ángeles dijo Dios jamás: Mi Hijo eres tú, Yo te he engendrado hoy, y otra vez: Yo seré a él Padre, y él me será a mí hijo?», citando el Salmo 2:7 y 2 Samuel 7:14. Por supuesto, la respuesta es, a ningún ángel.

El título *Hijo* se refiere a Jesucristo en su encarnación. Aunque su filiación se anticipó en el Antiguo Testamento (Proverbios 30:4), no se convirtió en Hijo hasta que fue engendrado en el tiempo. Antes de eso, era el Dios eterno con Dios. Presentar a Jesús como el Hijo es una analogía que Dios usa para ayudarnos a entender la relación entre la Primera y la Segunda Persona de la Trinidad.

Cristo se hizo Hijo en dos maneras diferentes. Primero, no fue Hijo hasta que vino al mundo a través del nacimiento virginal (Lucas 1:35; 3:22). Pero en segundo lugar, su filiación floreció plenamente en su resurrección (Romanos 1:3-4).

El Antiguo Testamento profetizó que Cristo vendría como Hijo. En el Nuevo Testamento vino como Hijo por su nacimiento virginal y fue declarado Hijo por su resurrección de entre los muertos. No te dejes atrapar por la herejía de aquellos que afirman que Jesucristo está eternamente subordinado a Dios. Por un lapso temporal, dejó a un lado lo que era legítimamente suyo y se humilló a sí mismo para convertirse en Hijo por nuestro bien.

Sugerencias para la oración: Agradece a Dios por su extraordinario plan para redimir al hombre a través de la encarnación de la Segunda Persona de la Trinidad. Alábalo porque se hizo hombre para redimirte.

Para un estudio más profundo: Lee Hechos 13:33 y Romanos 1:3-4, y señala la razón por la cual Cristo puede ser considerado el Hijo de Dios.

Notas: _____

_____

_____

_____

_____

UNA ADORACIÓN DISTINTIVA

«Y otra vez, cuando introduce al Primogénito en el mundo, dice:
Adórenle todos los ángeles de Dios» (Hebreos 1:6).

Jesucristo es más grande que los ángeles porque a Él se le adora.

Aunque Jesucristo se humilló a sí mismo y fue hecho mucho menor que los ángeles por un tiempo, aun los ángeles deben adorarlo. Como deben hacerlo, Cristo debe ser más grande que ellos.

Los ángeles siempre han adorado a Cristo como Dios. No fue hasta su encarnación que se les ordenó que lo adoraran como el Hijo de Dios. Es pecado adorar a alguien o cualquier cosa aparte de Dios. De hecho, observa cuán severamente fue reprendido el apóstol Juan por la adoración a los ángeles (Apocalipsis 19:10; 22:8-9). El hecho mismo de que los ángeles adoren a Cristo verifica que Él es en verdad Dios.

En la actualidad, los ángeles no comprenden totalmente la imagen completa del plan redentor de Dios. Pedro nos dice que los profetas no entendieron todo lo que escribieron, «escudriñando qué persona y qué tiempo indicaba el Espíritu de Cristo que estaba en ellos, el cual anunciaba de antemano los sufrimientos de Cristo, y las glorias que vendrían tras ellos» (1 Pedro 1:11). Luego agregó: «cosas en las cuales anhelan mirar los ángeles» (v. 12). Todavía están tratando de descubrir cosas que no entienden.

No obstante ese no siempre será el caso. Observa que Hebreos 1:6 dice: «*Otra vez*, cuando introduce al Primogénito en el mundo» (énfasis añadido). Dios ya trajo a Cristo al mundo una vez; en la Segunda Venida lo traerá al mundo en una gloria deslumbrante. Entonces la plenitud de la profecía del Salmo 97:7, citada en Hebreos 1:6, se cumplirá: «Adórenle todos los ángeles de Dios».

En su Segunda Venida, Cristo será revelado en toda su gloria como el Hijo. Más que nunca tendremos motivos para unirnos al coro celestial al declarar: «El Cordero que fue inmolado es digno de tomar el poder, las riquezas, la sabiduría, la fortaleza, la honra, la gloria y la alabanza» (Apocalipsis 5:12).

Sugerencias para la oración: Agradece a Dios por su maravilloso plan de salvación. Pídele que lo haga más real para ti todos los días.

Para un estudio más profundo: Lee Apocalipsis 5:1-12 y nota las reacciones de los ángeles ante el Cordero de Dios. ¿Qué hecho específico motivó su respuesta?

Notas: _____

_____

_____

_____

_____

LA NATURALEZA SUPERIOR DE CRISTO

«Ciertamente de los ángeles dice:
El que hace a sus ángeles espíritus, y a sus ministros llama de fuego.
Mas del Hijo dice: Tu trono, oh Dios, por el siglo del siglo»
(Hebreos 1:7-8).

>≻∙≺

Jesucristo es Dios y creó a los ángeles.

Las personas de hoy que afirman que Jesús solo era un hombre, un ángel, un profeta o algún dios inferior están equivocados y traen sobre sí la maldición de Dios. La Biblia, y especialmente el escritor de Hebreos, tienen claro quién es Cristo.

Primero, el escritor trata con la naturaleza de los ángeles cuando dice: «El que hace a sus ángeles espíritus, y a sus ministros llama de fuego». «Hace» simplemente significa «crear». El antecedente «que» es Cristo. Por lo tanto, es obvio que Cristo creó a los ángeles.

También son su posesión: «sus ángeles». Son sus siervos creados que no operan por iniciativa propia, sino bajo la dirección de Cristo.

Sin embargo, la mayor diferencia entre la naturaleza de los ángeles y de Cristo es que Él es el Dios eterno. El Padre le dice al Hijo: «Tu trono, oh Dios, por el siglo del siglo» (v. 8). Esa es una de las pruebas más poderosas, claras, enfáticas e irrefutables de la deidad de Cristo en la Escritura.

Jesús en todo su ministerio afirmó su igualdad con Dios. Él dijo: «Yo y el Padre somos uno» (Juan 10:30). El apóstol Juan concluyó su primera epístola al decir: «Sabemos que el Hijo de Dios ha venido, y nos ha dado entendimiento para conocer al que es verdadero; y estamos en el verdadero, en su Hijo Jesucristo. Este es el verdadero Dios, y la vida eterna» (1 Juan 5:20).

Dios el Hijo vino a ayudarnos a entender que Dios es verdad y que el propio Cristo es el verdadero Dios. Nuestra fe se basa en la deidad de nuestro Señor Jesucristo.

Sugerencias para la oración: Pídele a Dios que te dé un mayor entendimiento de la realidad de que Jesús es, en efecto, Dios.

Para un estudio más profundo: Lee Juan 1:1-18 y marca los versículos que definen la relación de Cristo con Dios. Si un incrédulo te preguntara qué significa ese pasaje, ¿cómo le responderías?

Notas: _____

_____

_____

_____

_____

EL AMANTE DE LA JUSTICIA

«Mas del Hijo dice: Tu trono, oh Dios, por el siglo del siglo;
cetro de equidad es el cetro de tu reino. Has amado la justicia,
y aborrecido la maldad, por lo cual te ungió Dios, el Dios tuyo,
con óleo de alegría más que a tus compañeros» (Hebreos 1:8-9).

Como Dios y Rey eterno, Cristo ama la justicia y odia la anarquía.

En la actualidad es difícil para nosotros, como cristianos, apoyar totalmente a nuestros líderes gubernamentales cuando vemos tanto de lo que Dios llama justicia siendo menospreciado o ridiculizado. Pero el Rey de reyes, Cristo mismo, es el único líder que tiene una actitud perfectamente correcta hacia la justicia.

Cristo rige desde un trono eterno, y gobierna eternamente como Dios y Rey. El cetro que sostiene es representativo de su gobierno, particularmente como señal de justicia.

Sin embargo, hay más que eso. Él no solo actúa rectamente: ama la justicia misma. ¿Cuántas veces hemos obedecido sin alegría, expresando una actitud de transigencia voluntaria? Pero Jesús nos da un modelo diferente.

Santiago 1:17 dice: «Toda buena dádiva y todo don perfecto desciende de lo alto, del Padre de las luces, en el cual no hay mudanza, ni sombra de variación». La verdadera rectitud nunca varía, ni altera lo que es verdadero, justo y bueno. En 1 Juan 1:5 dice: «Dios es luz, y no hay ningunas tinieblas en él». Dios es luz total y justicia total. Todo lo que hizo Jesús fue el resultado de su amor a la justicia.

Puesto que Cristo ama la rectitud, odia la anarquía. Como ama lo que es correcto, debe odiar lo que está mal. Ambas cosas son inseparables; una no puede existir sin la otra. No puedes amar verdaderamente la rectitud y también amar el pecado. Cuando hay amor verdadero por Dios, también habrá amor verdadero por la justicia y odio total al pecado.

Mientras más nos conformemos a Jesucristo, más amaremos la justicia. Nuestras actitudes hacia la justicia y el pecado finalmente revelarán cuán cerca estamos de conformarnos a Cristo. Verifica tus actitudes y tus acciones.

Sugerencias para la oración: Al igual que el salmista, pídele a Dios que te muestre «si hay camino de perversidad» en ti (Salmos 139:24).

Para un estudio más profundo: Lee el Salmo 119 y observa cuántas veces el salmista hace referencia a su amor por la ley de Dios o a su rectitud.

Notas: _____

_____

_____

_____

_____

LA EXISTENCIA ETERNA DE CRISTO

«Tú, oh Señor, en el principio fundaste la tierra, y los cielos son obra de tus manos.
Ellos perecerán, más tú permaneces: y todos ellos se envejecerán como
una vestidura, y como un vestido los envolverás, y serán mudados; pero
tú eres el mismo, y tus años no acabarán» (Hebreos 1:10-12).

>━ ⊙ ━<

Cristo existió antes del comienzo del mundo; por lo tanto, Él es sin principio.

Jesucristo no es una criatura. Poder establecer los cimientos de la tierra y crear los cielos en el comienzo implica que debe haber existido antes del comienzo. El apóstol Juan dio testimonio de ello cuando dijo: «En el principio era el Verbo» (Juan 1:1). Cristo es eterno.

Además, también es inmutable, lo que significa que nunca cambia. Hebreos 13:8 dice: «Jesucristo es el mismo ayer, y hoy, y por los siglos». Necesitamos aferrarnos a esta verdad a medida que nos acercamos al día en que mucho de lo que sabemos cambiará drásticamente.

Un día, lo que parece tan permanente cederá. Al igual que las personas a quienes Pedro advirtió, estamos tentados a pensar que «todas las cosas permanecen así como desde el principio de la creación» (2 Pedro 3:4). Pero Hebreos 1:11 nos dice que un día Jesús descartará los cielos y la tierra, como hacemos nosotros con una prenda inútil.

Aun más sorprendente, el versículo 12 especifica que Cristo enrollará los cielos. Apocalipsis 6:14 dice: «El cielo se desvaneció como un pergamino que se enrolla; y todo monte y toda isla se removió de su lugar». Durante el período de la Tribulación, el cielo, como si se extendiera a todas las esquinas, se envolverá como un rollo.

Sin embargo, podemos estar seguros de que, aun cuando la creación perezca, Jesús permanecerá, y creará un cielo nuevo y una tierra nueva. Las criaturas vivientes, los mundos y las estrellas están sujetos a la decadencia, pero no Cristo. Él nunca cambia ni está sujeto a cambios. ¡Qué confianza nos debe dar eso para enfrentar los problemas diarios de la vida!

Sugerencias para la oración: Agradece al Señor por su plan inmutable para ti y por su capacidad para cumplirlo.

Para un estudio más profundo: Lee 2 Pedro 3 y desarrolla un enfoque para responder a las acusaciones que hacen los incrédulos sobre las profecías bíblicas con respecto al fin de los tiempos.

Notas: _____

_____

_____

_____

_____

_____

EL DESTINO SUPERIOR DE CRISTO

«Pues, ¿a cuál de los ángeles dijo Dios jamás:
Siéntate a mi diestra, hasta que ponga a tus enemigos por estrado de tus pies?
¿No son todos espíritus ministradores, enviados para servicio a favor de
los que serán herederos de la salvación?» (Hebreos 1:13-14).

>⊙⌒

El destino de Jesucristo es que finalmente todo en el universo se sujetará a Él.

«En el nombre de Jesús se doble toda rodilla de los que están en los cielos, y en la tierra, y debajo de la tierra» (Filipenses 2:10). Esta gran promesa confirma que Jesucristo está destinado a ser el gobernante del universo.

Sin embargo, observa esto acerca de la regla de Cristo: «Luego que todas las cosas le estén sujetas, entonces también el Hijo mismo se sujetará al que le sujetó a él todas las cosas, para que Dios sea todo en todos» (1 Corintios 15:28). Cristo está subordinado a su Padre, pero solo en su papel de Hijo. Aunque el Hijo eterno es igualmente divino, está oficialmente en sujeción a Dios.

A fin de cuentas, Dios pondrá a todos los reinos, autoridades y poderes del mundo sujetos a Cristo cuando venga glorioso en su Segunda Venida. «De su boca sale una espada aguda, para herir con ella a las naciones, y él las regirá con vara de hierro; y él pisa el lagar del vino del furor y de la ira del Dios Todopoderoso. Y en su vestidura y en su muslo tiene escrito este nombre: REY DE REYES Y SEÑOR DE SEÑORES» (Apocalipsis 19:15-16). El destino eterno de Cristo es reinar sobre los cielos nuevos y la tierra nueva.

¿Y qué pasa con los ángeles? Mientras Cristo tiene un destino mayor, el destino de ellos es servir para siempre a los que heredarán la salvación (Hebreos 1:14), ¡y esos somos nosotros!

Los ángeles protegen y liberan a los creyentes del peligro temporal. Ellos rescataron a Lot y su familia de la destrucción de Sodoma. Entraron a la guarida de los leones con Daniel y lo protegieron. Además de estar para siempre en la presencia de Dios, nuestro destino ha de ser servido por los ángeles para siempre, un servicio que comienza en el momento de nuestra salvación.

Sugerencias para la oración: Agradece a Dios por las muchas maneras en que cuida de ti, salvándote, haciendo que Cristo interceda por ti, dándote el Espíritu Santo para que te enseñe y enviando a sus ángeles para que te sirvan.

Para un estudio más profundo: Lee 2 Reyes 6:8-23 y observa la manera asombrosa en que los ángeles sirvieron al profeta Eliseo.

Notas: _____

_____

_____

_____

_____

Soporta la exhortación

«Os ruego, hermanos, que soportéis la palabra de exhortación» (Hebreos 13:22).

⚈

***Las invitaciones a la salvación deben proporcionar
tanto exhortación como advertencia.***

El infierno está, sin duda, lleno de personas que no se opusieron activamente a Jesucristo, sino que se dejaron llevar por la condenación al dejar de responder al evangelio. Estas son las clases de personas que el escritor desafía en Hebreos 2:1-4. Estaban al tanto de las buenas nuevas de la salvación en Jesucristo, pero no estaban dispuestos a entregar sus vidas a Él. Como resultado, pasaron del llamado de Dios a un desastre eterno.

La Palabra de Dios siempre exige una respuesta. Cualquier docente eficaz debe hacer algo más que distribuir datos; debe advertir, exhortar y extender una invitación. Puede tener un conocimiento impresionante de la verdad, pero si no tiene una preocupación apasionada por cómo las personas reaccionan a ella, no es un representante digno de Jesucristo.

Jesús tuvo ese tipo de compasión. A pesar del rechazo de su propio pueblo, anhelaba su salvación: «¡Jerusalén, Jerusalén, que matas a los profetas, y apedreas a los que te son enviados! ¡Cuántas veces quise juntar a tus hijos, como la gallina junta sus polluelos debajo de las alas, y no quisiste!» (Mateo 23:37). En eso se puede sentir que su corazón está con la gente.

Pablo tuvo una compasión similar: «Tengo gran tristeza y continuo dolor en mi corazón. Porque deseara yo mismo ser anatema, separado de Cristo, por amor a mis hermanos, los que son mis parientes según la carne» (Romanos 9:2-3). El verdadero maestro se interesa en algo más que en lo académico solamente; le preocupa que las personas respondan correctamente a lo que se les enseña.

Así como el escritor de Hebreos tuvo que advertir y exhortar a sus lectores, a veces se hace necesario advertir a aquellos a quienes estamos testificando. Si deseas ver a amigos incrédulos, parientes o asociados acercarse a Cristo, adviértelos. Déjales ver la pasión en tu corazón y tu amor por ellos. Por favor, no permitas que nadie caiga en la destrucción eterna sin ser advertido lo suficiente.

Sugerencias para la oración: Pídele a Dios que te dé sabiduría con respecto a cuándo advertir a las personas de las que estás siendo testigo.

Para un estudio más profundo: Lee Hebreos 3:7—4:13; 6:4-8; 10:26-31; y 12:25-29, señalando el patrón que siguió el escritor al presentar estas otras advertencias.

Notas: _____

_____

_____

_____

UNA ADVERTENCIA A LOS PERSUADIDOS INTELECTUALES

«¿Cómo escaparemos nosotros, si descuidamos una salvación tan grande?
La cual, habiendo sido anunciada primeramente por el Señor,
nos fue confirmada por los que oyeron» (Hebreos 2:3).

>‑❍‑✎

Muchas personas saben lo que hace el evangelio, pero no se convertirán a él.

Nunca olvidaré a una señora que acudió a mi oficina, confesando que era prostituta y que estaba desesperada por ayuda. Le presenté el plan de salvación y le pregunté si quería confesar a Cristo como el Señor de su vida. Ella dijo que sí y oró, aparentemente invitó a Cristo a su vida.

Luego le sugerí que quemáramos su libreta de contactos. Ella me miró con incredulidad y dijo: «¿Qué quiere decir?» «Si quiere vivir para Jesucristo», le expliqué, «y realmente ha aceptado su perdón y lo ha abrazado como Señor, entonces debe demostrarlo». «Pero esa libreta vale mucho dinero», dijo. «No quiero quemarla». Después de ponerla de nuevo en su bolso, me miró directamente a los ojos y me dijo: «Supongo que realmente no quiero a Jesús, ¿verdad?»

Cuando hubo que contar el costo, ella no estuvo lista. No sé qué pasó con ella, pero me duele el corazón por su condición y por otras personas como ella.

Estoy seguro de que conoces gente como ella. Saben y creen que Cristo es el Salvador, saben que lo necesitan, pero no están dispuestos a comprometerse con Él. Tal vez hasta asisten a la iglesia y escuchan la Palabra de Dios. Son como el hombre proverbial que dice que cree que un barco lo mantendrá a flote, pero nunca pone un pie en uno.

Esas personas son las más trágicas de todas. Necesitan ser advertidos: hay que darles un poderoso empujón hacia Cristo. Que el Señor te use como su instrumento para ese propósito en las vidas de muchos que están al borde de una decisión por Cristo.

Sugerencias para la oración: Pídele a Dios que enternezca los corazones de las personas conocidas que comprenden los hechos del evangelio pero que aún no se han entregado a Cristo.

Para un estudio más profundo: Lee Mateo 19:16-22. ¿Qué tipo de preguntas deberías hacerle a alguien que parece ansioso por convertirse en cristiano?

Notas: _____

_____

_____

_____

_____

_____

LANZA EL ANCLA

«Por tanto, es necesario que con más diligencia atendamos a las cosas que hemos oído, no sea que nos deslicemos» (Hebreos 2:1).

>‑> ⊙ ‑<

La Palabra de Dios es el ancla que impide que la gente pase a la deriva por el puerto de la salvación.

Cuando el expedicionario inglés William Edward Parry y su tripulación exploraban el Océano Ártico, debieron ir más al norte para continuar su recorrido. Entonces calcularon su ubicación con las estrellas y comenzaron una ruta incierta.

Después de muchas horas se detuvieron, agotados. Tras orientarse y ubicarse, ¡descubrieron que ahora estaban más al sur que cuando comenzaron! Habían estado caminando sobre un témpano de hielo que viajaba más rápido hacia el sur que hacia el norte.

Eso es similar a la situación en que se encuentran las personas que continúan rechazando a Cristo. Por lo tanto, Hebreos 2:1 dice: «Es necesario que con más diligencia atendamos a las cosas que hemos oído, no sea que nos deslicemos».

¿Por qué alguien, a conciencia, rechazaría a Cristo? Él vino al mundo como Dios encarnado, murió en una cruz para darnos el perdón por nuestros pecados, pagó nuestro castigo, nos mostró amor divino y nos dio bendiciones y alegría más allá de la imaginación.

Las frases griegas traducidas como «con más diligencia atendamos» y «nos deslicemos» tienen connotación náutica. La primera tiene que ver con «atender a un barco» puede ser atándolo, y la segunda puede usarse para un navío que ha sido descuidado a la deriva más allá del puerto porque al marinero se le olvidó asistir a la tripulación o estar pendiente del viento, las mareas y la corriente por si se desliza. Hebreos 2:1 podría ser traducido como sigue: «Debemos anclar nuestras vidas diligentemente a las cosas que se nos ha enseñado, no sea que la nave de la vida se desplace más allá del puerto de la salvación y se pierda para siempre».

La mayoría de las personas no le dan la espalda deliberadamente a Dios; casi imperceptiblemente se deslizan más allá del puerto de la salvación y se rompen en las rocas de la destrucción. Asegúrate de advertir a aquellos que conoces que podrían pasar por ese puerto.

Sugerencias para la oración: Pídele a Dios que fortalezca tu resolución cuando sepas que necesitas confrontar a alguien con respecto a su relación con el Señor.

Para un estudio más profundo: Memoriza Proverbios 4:20-22 como un recordatorio de lo importante que es aferrarte a la Palabra de Dios.

Notas: _____

_____

_____

_____

LA CERTEZA DEL JUICIO

«Porque si la palabra dicha por medio de los ángeles fue firme,
y toda transgresión y desobediencia recibió justa retribución,
¿cómo escaparemos nosotros, si descuidamos una salvación tan grande?»
(Hebreos 2:2-3).

~~~ ⊙ ~~~

Hay un juicio seguro para todos los que no reciben
a Cristo como Salvador y Señor.

Hoy la mayoría cree que Dios es un Dios de amor y gracia pero no de justicia. Una breve mirada a Hebreos 2:2-3 debe convencernos de lo contrario. El punto del escritor es este: puesto que el Antiguo Testamento deja en claro que la transgresión y la desobediencia tienen un castigo severo y justo, ¡cuánto más será el castigo bajo el Nuevo Testamento, que fue revelado por el Señor Jesucristo mismo!

Tanto el Antiguo como el Nuevo Testamento confirman que los ángeles fueron instrumentales para llevar la ley (Deuteronomio 33:2; Hechos 7:38). La ley que los ángeles hablaban, principalmente los Diez Mandamientos, era firme. Eso significaba que si alguien violaba la ley, esta quebrantaría al infractor de la ley. La ley era inviolable; el castigo por violarla era seguro.

«Toda transgresión y desobediencia recibió justa retribución» (v. 2). «Transgresión» se refiere a cruzar una línea: un pecado voluntario y deliberado. «Desobediencia», sin embargo, se refiere a la audición imperfecta, el pecado de cerrar los oídos a los mandamientos, advertencias e invitaciones de Dios. Es un pecado de negligencia u omisión; no hacer nada cuando se debe hacer algo.

Hebreos 2:2 también pone fin a la noción de que Dios no es justo. El escritor dice que cada pecado recibió «una justa retribución». Dios, por su propia naturaleza, es justo. Cada castigo que le daba a aquellos que lo desafiaban era un impedimento para el pecado que Él quería detener.

Dios castigó severamente a la nación de Israel porque ellos lo sabían mejor. Eso lleva al importante principio de que el castigo siempre se relaciona con la cantidad de verdad que uno conoce pero rechaza. La persona que conoce el evangelio, que lo ha entendido intelectualmente y lo ha creído, pero se aleja, experimentará el castigo más severo de todos.

Sugerencias para la oración: Pídele a Dios que te dé un aprecio aun mayor del castigo que te ha salvado para motivarte a perseguir a los perdidos con más persistencia.

Para un estudio más profundo: Lee Mateo 11:20-24; 12:38-42; y Lucas 12:47-48 para descubrir la actitud de Cristo hacia los que conocen la verdad y se rebelan contra ella.

Notas: _____

_____

LA CONFIRMACIÓN DE DIOS

«¿Cómo escaparemos nosotros, si descuidamos una salvación tan grande?
La cual, habiendo sido anunciada primeramente por el Señor,
nos fue confirmada por los que oyeron, testificando Dios juntamente con ellos,
con señales y prodigios y diversos milagros y repartimientos del
Espíritu Santo según su voluntad» (Hebreos 2:3-4).

〜 ⊙ 〜

Dios confirmó la verdad del evangelio predicado a
través de Cristo con muchos milagros.

Cuando Jesús predicó el evangelio, realizó milagros que hicieron creíble lo que proclamaba. Él dijo: «Aunque no me creáis a mí, creed a las obras» (Juan 10:38). Jesús afirmó que era de Dios, luego hizo obvio que realmente venía de Dios.

Nicodemo se acercó a Jesús de noche y le dijo: «Nadie puede hacer estas señales que tú haces, si no está Dios con él» (Juan 3:2). Jesús confirmó su ministerio con sus propios milagros. Pedro reiteró ese hecho en el día de Pentecostés: «Jesús nazareno, varón aprobado por Dios entre vosotros con las maravillas, prodigios y señales» (Hechos 2:22).

Dios también les dio estas mismas señales confirmatorias a su segunda generación de predicadores, los apóstoles, para que nadie pudiera disputar la validez de su mensaje. Lo que los apóstoles dijeron no era su propia opinión; era verdad divina confirmada por señales, maravillas y milagros.

Las señales, las maravillas y los milagros son sinónimos que se refieren a todas las cosas sobrenaturales que los apóstoles hicieron. Pero los apóstoles también confirmaron la Palabra con «dones del Espíritu Santo». Esa es una referencia a los dones de señales temporales descritos en las Escrituras, tales como lenguas y sanidades, no a los dones permanentes de edificación que se le dieron a la iglesia para siempre.

Hoy Dios da fe del evangelio con el milagro de su Palabra escrita. Que no se diga que descuidó a Jesucristo. La historia confirma que las horas de negligencia le costaron a Napoleón Waterloo. Descuidar la salvación de Cristo te costará la bendición y la alegría eternas, y te traerá la condenación. No te permitas pasar a la deriva más allá de la gracia de Dios.

Sugerencias para la oración: Agradece a Dios por su Palabra y que a través de ella tengas toda la verdad que necesitas para difundir el evangelio.

Para un estudio más profundo: Lee Hechos 5—19 y enumera todos los milagros realizados por los apóstoles para confirmar el evangelio.

Notas: _____

_____

_____

La revelación del destino del hombre

«Porque no sujetó a los ángeles el mundo venidero, acerca del cual estamos hablando;
pero alguien testificó en cierto lugar, diciendo:
¿Qué es el hombre, para que te acuerdes de él, o el hijo del hombre, para que le visites?
Le hiciste un poco menor que los ángeles, le coronaste de gloria y de honra,
y le pusiste sobre las obras de tus manos; todo lo sujetaste bajo sus pies.
Porque en cuanto le sujetó todas las cosas, nada dejó que no sea sujeto a él;
pero todavía no vemos que todas las cosas le sean sujetas» (Hebreos 2:5-8).

El destino original del hombre era ser rey de la tierra.

Cuando observamos el vasto universo aparentemente sin fin y luego meditamos en el pequeño punto que llamamos Tierra en medio de toda esa vastedad, no podemos hacer nada pero me pregunto: «¿Qué es el hombre? ¿Qué derecho tenemos para estar tanto en los pensamientos de Dios?

David tuvo una respuesta: «Le hiciste un poco menor que los ángeles, le coronaste de gloria y de honra, y le pusiste sobre las obras de tus manos; todo lo sujetaste bajo sus pies» (Hebreos 2:6-8). El escritor de Hebreos citaba uno de los Salmos (8:4-6) para mostrar que Dios hizo al hombre para que fuera rey.

Sin duda, David escribió su salmo basado en lo que Dios dijo al principio: «Hagamos al hombre a nuestra imagen, conforme a nuestra semejanza; y señoree en los peces del mar, en las aves de los cielos, en las bestias, en toda la tierra, y en todo animal que se arrastra sobre la tierra» (Génesis 1:26). El diseño original de Dios para el hombre en su inocencia era que fuera rey sobre una tierra sin mancha.

Cuando Dios creó a Adán, que era puro e inocente, le dio honra y gloria. Dios coronó al hombre rey de la tierra: «Todo lo sujetaste bajo sus pies» (Hebreos 2:8). Un día nuevamente se nos dará el derecho de gobernar la tierra, y toda la creación de Dios será puesta bajo nuestros pies.

Sugerencias para la oración: Lee el Salmo 8 y ofrécelo como tu propia alabanza a Dios.

Para un estudio más profundo: Lee Daniel 7:18, 27 y nota el alcance de la regla máxima de los santos.

Notas: _____
_____
_____
_____
_____
_____

La restricción del destino del hombre

«Todo lo sujetaste bajo sus pies. Porque en cuanto le sujetó todas las cosas, nada dejó que no sea sujeto a él; pero todavía no vemos que todas las cosas le sean sujetas» (Hebreos 2:8).

El destino original de Dios para el hombre fue restringido por el pecado del hombre.

D ios le dio dominio al hombre sobre toda la tierra y la tierra suplió todas sus necesidades. Todo lo que tenía que hacer era aceptar y disfrutar la tierra como se le había provisto. Pero Adán pecó y Satanás usurpó la corona. Una nueva cadena de mando se originó; la tierra ahora gobierna al hombre.

Para saber qué tan cierto es esto, todo lo que necesitas hacer es observar la cantidad de esfuerzo invertido en restaurar el equilibrio ecológico de la tierra. El ambientalismo es una consigna popular de nuestros días. Sin embargo, con toda nuestra tecnología moderna, todavía no podemos tener control sobre la tierra.

Mira lo que sucedió una vez que Adán pecó. El hombre ya no podía cosechar fácilmente lo que la tierra proporcionaba; ahora tenía que trabajar duro con el sudor de su frente (Génesis 3:18). Las mujeres experimentarían dolor en el parto (3:16). El asesinato pronto siguió en la familia de Adán. Dios tuvo que destruir virtualmente a toda la humanidad en el Diluvio porque se habían vuelto muy libertinos.

Gran parte del reino animal ahora vive con miedo al hombre y no puede ser domesticado. Donde una vez la tierra produjo cosas buenas naturalmente y en abundancia, ahora produce espinos, malezas y otras cosas dañinas. Los extremos de calor y frío, las plantas venenosas y los reptiles, los terremotos, los tifones, las inundaciones, los huracanes y las enfermedades fueron todos productos de la Caída. El hombre ya no era rey, sino esclavo, una criatura moribunda que luchaba en una batalla perdida con una tierra moribunda.

Para nuestra sorpresa, la tierra es consciente de su condición: «Porque la creación fue sujetada a vanidad, no por su propia voluntad, sino por causa del que la sujetó en esperanza» (Romanos 8:20). Ahora aguarda ansiosamente el día en que los hijos de los creyentes en Dios se manifiesten en el reino, porque entonces será liberada de la esclavitud de la corrupción (vv. 19, 21-22).

Llegará un día, en el maravilloso plan de Dios, en que el hombre recibirá una vez más el dominio que perdió. ¡Que nuestro Señor apresure su venida!

Sugerencias para la oración: Agradécele a Dios que algún día redimirá a la tierra de su sujeción a la maldición.

Para un estudio más profundo: Lee Isaías 60:21; 65:25; 2 Pedro 3:13 y Apocalipsis 21:27. ¿Qué caracterizará a la nueva tierra?

Notas: _____

_____

_____

_____

Cómo recuperar el destino del hombre

*«Pero vemos a aquel que fue hecho un poco menor que los ángeles, a Jesús,
coronado de gloria y de honra, a causa del padecimiento de la muerte,
para que por la gracia de Dios gustase la muerte por todos» (Hebreos 2:9).*

Jesucristo es el único que pudo recuperar el destino del hombre.

La última maldición de nuestro destino perdido es la muerte. Dios le advirtió a Adán que si comía del árbol del conocimiento del bien y del mal, moriría (Génesis 2:17). En el reino restaurado seremos elevados nuevamente sobre una tierra redimida. Pero la única forma en que podríamos imperar de nuevo como reyes es eliminando la maldición del pecado, y la única forma de eliminar esta es pagando la pena del pecado, que es la muerte (Romanos 6:23).

Solo hay un problema: ¿cómo podemos reinar si estamos muertos? Necesitamos ser resucitados de entre los muertos, pero ciertamente no podemos hacer eso nosotros mismos. Es por eso que Dios envió a Jesucristo.

Para lograr este gran trabajo con nosotros, Jesús tuvo que convertirse en hombre. Él mismo tuvo que ser «hecho un poco menor que los ángeles» por un tiempo. Para recuperar el dominio del hombre, tenía que probar la muerte por cada hombre. Cristo vino a morir por nosotros porque en su muerte podría conquistar la muerte.

Sin embargo, también resucitó de los muertos: «Cristo, habiendo resucitado de los muertos, ya no muere; la muerte no se enseñorea más de él» (Romanos 6:9). ¿Cómo nos ayuda eso? «Si fuimos plantados juntamente con él en la semejanza de su muerte, así también lo seremos en la de su resurrección» (v. 5).

En el momento en que pusiste tu fe en Cristo, te identificaste con Él. Moriste con Él en la cruz, fuiste resucitado y comenzaste a caminar en novedad de vida. Ahora eres un coheredero con Cristo en su reino eterno.

Cristo probó la muerte por ti y por mí para que podamos recuperar nuestro destino perdido.

Celebra esa gloriosa verdad mientras celebras el nacimiento de Él hoy.

Sugerencias para la oración: Antes de hacer otra cosa hoy, alaba a tu Padre celestial por su maravilloso plan de salvación.

Para un estudio más profundo: Lee Isaías 2:2-4 y 11:6-9, luego señala el carácter de nuestro futuro reino.

Notas: _____

_____

_____

_____

_____

NACIDO PARA MORIR

«Pero vemos a aquel que fue hecho un poco menor que los ángeles, a Jesús,
coronado de gloria y de honra, a causa del padecimiento de la muerte,
para que por la gracia de Dios gustase la muerte por todos» (Hebreos 2:9).

Jesucristo nació para morir como nuestro sustituto.

En la temporada navideña nos es difícil ver a Jesús más que como un bebé. Nosotros, por supuesto, sabemos por qué vino, pero por lo general nos enfocamos en su muerte en otro momento del año. Sin embargo, no debemos olvidar que vino a morir.

Esas tiernas manos de bebé, formadas por el Espíritu Santo en el vientre de María, tenían dos grandes uñas clavadas en ellas. Esos pequeños pies regordetes fueron obligados a subir una colina y ser clavados en una cruz. Esa cabeza sagrada fue hecha para usar una corona de espinas. Su cuerpo tierno envuelto en pañales sería atravesado por una lanza para revelar un corazón roto. La muerte de Cristo no fue un accidente; Él nació para morir.

Jesús murió para eliminar la maldición y así recuperar nuestro dominio. Pero para ello, tenía que venir como hombre. A pesar de que al hacerlo temporalmente se hizo inferior a los ángeles, logró algo que ningún ángel pudo: nuestra restauración.

La primera razón, y la más importante, para la encarnación es que Cristo podría saborear la muerte en nombre de cada hombre y mujer. Vino a morir en nuestro lugar, para ser nuestro sustituto. Dios tenía dos opciones: o moríamos y pagábamos por nuestros propios pecados, o permitíamos que un sustituto tomara nuestro castigo y muriera en nuestro lugar. Por fortuna, Él eligió esto último.

Es vital que afirmemos el hecho de la muerte sustitutiva de Cristo porque la teología liberal moderna afirma que Jesús murió simplemente como ejemplo, como un mártir que fallece por una causa. Pero en realidad murió como un sustituto tuyo y mío. Como resultado, nos liberó a fin de que vivamos para y con Dios. Regocíjate de que el Creador de los ángeles, el Señor de los ejércitos, estuvo dispuesto a volverse inferior a su creación por nosotros.

Sugerencias para la oración: Agradece al Señor su disposición a humillarse para convertirse en hombre con el fin de salvarte.

Para un estudio más profundo: Lee el Salmo 22 y observa qué versículos profetizan el sufrimiento de Jesús en la cruz.

Notas: _____

_____

_____

_____

LA HUMILLACIÓN DE CRISTO

«Pero vemos a aquel que fue hecho un poco menor que los ángeles, a Jesús,
coronado de gloria y de honra, a causa del padecimiento de la muerte,
para que por la gracia de Dios gustase la muerte por todos» (Hebreos 2:9).

Al servir como nuestro sustituto, Cristo hizo el supremo acto de humillarse a sí mismo.

La muerte de Jesús en la cruz no fue fácil ni poco costosa; fue una muerte horrible. No fue tranquila ni pacífica; fue acompañada de tortura y agonía. La muerte que probó fue la maldición del pecado. En unas pocas horas en esa cruz, sufrió la agonía absoluta de cada alma por toda la eternidad. Él no era culpable de ningún pecado y, sin embargo, eligió sufrir el peso de todos los pecados cometidos en todos los tiempos.

Dios envió a su Hijo, que voluntariamente vino a morir para redimir a la humanidad. Pablo escribe: «Cuando vino el cumplimiento del tiempo, Dios envió a su Hijo, nacido de mujer y nacido bajo la ley, para que redimiese a los que estaban bajo la ley» (Gálatas 4:4-5).

Solo probando la muerte como hombre podría liberar a la humanidad de ella. Históricamente, los reyes han hecho que alguien más pruebe su comida y su bebida antes de consumirla. Cristo se tomó la asquerosa copa de veneno que merecíamos nosotros antes que pudiera tocar nuestros labios. Sustituyó su muerte por la nuestra, liberándonos de la muerte del pecado y trayéndonos a la vida con Dios.

¿Qué movió a Jesús a sufrir por nosotros? La gracia. Lo que no merecíamos (la salvación) y que recibimos, y lo que merecíamos (la muerte) y no recibimos. El amor ilimitado impulsó la obra misericordiosa de Cristo a favor nuestro: «En esto consiste el amor: no en que nosotros hayamos amado a Dios, sino en que él nos amó a nosotros, y envió a su Hijo en propiciación por nuestros pecados» (1 Juan 4:10).

Después que acabó la obra de su muerte sustituta, fue «coronado de gloria y honra» y fue exaltado a la diestra del Padre, donde reinará por los siglos de los siglos. Él es nuestro gran sustituto, a quien podemos agradecer y alabar por toda la eternidad.

Sugerencias para la oración: Pídele a Dios que te brinde oportunidades para darles a conocer el evangelio a las personas con las que no has hablado de Cristo, aunque puedas sufrir en el proceso.

Para un estudio más profundo: Lee Isaías 52:13—53:12 para comprender lo que el Dios del universo tuvo que soportar a manos de los hombres.

Notas: _____

_____

_____

_____

_____

EL AUTOR DE NUESTRA SALVACIÓN

«Porque convenía a aquel por cuya causa son todas las cosas,
y por quien todas las cosas subsisten, que habiendo de llevar muchos hijos a la gloria,
perfeccionase por aflicciones al autor de la salvación de ellos» (Hebreos 2:10).

A través de su muerte, Cristo se convirtió en el líder perfecto para su pueblo.

Si observamos lo que Cristo ha hecho, no debemos olvidar que estaba cumpliendo el soberano plan de Dios. El escritor de Hebreos nos dice que «convenía» a los ojos de Dios que Cristo trajera a «muchos hijos a la gloria». Eso significa que todo lo que Dios hizo a través de Cristo fue congruente con su carácter.

La cruz fue una obra maestra de la sabiduría divina. Mostró su santidad en el odio que sentía por el pecado. Era consecuente con su poder: Cristo soportó en pocas horas lo que le tomaría una eternidad a los pecadores (y aun así, los pecadores no podrían expiar su propio mal). La cruz también muestra el amor de Dios por la humanidad. Y la muerte de Cristo en la cruz estuvo de acuerdo con la gracia de Dios porque era sustitutiva.

Para traer a «muchos hijos a la gloria», Dios tenía que perfeccionar «por aflicciones al autor de la salvación de ellos». La palabra griega traducida como autor» (*archêgos*) significa «pionero» o «líder». Se usaba comúnmente en referencia a un pionero que abría un camino para que otros lo siguieran. Los *archêgos* nunca se paraban en la retaguardia para dar órdenes; siempre estaban al frente, abriendo camino. Como el *Archêgos* supremo, Cristo va adelante, antes de nosotros. Él es nuestro pionero.

La vida parece más ansiosa y terrible cuando la muerte se acerca. Ese es un camino que no podemos recorrer por nosotros mismos. Pero el Autor de nuestra salvación dice: «Porque yo vivo, vosotros también viviréis» (Juan 14:19). Solo el Pionero perfecto podría sacarnos del dominio de la muerte para entrar en la presencia del Padre. Todo lo que tienes que hacer es poner tu mano en la de Él, llena de cicatrices, y Él te llevará al otro lado de la muerte. Entonces podrás decir con el apóstol Pablo: «¿Dónde está, oh muerte, tu aguijón? ¿Dónde, oh sepulcro, tu victoria?» (1 Corintios 15:55).

Sugerencias para la oración: Alaba a Dios por todos sus atributos, específicamente por cada uno de los que mostró en la muerte de Cristo por ti.

Para un estudio más profundo: Lee Hebreos 5:8-9 y 1 Pedro 2:19-25. ¿Cómo se expanden esos versículos en Hebreos 2:10?

Notas: _____

_____

_____

_____

_____

_____

EL QUE SANTIFICA

*«Porque el que santifica y los que son santificados, de uno son todos; por lo cual
no se avergüenza de llamarlos hermanos, diciendo: Anunciaré a mis hermanos
tu nombre, en medio de la congregación te alabaré. Y otra vez: Yo confiaré en él.
Y de nuevo: He aquí, yo y los hijos que Dios me dio» (Hebreos 2:11-13).*

>᠊᠊ ⊙ ᠊᠊<

***Nuestro santo Cristo nos ha hecho santos; por eso,
ahora, puede llamarnos sus hermanos.***

Desde nuestra propia perspectiva y experiencia, es difícil considerarnos nosotros mismos como santos. El pecado es demasiado parte de nosotros en este mundo caído. En pensamiento y práctica estamos lejos de ser santos, pero en Cristo estamos perfectamente «santificados».

Puede que no siempre actuemos como santos, pero debido a nuestra fe en Cristo, somos perfectamente santos a los ojos de Dios. Aunque el niño no siempre actúe como su padre, sigue siendo su hijo. Somos santos en el sentido de que ante Dios, la justicia de Cristo se ha aplicado e imputado a favor nuestro a través de la fe. Fuimos hechos santos mediante su sacrificio y nos convertimos en «los que son santificados». «Con una sola ofrenda hizo perfectos para siempre a los santificados» (Hebreos 10:14). Somos tan puros como Dios, tan justos como Cristo y, por lo tanto, tenemos derecho a ser llamados sus hermanos porque ahora compartimos en su justicia.

El Santificador y el santificado ahora tienen «un Padre», y el Santificador «no se avergüenza» de llamar a sus hermanos santificados. ¡Qué abrumadora verdad!

La experiencia práctica de la vida del cristiano en este mundo incluye el pecado, pero la realidad posicional de su nueva naturaleza es la santidad. «[Nosotros estamos] completos en él» (Colosenses 2:10). Sin embargo, prácticamente, tenemos un largo camino por recorrer. Por tanto, el propósito primordial de nuestras vidas es convertir en práctica esa santidad posicional que tenemos. Ahora que somos hermanos de Cristo e hijos de Dios, que esa sea toda la motivación que necesitamos para vivir así.

Sugerencias para la oración: Agradece al Señor por su obra santificadora en la cruz, lo que te permite ser santo.

Para un estudio más profundo: Lee Romanos 1:16. Con base en lo que Dios ha hecho por ti a través de Cristo, ¿puedes hacerte eco de todo corazón de la declaración de Pablo?

Notas: _____

_____

_____

_____

_____

DÍA 365

EL QUE VENCIÓ A SATANÁS

«Así que, por cuanto los hijos participaron de carne y sangre,
él también participó de lo mismo, para destruir por medio de la muerte
al que tenía el imperio de la muerte, esto es, al diablo, y librar a todos los que
por el temor de la muerte estaban durante toda la vida sujetos a servidumbre»
(Hebreos 2:14-15).

⋙ ⊙ ⋘

Cristo vino a romper el poder de Satanás, lo cual hizo al conquistar la muerte.

Para ser libres y vivir con Dios, además de compartir todas sus bendiciones, alguien tuvo que romper el control de la muerte impuesta por Satanás sobre nosotros. El pecado es lo que le da a Satanás su poderosa influencia sobre nosotros, pero el poder mismo es la muerte.

Satanás sabía que Dios requería la muerte por nosotros a causa del pecado. Él sabía que todo murió en Adán, que la muerte se convirtió en un hecho cierto de la vida. Y sabía que los hombres, si se quedaban como estaban, morirían y saldrían de la presencia de Dios al infierno para siempre. Por eso, el diablo quiere aferrarse a los hombres hasta que mueran porque, una vez que están muertos, la oportunidad de salvación se va para siempre.

A fin de arrebatarle el poder de la muerte a Satanás, Dios envió a Cristo al mundo. Si tienes un arma superior a la de tu enemigo, su arma es inútil. No puedes luchar contra una ametralladora con arco y flecha. El arma de Satanás es la muerte, pero la vida eterna es el arma de Dios, y con ella Jesús destruyó a la muerte.

¿Cómo pudo hacerlo? Se levantó de nuevo, probando que había vencido a la muerte. Es por eso que Él dijo: «Porque yo vivo, vosotros también viviréis» (Juan 14:19). Su resurrección le proporciona al creyente la vida eterna.

Nada aterroriza más a las personas que el miedo a la muerte. Pero cuando recibimos a Cristo, la muerte en realidad no nos infunde más miedo, ya que simplemente nos libera ante la presencia de nuestro Señor. Podemos decir con Pablo: «Porque para mí el vivir es Cristo, y el morir es ganancia» (Filipenses 1:21). Alégrate de haber puesto tu mano en la del que conquistó la muerte, el mismo que te guiará por la muerte hasta el otro lado: la vida eterna.

Sugerencias para la oración: Pídele a Dios que te haga entender mejor que Él venció a la muerte y, por lo tanto, puede ayudarte a vivir más plenamente para su gloria.

Para un estudio más profundo: Lee 1 Corintios 15:50-58. ¿Cómo vamos a vivir basándonos en lo que sabemos sobre la muerte?

Notas: _____

_____

_____

_____

Nuestro compasivo Sumo Sacerdote

«Porque ciertamente no socorrió a los ángeles, sino que socorrió a la descendencia de Abraham.
Por lo cual debía ser en todo semejante a sus hermanos, para venir a ser misericordioso
y fiel sumo sacerdote en lo que a Dios se refiere, para expiar los pecados del pueblo.
Pues en cuanto él mismo padeció siendo tentado, es poderoso
para socorrer a los que son tentados» (Hebreos 2:16-18).

>~ ⊙ ~<

Jesús vino a compenetrarse con nosotros para conocernos
íntimamente, por eso es nuestro Sumo Sacerdote.

En sus cartas a Timoteo, Pablo aconsejó y alentó a su joven compañero sobre muchas cosas: su salud, sus críticos, su guerra moral y su vida espiritual. Su consejo es bien resumido en estas palabras: «Acuérdate de Jesucristo, del linaje de David, resucitado de los muertos conforme a mi evangelio» (2 Timoteo 2:8).

Al igual que Timoteo, necesitamos que se nos recuerde la humanidad de Cristo, sobre todo cuando la vida se vuelve particularmente difícil. Por tanto, podemos orar: «Señor, sabes lo que soportaste mientras estuviste aquí. Estoy pasando por una dificultad ahora». Podemos asegurar que Él nos conoce y que nos alentará.

Jesús vino no solo para salvarnos sino también para compenetrarse con nosotros. Experimentó lo que sentimos, por lo que podría ser un «sumo sacerdote» para nosotros. Después de todo, «no tenemos un sumo sacerdote que no pueda compadecerse de nuestras debilidades, sino uno que ha sido tentado en todas las cosas a medida que son, sin embargo, sin pecado» (Hebreos 4:15).

Jesús sintió todo lo que alguna vez sentiremos nosotros y más aun. La mayoría de nosotros nunca sabremos el grado completo de una tentación dada porque casi siempre sucumbimos mucho antes de llegar a ella. Pero como Jesús nunca pecó, tenía la medida completa para cada tentación.

El nuestro no es un Dios cósmico que es poderoso y santo, pero indiferente. Él sabe cuándo nos duele, en qué somos débiles y cómo somos tentados. Jesús no es solo nuestro Salvador, sino nuestro amoroso Señor que se compenetra con nosotros. Regocíjate en la grandeza de su amor por nosotros.

Sugerencias para la oración: Pídele a Dios que te recuerde cuánto necesitas de Él en todo momento, no solo cuando los tiempos son difíciles.

Para un estudio más profundo: Memoriza 1 Corintios 10:13 para que lo recuerdes rápidamente cada vez que enfrentes algún juicio.

Notas: _____

_____

_____

_____

JOHN MacARTHUR es pastor y maestro de Grace Community Church en Sun Valley. También es presidente de The Master's College and Seminary. Su estilo popular de exposición y enseñanza de la Biblia puede escucharse a diario en su programa radial de difusión internacional *«Gracia a vosotros»*.

Es un prolífico autor con muchos éxitos de ventas:

El pastor como líder,
El pastor en la cultura actual,
El pastor como predicador,
El pastor como teólogo,
El pastor y el Supremo Dios de los cielos,
El pastor y la inerrancia bíblica
Una conciencia decadente
Fortaleza para hoy: Devocional
Acércate a Dios: Devocional
Biblia Fortaleza.

La biblioteca del
PASTOR

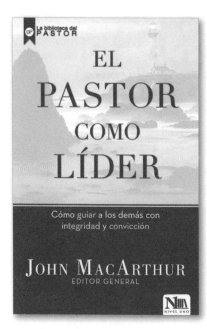

¿Cómo les va a los líderes en cuanto a lo que necesita su iglesia?

El pastor como líder es una colección de los mejores mensajes sobre liderazgo. Los mensajes son un aporte de John Piper, Albert Mohler, Steven J. Lawson, entre otros, sobre temas como:

- Las características del líder fiel
- El líder como modelo de pureza e integridad
- La necesidad de la oración
- La respuesta adecuada a la oposición y al sufrimiento
- La humildad del líder

Cada uno de los principios del liderazgo que presenta este libro sigue el modelo que nos enseñó el propio Cristo, el mejor líder de quien se pueda aprender.

Respuestas bíblicas a temas candentes de hoy, por las voces más confiables.

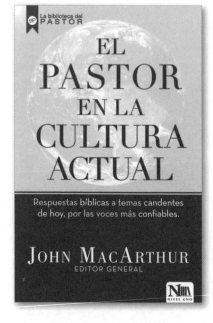

Uno de los mayores desafíos que enfrentan los cristianos de hoy es la poderosa influencia del pensamiento secular. Utilizando la Biblia como fundamento podrá formar la perspectiva cristiana sobre temas clave como…

- el activismo político
- el matrimonio homosexual
- la eutanasia y el suicidio
- los desastres y las epidemias
- el ambientalismo
- el aborto, la anticoncepción, el alquiler de vientres

Es una guía que le servirá como herramienta para hallar las ideas correctas y las respuestas de la Biblia a las preguntas y cuestiones más candentes.

Aplique la verdad de Dios con exactitud.
Sepa lo que cree y enseña.

El pastor como teólogo brinda una colección de invaluables mensajes. El pastor John MacArthur y otros respetados maestros tratan asuntos teológicos clave acerca de:

- La justificación por la fe sola
- La Gran Comisión
- La creación en seis días literales
- El alcance de la expiación
- Premilenialismo

Conocer lo que usted cree y por qué lo cree es absolutamente decisivo para enseñar bien. Estudie las doctrinas principales del cristianismo y capacítese para proclamar la Palabra de Dios con exactitud.

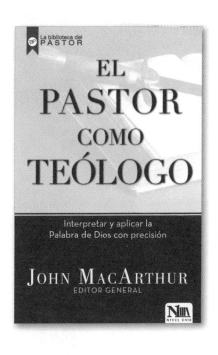

La fiel predicación de la Palabra es el elemento más importante del ministerio pastoral

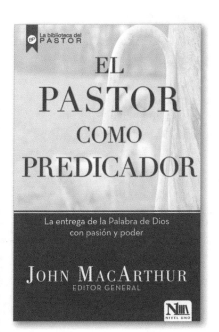

Las Escrituras afirman una declaración simple y directa que establece la más alta prioridad para cada pastor: «Prediquen la Palabra». En *El pastor como predicador*, podrá repasar las bases que necesita conocer todo ministro, como…

- Enfoque y propósito de la predicación bíblica
- El carácter del predicador fiel
- Claves de la predicación efectiva
- Cómo predicar en el poder del Espíritu

El suyo es un privilegio santo y singular, con el increíble potencial de transformar vidas. Este libro le dará lo que necesita para cumplir con excelencia ese llamado.

Un compendio de reflexiones acerca de una de las doctrinas centrales de la Iglesia: la CRISTOLOGÍA.

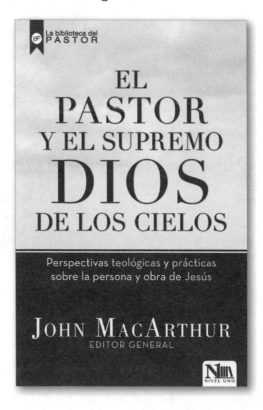

Cada estudio no solo aclara un aspecto de la persona y obra de Cristo, sino que también demuestra cómo se aplica todo ello a la vida de la Iglesia. Después que lean *El pastor y el supremo Dios de los cielos*, los lectores podrán:

- Tener un entendimiento más profundo de la naturaleza de Jesús y de su obra redentora.
- Inspirarse para adorar a Cristo con mayor pasión.
- Motivarse y capacitarse para defender la visión de Cristo.
- Capacitarse para enseñar y predicar mejor de Jesús.
- Familiarizarse con los debates actuales de la cristología.

El cristiano que desee un mayor aprecio por la obra de nuestro Señor y Salvador, que quiera adorarlo en espíritu y en verdad, se deleitará con el estudio de *El pastor y el supremo Dios de los cielos*.

NO HAY OCUPACIÓN MÁS GRANDE QUE CONOCER
y AMAR A CRISTO PROFUNDAMENTE.

Un llamado a todos los cristianos a que usen las escrituras en una forma que honre a dios, que nos la dio desde el principio.

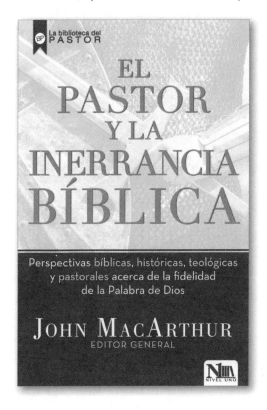

Los cristianos son llamados a mantenerse firmes en cuanto a la inerrancia de las Escrituras. Por desdicha, cada vez más y más personas —no solo ajenos a la iglesia sino también militantes de ella—, rechazan la absoluta veracidad de la Palabra de Dios.

Es de suma importancia que nos comprometamos con una visión elevada de la Escritura, ¿por qué? Porque Dios se dio a conocer en ella. La Biblia refleja y revela el carácter de su Autor. Es por eso que, los que niegan su veracidad, se arriesgan a sufrir las consecuencias.

La absoluta credibilidad de las sagradas Escrituras debe ser defendida en cada generación, contra toda crítica. Eso es lo prodigioso de esta obra. Debemos poner mucha atención a esta novedosa defensa.

—R. C. Sproul,
expresidente del Consejo Internacional de la Inerrancia Bíblica

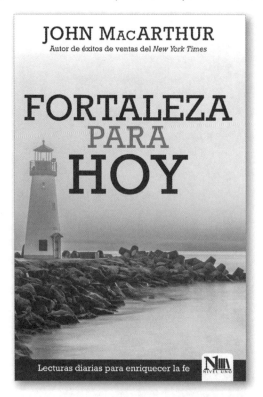

«Bienaventurado el hombre que tiene en ti sus fuerzas».
—Salmos 84:5

Qué maravillosa oportunidad para usted como cristiano, en esta era moderna, de abrir la Biblia y —con la guía del Espíritu Santo— extraer sus ricas verdades. De eso, justamente, depende su vitalidad como creyente. Porque solo a través del estudio bíblico y la oración coherentes se obtiene la fortaleza espiritual para caminar cada día con sabiduría, gracia e integridad.

La profunda exposición bíblica de este estudio diario le brinda un entendimiento más firme de muchos de los grandes pasajes de las Escrituras, textos que hablan extensamente del carácter cristiano, el significado de la muerte y la resurrección de Cristo, y la manera en que nos beneficiamos de las pruebas de la vida.

Después de un año estudiando la Palabra de Dios con este libro como compañero, usted descubrirá que tanto su andar con Cristo como su fe se fortalecen debido a su dedicación a un estudio diario y profundo de las Escrituras y, al mismo tiempo, a aprender más acerca del Dios que es su fortaleza.

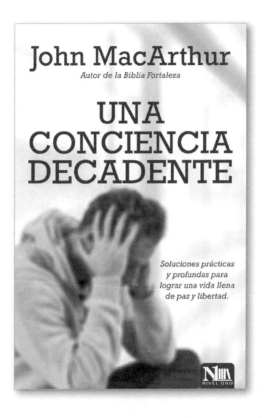

En este libro desafiante aunque convincente, John MacArthur le anima a enfrentar a —y no huir de— la cultura que carece de responsabilidad moral. Con una verdad bíblica sólida, este libro muestra por qué y cómo lidiar con el pecado, si es que quiere vivir de una manera que complazca a Dios. John MacArthur le ofrece soluciones —con una profunda claridad y perspicacia—, para lograr una santidad que le lleve de una vida signada por la culpa y la negación a una existencia llena de paz y libertad.

«Con la clarinada de un profeta, MacArthur nos señala algo que hemos olvidado: el valor y la importancia de una conciencia limpia».
—Greg Laurie, pastor principal de la congregación
Harvest Christian Fellowship

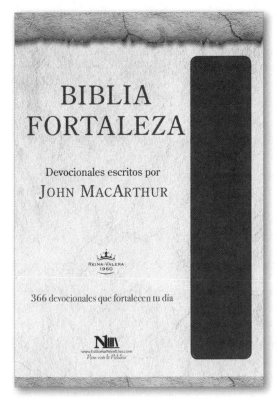

- 366 devocionales que fortalecen tu día
- Sugerencias para la oración
- Textos bíblicos para un estudio profundo de las Escrituras
- Letras de Jesús en rojo
- Más de 1000 promesas señaladas con el ícono de una torre

Siempre he creído que el primer paso para ser autodisciplinado es comenzar dando pequeños pasos, establecer un objetivo alcanzable y esforzarte por alcanzarlo. Así avanzarás en aras de conquistar objetivos más grandes. El estudio de la Biblia debes acompañarlo de mucha meditación e investigación en la Palabra de Dios y bastante oración.

Es mi oración que seas uno «que mira atentamente en la perfecta ley, la de la libertad, y persevera en ella, no siendo oidor olvidadizo, sino hacedor de la obra» (Santiago 1:25). ¡Que esta *Biblia Fortaleza* te inspire en esa búsqueda maravillosa de la Palabra de Dios y fortalezca el fundamento de tu fe!

John MacArthur

Editorial Nivel Uno

Te invitamos a que visites nuestra página
web donde podras apreciar la pasión por
la publicación de libros y Biblias:

www.EditorialNivelUno.com

f @EDITORIALNIVELUNO

t @EDITORIALNIVELUNO

@EDITORIALNIVELUNO

Para vivir la Palabra